대한민국
국가 경쟁력,
궁극적인 질문에
답하다

대한민국 국가 경쟁력, 궁극적인 질문에 답하다

발행일   2023년 10월 27일

지은이   김규식
펴낸이   손형국
펴낸곳   (주)북랩
편집인   선일영   편집   윤용민, 배진용, 김다빈, 김부경
디자인   이현수, 김민하, 임진형, 안유경   제작   박기성, 구성우, 이창영, 배상진
마케팅   김회란, 박진관
출판등록 2004. 12. 1(제2012-000051호)
주소   서울특별시 금천구 가산디지털 1로 168, 우림라이온스밸리 B동 B113~114호, C동 B101호
홈페이지 www.book.co.kr
전화번호 (02)2026-5777   팩스   (02)3159-9637

ISBN   979-11-93499-22-1 03320 (종이책)   979-11-93499-23-8 05320 (전자책)

(주)북랩 성공출판의 파트너

북랩 홈페이지와 패밀리 사이트에서 다양한 출판 솔루션을 만나 보세요!

홈페이지 book.co.kr   •   **블로그** blog.naver.com/essaybook   •   **출판문의** book@book.co.kr

작가 연락처 문의 ▸ ask.book.co.kr

작가 연락처는 개인정보이므로 북랩에서 알려드릴 수 없습니다.

대한민국 국가 경쟁력, 궁극적인 질문에 답하다

4차 산업혁명 시대와 품질 혁신 그리고 식스 시그마

김규식 지음

이 책은 격변의 시대를 맞은 경영자와 조직 관리자들이 확실하게 경쟁력을 강화할 수 있도록 강력한 혁신 방법론을 제시한다!

북랩

추천사

최근 우리 사회와 산업계는 4차 산업혁명이라는 말이 진부하게 들릴 만큼 거대하고 빠른 변화를 목도하고 있습니다. 특히 이 시대의 모든 조직은 진보된 사회와 까다로운 소비자들이 요구하는 디지털 전환, ESG 경영 등 생존의 대명제를 앞서 해석하고 적용하기 위해 매진하고 있습니다. 그 와중에 이미 익숙한 면이 있지만, 대변혁의 핵심을 관통하는 시점에서 품질 경쟁력과 관련한 책을 대하며 감회가 새롭습니다.

특히 국가 경쟁력의 핵심으로 품질 경쟁력을 중심에 세우고, 그 핵심 축인 제조와 서비스 품질의 참신하고 혁신적인 해결 전략을 제시한 부분은 무척 인상 깊었습니다. 우리의 품질경영이 넘어야 할 장애는 의외로 경영 현장에 많이 잠복해 있습니다.

그동안 우리는 산업 불모지에서 세계 열강과 견줄 수 있는 수준의 생산성과 품질 경쟁력을 갖추어 성장했지만, 4차 산업혁명 신기술로 게임의 법칙이 바뀌는 거대한 물결 변화에 선제적으로 대응해야 하는 현실에 봉착해 있습니다. 어쩌면 빈약한 자원과 지정학적

불리함을 안고 사는 우리에게 품질 최우선의 경영으로 고객을 만족시키고 경쟁력을 높여가는 품질경영은 숙명일 수도 있겠다는 생각이 듭니다.

이 책에서는 여러 경쟁력 혁신 방법론을 조명하면서, 궁극적으로 생존과 성공의 방정식을 제시하고자 애쓴 흔적이 보입니다. 그 제시된 전략이 옳으냐 그르냐를 떠나서, 앞으로 이러한 방향의 노력은 더욱 필요할 것입니다. 이는 국가 산업 차원에서 품질경영을 전파하고 있는 저의 과제이기도 하지만, 저자인 김규식 교수를 포함한 많은 품질 전문가에게 맡겨진 역할이자 사명이기도 할 것입니다.

지금도 세계 곳곳에서 끊임없이 새로운 기술과 혁신 방법론들이 등장하고 있습니다. 그리고 이미 좋은 본보기가 된 우리의 성공 전략을 그대로 모방하고 자국의 상황에 맞게 각색하여 위협적으로 다가오는 수많은 경쟁자를 주의 깊게 살펴야 할 때입니다.

이 책은 그런 점에서 많은 토론의 주제와 시사점을 제시합니다. 대한민국의 본원적 경쟁력 향상에 대하여 치열하게 토론하고, 그 결론을 따라 힘껏 전진하시기를 기원합니다.

한국표준협회 품질경영본부장
한대철

이 책은 COVID-19 팬데믹으로 인한 긴 정체를 넘어, 새로운 활력으로 국가 경쟁력을 강화하고자 하는 간절한 희망을 담은 책입니다. 출간을 축하합니다.

저는 이 책의 중심 주제인 품질경영과 관련한 전문가는 아닙니다. 다만 품질 영역이 과거 제조업의 주된 영역에 한정되어 있다는 고정관념을 벗어버리고 나면, 우리가 일상에서 대하는 모든 시간과 공간이 품질에 맞닿아 있음을 느끼게 됩니다. 그런 의미에서 저 역시도 제가 맡은 분야의 경쟁력에 대해 많은 생각을 하게 됩니다.

저자인 김규식 교수와는 학창 시절부터 미래와 현실의 과제에 대해 많은 토론과 함께 꿈을 나누기도 했습니다. 비록 분야는 다르지만, 꾸준하게 우리나라 국가 경쟁력으로서의 품질 경쟁력을 선도해 나가고 있어 늘 지원과 격려를 보내고 있습니다. 특히 코로나 상황 때문에 대면 활동이 지극히 제한되었을 때도 '대한민국 품질 경쟁력 강화 포럼'을 꾸준하게 추진하고 있어, 이 분야에 대한 남다른 뚝심을 볼 수 있어서 인상이 깊었습니다.

이 책은 품질이나 서비스 분야의 전문가들만 대상으로 하는 책이 아닙니다. 기업과 조직의 경영을 이끄시는 분들도 꼭 한 번은 읽어보시길 추천하고 싶은 책입니다. 모쪼록 많은 독자분들이 이 책을 통하여 새로운 영감과 도전의 기회를 열어가시길 기대합니다.

현대차증권 대표이사 사장

최병철

기업 경영에서는 어느 것 하나 비교의 대상이 되지 않는 것이 없습니다. 경영전략과 방침에서부터 새로운 기술의 창출과 제품화, 그리고 원가의 절감에 이르기까지 모든 내용이 탁월해야만 성공할 수 있는 시대입니다.

그런 점에서 국가 경쟁력 역시 품질의 토대 위에 있지 않으면 성공하기 어렵습니다. 이 책에서도 충분히 언급되었지만, 일본의 품질이 세계 최고를 구가할 때 미국의 국가 경쟁력도 한때 어려움에 봉착했었고, 바로 그때 이를 돌파한 첫걸음이 품질 혁신이었습니다.

우리나라도 저성장 시대에 접어든 지금 장기적인 미래 먹거리에 대해 고민해야 할 시점입니다. 특히 생산성과 품질로 구축한 제조 경쟁력을 지속해서 유지하기 위한 전략 역시 필요합니다. 4차 산업 혁명 시대를 관통하고 있는 이 시점, 이 책은 새로 뛰는 데 매우 소중한 동력을 전해주고 있습니다.

앞으로는 국가 경쟁력 강화를 위한 노력이 더욱더 필요하다고 생각합니다. 오늘도 경영 현장에서 경쟁력을 높이려고 애쓰시는 선배, 동료 경영자분들과 함께 그 대열에 서겠습니다. 이 책은 이런 기회를 제공하는 방아쇠의 기능을 할 것으로 생각합니다. 또한 저자의 바람과 같이 우리의 국가 경쟁력이 한 발짝 더 체계화되어 혁신 DNA로 완성되기를 기대합니다.

오성전자 대표이사 사장
김인규

경쟁력에 대한 단 하나의 질문!

기업이나 대학에서 기업 경쟁력에 대해 강의할 때면 항상 이런 질문을 받곤 한다. "경쟁력을 확보하려면 한마디로 어떻게 해야 하는 건가요?" 얼핏 간단한 질문 같지만, 질문자의 의도를 생각해보면 그리 만만한 질문이 아니다. 게다가 질문하는 사람이 기업의 고위 임원이라면 매우 공격적인 질문처럼 느껴지기도 한다.

하지만 필자는 경쟁력에 대한 전문가로서 이 질문에 대한 답을 피할 수도 없는 처지다. 콕 찍어서 족집게 정답을 내주면 좋겠지만, 매우 포괄적인 질문이라 늘 고민할 수밖에 없는 질문이다. 이 질문에 대해 우리 독자분들도 답안을 내보시길 바란다. 독자분들의 답안과 의견들도 매우 궁금해진다.

경쟁력에 대한 의미는 누구나 공감할 것이다. 경쟁력은 '비교가 되는 대상과 견주어서 더 나은 능력'이라고 간단하게 정의할 수 있다. 그리고 이 경쟁력이라는 단어는 비교할 수 있는 모든 것들을 대상으로 할 수 있어서 매우 광범위하게 사용된다. 예를 들어 국가 경쟁력, 기업 경쟁력, 제품 경쟁력, 서비스 경쟁력 등 어찌 보면 사용이 되지 않는 영역이 없을 정도다. 그렇다면 이렇게도 범위가 넓은 경쟁력 확보 방법에 대해 간단한 답변이 가능하기는 한 것일까?

경쟁력 확보를 위한 구체적인 로드맵이 있을까? 있다면 어떤 방법일까? 이는 보다 나은 조직을 구축하려는 모든 리더의 이상이자 염원이다. 특히 기업의 미래를 설계하고 경영을 책임지는 최고 경영자에게는 어쩌면 이 질문이 가장 중요하고도 유일한 질문이 될 것이다. 이제 그 유일하고도 궁극적인 질문에 대해 답해야 할 때다. 필자는 이 질문에 대하여 여러 번의 당황스러운 경험 끝에 답을 찾았다. 그리고 그 답을 전파하기 위해 늘 강의 현장에 선다.

복잡한 질문일수록 오히려 단순하게 접근하는 것이 큰 도움이 된다. 물론 지나치게 단순화하거나 일반화하는 것도 문제의 정곡을 놓치게 되는 이유가 되기도 한다. 하지만 단순화된 시각은 관점을 조정하는 데 큰 도움이 된다. 먼저 경쟁력이 왜 필요한가를 생각해보자. 그 이유는 경쟁 상대와 비교하여 더 우위에 서고 싶은 욕구 때문이다. 그리고 이 우위의 기준은 비교하고자 하는 항목에 대한 것이며, 구체적으로는 비교하고자 하는 대상의 상태인 품질을 의미한다(품질에 대한 구체적이고 정교한 의미는 앞으로 본론에서 소개한다. 너무 서두르지 말고, 지금은 상식선에서 품질의 의미를 생각하면 충분하다).

한마디로 말해, 경쟁자보다 우위를 점하기 위해 경쟁력을 확보하려면 '품질 경쟁력'을 갖추어야 한다. 품질을 구성하는 대상은 사회 전반의 품질이다. 구체적인 품질 항목에는 대표적으로 기업 품질이 있으며, 여기에는 설계, 구매, 제조, 물류, 마케팅, 판매, 서비스의 공급망(SCM) 전체와 사무 품질, 경영 품질 등을 포함한다. 여기에 국가 품질로서의 국방 품질, 행정 품질, 의료 품질, 법무 품질, 치안 품질, 교육 품질, 환경 품질 등 사회 구성 요소 전반이 포함된다.

이제 이 품질 경쟁력을 갖추는 방법에 대해 답을 찾아보자. 현대 사회는 20세기 후반을 거치면서 급속도로 발전하였다. 그 발전 과정에서 파생된 여러 문제를 해결하는 방법으로 다양한 혁신 방법론이 제안되었다. 사회 구조 전반의 혁신과 변화에 대한 요구와 대응은 항상 치열하였고, 혁신 방법론은 꾸준히 진화하고 있다. 특히 4차 산업혁명 시기를 맞아 품질 경쟁력은 더욱 중요하게 되었고, 기업과 관련 조직의 생존과 성장의 핵심 화두가 되었다.

이 책에서는 세 가지 이슈에 주목하고, 이를 설명하고 전파하는 데 주력하였다.

첫째, 4차 산업혁명 시대에 경쟁력을 확보하는 지름길은 무엇인가? 그리고 현시점에서 왜 품질 혁신이 또다시 필요한지 그 당위성을 확인해보고자 했다.

둘째, 이를 해결하기 위한 가장 효과적이고 효율적인 방식으로 6시그마 방식에 주목하였다. 본론에는 6시그마 방식의 기본적인 전제와 도입에서부터 적용, 그리고 체계적인 운영 방법을 제시하였다.

셋째는 이 책의 주제로, 대한민국 국가 경쟁력을 확보하기 위한 궁극적인 대안을 제시하는 데 집중하였다. 아울러 4차 산업혁명 시대에 품질 혁신을 통해 품질 경쟁력을 확보하고, 혁신을 성공시키는 길과 혁신 DNA를 조직에 뿌리내리는 방법에 대해 구체적인 방법을 소개하였다.

사회 현상과 진화에 대한 논쟁은 언제라도 환영한다. 치열하게 토의하고 올바른 대안에 접근하기 위해 노력해야 한다. 그렇다고 그 논쟁에서 항상 어떤 합의된 결과가 나오지는 않을 것이다. 그렇게 바라는 것은 비현실적이다. 토의와 합의 과정 그 자체로도 충분히 가치 있고 중요하다는 것을 인정해야 한다.

모쪼록 이 책을 통해 현재 진행되고 있는 4차 산업혁명 시기에 승자가 되는 방법을 얻고 경험하길 기대한다. 아울러 많은 경영자와 관리자들이 고민하는 경쟁력 확보 방법에 대해서도 시원한 대답이 되었으면 한다.

마지막으로, 아인슈타인 박사의 '문제 해결'에 관한 생각을 상고해보자. "우리가 발생시킨 문제와 같은 수준의 생각으로는, 우리가 당면한 그 문제를 해결할 수 없다." 크든 작든 문제는 늘 발생하고, 해결을 기다린다. 이제는 문제를 발생시킨 수준을 뛰어넘는 창의적이고 파격적인 발상으로 문제를 해결하는 여러분들이 되기를 응원하고 기대한다.

2023년 가을, 길음동 연구실에서

김규식

차 례

제1장
왜 또 품질 혁신인가?

· 좋은 품질에 대한 오해와 착각 · 품질의 올바른 정의 · 품질, 모르고 쓰면 독이다 · 품질 경쟁력의 구성과 조합 · 국가 경쟁력과 우리의 현주소 · 산업혁명과 품질혁명 · 4차 산업혁명이란? · 제조 품질과 서비스 품질의 쌍두마차, 이제는?

· 위기에서 출발하는 경영 혁신 · 왜 경영 혁신은 시작만 요란할까? · 경영 혁신 ABC, 왜 외면되나? · 경영 혁신의 첫 출발이 품질 혁신이어야 하는 이유 · 개선과 혁명 사이에서 어정쩡한 줄타기, 혁신의 참모습은? · 품질 혁신의 역사와 품질 대가들의 철학 · Post Corona, 생존 전략으로서의 품질 혁신

제2장
Cue Q! Again Six Sigma!

제3장
경쟁력 혁신 성공 방정식

제 1 장

왜 또 품질 혁신인가?

Why we should focus on quality, again?

1.
품질, 품질 혁신 그리고 4차 산업혁명

*

　품질(品質)을 대하는 시각은 다양하다. 유형의 물품을 만들어 공급하는 제조기업의 제품 품질만을 의미하는 것처럼 일반화되기도 한다. 하지만 사회 전반에서 품질이라는 용어는 매우 광범위하게 사용된다. 게다가 품질을 '질(質)'이라는 단어로 사용하면 그 쓰임새는 인문학적인 영역까지 큰 폭으로 확장된다.

　소극적 의미로 물품에 대한 평가 척도로만 사용되던 품질의 개념은 제품 품질에만 한정되지 않는다. 자연스럽게 서비스에 대한 품질까지 그 의미가 연장되었다. 또한 품질은 주로 '평가된 결과'를 의미하지만, 전체적으로는 '평가의 기준이자 척도'의 기능을 함께 가진다. 따라서 품질은 경쟁력 평가의 기준이 되며, 기업이나 개별 조직의 수준 평가를 넘어 국가 경쟁력의 평가에도 활용된다.

　현대 사회는 과거에는 경험하지 못했던 엄청난 속도로 진보하고 있고, 매우 경쟁적으로 상호작용을 한다. 그리고 경쟁의 결과에 따라 조직과 문화의 생존, 번영과 소멸이 결정된다. 따라서 21세기와 같이 변화의 폭과 깊이가 극심한 시기에는 현상의 유지나 완만한 개선을 경영의 우선순위에 두어서는 안 된다. 이는 마치 태평하게 신선놀음을 하는 것과 다름이 없다.

현대 경영에서는, 나아가지 못하면 이는 곧 후퇴함을 의미한다. 빠른 변화에 대응하고 경쟁 우위를 선점하기 위해서는 경쟁자를 압도하는 품질 경쟁력을 확보해야 한다. 이러한 의미에서 경쟁력을 확보하는 지름길인 품질 혁신의 중요성이 더욱 부각되고 있다.

그 어떤 경영지도 경쟁력 확보를 위한 품질 혁신 추진의 기대와 열망을 부정하지 않는다. 하지만 어떻게 추진해야 하는지, 그리고 가장 효과적이고 효율적인 방법이 어떤 것인지에 대해서는 확신이 없다. 그래서 주저하고 뒤로 미루다 기회를 놓치는 경우가 허다한 것이 현실이다. 품질 혁신은 반드시 경영자가 확고한 신념을 가지고 주도해야 성공할 수 있다. 신중한 결정을 위해 충분한 검토와 숙고를 하되, 결심이 섰다면 과감하게 추진해야 한다. 이제 경영자 스스로 그 방법을 찾는 것에 집중해야 할 때다.

21세기는 4차 산업혁명의 흐름을 타고 진보하고 있다. 앞선 여러 번의 산업혁명 시기와 같이, 인류 문명의 큰 전환점으로서 또 한 번의 중요한 변곡점을 넘고 있다. 4차 산업혁명은 개념과 실제 운영 및 구체적인 세부 내용들이 아직은 완전하고 명쾌하게 정의되지 않은 상태다. 다소 모호하여 구체적인 방향을 잡기가 쉽지 않은 경우도 많다. 때로는 아직도 논쟁 중, 또는 그냥 에둘러 언급하는 수준에 그치거나 다른 원칙이나 이론에 편승하는 정도로 머무는 경우도 많다.

산업혁명과 같이 한 시대의 조류에 대해 규정짓고 정의하는 것은, 변화가 진행되는 과정에서는 어렵고 불분명하다. 그래서 어느 정도 시간이 지나 성공과 실패의 결과가 나온 이후에 돌이켜 보며 평가하는 것이 일반적인 경향이다. 하지만 4차 산업혁명은 엄청난 속도의 기술 진보와 이에 따른 사회·문화적 큰 변동을 수반하고 있어서 더 이상 지체할 수는 없다. 비록 완전하지 않다고 하더라도, 충분히 공감하고 공유할 수 있는 4차 산업혁명의 개념과 역할을 구체화해야 한다. 아울러 기술 중심으로만 정의되고 평가된 4차 산업혁명의 운영과 범위도 이제는 더욱 거시적인 시각에서 고찰되어야 하고, 나아가 사회 전반에 걸친 인문적인 고찰까지 논의를 확대해야 한다.

좋은 품질에 대한 오해와 착각

우리 회사의 품질 수준은 과연 '좋은 품질'일까? 많은 경영자가 늘 관심을 두는 질문이다. 최고를 지향하며 경영 방침으로 품질 최우선을 주장하는 경영자일수록 '좋은 품질'에 대한 집착은 더 강하다. 하지만 좋은 품질의 기준은 객관화하기가 쉽지 않아 애매한 경우가 많다. 그래서 주관적이고 자의적인 판단으로 잘못된 판단이나 결정을 하는 경우도 생기곤 한다.

'좋은 품질' 논의에서 **'좋은'**이라는 형용사에 대해 강점, 우수성, 최고와 같은 의미를 지나치게 강조하면 질적인 면에 치우치기가 쉽다. 상대적으로 양적인 면은 간과되어 계량적인 품질 목표가 후순위로 밀릴 수밖에 없게 된다. 품질 평가에서 구체성을 배제한 채 질적 평가인 명품만을 좇는 것은 바람직하지 않다. 일등이나 최고가 좋기는 하지만 실제 품질 운영에서는 항상 바람직한 것만은 아니다. 구체적인 의미에서의 일류나 최고는 매우 희소하고 작은 수량을 의미하지만, 현대의 기업은 대량의 제품을 취급하기 때문이다. '질(質)과 양(量)'은 상호 배타적인 기준이 아니라 동시에 평가되어야 한다.

좋은 품질이라고 할 경우, '좋은'이라는 형용사에 대해 적절한 제한이 필요하다. 그냥 좋은 것이 아니라 무엇을, 얼마만큼 좋게 할 것인지가 구체적으로 제시되어야 한다. 품질 활동의 지향점이자 목표로서의 품질 운영은 세 가지 요소를 함께 고려해야 한다. 첫째는 품질에 대한 구체적이고 명확한 정의고, 둘째는 명확한 정의를 바탕으로 한 구체적인 평가 척도다. 셋째는 좋은 품질을 객관적으로 판단하는 방식이다. 경영진과 품질 혁신 추진자가 집중해야 할 것은 트로피가 아니라, 구체적인 기준 설정과 명확한 평가를 통해 품질 진단과 혁신을 과감하게 추진하는 것이다.

최고 경영자가 최고만을 강조한 명품 품질로서 좋은 품질을 강조하면, 현장에서는 과장이나 왜곡된 품질 지표가 만들어지기도 하고 실제 그렇게 운영되기도 한다. 고객이나 공급자 그 누구에게도 득이 되지 않는다. 탁상공론 그 이상도 이하도 아닌 지표들이 현장과 경영에 잘못 활용된 사례는 의외로 많다.

품질의 정의에 대해서는 자세한 설명이 필요하므로 뒤에 다시 살펴보기로 하고, 먼저 좋은 품질의 의미에 대해 살펴보자. 경영자들이 좋은 품질을 주장하고 요구할 때는 질적인 면만을 지나치게 강조하는 경향이 있다. 이런 경우 품질은 양적 개념이 포함된 계량적 의미가 아닌, 최고 수준의 품질 또는 극한 수준의 질적 기준인 명품 (名品) 수준을 의미하게 된다. 하지만 품질 평가는 '극한'이나 '최고' 와 같은 추상적인 목적이 아니라 수치에 의해 판단되는, 매우 객관화되는 과정이다.

필자가 만난 적지 않은 수의 경영자는 '좋은 품질이라는 평가를 받으면서도 왜 경영 여건은 개선되지 않는지?'라는 고민을 토로하기도 한다. 이는 품질 수준을 추상적으로 인식하기 때문에 발생하는 인식의 괴리다. 도대체 좋은 품질은 어떤 수준까지 이르러야 하는가? 그리고 '좋은 품질'이라는 평가와 '성공적인 경영 성과'는 같은 의미인가? 아니면 다른 의미인가? 그 오해와 착각에 대하여 살펴보자.

품질 수준은 막연하게 평가되지 않는다. 대상에 대한 구체적인 측정을 거친 후에야 비로소 품질 수준을 평가할 수 있다. 하지만 대상 품목을 측정한 기본 수치 그 자체로는 좋은 품질인지 아닌지 구분할 수 없다. 왜냐하면 품질 수준의 평가는 기준이 있어야 하고, 그 기준은 해당 산업이나 제품에 따라 차이가 있기 때문이다.

품질 수준을 평가할 때는 다양한 수치 척도를 사용한다. 이때 주의해야 할 부분은 기존의 관성화된 품질 측정 기준이다. 많은 조직에서 오래전의 측정 기준을 관성적으로 사용하곤 한다. 아주 크고 치명적인 사고나 문제가 발생하지 않으면 개정하지도 않는 경우가 빈번하다.

당연하지만 시대의 흐름은 측정 항목의 변화와 측정 기준(수치)의 변화를 포함하는, 기준 자체의 변화를 요구한다. 하지만 조직의 기준은 이런 변화에 대해 둔감하거나 답보한다. 이렇듯 기존의 기준이 변화된 환경을 충분히 반영하지 못할 경우, '좋은 품질'이라는 평가의 왜곡은 필연적으로 발생할 수밖에 없다.

　종합하면, 좋은 품질이란 다소 추상적인 의미를 지니지만 객관적으로 다음의 조건을 갖추어야 한다. 산업이나 평가 대상에 따라 개별적으로는 차이가 있을 수 있으나, 최소한의 기준으로 제시하였다.

　첫째, 구체적인 품질 수준을 의미하는 수치로(계량화) 표현되어야 한다. 다만 양적인 수치를 보완하여 품질 수준을 더욱 명확하게 표현할 수 있다면 질적 의미의 기준도 함께 사용할 수 있다. 특히 전반적인 조직 평가나 품질 특성치가 없는 평가의 경우에는 해당 평가에 대해 먼저 계량화된 평가치(품질 수준)를 개발하여 공유하는 것이 바람직하다. 최근 사회 각 분야에서 남발되고 있는 여러 품질과 관련한 상(賞)과 인증(認證)에서, 독자적이고 자의적으로 개발된 평가치나 평가 방법은 객관성을 의심당하기 쉽다.

　둘째, 표현된 품질 수준이 경쟁 대상에 대한 상대적 우위만이 아니라 절대적인 기준에서도 특정 수준 이상을 갖추어야 한다. 평가 기준이 제시된 상태에서는 상대적인 비교도 경쟁 환경에서는 의미가 크다. 하지만 품질 경쟁력 강화를 위한 전제로 좋은 품질을 갖추려면 무엇보다 절대적인 기준치를 압도해야 한다.

　셋째, 평가 기준과 평가 방법이 합리적이어야 한다. 즉, 지나치게 일방에 편향되지 않고 산업 전반의 수준을 평가할 수 있는 보편적 기준과 방법이어야 한다. 이런 평가와 관련한 기준과 방법에 대해 획일적 기준은 없다. 다만 산업 전반에서 운영하고 있고, 허용하는 기준에 부합하는 수준이어야 한다.

　마지막으로 위에서 제시한 좋은 품질을 의미하는 평가치와 평가 기준과 방법은 변화하는 경쟁 환경을 충분히 반영하여야 한다. 어떠한 조직도 변화, 변경에 대한 두려움을 가지고 있다. 특히 평가의 기준과 방법의 변경에 대해서는 더욱 거부감을 가지곤 한다. 그 탓에 평가의 기준이 변화하는 산업 환경을 충분히 따라가지 못하는 경우가 많다. 과거의 평가 기준을 답습하여 현재를 평가한다면 객관성을 담보할 수 없다. 오히려 품질 수준의 평가 결과에 대한 회의와 기피를 불러올 수 있으므로 항상 주의해야 한다.

과거에 좋은 품질의 수준이었다고 해서, 현재도 좋은 품질이라고 안주해서는 안 된다. 지금과 같이 급변하는 환경에서 평가 기준과 방법이 현실을 충분히 반영하는지, 그리고 올바로 측정된 지표에 기반한 평가인지 항상 고민해야 한다. 오해와 왜곡으로 인해 전략 수립과 계획 추진이 잘못되면 심각한 실패를 초래할 수 있다.

보기에 좋고 입맛에 맞는 평가 기준에 연연하여 객관적인 품질 수준 평가를 회피하는 어리석음을 범하여서는 안 된다. 좋은 목수는 두 번 재고 한 번 자른다는 격언을 잊지 말자. 최고 경영자일수록 자신의 평가에 더욱 냉정해야 한다. 몇 번의 상을 받는지가 아니라, 올바른 품질 평가를 통해 좋은 수준을 인정받아야만 좋은 기업이다.

품질의 올바른 정의

품질에 대한 논의는 먼저 품질(品質)의 뜻에 대하여 좀 더 명확히 하는 것으로부터 시작해야 한다. 흔히 품질이라고 하면 기업이 공급하는 제품이나 서비스의 품질에 국한하여 좁게 생각한다. 하지만 우리 주위의 사회·문화적 일상 용어인 '품질'은 그 사용 범위가 매우 넓다. 그런 이유로 품질을 명확하게 정의하기도 쉽지 않고, 애매한 경우가 많다.

품질이라는 단어는 영어의 quality에서 번역된 단어다. 중국에서는 '질량(質量)'으로 번역하고, 일본에서는 '품질(品質)'로 번역하였다. 우리의 경우에는 미국과 일본의 영향을 많이 받아서 일반적으로 '퀄리티(quality)' 또는 '품질'로 사용하고 있다. 어원이나 용어의 사용에 있어 한국의 '품질'과 중국의 '질량'에 대한 비교와 차이점은 명확하지 않다. 고래(古來)로부터 '질', '품질'과 같은 어휘 사용은 있었으나, 근대적 의미의 품질 개념과는 다르다. 그리고 학문적 의미의 품질 개념은 근대에 들어서면서 유럽과 미국을 거쳐 도입되고 정립되었다.

어떤 번역이 옳은가 또는 더 좋은가의 여부는 중요하지 않다. 오히려 주목해야 할 것은 품질 개념에 대한 올바른 이해와 사용이다. 우리 일상생활에서 폭넓게 사용되는 '품질'이라는 단어는 질(質)이라는 관점이 지나치게 강조되는 경향이 있다. 이에 반해 '질량'은 질과 양의 관점에서 균형이 잡힌 것으로 보인다. 이런 이유에서 품질이라는 단어를 대상에 대한 질적인 내용으로만 국한하는 것은 옳지 않다.

'Quality'에 대응되는 번역인 '품질'과 '질량'을 살펴보면, 질적인 면에만 국한하지 않고 양적인 면까지 함께 고려하는 것이 바람직하다. 하지만 지나치게 용어 자체에 집착하지는 말자. 용어보다도 오히려 그 사용법이 중요하기 때문이다. 여기에서 질(質)이란 정성적인 속성을, 양(量)이란 정량적, 계량적인 속성을 의미한다.

질만을 강조하는 것은 왜 바람직하지 않은 것일까? 그 이유는 우리의 언어 사용 습관에서 찾을 수 있다. 왜냐하면 '질'이라고 할 경우 지나치게 추상화하는 경향이 있기 때문이다. 추상화된 질 개념은 제품이나 서비스의 품질 수준을 '최고' 또는 '명품(名品)'을 상정하고 이해하게 한다. 더욱 혼란스러운 것은 '최고'나 '명품'이 어떤 수준을 의미하는지조차도 명확하지 않다는 것이다. 조금 더 품질에 대한 학문적인 정의를 살펴보자.

Quality에 대응되는 근대의 품질 개념은 '요구에 대한 충족 상태'로 정의하는 것이 일반적이다. 20세기 품질 학계를 대표하는 Juran 박사는 품질을 '사용 적합성(fitness for use)'으로 정의하였다. 품질 정의에서 추상화된 '좋음'의 개념보다는 고객의 요구에 대한 충족 정도를 강조하였다. 품질 전문가인 Crosby도 품질을 '우아함이나 단순한 좋음이 아닌 요구에 대한 적합성'으로 정의하였다(conformance to requirements, not as 'goodness' or 'elegance').

가장 보편적 품질 정의인 이 두 가지 견해에 의하면, 일반적인 '좋음'을 의미하는 질에만 치우치지 않아야 한다. 구체적으로는 '사용을 위한 요구 사항'을 '얼마나 충족하는지'에 대한 양적인 개념이 필요하다. 즉, 품질을 올바르게 정의하기 위해서는 질 또는 양에 대한 일방적인 판단이 아니라 질과 양의 개념을 함께 포함시켜야 한다. 왜냐하면 사용자 요구 사항에 대한 충족 상태는 질에 의한 정성적 속성만 있는 것이 아니라 양에 대한 정량적, 계량적 의미도 크기 때문이다. 계량화된 기준은 평가된 결과로써의 품질 지표를 의미한다. 그래서 품질 역사는 항상 측정과 평가 방식을 중요하게 다루었다.

품질은 그 자체로 완성되는 것이 아니라 '좋은 품질'과 관련이 깊다. 모든 품질 활동의 추구는 좋은 품질을 목적으로 하기 때문이다. 앞에서 살펴본 바와 같이 좋은 품질이라는 평가를 받으려면 질적, 양적 측면에서 사용자의 요구를 만족시켜야 한다. 어떤 기준을 얼마만큼 충족하여야 좋은 품질이 되는 것일까?

20세기 후반부터 모든 경영 활동에서 고객이 최우선으로 고려되었고, 고객의 의견에 따라 경영의 방향이 정해져야 한다는 원칙이 정립되었다. 가장 기본적이고 원칙에 바탕을 둔 원칙임에 틀림이 없다. 하지만 이 원칙이 경영 활동에 구체적인 지침까지 제시하지는 않는다. 이런 이유로 품질경영에서도 방침과 실무지침 사이에 많은 차이(gap)가 발생하였다. 품질경영에서 노출된 대표적인 부작용은 모든 활동에서 최고만을 지향해야 한다는 오해다.

일반적인 상식으로 보면 최고란 당연히 '좋음 또는 만족'을 의미한다. 하지만 경영 활동에서 항상 최고를 지향하는 것은 가능하지도 않고, 효율적이지도 않다. 좋은 품질은 끝없는 좋음의 상태가 아니라(not as goodness or elegance), 고객 요구 사항에 대한 상대적인 충족을 의미한다. 넘어야 할 허들(평가 기준)을 넘으면 좋은 품질에 도달한 것으로 판단해야 한다. 이에 머무르지 않고 더욱더 좋은 품질을 지향하고 추구하는 것은 나쁘지 않지만 이를 오해하여 맹목적으로 최고, 즉 최고 수준으로서의 명품 품질만을 끝없이 추구하는 것은 비효율에 가깝다.

좋은 품질이라는 평가는 명확한 품질 지표와 올바른 평가 방법을 요구한다. 이를 통해 품질 평가를 양과 질 중 한편으로 치우치지 않도록 하고, 기준에 따른 평가 결과를 수치로 표시할 수 있게 해준다. 즉, 품질 수준을 기대한 바의 질적인 충족에 그치지 않고, 평가한 만큼 수치로 표시함으로써 객관화한다.

우리의 품질 수준은 과연 좋은 품질일까? 그 대답은 감(感)이 아니라 항상 수치(숫자)로 표현되고 평가받아야 한다.

품질, 모르고 쓰면 독이다

득(得)? 독(毒)? 품질의 활용이 독이 아니라 득이 되려면 무엇보다 품질을 올바로 사용하려고 하는 의지와 자세가 중요하다. 일반적인 경영 현상을 파악하는 차원만이 아니라, 현재의 눈으로 과거를 돌이켜 보고 미래를 예측하기 위한 작업임을 인식하여야 한다. 그래서 품질에 대한 인식과 품질 리더십의 주체는 당연히 최고 경영진이어야 한다.

남들이 하니까, 지금까지 해왔으니까 하는 안일한 자세에서 탈피해야 한다. 특히 급변하는 기술 환경을 배경으로 하는 4차 산업혁명 시대에서 품질의 중요성은 더욱 두드러진다. 막이 오른 무대에서 주인공이자 당사자로서의 우리를 정확하게 평가하여 표현할 수 있는 유일한 척도는 '품질'밖에 없다. 그리고 품질은 다른 전략 수립에 앞서 가장 바탕이 되는 작업이므로 소홀히 해서는 성공과 성과를 장담할 수 없다.

품질을 올바로 사용하기 위해서는 기준으로서의 품질 지표를 제대로 설정하는 것부터 시작해야 한다. 단순히 현재 수준을 판단하기 위해 '품질'을 활용한다고 할 때도, 목적에 따른 명확한 정의와 기준을 고려해야 한다.

품질과 관련한 용어나 이와 관련한 수치(지표)를 사용할 때는 사용자, 사용 목적, 그리고 사용하는 방법에 따라 차이가 있다. 사용자와 사용 목적에서 볼 때 일상생활에서 사용되는 품질과 경쟁력을 대표하는 기준으로서의 품질, 그리고 기업에서 운영하는 품질의 의미에는 서로 차이가 있다. 물론 같은 의미로 사용되는 경우도 있을 것이다. 하지만 정확한 사용 목적에 따라 명확한 의미로 사용하는 것이 바람직하다. 명확하게 사용하지 않으면 자칫 큰 오해와 손실을 초래할 수도 있기 때문이다.

그리고 사용하는 방법에 따라서도 상당히 큰 차이를 발생시킬 수 있다. 어떤 특성치를 사용할 것인지, 즉 계량치, 계수치 또는 다른 특수한 목적의 수치인지에 따라 품질 수준은 그 차이가 달라질 수 있다. 또한 품질 지표를 측정하고 평가하는 방법도 평가 결과에 대한 해석과 관계가 깊다. 나아가 새로운 계획이나 전략을 수립하는 데도 큰 영향을 미친다.

품질 지표와 관련된 현 수준의 평가와 이를 바탕으로 계획과 전략을 수립할 때 품질의 의미와 측정, 평가 결과의 해석은 매우 중요하다. 왜냐하면 품질 수준의 오독(誤讀)은 품질 지표의 잘못된 적용으로 이어지게 되고, 결국 경영전략의 실패로 귀결되기 때문이다.

어떤 조직이든 현재 상황을 평가하고 앞으로의 목표를 계획하는 것은 일상적인 활동이다. 이때 활용되는 기준들은 대부분 품질과 관련된 지표다. 과거 특정 시점과 현재를 비교하든, 또는 경쟁 중인 상대방의 수준과 현재의 우리 수준을 비교하든 그 비교와 평가의 기준이 되는 수치를 일반적으로 '품질 평가 지표'라 한다. 이 지표를 자칫 잘못 사용하였다가는 전체 전략과 계획을 그르치게 할 수도 있다. 그래서 이 평가 척도로서의 품질 지표는 사용 목적에 맞게 정의되고 엄격한 기준에 맞추어 측정, 평가해야 한다.

경쟁력을 확인하고자 할 때는 먼저 기준 지표를 설정하고 이 기준과 비교하며 현재의 수준(水準)을 측정하여 과거 수준과 비교하거나 우리의 측정된 수준을 경쟁 상대방과 비교한다. 이때 가장 중요한 것은 품질 지표를 올바로 설정하는 것이다. 이미 사용하던 품질 지표 중에서 선택하여 사용할 수도 있고, 새로운 지표를 개발하여 사용할 수도 있다. 어떻든 그 선택은 목적과 현재 상황을 충분히 반영하여 이루어져야 한다.

여러 품질 경연을 평가하다 보면 측정 지표에 대한 고민이 부족한 경우를 자주 대하게 된다. 심지어는 현재 상황조차 제대로 반영하기 어려운 품질 지표를 미래를 결정짓는 중요한 전략 추진의 판단 기준으로 삼는 사례도 있다. 맹목적인 지표 과잉의 시대에서 품질 지표의 당위에 대한 고민이 부족한 탓이다. 하물며 이런 상황에서 미래의 승자가 되기 위한 품질 지표의 개발이 충실하였겠는가? 미래의 승자가 되기 위한 품질 지표 준비에 얼마나 공을 들이고 있는가? 품질 전문가들의 통렬한 반성이 필요하다.

품질이 독이 되지 않기 위해서는 품질 지표의 올바른 측정과 평가가 따라야 한다. 아무리 좋은 품질 지표라도 이를 잘못 활용하면 왜곡된 판단을 하게 되어 위험을 자초하게 된다. 품질 수준의 측정은 정확성과 객관성이 핵심이다. 이에 따른 품질 평가 역시 객관적이어야 하며, 동시에 합리적이고 전략적인 평가가 담보되어야 한다.

만약 그 품질 지표가 과거로부터 사용되던 기준을 답습하여, 이미 진행되고 있거나 앞으로 예상되는 변화를 수용할 수 없다면 잘못된 판단을 낳게 될 것이다. 특히 경쟁 상대와 비교하여 새로운 전략을 수립할 경우라면 큰 손실로 연결될 수도 있다. 반드시 현재 시점에 맞는, 때로는 미래의 변화까지 감안(勘案)하여 판단하여야 한다. 물론 그 측정과 평가는 당연히 객관적이어야 한다.

이해하기 쉽게, 전쟁과 같이 조직과 개인의 생사가 판가름 나는 상황을 가정해보자. 이처럼 손해와 이익의 차이가 극심하고, 특히 피해의 결과가 심각한 경우에 현실 판단은 매우 중요하다. 이때 상대방을 속이는 방법을 전략으로 삼지 않는 한, 현재 상황을 정확하게 인식하는 것만큼 중요한 전략적 기반은 없다. 여기에서 현재 상황에 대한 인식이 바로 품질 인식이다. 품질 인식에는 현재 수준을 어떻게 규정할 것인지, 그리고 측정과 평가는 어떻게 할 것인지가 포함된다. 그래서 전략의 시발점을 품질로부터 추진하는 것은 당연하다.

우리에게 익숙한 손자병법의 모공(謀攻) 편에서는 '知彼知己, 百戰不殆'라는 전략이 있다. 상대와 나를 정확하게 파악하고 있다면 어떤 경우에도 위태함이 없다는 뜻이다. 비록 모든 전투에서 이길 수 있다는 보장은 하지 않지만, 위태하지는 않다는 의미다. 여기에서도 품질의 의미가 바탕에 깔려 있다. 상대와 나를 파악하는 것이 바로 품질의 첫 출발인 기준 수립과 측정이며, 이를 바탕으로 평가까지 이루어지면 지피지기가 완성되는 것이다.

나아가 손자병법은 지형(地形) 편에서 여러 지형(상황)적인 전략을 제시하였고, 이 전략까지 완성되면 백전불태는 백전백승으로 이어질 수 있을지 모른다. 어떻든 상대를 제압하거나, 제압당하지 않기 위한 가장 기본적인 활동은 정확한 상황 판단이다. 즉, 명확한 품질 인식을 갖추는 것이야말로 승리의 기본임을 지적하고 있다.

지형 편에서 손자는 더욱 상세한 세 가지의 조건으로 설명한다. 즉, 반지(勝之半也)의 개념이다. 첫째, 우리 편 병사들의 상태는 공격할 수 있음을(가능함을) 알지만 적이 우리를 공격할 수 없음을 모르면 이때는 승리의 반(半)밖에 장담할 수 없다고 한다(知吾卒之可以擊, 而不知敵之不可擊, 勝之半也). 상대방에 대한 정확한 측정과 평가가 없을 경우는 승리의 확률이 반밖에 없으므로, 아군뿐 아니라 적에 대한 평가도 충실해야 함을 강조하고 있다.

둘째, 적을 공격할 때를 알지만 우리 편이 충분히 공격할 수 없는 상황임을 알지 못하면 이 또한 승리의 반밖에 장담할 수 없다고 한다(知敵之可擊, 而不知吾卒之可以擊, 勝之半也). 결국 우리의 현재 상황을 정확하게 파악할 수 있어야 승리의 확률을 높일 수 있다.

마지막 세 번째로, 손자는 우리가 공격할 수 있고(좋은 기회이고), 우리의 병사들이 공격하기에 가능하다고 해도, 지형(상황)이 전투에 적합하지 않을 때는 승리의 확률은 반반이라고 하였다(知敵之可擊, 知吾卒可以擊, 而不知地形之不可以戰). 현대 경영에서도 중요한 전략을 추진할 때는 나와 경쟁 상대의 상황뿐 아니라 전체적인 형편과 상황이 매우 중요하다. 기업의 마케팅 환경 분석에서도 3C를 활용하는데 그 개념이 비슷하다. 마케팅 전략을 수립할 때 나(company)의 상황과 적(competitor)의 상황, 그리고 시장에서의 핵심 주도자인 고객(customer)의 상황까지 3자를 잘 분석하여야 한다는 '3C'의 원칙은 손자병법의 '반지'와 그 본질이 매우 비슷하다.

이와 같은 품질의 전략적인 개념과 활용 방안이 기원전 500년 전에 기록된 손자병법 중 '반쪽짜리 승리(半知)'에 소개된 것은 놀랍다. 손자는 지금으로부터 2,500여 년 전에 이미 품질 개념을 전쟁 수행의 전략과 수단인 병법(兵法)으로 정확하게 설파한 것이다.

품질 경쟁력의 구성과 조합

경쟁력(競爭力)은 경영 이론과 실제 비즈니스 현장에서 폭넓게 사용되는 개념이다. 용어로서의 의미는 '경쟁자인 상대방과 비교하여 나타난 능력'을 뜻하지만, 일반적으로는 해당 주체의 '능력' 그 자체를 의미하는 것으로 이해되기도 한다.

경쟁력을 논의하는 효과 중 대표적인 것은 조직의 경쟁력이다. 국가, 산업. 기업 등 해당 주체에 대한 능력을 표현하는 기준이라는 의미가 크다. 특히 20세기 후반부터 컴퓨터와 통신을 기반으로 기존 비즈니스 체계는 공급자 중심에서 소비자(수요자) 중심으로 빠르게 이동하였다. 이는 글로벌 비즈니스 현장에서 주인공이 바뀌었음을 의미하는 사회적 변혁을 의미한다.

이러한 사회적 흐름은 국가, 산업, 기업 등 각 경영 부문에서 개발력과 생산을 무기로 권한을 누리던 주체들이 이제는 소비자의 요구를 만족시키지 못하면 퇴출당하는, 생존을 위한 살벌한 전쟁터로 내몰렸음을 의미한다. 따라서 비즈니스 현장에서는 다른 무엇보다도 생존을 위해 경쟁력이 필요하였고, 이는 곧 품질 경쟁력을 의미한다. 앞에서 설명하였듯이 품질은 소비자의 요구를 만족하는 정도를 의미하므로, 경쟁력은 그 자체로 품질 경쟁력을 의미하기 때문이다.

일반적으로 '경쟁력'이라는 용어는 사용하는 목적에 따라 다르게 쓰인다. 그리고 기업에서는 경쟁력과 품질 경쟁력을 뚜렷하게 구별하여 사용하지 않는다. 거의 같은 개념으로 상황에 따라 달리 사용할 따름이다. 특히 '좋은 품질'의 관점에서 '경쟁력'은 비교할 수 있는 기준이자 평가 지표의 우위를 말한다. 이 비교의 기준, 즉 품질 평가 지표가 상대방보다 좋은 것이 곧 경쟁력이 있음을 의미한다. 그런 의미에서 현대 비즈니스에서는 경쟁력이 바로 품질 경쟁력을 의미한다고 해도 지나치지 않다.

품질 경쟁력은 상대적 의미로 많이 사용되지만, 적극적 의미의 경쟁력 확보 차원에서는 누군가와 비교하는 것이 아니라 자신의 가치를 최적화하고 극대화하는 것에 전략적 의미가 있다. 즉, 품질 경쟁력을 갖춘다는 의미는 경쟁하고 있는 상대방을 맹목적으로 끌어내리고 그 우위에 서는 것이 아니다. 오히려 자신의 가치와 능력을 끌어올림으로써, 경쟁자보다 돋보이게 하는 전략적 운영을 의미한다.

품질 경쟁력의 전략적 가치는 품질이 생존과 성장의 바탕이라는 가장 근원적인 요구에서 출발한다. 또한 품질은 기술적, 상업적 의미에만 국한되는 것이 아니어서 품질 경쟁력은 사회 전반에 폭넓게 사용된다. 조직을 갖춘 형태에서는 조직 경쟁력을 의미하고, 내부 성능이나 능력을 검증하는 차원에서는 실제적 능력치를 의미하기도 한다. 용어로서의 '품질 경쟁력'은 표현하고자 하는 대상 전체의 경쟁력을 의미하며, 그 범위는 제한이 없다.

품질 경쟁력은 사회 전반에 적용된다. 궁극적으로는 국가 경쟁력이라는 의미로까지 확장된다. 사회 주체별로 보았을 때 국가 경쟁력, 기업 경쟁력, 가계 경쟁력으로 구분할 수 있다. 각각의 주체별로 얼마나 경쟁력이 있는지는 품질 지표에 따라 차이가 있을 수 있다. 이러한 품질 지표를 통해 측정하고 평가하며, 나아가 이를 종합적으로 판단힘으로써 각 주체의 품질 경쟁력을 비교하여 평가할 수 있다.

또한 국가 경쟁력의 의미에서는 산업 경쟁력, 개별 기업의 경쟁력, 정부 경쟁력. 지방정부 경쟁력, 사법 경쟁력 등 조직을 갖춘 어떠한 구성단위에도 적용할 수 있다. '경쟁력'의 의미를 경제학이나 경영학에서 사용하는 것처럼 재화나 서비스의 생산과 공급(판매)하는 능력을 기준으로 정의하면 다소 제한적이다. 하지만 사회적 의미로 사용하면 산업이나 시장 및 기업 경쟁력 외에도 행정, 법무, 보건, 의료, 정보화 등 광범위한 분야에 적용할 수 있다. 나아가 정치, 예술 및 문화 경쟁력과 같은 사회·인문 분야까지 확장할 수도 있다.

경쟁력은 해당 부문의 경쟁력 그 자체만을 선언하는 데 그쳐서는 안 된다. 이를 적극적으로 측정, 평가하여 종합적인 판단을 하는 것이 효과적이다. 그리고 경쟁력을 평가한 수치(지표)는 구체적인 의미에서 '품질 경쟁력'으로 사용해도 전혀 문제가 없다. 왜냐하면 경쟁력은 그 판단 기준인 품질을 비교한 결과로 나타나기 때문이다. 그래서 경쟁력을 판단하는 지표들은 주로 품질 평가 지표 또는 품질 지표라고 불리며, 품질이라는 단어와 어우러져 사용된다.

품질 경쟁력은 평가하고자 하는 대상(주체) 전체가 차지하고 있는 특정 수준을 의미한다. 하지만 품질 지표는 전체가 아니라 각 구성 요소 중 핵심 지표를 측정하여 평가함으로써 표현한다. 따라서 품질 경쟁력은 구체적인 품질 지표로 측정되지만, 평가는 종합적으로 이루어져야 본연의 가치를 발산한다. 즉, 개별 품질 지표의 종합으로 품질 경쟁력의 구성을 완성할 수 있다.

품질 경쟁력의 구성은 가장 큰 개념인 국가 경쟁력으로부터 시작하여 개별 경쟁력인 수많은 하위의 경쟁력으로 구성되며, 이들은 체계적인 조합 형태를 지닌다. 이러한 구성과 조합은 분석하고자 하는 목적에 따라 달라진다. 그리고 경쟁력 수준을 평가하는 핵심 지표는 믿을 수 있고 객관적인 품질 지표로 구성해야 한다. 즉, 품질 지표가 제대로 설정되어야만 품질 경쟁력이 온전히 평가받을 수 있다. 품질 지표의 설정과 측정은 그만큼 중요하다.

경쟁력은 개별 구성 요소를 어떻게 구성하는가에 따라 평가 결과에 차이가 발생한다. 대단위 조직의 경쟁력 지표일수록 하나의 지표로 설명되지 않고 여러 개별 경쟁력 지표에 의해 평가된다. 특히 국가 경쟁력이나 산업 경쟁력과 같이 포괄적인 분야는 구성 요소들이 매우 다양하고 복잡한 영향 관계를 갖게 된다. 그래서 이를 평가하는 주체(기관)에 따라 신뢰도의 편차가 크다. 평가 지표가 명확하고 객관적으로 설정되지 않으면 신뢰를 인정받지 못할 수도 있다.

국가 경쟁력에 대한 평가는 지구 전체로 글로벌화가 이루어졌다. 오늘날 국가의 기능은 매우 복잡하고 다양해서 사회적으로도 여러 논란이 있다. 몇 개의 기준만으로 국가 경쟁력을 객관적으로 명확하게 평가하기는 어렵기 때문이다. 그래서 평가와 분석의 주체가 누구인지, 이를 평가하기 위해 어떤 지표들을 활용했는지, 그리고 측정과 평가 방법은 어떠한지에 따라 신뢰성의 폭이 결정된다.

특히 대단위 조직이나 다양한 특성이 결합한 조직의 품질 경쟁력은 매우 복합적이다. 이 경우에는 측정과 평가 방법뿐만 아니라 그 이상 어떤 품질 지표로 구성할 것인지가 핵심 관건이다. 즉, 다른 운영 방법도 중요하지만 지표의 구성에도 소홀해서는 안 된다.

가장 적극적으로 활용되는 품질 경쟁력 개념은 개별 기업의 경쟁력이다. 이는 해당 시장이나 고객(수요처, 소비자)들의 의견을 반영하기 때문에 객관성을 반영하기가 상대적으로 수월하다. 하지만 그 지표 설정에 있어 다음의 조건을 갖출 것이 요구된다. 다른 품질 경쟁력 지표에도 동일하게 적용되는 기준이다.

첫째, 대표성이다. 이는 품질 경쟁력을 나타내기 위하여 설정한 지표가 그 목적인 경쟁력의 수준을 대변할 수 있어야 함을 의미한다. 비교하고자 하는 대상과의 차별점을 명확하게 나타낼 수 있는 지표의 설정이 필요하다. 일반적으로 활용되는 지표들만을 나열함으로써 경쟁력을 표현하고자 한다면, 수고는 작을지언정 의미는 반감될 수밖에 없다. 또한 현재 시점에서 확인하고자 하는 경쟁력 수준을 현재와는 동떨어진 과거에 초점이 맞추어진 지표로 평가한다면 대표성이 부인될 수밖에 없다. 시대가 변하면 지표도 함께 진화한다. 자칫 과거의 잣대로 현재를 평가하는 어리석음을 범해서는 안 된다.

둘째, 객관성이다. 객관성이란 설정된 지표가 측정할 수 있어야 하며 측정 방법 역시 객관적이어야 함을 의미한다. 지나치게 주관적인 개념이거나 측정 방법이 구체적이지 않은 지표를 제시할 경우 측정의 객관성을 담보할 수 없다. 기술과 시대의 변화에 따라 새로운 지표가 필요할 수도 있다. 하지만 이럴 때도 객관적인 척도로서의 지표가 필요하다. 새로운 부문이라고 해서, 처음이라고 해서 자의적으로만 판단하지 말고 설득력 있는 측정치에 대한 운영 정의와 구체적인 측정 방법 등을 제시해야 한다. 특히 4차 산업혁명 시기에는 이와 같은 새로운 지표들이 많이 등장한다. 앞서 제시한 대표성과 함께 객관성이 더욱 중요시되는 이유다.

셋째, 통계적 유의성이다. 경쟁력 수치는 측정 결과에 대한 통계적 유의미를 강력하게 요구한다. 측정 지표 자체도 의미가 있어야 하고 객관적으로 측정되어야 하지만 결과 또한 통계적으로 유의미하게 해석되어야 한다. 즉, 측정된 통계량으로서 모집단에 대한 가설을 검증하여 통계적으로 의미가 있는 결과를 내야 한다. 통계는 경쟁력에 관한 추상적인 의미를 보다 구체화하여 품질 경쟁력 지표에 타당한 근거를 제공한다.

국가 경쟁력과 우리의 현주소

국가 경쟁력은 한 국가의 능력을 평가하는 기준이다. 그러므로 평가 대상의 범위는 방대하다. 따라서 하나 또는 몇 개의 수치로만 평가할 수는 없고, 여러 가지 지표들이 함께 검토되어야 한다. 일반적으로 국가 경쟁력을 의미할 때는 여러 국가 간의 비교 결과로서의 순위를 의미한다. 하지만 국가라는 단위의 전체 조직 능력을 한꺼번에 평가하여 비교하는 것은 그 자체가 어렵고, 객관성을 확보하기는 더더욱 만만치 않은 일이다.

먼저 국가 경쟁력의 평가에 대하여 살펴보자. 국가 경쟁력을 평가할 때, 구체적으로는 개별 국가의 가치 있는 정보들을 평가하여 종합 능력을 판단한 후에 이를 다른 국가들과 비교하게 된다. 그러므로 가치 있는 정보는 평가 결과로서의 순위라기보다는 오히려 해당 국가의 실제 능력이다. 따라서 국가 경쟁력 산출의 목적이 국가 간의 순위를 파악하고자 하는가 또는 해당 국가의 실질적 능력을 파악하는가에 따라 평가 방법은 달라져야 한다.

흔히 국가 경쟁력을 활용하여 자국의 우위를 주장하고자 한다. 이 경우에는 개별 경쟁력보다 종합 순위가 중요하다. 평가 과정에서 자칫 명확하지 못하거나 불필요한 정보가 섞이면 경쟁력 순위는 왜곡될 수도 있다. 전체적인 관점에서는 경쟁력 순위라는 지표도 필요하다. 하지만 품질 경쟁력 확보와 이의 강화라는 관점에서는 국가가 가지고 있는 개별 경쟁력에 초점을 맞추어야 한다. 즉, 국제 기관들이 수행하는 순위 비교보다 해당 국가의 능력 그 자체로서의 국가 경쟁력에 주목해야 한다.

정책 결정을 위한 대표적 국가 경쟁력 지수로는 IMD(International Institute of Management Development)나 WEF(World Economic Forum)의 순위가 많이 활용된다. 이외에도 세계은행과 헤리티지 재단 등 여러 국제기관에서도 국가 경쟁력 순위를 발표하고 있다. 각 기관은 전반적인 경쟁력 순위와 특정 분야의 순위를 공개하고 있으며, 측정 항목도 함께 공개한다.

이 지표들은 여러 조사 자료를 바탕으로 국가별 경쟁력의 순위 중심으로 표시되므로, 쉽게 우위를 구분할 수 있다는 점에서는 편리하다. 하지만 항목을 어떻게 구성하고 측정된 항목을 얼마나 종합적으로 평가할 것인가에 따라 순위 결과는 달라질 수도 있다. 즉, 개별 지표는 평가의 객관성을 확보하였더라도 전체를 종합한 순위(ranking) 지표는 객관적 지표로 활용하기에 합당하지 않은 측면이 많다. 그러므로 순위가 꼭 필요한 경우가 아니라면, 종합 순위는 정책 결정이나 비교를 위한 참고 자료로만 활용하는 것이 좋다.

이와 달리 개별 경쟁력의 의미로 국가 경쟁력을 확인하기 위해서는 항목별로 품질 경쟁력을 따로 파악해야 한다. 왜냐하면 국가 경쟁력은 국가별 순위를 매겨 손쉽게 비교하고자 하는 유혹을 넘어서서, 해당 국가의 실제 능력을 구체적으로 파악하고자 하기 때문이다. 또한 비교 기준인 국가 경쟁력은 그 구성을 객관화하기가 매우 어렵고, 나아가 여러 국가를 동일 기준으로 평가한다는 것 자체가 경쟁력 수준 비교의 의미를 넘어선다.

국가별 경쟁력 평가는 부문별 평가가 바람직하다. 오로지 하나의 통합된 수치로 국가의 경쟁력을 판단하는 것은 지나치게 초월적인 권능을 의미한다. 가능하지도 않고, 다수가 공감하기도 어렵다. 다만 개별 경쟁력 지수를 비교함으로써, 전체 국가의 경쟁력을 가늠해보는 참고 자료로는 활용이 가능할 것이다. 이런 의미에서 국가 경쟁력은 종합된 수치나 등수(rank)가 아니라 개별 지표에 초점을 맞추는 것이 바람직하다.

국가 경쟁력은 다른 나라와의 비교라는 의미 이전에 과거와 현재의 비교에 가치가 있다. 발전되고 있는가 또는 퇴보하고 있는가의 판단을 통해 미래의 방향을 가늠하게 된다. 국가 경쟁력 측정과 평가의 핵심은 미래를 설계하기 위한 현상의 확인에 초점을 둔다.

그리고 국가 경쟁력은 경제적인 관점도 중요하지만, 사회·인문적인 관점도 중요하다. 생산, 구매 및 판매 등 경제적 능력 중심에 그치지 않고 행정, 사법, 문화 등 사회·인문적인 영역까지 확대하여 품질 경쟁력을 파악해야 한다. 국제적으로 발표되는 IMD나 WEF 등과 같은 국가 경쟁력 지표는 평가 결과에 따른 순위와 경쟁력 수치가 대체로 존중된다. 하지만 때로는 이를 수용하여 활용하는 주체의 입장에 따라 일정 부분 기피되기도 한다. 이런 기피 현상을 줄이고 수용성을 높이기 위해서는 조사 주체의 객관성 유지와 공적 신뢰성 확보 노력이 중요하다.

이제 우리의 국가 경쟁력을 살펴보자. 먼저 우리나라가 국가 경쟁력에서 대표하고자 하는 핵심 내용을 이해하는 것이 중요하다. 왜냐하면 여러 수치를 종합하여 단일한 지표나 핵심 지표를 산출하기 위해 평가를 할 때는 대표성이 큰 품질 지표들이 높은 비중을 차지하기 때문이다.

보통 국가 경쟁력의 평가는 거시 경제 지표를 가장 우선적으로 고려한다. 즉, 경제 관련 품질 경쟁력이 국가 경쟁력 지표로 대표된다. 경제와 관련한 지표들은 국제 교역(수출 및 수입) 및 국민소득, 물가, 환율 등이 이에 해당한다. 물론 거시 지표만으로 국가 경제를 완전히 파악할 수는 없다. 조사자나 기관의 조사 목적상 필요에 따라 시장에서의 미시 경제 지표들을 추가하여 포함할 수 있다.

다음으로 고려하는 것은 산업 경쟁력이다. 현대 사회의 가장 핵심 영역은 결국 국가 간의 비즈니스이기 때문에, 이의 바탕이 되는 산업별 경쟁력이 무엇보다 중요하다. 산업 경쟁력은 분류 기준에 따라 매우 다양하게 세분할 수 있다. 산업 부문의 분류와 경쟁력으로 판단할 대상의 선정은 제조업과 서비스업의 구분과 같이 전통적인 분류법에 따를 수도 있으나, 기술 경쟁력을 중심으로 구성하는 것이 유용하다. 특히 4차 산업혁명의 근간이 되는 신기술을 중심으로 산업 부문을 구성함으로써 더 효과적으로 구성할 수 있다.

산업 경쟁력에 있어 가장 대상 범위가 넓은 것은 제조업의 경쟁력이다. 이 제조 경쟁력 역시 경제적인 단위로 경쟁력을 파악할 수도 있으나, 공급망(SCM)을 중심으로 개발-구매-제조-물류-마케팅-판매-서비스의 프로세스 단위로 구분할 수도 있다.

또한 국가 간 품질 경쟁력 비교를 위한 대상은 조사 주체의 주관적 판단에 따라 정해지기도 한다. 포괄적인 의미에서 행정 품질, 법무 품질이 있을 수 있고 의료 및 보건 품질, 국방 품질 등 관심 영역을 추가할 수 있다. 모든 조사와 평가 대상은 조사 주체의 의지에 달려 있다. 다만 국제적인 기구에서 보편적인 기준을 정하여 국가 경쟁력을 평가할 때는 나름의 공감 가능한 기준을 통하여 설득할 수 있어야 한다.

이 책을 통해 개별적인 수치에 근거하여 우리나라의 국가 경쟁력을 평가하는 것은 의미가 없다. 평가는 평가 기관에서 수행한 결과로 판단하면 충분하다. 다만 함께 고민하고자 하는 내용은, 국가 경쟁력에 대한 위기감 공유다. 수치에만 매몰되지 말고, 우리가 겪고 있고 헤쳐나가야 할 4차 산업혁명 시기에서의 솔직한 상황을 직시하여야 한다. 기술 중심의 격변하는 환경에서 우리의 명확한 현재 위치를 자각하지 않고서는 위기의 공감도, 이를 매개로 한 극복의 노력도 무의미하기 때문이다.

20세기 후반을 거치면서 우리의 경쟁력은 제조업의 탄탄한 뒷받침으로 괄목할 만한 성장을 이루었다. 성장의 크기도 놀랍지만, 성장의 기간 역시 세계 역사에서 유례를 찾아볼 수 없을 정도로 압축적이었다. 하지만 21세기를 넘어서면서 품질 경쟁력은 생산과 공급 중심의 제조업을 탈피하여, 신기술을 바탕으로 한 4차 산업혁명이 중심이 되고 있다. 우리가 이러한 상황의 변화에 올바르게 대응하고 있는지는 여러 평가가 가능할 것이다.

　우리가 품질 경쟁력을 평가하여 얻고자 하는 것은 궁극적으로 부문별 초일류를 확보하는 것이다. 그리고 초일류 이후에는 초격차, 즉 지배적 격차를 이루어야 한다. 산업별로 볼 때 우리의 경쟁 상대는 최첨단 산업을 바탕으로 한 미국, 자동차 산업과 환경을 중심으로 한 유럽, 그리고 소재, 부품, 장비 산업을 중심으로 장인 정신이 바탕이 된 일본, 또 초거대 수요와 공급망으로 세계의 공장 역할을 소화하고 있는 중국과 인도, 동남아시아 국가다.

　이 경쟁국들에 관한 우리의 연구는 충분한지, 그리고 그 대응과 준비는 얼마나 진행되고 있는지 꼼꼼히 챙겨야 한다. 부족한 점이 있다면 지금이라도 반성하고, 국가 전체 역량을 동원하여 적극적으로 준비해야 한다. 평가와 반성과 함께 면밀하고도 체계적인 전략을 수립하여 추진하여야 한다. 그 전략이 캐치업(따라잡기)이든, 또는 초격차든 지금은 바로 나서서 움직여야 할 때다.

　안타깝지만 21세기 들어 4차 산업에 대한 우리의 경쟁력은 지난 세기의 제조업 성과에 비해서는 미흡한 것이 사실이다. 지난 제조업의 성과로 앞으로도 일정 기간은 버틸 수 있을 것이다. 하지만 그 이후에도 급변하는 글로벌 환경에서 지속해서 버틸 수 있는 여유가 있을지는 장담하기 어렵다. 우리의 현재 상황은 명확히 위기 국면이라고 정의할 수 있다. 동의하든 그렇지 않든, 이 위기는 점차 심화하는 경향이기에 더욱 우려스럽다.

공포감을 자극하고자 하는 것이 아니다. 지금 이 시점에서의 변화를 정확하게 바라보고, 현 상황의 극복과 대처에 집중해야만 한다. 디지털 전환의 시점에서 아직도 이탈해 있는 부문의 품질 경쟁력을 끌어올려야 한다. 선두 그룹의 일부 기업이나 산업 부문에 맡길 수만은 없다. 전체 산업군이 함께 전진할 수 있도록 총화가 필요하다.

이를 위해서는 산업계만의 노력으로는 어렵다. 정부를 중심으로 한 관(官)과 대학 중심의 학(學)이 함께 손을 잡아야 한다. 이제는 새로운 국가 경쟁력 강화를 위해 산·관·학 공통의 품질 플랫폼이 필요하다. 이 플랫폼을 중심으로 모든 부문이 함께 성과를 낼 수 있도록 다 함께 공을 들여야 한다. 필자는 이 품질 플랫폼으로 6시그마 방식(방법론)을 제안한다. 그리고 '대한민국 품질 경쟁력 강화 포럼'을 통해, 바로 지금 이 시점이 우리나라의 품질 역사를 새로 써야 할 시간이라는 것을 지속해서 요구하고 있다.

산업혁명과 품질혁명

'산업혁명'은 산업, 경제, 사회 등 인류 문명을 구성하는 모든 부분에서의 획기적인 변화를 의미하는 개념이다. 세계사에서 산업혁명(The Industrial Revolution)이라는 용어는 아놀드 토인비에 의해 처음(1884년 '18세기 영국 산업혁명 강의') 사용된 이후, 이제는 기술 변화 (진보)에 따른 사회·경제적 변화 등을 일컫는 용어로 자리 잡았다. 그리고 산업혁명은 기존의 사회·경제적 구조를 획기적으로 바꾸었기에 '혁명'의 개념을 빌릴 수 있었다.

산업혁명은 이후에도 급속한 사회 변화가 창출되면서 상대적인 개념으로 전환되었다. 그래서 시기적인 의미를 부여하여 정의하게 되었고, 흔히 1차, 2차, 3차 산업혁명과 같이 진화의 개념이 형성되었다. 21세기 들어 4차 산업혁명의 논의가 한창인데, 이 역시 기술 진보에 의한 사회·경제 구조의 진화적 변화 관점이다.

시기별로 진행된 산업혁명을 간략하게 소개하면 다음과 같다. 시기별 산업혁명 단계의 구분은 처음에는 주관적인 분류였으나 기간이 지나면서 사회학자들에 의해 대체로 유사한 구분법이 제시되었다. 일반적으로 인정되는 산업혁명은 현재까지 3차례에 걸쳐 진행되었다고 인식되고, 현재는 4차 산업혁명이 진행 중이라는 주장에 공감한다.

산업혁명의 계기가 되었던 역사적 모멘텀은 신기술이다. 인류는 신기술에 의해 기존의 일상적 진화 과정을 획기적으로 뛰어넘은 발전을 구가할 수 있었기 때문이다.

1차 산업혁명은 18세기 후반 방적 기술의 개발과 함께 수력, 증기력에 의한 동력 혁명이라 할 수 있다. 이로 인해 농경사회에서 공업 중심의 사회로 급속하게 변화되었고, 국가 경쟁력 역시 공업화와 기술 역량에 의존하게 되었다. 이로 인해 여러 사회적 변화가 뒤따라 생산 설비의 기계화를 이룰 수 있었고, 획기적인 생산량의 증가를 가져왔다.

2차 산업혁명은 영국의 산업화로 대표되는 1차 산업혁명에 비해 후발 주자들의 추격이 본격화한 시기다. 19세기 후반에서 20세기 초반에 전개된 이 흐름은 주로 전기의 발명과 함께 산업 발전을 이끌었으며, 영국 이외의 독일과 미국에 의해 주도되었다. 신기술에 의한 1차 산업혁명 시기에 농경사회가 공업화되며 산업의 본질적 변화를 이루었지만, 2차 산업혁명은 기존 공업사회를 더욱 강화하는 새로운 체제로 인도하였다.

2차 산업혁명 시기를 통해 인류 문명은 산업사회의 형태를 갖추었다. 생산성을 위해 제조 방식의 혁신이 이루어졌고, 과학적 관리를 토대로 분업화와 생산력 향상이 실현되었다. 특히 2차 산업혁명은 생산관리와 품질관리의 개념을 도입하여 체계화함으로써, 대량생산의 완성과 함께 경제 성장을 견인하였다는 점에서 세계사적 의미를 지닌다.

이 시기에는 분업과 과학적 관리에 의해 산업이 급격하게 팽창하였고, 나아가 공업화를 통한 세계 경제의 성장을 이룰 수 있었다. 그리고 일부 국가에만 국한되었던 산업화의 독점이 영국 이외의 유럽과 미국으로 확산함으로써 세계화의 기반이 조성되는 기회가 되었다.

이후 인류 문명은 기술에 의존하는 경향이 강화되었고, 공업화가 산업 발전의 성장 동력으로 자리매김하였다. 이러한 공업화의 진전에 따라 품질의 중요성과 관리의 필요성이 대두된 첫 시작점이라는 측면에서도 2차 산업혁명은 그 의의가 크다. 또한 이 시기를 통해 통계적 품질관리가 제안되었고, 이는 이후 품질관리의 기초가 되었다.

3차 산업혁명은 1, 2차 세계대전을 거치면서 과학과 기술이 융합되고 폭발적인 생산성을 이룬 시기로 정의할 수 있다. 생산성 향상을 통해 급속도로 팽창한 산업화는 20세기 중후반을 거치면서 컴퓨터와 네트워킹 기술을 바탕으로 정보화 단계로 이행했다. 2차 세계대전을 전후로 컴퓨터와 반도체 기술은 눈부시게 발전했다. 여기에 네트워킹이라는 신기술을 매개로 폭발적인 정보혁명을 이루게 되었는데, 3차 산업혁명은 이처럼 산업의 팽창에 의한 자연스러운 흐름이었다.

3차 산업혁명은 2차 산업혁명의 연장선으로 볼 수도 있다. 하지만 산업의 모든 바탕이 정보 기술로 이동되면서 구분이 필요하게 되었다. 미래학자인 아놀드 토인비의 제1·제2·제3의 물결 구분과 유사하게 다니엘 벨 역시 인류 사회의 진화 과정을 농업사회, 산업사회, 탈산업사회로 규정하였다. 이러한 세 번째 사회적 대변동을 3차 산업혁명으로 정의하는 데 많은 학자가 일치된 견해를 보인다. 다만 그 구분 기준에 대해서는 학자 사이에 이견이 있기도 하지만 전체적인 산업혁명의 특성 구분에는 차이가 크지 않다.

특히 3차 산업혁명 시기에는 품질 부문의 성과가 두드러졌다. 그 결과로 큰 폭의 생산성 향상과 품질 혁신이 이루어졌다. 이를 뒷받침하기 위한 품질 이론도 대부분 이 시기에 구축되었는데, 현대 품질 이론의 핵심은 아직도 이 시기의 내용을 바탕으로 하고 있다.

경영계의 혁신 요구도 결국은 원가절감과 생산성 향상을 목표로 추진되는데, 그 핵심은 '품질 혁신'이다. 즉, 품질 혁신을 통해 원가절감과 생산성 향상을 추구하는 것이 20세기 후반의 기본적인 혁신 프레임이 되었다. 이러한 품질 혁신에 대한 기업의 요구에 부응하여 품질 혁신 방법론도 체계를 갖추게 되었다. 그 대표적인 방법론으로는 '6시그마 방식'과 '도요타 생산 방식(TPS)'을 꼽을 수 있다.

3차 산업혁명 시기 이후로도 산업과 사회의 변혁은 신기술의 발전과 함께 지속되었다. 특히 최근의 획기적 신기술 발전과 그에 따른 변화에 착안하여, 이 시기를 산업혁명의 4차 시기로 규정하고자 하는 시도가 있었다. 이 산업혁명의 4차기에 대한 논의는 아직도 진행 중이고, 완벽히 정립되지는 않았다. 왜냐하면 많은 사회 현상은 그 시기가 어느 정도 마무리되었을 때 평가가 가능하고, 그에 따른 명확한 정의가 따르기 때문이다.

산업혁명은 인류를 농경사회로부터 산업사회로, 그리고 정보사회, 나아가 사이버 기술을 바탕으로 한 새로운 사회로 이끌었다. 그 과정에서 신기술이 매개가 되어 기술 혁신을 이끌었으며, 이는 경제 활동의 폭증과 사회문화적인 변화를 수반하였다. 특히 경제 활동과 관련하여 생산량의 증가, 생산성의 향상에는 품질 혁신이 바탕에 있었다. 즉, 인류의 경제력 향상은 품질의 발전과 궤(軌)를 같이한다.

산업혁명 시기에서 품질의 수용과 발전은 의미가 깊고 크다. 산업혁명과 품질혁명을 서로 치환해도 될 정도로 관련성이 높다. 현재 우리가 당면한 4차 산업혁명 시기에서도 역시 품질 혁신과 연결해야만 구체적인 전략과 방향이 그려진다. 생존과 성장을 위한 초격차와 지배적인 격차의 완성 역시 품질에 기반하지 않고서는 불가능하다. 이를 위해 이 책 제3장의 「8. 경쟁력 혁신은 품질경영으로 돌파하라」에서는 품질경영과 품질 경쟁력을 소개하면서, 현재의 변동기를 어떻게 지켜보고 대응해야 할지에 대해 자세하게 설명하였다.

4차 산업혁명이란?

앞에서 산업혁명의 진행에 대하여 간단히 설명하였다. 산업혁명은 그 시기에 따라 신기술을 매개로 사회 전반의 변화와 경제 활동의 혁명적인 대변동을 이끌었다. 3차 산업혁명을 제외한 1, 2차 산업혁명은 이미 그 시기가 충분히 지나서, 돌이켜 볼 때 역사적인 구분으로 의미가 있음이 여러 학지에 의해 검증되었다. 다만 3차 산업혁명에 대해서는 아직 그 단계가 진행 중인지 또는 이미 4차 산업혁명으로 이행되었는지에 대해 논란이 있다.

4차 산업혁명 역시 다른 산업혁명의 구분법과 같은 기준으로 정의할 수 있을지는 더 지켜보아야 한다. 아직은 변화의 과정을 지나고 있기 때문이다. 먼저 4차 산업혁명의 정의에 대해 살펴보자.

4차 산업혁명이라는 용어는 세계 경제 포럼(WEF) 회장인 클라우스 슈밥(Klaus Schwab)이 2015년 12월에 「Foreign Affairs」지에 이 용어를 소개하면서 사용되기 시작했다. 이후 2016년 1월 개최되었던 다보스 포럼에서 공식 의제로 '제4차 산업혁명의 이해(Mastering the 4th Industrial Revolution)'를 선정하면서 이를 공식화하였다. 많은 학자에 의해 이 개념은 지지가 되기도 하고 때로 비판을 받기도 한다. 하지만 어느 측에서든 명확한 논거를 제시하기에는 부족해 보인다.

먼저 비판적인 차원에서 살펴보자. 비판적인 관점은 3차 산업혁명의 구분으로부터 시작된다. 19세기와 20세기는 인류 문명사에서 실로 생산성이 폭증하는 시기를 맞았다. 그 이전의 시대와는 비교가 되지 않을 정도의 파격적으로 큰 차이의 변화라서, 쉽게 그 차이를 비교하고 구분할 수 있었다. 하지만 20세기 후반부터 진행된 3차 산업혁명은 디지털 혁명 또는 디지털화, 디지털 전환이라는 형태로 진행되었다.

아날로그에서 디지털로의 변화는 컴퓨터와 네트워크 기술을 중심으로 이미 20세기 중반부터 지속되었다. 그래서 그 변화 과정을 명확하게 구분하는 것은 쉽지 않다. 이런 이유로, 딱 부러지게 디지털이라는 기준을 들어 특정 시기를 구분하는 것은 합리적이지 않다는 주장도 있다. 즉, 산업혁명의 구분에서 2차와 3차의 구분은 명확하지 않다는 견해다.

이런 반론에 더하여, 3차 산업혁명을 인정한다고 해도 4차 산업혁명을 구분하는 새로운 기준에 대해서도 논란이 많다. 산업혁명의 단계마다 대표적인 신기술에 의해 혁명적인 생산성의 향상과 함께 사회·문화적인 변화가 있었던 반면, 4차의 개념에서는 그 차이가 명확하지 않다고 하는 주장이다. 이제 비판적인 시각을 포함한 사회 전반적 관점에서 4차 산업혁명의 본질에 접근해보자.

4차 산업혁명에 대한 논의는 두 가지 축으로 전개된다. 우선 기존의 기술을 뛰어넘는 신기술로서 인공지능(AI)과 모바일 인터넷, 센서, 바이오, 나노 기술 등의 기술 혁명이 있었다는 주장이다. 슈밥은 20세기 현재 존재하는 영향력 있는 기술 대부분을 4차 산업혁명의 신기술이라고 정의하였다. 이런 슈밥의 주장은 지나치게 많은 신기술을 4차 산업혁명의 대표 기술로 열거함으로써, 혁명적인 변화를 의미하는 산업혁명의 세대(기간)를 구분하는 기준으로는 부적합하다는 비판을 초래하였다. 즉, 지나치게 많은 대표 기술의 제시가 오히려 대표성을 희석했다. 그가 주장한 신기술 26가지 중 대표적인 것은 첫째, 디지털 기술로서 사물 인터넷, 인공지능, 빅데이터, 모바일 인터넷 기술을 들 수 있다. 둘째는 바이오 기술로서, 유전자 시퀀싱(DNA 염기서열 결정)과 생명공학, 신경과학 등을 꼽고 있다. 셋째는 물리적 기술로서, 나노 기술과 재생 가능 에너지와 로봇 기술 등을 제시하였다.

또 다른 논의의 축은, 이러한 신기술을 바탕으로 사회적·경제적 관점에서 명확한 차이가 드러날 정도로 차이가 있는지의 관점이다. 20세기를 거치면서 세계에서 글로벌화가 촉진되었고, 생산성 향상과 경제력 팽창이 지속되었다. 그에 따라 경제력 관점에서 20세기와 21세기의 차이는 쉽게 발견되지 않는다. 모든 해, 모든 분기의 변화들이 과거에서 보지 못하였던 성과와 차이를 가져오고 있기 때문이다.

이러한 비판에 대해 슈밥을 위시한 4차 산업혁명 주장 학자들은 새로운 관점에서 4차 산업혁명을 3차와 구분하고자 하였다. 즉, 변화의 속도 및 폭과 깊이가 그 이전 기간의 변화보다 크다는 점, 그리고 특정 분야에 국한되지 않고 국가 간, 기업 간, 산업 간 변화를 포함한 사회 전반에 걸친 시스템의 변화를 이끌었다는 점을 들어 4차 산업혁명의 구분 필요성을 주장하였다.

산업혁명을 구분하는 이유는 한 시대의 획을 긋는 기술 변화와 경제 성장을 통한 변화를 규정함으로써, 사회문화적 정의를 내리고자 함이다. 이미 지나간 1, 2, 3차에 걸친 산업혁명 기간의 변화만 보더라도 일상적인 변화 그 이상이었음을 확인할 수 있었다. 그렇기에 4차 산업혁명으로의 진입에 대한 평가도 인류의 사회문화적 변화의 파격성을 기준으로 삼아야 한다고 본다.

분명한 것은 21세기 들어서면서 디지털화가 급진전하였고, AI 등의 신기술은 앞으로의 기술 변화에 대해 새로운 비전을 제시하였다. 그래서, 비록 아직은 진행 중이지만 현재의 변화를 4차 산업혁명으로 정의하는 데 동의한다. 정의의 옳고 그름을 논쟁하기보다, 새로 맞게 될 신시대의 변화에 주목하자. 그리고 그 변화에 대응할 수 있도록 품질 경쟁력을 확보하는 데 집중해야 한다.

거듭 강조하지만, 진화의 과정에서는 나아가지 않으면 그 자체로 후퇴일 뿐이다. 현재와 같은 글로벌 초집중 사회에서 현상의 유지는 전략적으로는 패배와 도태를 의미한다. 한 치 앞도 예상하기 힘든 미래에 대해 예상 방향과 변화의 핵심에 집중해야 한다. 그럼으로써 경쟁력을 확보하여 세계 경쟁에서 앞서 나아갈 수 있을 것이다.

4차 산업혁명은 이제는 미래가 아닌 현재다. 누가 이를 선점할 것인지가 핵심 관건이다. 아직은 완성도가 덜하지만 머지않은 미래에 4차 산업혁명을 대표하는 신기술들이 완성도를 높여 등장할 것이다. 그때 주인공이 되도록 준비해야 한다. 신기술에 관한 한 빼어나게 앞서거나, 적어도 선두 그룹에는 포함되어야만 주류와 경쟁할 기회라도 있을 것이다.

그러지 못한다면 앞으로 당분간은 그 후미를 뒤쫓는 데만 매달려야 할지도 모른다. 그만큼 기술 우위를 가름하기가 어려운 접전 양상이다. 우리도 국가적으로 경쟁력을 향상시키기 위해 뭉쳐야 한다. 이를 위해 품질 플랫폼을 새로 짜서 대응해야 한다. 그 방법론에 대해서는 뒤에서 더욱 구체적으로 논의하도록 하자.

제조 품질과 서비스 품질의 쌍두마차, 이제는?

20세기까지의 산업은 제조업과 서비스업의 두 축으로 발전해왔다. 20세기 초반의 산업 체계가 제조업 중심이었다면, 중반에서 후반으로 이어지면서 서비스업이 비약적으로 발전하였다. 특히 컴퓨터의 확산과 S/W 사업의 활성화는 서비스업 발전의 기폭제 역할을 했다. 농경 중심의 사회에서 초기 산업화가 진행된 이후, 20세기는 제조업과 서비스업의 부흥으로 생산과 소비의 혁명을 이루었다.

이 시기에 산업 경쟁력의 핵심 동력인 품질 부문도 제조와 서비스라는 두 산업을 중심으로 체계화되었다. 대부분의 품질 이론과 원칙, 도구의 개발들이 이 시기에 집중되었음은 주지의 사실이다. 품질 대가들의 품질 이론 발전은 산업의 성장과 흐름을 같이한다. 왜냐하면 생산성 혁신을 통한 산업 성장의 밑거름 역할을 품질 혁신과 품질 경쟁력이 감당해왔기 때문이다. 생산성 향상은 단순하게 생산량 증가만을 의미하지 않는다. 품질 혁신에 따른 품질 경쟁력 향상과 원가절감을 동시에 포함한다.

제조업 중심의 초기 산업화 사회에서는 수요보다 공급 중심의 전략과 운영이 핵심이었다. 이런 상황들은 2차 대전을 전후하여 폭발적인 생산량의 급증과 생산성 향상 시대를 맞게 되었다. 전쟁 물자의 필요로 인해 엄청난 수요를 바탕으로 끝없는 공급이 요구되었기 때문이다.

전후(戰後)에는 제조업도 공급 중심에서 수요 중심으로 산업 속성이 변화하였다. 즉, 고객과 소비자 중심의 주문 체계가 완성되면서 물품의 생산과 판매 영역에서도 서비스의 중요성이 주목받았다.

제조업의 서비스화가 요구되기 시작한 것이다. 처음에는 제조업에서의 서비스화(product servitization)가 부가적인 요구나 일시적인 현상으로 인식되었다. 하지만 점차 기술과 산업이 고도화되고 인류가 풍요한 경제생활을 누리게 되면서, 서비스 가치가 없는 순수한 제조업은 경쟁력을 잃을 수밖에 없게 되었다. 이제는 본연의 서비스업과 제조업의 서비스화는 서로 연결되어 새로운 산업으로 융합되는 경향으로까지 확장되고 있다.

본연의 서비스 산업 역시 2차 대전 이후 급성장하였다. 급성장의 배경은 신기술의 발전과 급속한 생산성 향상에 의한 경제 발전이었다. 이를 통해 인류 문명은 풍족한 생활이 가능하게 되었고, 1차와 2차 산업을 넘어 3차 산업인 서비스 산업으로 관심이 이동하였다.

서비스 산업은 상업, 통신업, 금융과 교육 등의 전통적 서비스업을 바탕으로 하였다. 하지만 20세기 중반 이후부터는 기술을 배경으로 하는 물류 및 운수업, 무선통신업 및 의료 산업이 비약적으로 발전하였다. 특히 컴퓨터 및 네트워크 기술의 보편화와 함께 무선통신 기술의 발전이 통신 사업을 글로벌 최대 산업으로 이끌었다. 사실상 무선통신 기술과 엄청난 양의 데이터를 다루는 기술을 제외하고서는 더 이상 신기술을 논의할 수 없을 정도다. 21세기는 새롭고 막강한 무선통신 신기술과 함께 새로운 출발을 맞이하게 되었다.

서비스 산업 역시 품질 수준 자체가 산업 경쟁력을 의미한다. 품질 이론이 비록 제조 품질로부터 출발하였지만, 서비스 품질 역시 20세기 중반을 거치면서 빠르게 발전하였다. 또한 심리학의 발전과 함께 서비스 품질 이론도 매우 정교하게 가다듬어졌다. 제조 품질뿐만 아니라 서비스 품질도 고객 만족 철학을 담은 경영 이론의 도입과 확장으로 한 단계 더 도약하는 계기가 되었다.

제조업과 서비스업은 함께 상생하며 발전함으로써 20세기 산업화를 이끄는 쌍두마차였다. 그 과정에서 품질 경쟁력도 제조 품질과 서비스 품질이라는 두 가지의 큰 갈래로 나누어 발전했다. 하지만 21세기를 맞은 이제는 제품의 서비스화에 따른 제조 품질의 차별화와 서비스 품질의 진화가 그 방향을 같이하고 있다. 얼핏 보면 차이가 모호할 정도로 제조 품질과 서비스 품질은 전략과 목표가 닮아 있고, 운영 방법도 점차 비슷해지고 있다. 다만 그 본질에 있어 산업 자체의 차이에 따른 구분이 있을 뿐이다.

이제 막 새롭게 전개되고 있는 4차 산업혁명 시기의 품질에는 새로운 전략이 필요하다. 기존의 품질 전략과 품질 기술을 업그레이드하는 데서 그치는 정도로는 변화의 흐름을 따라잡을 수 없다. 이미 4차 산업혁명 시기에 진입하여 한창 차별화가 진행되고 있는 시점에서, 온전한 품질 경쟁력을 갖추기 위해 기존의 전략과 방법으로 대응하는 것은 낭만적인 접근이다. 이는 거의 불가능에 가까운 도전이다. 전면적 혁신과 변화가 없는 기능적 개선 정도의 노력으로는 본질적인 벽을 극복할 수 없다.

4차 산업혁명의 핵심인 S/W 중심, 그리고 융합적 신기술의 품질은 새로운 철학과 방향을 갖추어야 한다. 하지만 아쉽게도 아직 품질학자와 품질 전문가의 노력은 여기에 미치지 못하고 있다. 이미 출발하여 상업화 단계를 넘어선 인공지능의 시대에서, 기존 방식의 측정과 비교 및 분석에 의존한 품질 대응으로는 미흡하다. 기존 품질경영 시스템을 바탕으로 하되, 새로운 품질 프레임의 구축이 필요하다.

새로운 품질경영 시스템이 지향하는 품질 프레임의 방향에 대해서는 앞으로 더욱 적극적인 논의와 연구가 필요하다. 필자는 이를 위한 선행 주제로 다음의 몇 가지를 제안하고자 한다.

첫째, 4차 산업혁명 이후의 품질 시스템에서는 반드시 사람 중심의 철학이 포함되어야 한다. 이는 기준이자 원칙으로 정립되어야 한다. 생산성 향상으로 대표되는 생산량의 증가와 이익의 극대화로 압축되는 원가절감은 더 이상 품질 철학의 최대 이상이 아니다. 품질 경쟁력 주요 요소 중의 하나일 뿐이다. 경제 활동의 목적이 경제 주체의 이익 중심으로 향할 때는 부분 최적화로도 품질 목적에 부합할 수 있었다. 하지만 궁극적으로는 신기술의 목적 자체가 사람(인간의 행복)을 향하고 있으므로, 품질 목표의 달성 또한 사람 중심의 품질로 방향을 설정하여야 한다. 이 방향에 대해서는 향후 많은 논의가 필요하며, 매우 철저한 검토가 필요하다. 품질 이론으로서만이 아니라 품질경영 전체의 바탕이 되기 때문이다.

둘째, 이제는 품질도 융합적인 모습으로 추진되어야 한다. 개별적인 기술과 산업 중심으로 구축되고 연구될 것이 아니라 여러 학문과의 연대 속에서 융합적인 목표를 세우고 연구되어야 한다. 최근 신기술은 인간을 중심으로 자연과학과 심리학, 그리고 인문학까지를 통섭(統攝, consilience)하는 시대로 들어섰다. 품질 역시 이에 부응해야 한다.

셋째, 표준과 시스템의 한계를 넘어서야 한다. 새로운 품질 리더십으로서의 품질 플랫폼 구축이 필요하다. 더 이상 품질은 기업의 특정 부문에 종속된 사용자 지침이나 규칙이 아니다. 지금까지의 품질경영 시스템이 매뉴얼을 중심으로 발전해왔다면, 이제는 전략으로까지 확장해야 한다. 품질을 표준과 시스템 이상으로 확장하기란 쉽지 않다. 이미 수십 년을 지키거나 수행하여야 할 방침으로 품질 역할이 존재하고 기능해왔기 때문이다. 하지만 이제는 표준과 시스템뿐만 아니라 플랫폼으로도 구축되어야 한다.

몇 가지 제안을 통해 4차 산업혁명 이후의 품질 방향에 대한 화두를 제시하였다. 새 품질 프레임의 구축과 이의 활성화를 위해 더욱 깊고 폭넓은 논의와 협력이 필요하다. 새로운 방향의 품질 시스템 구축을 위하여 산·관·학이 함께 머리를 맞대어야 한다. 각자의 구조 속에서 최선을 다하는 것이 아니라, 전체의 목표를 위하여 합심하여 새로운 품질 시대를 열어야 한다.

4차 산업혁명의 시기가 진행되면서, 종합적이고 새로운 품질 리더십이 요구되고 있다. 이를 통합된 방향으로 묶어내기는 쉽지 않다. 하지만 이제는 사람 중심의 품질, 통섭적인 품질, 그리고 새로운 품질 플랫폼이라는 대명제를 위해 힘을 모아야 한다. 활발한 논의와 토론을 위한 협력의 장을 기대한다.

Why we should focus on quality, again?

품질 혁신, 빛 좋은 개살구라는 오명을 벗어라

*

현대 경영에서는 품질에 대한 올바른 인식이 필수적이다. 왜냐하면 우리가 구매하거나 선택하는 모든 대상은 결국 품질 평가의 결과에 따라 결정되기 때문이다. 그만큼 품질 인식은 보편화하였다. 용어도 전문 용어에서 일상 용어로 전환되어, 거의 모든 사회 현상에서 품질 문제에 대한 논의를 접할 수 있게 되었다. 이런 경향으로 제품과 서비스 선택 기준의 핵심은 품질이 되었고, 기업에서도 품질 경쟁력이 핵심 요소로 자리를 잡았다.

다른 품질 영역도 마찬가지지만, 특히 기업에서의 품질 경쟁력은 어떤 환상으로서 의미를 갖는다. 품질 경쟁력이 곧 매출 성장을 통해 이익으로 직결되기도 하고, 이면에서는 원가절감을 통해 이익으로도 보상되기 때문이다. 즉, 이익률(%)의 분자가 되는 매출의 증가와 동시에 분모인 비용(원가)도 함께 감소하는 환상적인 경영 공식의 핵심이 바로 품질이다. 그래서 탁월한 경영자는 일찍이 품질에 주목하고 관심을 기울여왔다.

경쟁이 심화할수록 품질에 관한 관심은 더욱 커진다. 그리고 경영자의 입장은 일반적인 품질개선 수준을 넘어 탁월한 성과를 요구한다. 왜냐하면 경쟁자를 따돌릴 수 있는 핵심이 품질이기 때문이다. 기업에서의 품질 혁신은 탁월하게 경영 성과를 내기 위한 전략과 목표, 운영 방식을 일컫는다. 학문적으로도 경영학에서 경영 혁신의 핵심 경쟁력은 품질 경쟁력을 의미하며, 경영 혁신 역시 품질 혁신과 궤를 같이한다. 이 경우의 품질은 제조 품질이나 서비스 품질과 같이 해당 부문에 국한된 좁은 의미가 아니라, 기업 경영 전반에 걸친 광의의 품질을 말한다.

경영 혁신과 품질 혁신을 따로 떼어서 생각할 수는 없다. 왜냐하면 20세기 후반의 경영 혁신 흐름은 신기술 발전이 주도하였고, 이 기술 발전의 기반이 품질 혁신이었기 때문이다. 특히 생존과 성장을 위한 기업의 핵심 경쟁력이 품질 경쟁력임을 인정한다면 이를 구분할 이유도, 구분에 따른 실익도 없다. 경영 혁신과 품질 혁신은 같은 개념으로 이해해도 무방하다.

고전적 또는 전통적 개념으로 보면 기업 경영의 핵심은 성장과 수익이다. 하지만 이 성장과 수익만으로 기업 경영의 핵심이 구축되고 유지되는 것은 아니다. 경영에서의 핵심은 여기에 그치지 않고, 고용의 유지와 확대 및 ESG(Environment, Social, Governance)로 대표되는 사회적 책임 등으로 다변화되는 추세다. 그러면 현재와 같이 경영의 초점이 다원화하고 핵심 기술력이 엄청난 속도로 발전하고 있는 시대에서, 경쟁력 혁신을 집중시켜야 할 곳은 어디인가? 핵심은 품질에 있다!

누구나 경영 혁신과 품질 혁신을 강조하지만, 항상 그 마지막은 미지근했다. 용두사미? 처음은 화려하게 출발하였으나, 일정 기간의 추진 과정 이후에는 늘 흐릿한 마무리가 뒤따랐다. 심지어는 어느 한순간에 과정과 결론이 통째로 사라져버리는 일도 있었다. 이런 현상의 원인은 어디에 있는가?

경영 혁신은 탁월한 성과를 요구한다. 하지만 성과가 기대보다 미흡한 상황에서는 굳이 업적으로 내세우기가 어려울 것이다. 이 경우 취할 수 있는 행보는 무엇일까? 질서 있는 후퇴? 조용한 퇴출?

비록 혁신 추진의 성과가 치적으로 내세울 정도가 아니거나 실패에 가까운 수준이라서 볼품없다 하더라도 쉽게 내쳐서는 안 된다. 진행 과정과 결과를 충실하게 모니터링하고 반드시 평가해야 한다. 오히려 자산으로 삼아야 한다. 실패의 경험 속에서도 도움이 되고, 배워야 할 내용은 많은 법이다. 굳이 반면교사의 교훈을 들먹이지 않더라도 실패의 경험은 축적되어야 하고, 새로운 혁신 추진을 위해서도 필수적으로 참고되어야 한다.

하지만 대부분의 경영 혁신 추진이 성과가 화려하지 않을 경우는 별도의 평가 없이 조용하게 퇴장하고 말았다. 이는 역사적 사실이다. 경영 혁신 추진 필요성은 대체로 인정되긴 하지만, 거기에는 동시에 많은 의심이 존재하는 것도 현실이다. 경영자의 치적을 부풀리거나, 좋은 내용만 화려하게 포장하여 광고한다는 의심 사례를 주위에서 어렵지 않게 볼 수 있기 때문이다.

경쟁력을 높이기 위해 경영 혁신(품질 혁신) 추진을 결심하였다면, 껍데기만 화려하다는 의심과 비아냥에도 정면으로 맞서야 한다. 그러기 위해서는 '빛 좋은 개살구'라는 평판도 받는 품질 혁신에 대해 더욱 정확하게 알아야만 한다.

이번 「2. 품질 혁신, 빛 좋은 개살구라는 오명을 벗어라」에서는 경영 혁신의 출발점과 올바른 추진 자세와 방법, 그리고 운영 방법에 대해 자세하게 살펴본다. 그리고 지금까지의 경영 혁신 추진들이 왜 비난의 대상이 되거나 비아냥의 대상이 되었는지도 성찰해보아야 한다. 더는 본질에서 이탈하여 낭비할 여유가 없다. 이제는 혁신 추진의 목적이 품질 경쟁력의 향상이라는 점, 즉 경영 혁신의 추진이 곧 품질의 혁신임을 명확히 인식하자. 아울러, COVID-19 이후의 품질 혁신 방향과 전략에 대해서도 논의하고자 한다.

위기에서 출발하는 경영 혁신

경영을 혁신한다는 것은 단순히 현재의 경영 상황을 타개하여 새로운 성과를 도출하겠다는 선언적인 내용만을 의미하는 것은 아니다. 오히려 실질적인 경영 개선을 의미하며, 현재의 경영 성과와 비교하여 탁월한 향상을 목표로 하는 의지와 전략, 운영까지를 포함한 구체적인 개념이다.

경영 혁신의 의미에서 '탁월한 성과'란 일상적인 개선이나 향상을 뛰어넘어서 기대 이상의, 그리고 누가 보더라도 놀랄 만한 성과의 창출을 뜻한다. 이런 획기적인 성과를 얻기 위해서는 과감하고 적극적인 성과 목표의 수립, 전략적인 운영 체계 도입, 기존과 다른 프로세스의 개선과 같이 일상에서 벗어난 경영 형태가 추진된다. 따라서 경영 혁신을 결단할 때는 최고 경영자의 판단에 따를 수밖에 없다. 왜냐하면 현대 경영에 있어 경영 성과에 따른 모든 책임은 경영진에 있기 때문이다(이를 '책임경영 시스템'이라고 한다).

이러한 '책임경영' 체제 아래에서는 경영진 스스로 모든 권한과 책임을 지고 경영을 주도해야 한다. 물론 그 성과와 실패의 책임 역시 경영진이 부담해야 한다. 더욱이 일상적 경영의 범위를 뛰어넘어 경영 혁신과 같이 매우 큰 변화를 수반하는 의사결정에서는 최고 경영자(top management)의 권한과 책임은 거의 절대적인 수준까지 끌어올려진다.

그렇다면 현재보다 탁월한 성과의 창출이 요구되고, 최고 경영자와 경영진에게 권한과 책임이 극도로 집중되는 경영 혁신은 어떻게 시작해야 할까? 혁신의 성공 여부는 기업의 생존 및 성장과도 연결되어 있다. 따라서 혁신의 시작은 최고 경영자의 막중하고도 신중한 의사결정으로부터 출발함이 당연하다.

이를 성과의 관점에서 본다면, 현재보다 더 나은 경영 성과를 목표로 하므로 가장 큰 관건은 현상의 극복이다. 하지만 혁신의 출발점이자 지향점이 될 현상의 극복은 비단 현재의 경영이 기대에 미치지 못한 경우뿐만이 아니다. 현재 수준에 어느 정도 만족할지라도, 현재보다 더 나은 성과를 기대한다는 의미까지도 포함한다. 그런 의미에서 경영 혁신의 첫 출발점에서는 명확하고 객관적인 현상 진단이 매우 중요하다.

경영 혁신의 추진 과정에서 최고 경영자의 결단은 구체적인 현상 진단과 함께 새롭고도 큰 변화를 감수해야만 가능하다. 즉, 객관적인 현상 진단과 여러 요소를 종합적으로 융합하여 최고 경영자가 주관적인 결단을 내려야 한다. 이는 일상적인 의사결정 구조에서 내릴 수 있는 경영 활동의 승인이나 결정이 아닌, 경영자의 과감한 결단(決斷)에 속한다. 따라서 경영 혁신의 추진은 반드시 최고 경영자의 의지와 결단을 동반한 전략적인 판단과 결정에 따라야 한다.

그러면 최고 경영자의 결단에 의한 경영 혁신의 추진은 어떤 작용과 실행 과정을 거쳐 이루어지는 것일까? 20세기 후반의 경영학에서도 이와 관련한 연구가 활발하게 논의되었다. 20세기 경영학의 구루(guru)로 일컬어지는 피터 드러커, 톰 피터스 등의 많은 경영학자가 이런 관점에서 혁신과 기업가 정신을 강조하였다.

많은 학자와 경영의 대가들이 경영 혁신 추진의 필수적인 동력을 '변화의 필요성'에서 찾는 데 동의한다. 즉, 혁신의 분위기와 추진을 위한 결단은 '변화의 필요성'으로부터 출발한다고 보는 것이다. 이 변화의 필요성에는 현상에 대한 객관적인 사실관계와 함께 이를 바탕으로 한 논리적 필연성이 요구된다. 하지만 의사결정권자인 최고 경영자에게 변화의 필요성에 따른 경영 혁신의 의지를 불러일으키기 위해서는 사실관계와 이에 대한 논리적 전개만으로는 부족하다. 변화의 필요성을 넘어, 핵심적인 트리거(trigger)로서 불가피성이 필요하다.

혁신 추진의 트리거인 '변화의 불가피성'은 구체적으로는 경쟁 상대와의 비교인 경쟁력에서 나온다. 왜냐하면 경쟁자와의 경쟁에서 뒤처지는 것, 즉 경쟁력의 열세는 곧바로 경영의 위기로 이어지기 때문이다. 그래서 경영 혁신의 출발점은 '위기'의 인식부터라고 보는 견해가 많다. 또한 혁신을 풀어나가는 출발점인 위기 인식도 명확한 현상 진단으로부터 시작되어야 한다.

경영 혁신 추진의 방법에는 학자나 전문가에 따라 차이가 있지만, 현상 진단에 근거한 '위기'를 의사결정권자가 타개해야 할 목표이자 대상으로 인식하는 점은 공통적이다. 따라서 '위기'를 명확하게 진단하여 적극적으로 인용하는 것은 바람직하다. 그리고 '위기'를 중요하게 다루는 것에 대한 전문가들의 의견도 대체로 긍정적이다. 하지만 이 '위기'를 대하는 자세와 방법에 따라 경영 혁신의 방향이 달라지기도 하므로 유의하여야 한다. 다만 위기를 지나치게 강조하거나 남발하는 것은 바람직하지 않다. 경영 행위에서 지나침은 부족한 것보다 못한 경우가 많기 때문이다.

때로는 경영 수단으로서 혁신의 필요성에 과몰입한 나머지 위기 상황을 지나치게 자주 강조하는 기업 사례도 있다. 심지어는 위기 상황을 의도적으로 고조시키기 위하여 현상 진단을 주관적 관점에서 활용하기도 하는데 이는 옳지 않다. 설사 이러한 시도를 통해 경영 혁신을 추진했을 때 그 성과가 기대한 수준으로 창출되었다 하더라도 지양해야 한다. 왜냐하면 이처럼 남발된 위기의식 강조 때문에 자칫 혁신에 대한 피로감이나 위기에 대한 불감증을 일으킬 수 있기 때문이다. 이런 경우 정작 실제적인 위기에 봉착하였을 때 제대로 대처할 수 없다는 위험을 안게 된다.

경영 혁신의 출발점이 되는 '현상 진단'과 '위기'를 대하는 관점은 다소 보수적일 필요가 있다. 정답 수준의 법칙이나 확고한 원칙은 아니라 하더라도 분명한 기준을 제시하여야 한다. 이 기준들의 기본적인 원칙을 요약하면 다음과 같다.

첫째, 현상 진단의 결과를 부풀리거나 왜곡해서는 안 된다. 현상의 진단은 현재 상황에 대해 객관적이고 구체적인 측정과 분석을 거친, 평가 결과로서의 진단만을 의미한다. 따라서 직관적이고 경험적인 현상의 이해나 이에 근거한 판단은 배제되어야 한다. 최고 경영자의 의지가 아무리 강하더라도, 현상 진단은 있는 그대로의 정보를 바탕으로 객관적으로 판단해야 한다.

둘째, 위기의 강조는 절제되어야 하며 남발해서는 안 된다. 경영 혁신을 결정하는 과정에서 객관적인 현상 진단과 함께 이를 결단하는 최고 경영자에게는 '위기 상황'이 중요한 계기로 작용한다. 그래서 이 '위기'의 강조는 다분히 의도성을 띠기도 한다. 하지만 위기의 강조를 전기의 보도처럼 남용하는 것은 역효과를 낳는다.

셋째, 위기 상황을 설명하고 혁신 추진의 당위성을 전파하기에 숫자만큼 명확한 증거는 없다. 증거로서의 '수치'와 함께, 객관화를 위한 도구로 '통계'를 적극적으로 활용해야 한다. 경영 혁신의 추진을 결정하는 최고 경영자의 결단은 매우 주관적일 수밖에 없다. 왜냐하면 실패에 대한 위험(risk)은 분담이 어렵고, 경영진이 오롯이 책임을 부담해야 하기 때문이다. 그래서 더더욱 필요한 것이 객관적인 정보의 활용이다. 지나친 주관적 결단의 위험성을 낮추기 위해서라도 객관적인 정보는 중요하다. 이 객관성 담보에 있어 수치는 더할 나위 없이 좋은 자료다.

왜 경영 혁신은 시작만 요란할까?

경영 혁신이라는 단어를 생각하면 가장 먼저 떠오르는 이미지는 요란스럽게 시작되는 경영 혁신 추진 초기의 모습이다. 실제로 준비 단계부터 조직 전체가 술렁일 정도로 소문이 무성하고, 추진 과정에서도 어수선하고 흥분된 분위기가 이어지는 사례가 많다. 대개 경영 혁신 추진은 최고 경영자의 혁신 추진 선언으로 시작한다. CEO와 조직 수뇌부가 총출동하고, 외부 기관까지(컨설팅 등) 연계되면 경영 혁신 도입(런칭) 선언은 축제와도 같은 분위기로 연출되기도 한다. 이런 분위기는 혁신 추진을 적극적으로 수용하고 공유하고자 하는 목적으로 연출하지만, 응원하지 않는 구성원들에게는 불편한 마음과 회의를 초래할 수 있다.

많은 경영 혁신 추진 초기의 모습이 그렇듯이 준비 단계에서부터 강한 위기의식이 조장된다. 그리고 기존에는 경험하지 못하였던 매우 큰 변화가 펼쳐질 것이라는 긴장감과 기대감이 조직 전체에 조성된다. 게다가 내부 역량뿐 아니라 컨설팅과 같은 외부의 도움을 받을 때는 들뜨고 어수선한 분위기가 더욱 심해져서 이를 제어하기가 쉽지 않다.

이처럼 정돈되지 않고 유행과 같이 과장된 분위기에 휩쓸리게 되면, 외면(外面)만이 지나치게 두드러지게 되어 내실 있는 경영 혁신의 추진이 어려워진다. 하지만 이런 우려가 충분히 예상됨에도 경영 혁신 추진 부서는 이를 잘 제어하지 못하는 경향이 있다. 특히 최고 경영진이 경영 혁신에 거는 기대가 커서 두드러진 성과나 현재 대비 큰 변화를 기대할 때는 이처럼 과장된 초기의 추진 모습은 거부하기 어려운 유혹이다. 절제 있는 추진보다 오히려 조장된 화려한 모습들에 더욱 만족하고 고무되는 경영진도 적지 않기 때문이다.

여러 이유로 경영 혁신의 추진 모습은 신중하고 차분한 느낌이 아니라 매우 활동적이고 강렬한 이미지를 내포하고 있다. 이에 걸

맞게 진행 과정이 전체적으로 다이내믹한 성향을 유지한다면 조직 분위기와 구성원의 사기에도 긍정적인 영향을 미칠 것임이 틀림없다. 하지만 기존의 틀을 깨나가는 혁신과 변화의 과정이 순탄하거나 편할 수만은 없다. 오히려 어느 정도는 희생을 감수해야 하고, 변화에 의한 결과물이 기존 구성원들에게 불편함을 가져오는 경우도 많기 때문이다.

초기의 열정적이고 활동적인 혁신 추진의 모습들이 지속해서 동력을 유지하기 위해서는 여러 병행 활동을 요구한다. 대표적인 것이 '변화관리' 활동이다. 변화의 대상자 처지에서 생각해보면, 누군들 변화가 쉽고 편해서 적극적으로 수용하고 싶겠는가? 변화는 어느 정도의 저항을 포함하고 있어서 이를 적극적으로 관리해야 한다. 아쉽게도 많은 경영 혁신의 추진에서 전략과 목표 설정 그리고 행동은 강조하지만, 변화관리가 생략된 경우가 허다한 실정이다.

경영 혁신은 변화를 수반하며, 그 과정은 역동적이어서 때로는 조직의 감소, 기존 운영 체계의 변형 및 폐기와 같은 희생이 뒤따른다. 이런 부정적인 의미가 포함된 혁신 활동들이 의욕과 열정에만 그치지 않고 계속 구성원들의 지지를 받기 위해서는 변화관리 활동이 필수적이다. 충분한 변화관리가 병행되지 않으면 경영 혁신 추진은 지지 세력을 잃어 방황하거나, 자발적인 수용이 아니고 강제화되어 불만만 커지게 된다. 이런 경우, 경영 혁신의 추진은 요란하고 과장됐지만 실속은 없다는 현실적인 비판에 직면하게 된다.

실제로 경영 혁신 추진의 모습을 보면, 초기에는 화려하고 요란스럽게 시작하지만 진행 경과는 용두사미처럼 변질되는 경우가 많다. 심지어 마지막에는 목적과 수단이 전도되어 본질적이고 근본적인 원인을 제거하기보다는 목전의 성과에만 집착하는 사례도 발생한다. 그 주된 원인 중의 하나가 바로 변화관리 활동의 부재나 부족임을 기억하자.

이런 경우 대부분은 프로세스 개선 없이 공허한 성과만 남게 되어 지속적인 성과 창출을 보증받을 수 없다. 따라서 경영 혁신 추진 시에는 반드시 변화관리를 병행하여 처음의 열정들이 지속해서 유지되도록 하여야 한다. 아직은 많은 기업에서 변화관리를 일상적으로 진행하지는 않는다. 따라서 올바른 변화관리의 추진을 위하여 경영진과 혁신 추진자는 이에 대해 반드시 기본적인 이해를 갖추고 임해야 한다.

일반적으로 혁신을 추진할 때는 그 대상이 되는 변화 대상자를 세 가지 층으로 분류할 수 있다. 즉, 구성원을 대략 삼등분하여 변화에 대한 수용자, 변화 저항자, 그리고 변화에 대해 찬성은 하지만 아직은 눈치를 보며 관망하고 있는 중간층으로 구분할 수 있다.

이 세 층의 비중은 조직에 따라, 또는 혁신 추진 상황에 따라 다를 수 있다. 하지만 세 유형의 층은 그 크기가 작을지라도 없을 수는 없고, 반드시 존재한다는 전제에서 변화관리는 출발한다. 가끔 경영자들이 자신의 조직은 혁신에 대해 적극적인 수용자만 있을 것이라고 착각하는 경우를 본다. 일견 적극적이고 긍정적인 사고방식처럼 보이지만, 이런 경영자의 의식은 궁극적으로는 혁신 추진에 장애로 작용할 수 있으므로 주의해야 한다.

그 어느 조직이라도 변화에 대한 거부나 저항은 반드시 존재하고, 이는 필연이다. 경영자로서는 무시하고 싶겠지만 변화 저항자는 항상 존재하며, 이를 관리하지 않고서는 혁신의 출발과 진행 및 지속적인 추진이 곤경에 처할 수도 있다. 이는 반드시 관리가 되어야만 한다. 변화관리는 변화에 대한 이 세 층의 반응에 어떻게 대응할지와 그에 따른 세 층의 비중을 얼마만큼 적극 수용의 방향으로 조정할지가 핵심 관건이다.

상당수의 변화 대상자는 변화를 자신에 대한 공격이나 억압으로 받아들인다. 그 결과, 자신에게만큼은 더 이상의 변화가 불필요하다는 자기 합리화가 무의식적으로 강화된다. 이 때문에 변화 저항자를 적절한 선에서 관리하는 것은 매우 중요하다. 변화에 대한 저항을 악(惡)으로 인식하거나 변화 저항자를 적(敵)으로 대해서는 안된다. 물론 극복해야 할 중요한 과제지만, 변화에 대한 저항은 지극히 자연스러운 현상이기 때문이다.

초기에만 요란스럽고 점차 식어가는 열정에 대해 외면해서는 안된다. 이는 혁신 추진 과정에서 올바른 변화관리의 추진이 없다면 당연히 나타날 수밖에 없는 현상이다. 변화의 크기가 클수록 이런 저항은 더 커질 수밖에 없으므로 외면하거나 주저하지 말고 적극적으로 대응해야 한다. 이런 현상은 극복만 되면 큰 성과로 보상받을 수 있으므로, 변화관리에 더욱 정성을 다하고 치밀하게 관리하는 과정이 필요하다.

경영 혁신 ABC, 왜 외면되나?

경영 혁신의 핵심을 보통 3P로 압축하여 정의한다. 3P는 Product, Process, Personnel(People)의 약자인데, 혁신의 대상이자 목적의 성격을 갖는다. 즉, 무엇(what)을 혁신할 것인가의 정의인 것이다.

다음으로 중요한 것은 이 핵심을(3P) 혁신하기 위해 어떻게(how to) 혁신 활동을 추진할 것인가다. 여러 원칙이 있지만, 가장 기본적이고 대표적인 원칙이자 성공을 위한 조건은 다음의 네 가지로 요약할 수 있다. 첫째, 원칙과 기본에 충실해야 한다. 둘째, 성과 도출에 조급해하지 말고 정확한 일정 계획에 맡겨야 한다. 셋째, 전체 최적화에 초점을 맞추어야 한다. 넷째, 조직과 구성원에 대한 변화 관리를 적극적으로 병행해야 한다.

첫째 조건으로는, 모든 원칙과 기본 사항은 엄격하게 적용되어야 하고 동시에 조심스럽게 다루어져야 한다. 왜냐하면 경영 혁신을 통해 조직 운영 프로세스에서 큰 변화가 발생하고 구성원들의 역할과 책임도 크게 변하기 때문이다. 부분적으로는 강약 조절과 속도 조절이 필요할 수 있다. 하지만 전체적으로는 어느 하나 소홀함이 없이 전체적으로 균형을 맞추어 추진하여야 한다. 그래야만 목적한 성과를 달성할 수 있을 뿐만 아니라 성과의 지속적인 유지도 보증할 수 있게 된다.

조직과 구성원이 더 나은 모습으로 변하는 것은 경영 혁신의 추진에서 매우 중요한 목표다. 특히 혁신의 결과로 큰 변화가 발생하기 때문에 변화의 과정은 매우 중요하다. 하지만 경영 혁신 추진 과정에 대한 일반적인 평가는 후하지 않다. 더욱이 이러한 불만과 반발이 혁신 추진 과정에서 충분히 잘 관리되지 않을 경우 내부의 저항이 쉽게 잡히지 않을 수도 있다. 하지만 이는 이미 알고 있는 문제기 때문에, 변화관리 노력 여하에 따라 예측과 관리 역시 충분히 가능하다.

혁신 추진 과정의 문제 중, 원칙과 기본이 철저하게 지켜지지 않는다는 비판은 매우 우려스럽다. 일반 경영 활동보다 경영 혁신 추진 과정에서 더 철저하게 지켜져야 할 원칙과 기본이 경영 혁신 추진 과정에서 온전히 적용되지 않았다는 것은 혁신 추진의 당위성을 의심받게 한다. 조직 내외부로부터 제기된 이러한 지적과 비판은 겸손하게 받아들이고, 철저하게 원인을 규명하여 개선해야 한다. 자부심과 긍지의 대상으로 권장되어야 할 혁신의 추진이 현실에서는 오히려 기피되기도 한다. 이는 일상적인 조직 운영에서도 중요한 문제가 되며, 장기적으로는 조직 발전을 저해할 수도 있어 절대 용납해서는 안 된다.

경영 혁신 추진 원칙들은 왜 지켜지지 않는가? 그 원인을 확인하여 올바른 적용이 되도록 해야만 바라는 성과의 달성과 함께 지속적인 성과의 유지가 가능하다. 혁신 추진의 ABC가 제대로 적용되어 추진될 수 있으려면 최고 경영자와 혁신 리더의 각성과 결단이 중요하다. 원칙이 제대로 지켜지지 않는 이유는 매우 복합적이다. 그렇기에 원인을 찾고 개선 방법을 찾는 데 더 큰 노력이 필요하다.

경영 혁신 초기부터 화려한 외관만 중시하여 치적을 홍보하기 위한 수단으로 이를 악용하는 경영진은 없다. 왜냐하면 경영 혁신은 이를 통해 탁월한 경영 성과를 창출하겠다는 최고 경영자의 도전적인 결정이자, 위기에 빠진 경영을 구하기 위한 고뇌에 찬 결단과 의지의 표출이기 때문이다. 하지만 혁신의 추진은 올바른 방향 설정과 전략이 없으면 진행 과정은 더디고 난관에 부닥치게 된다. 이렇게 슬럼프에 빠졌을 때 혁신 활동은 경영 행위의 주류에서 이탈하여 주변적인 역할에 머무르게 되고, 실질적 내용보다는 형식과 포장에 휩쓸리게 될 가능성이 크다.

두 번째 조건으로 경계하고 유의해야 할 것은 지나친 조급증이다. 당면한 위기 상황의 극복과 함께 미래의 성장을 위한 경쟁력 확보 필요성 때문에 최고 경영자는 주주와 고객으로부터 항상 혁신의 추진을 요구받는다. 최고 경영자와 경영진에게는 이러한 경영에 대한 혁신 요구가 그들 자신에 대한 능력 평가와 동시에 자신의 자리(지위)와도 직결되어 있어 매우 중요하게 다룬다. 하지만 중요하다고 하여 섣불리 조급하게 추진하여서는 혁신의 성공이 보증되지 않는다.

혁신을 수용하든 거부하든, 그 결과로서 경영 성과의 책임은 온전히 경영진에게 귀속된다. 따라서 경영진으로서는 혁신의 수용과 거부의 양단에서 선택을 강요당한다. 이 결단에서 경영 혁신을 추진하는 것으로 결정하였다면, 혁신의 추진은 경영 활동 중에서 가장 중요하고 또한 시급할 수밖에 없다. 하지만 아무리 급하다고 해도 바늘허리에 실을 매어 쓸 수는 없다.

올바른 혁신의 추진을 위해서는 지켜야 할 로드맵을 따라야 한다. 혁신을 추진하는 상황이 시급한 만큼 그 추진 과정, 즉 성과에 이르는 과정 역시 중요하기 때문이다. 혁신 로드맵은 집행하여야 할 혁신의 대상과 방법, 그리고 명확한 일정 계획(time table)을 포함한 혁신 추진의 전반적인 과정 관리가 포함된다. 이 로드맵은 큰 틀의 그림과 함께 구체적인 운영 모습을 담아 하나의 청사진으로 제시할 정도의 명확한 내용으로 기술되어야 한다.

전체적인 운영 기준으로서의 로드맵 확정 과정에서 개별 항목과 일정에 대한 꼼꼼한 분석과 검토가 필요하다. 이를 무시하고 성급하게 진행할 때는 목표한 전체 성과가 충분히 보증되지 않는다. 더욱 우려되는 것은 성과의 지속적인 유지와 관리가 어렵다는 점이다.

완벽한 로드맵이란 조급하게 서두르지 않고 일정 계획에 맞게 추진하기만 하면 성공이 보증되는 추진 계획이다. 따라서 이런 수준의 혁신 로드맵 완성을 목표로 준비해야 하며, 확정된 로드맵은 철저하게 지켜야 한다. 전체적인 경영 혁신의 성공은 방향뿐만 아니라 속도 역시 중요하며, 두 요소가 조화를 이루는 것이 바람직하다. 올바른 전략과 방향에 근거한 혁신 추진이라도, 지나치게 급하게 서두르는 것은 조직과 구성원의 변화관리에도 장애가 된다.

혁신 추진이 결정되고 로드맵을 구축하였다면, 더는 좌고우면할 필요가 없다. 두 번 재고 한 번에 자른다는 좋은 목수의 자질처럼, 경영 혁신을 추진할 때도 전격적으로 추진해야 한다. 다만 추진상의 계획에 비추어 제때 정확하게 진행되도록 철저히 관리해야 한다. 또한 문제 발생 시에도 유연한 대응이 되도록 피드백 시스템을 갖추어야 한다.

세 번째로 관심을 가져야 할 경영 혁신 추진의 핵심은 전체 최적화다. 혁신의 추진을 전체 최적화에 초점을 맞추는 것은 당연하고 매우 중요하다. 부분 최적화는 효율성은 높일지언정, 조직과 구성원의 근본적인 변화를 끌어내기는 부족하기 때문이다. 기능 중심의 부분 최적화는 빠른 기간 내 목표 달성에 효과적이다. 하지만 전체에 대한 종합적 능력을 개선하기 위해서는 기능의 중복과 누락을 방지해야 한다. 당장 눈에 보이는 문제에만 집착한다면 전체를 보지 못하게 되어, 목표한 성과가 제한되거나 근본 원인을 놓치는 경우가 발생할 수도 있다.

전체 최적화를 위한 첫걸음에서 전략과 로드맵 수립 때 MECE(Mutually Exclusive Collectively Exhaustive)와 같은 방식을 적용하면 매우 효과적이다. 즉, 중복을 피해 낭비를 없애는 동시에 누락 부분이 없도록 함으로써 온전한 형태의 혁신 추진을 가능하게 한다.

품질 혁신의 역사에서도 보듯이, 전문가 중심의 변화는 한계를 내포하고 있다. 품질관리도 품질 담당자 중심의 운영에서 전사의 모든 부문과 모든 구성원이 함께 참여하는 전사적 통합품질관리 체계로 변화함으로써 전체 최적화라는 목표를 이룰 수 있었다. 핵심 경쟁력은 소수라 하더라도, 지향점은 전체가 되어야 한다. 그런 의미에서 조직 전체의 최고 지위이자 전체를 아울러야 하는 탑 매니지먼트의 역할과 책임이 더욱 중요해진다.

혁신의 성공을 위한 방법상의 마지막 조건은 변화관리의 적극적인 전개다. 앞에서 소개한 조건들인 원칙과 기본의 준수, 명확한 계획 관리 그리고 전체 최적화도 변화관리의 대상이 된다. 변화관리는 경영 혁신의 착수에서부터 진행 과정 전체 및 성과를 얻은 이후까지도 꾸준하게 추진해야 하는 연속적인 조직관리 프로그램이다. 특히 새로운 프로세스와 시스템을 구축하는 경영 혁신 활동에서는 무엇보다 변화관리가 중요하다.

조직 내 프로세스의 변화가 많고 구성원 개인에 대한 변화의 영향력이 큰 프로젝트일수록 기본 준수의 중요성은 아무리 강조해도 지나침이 없다. 기초가 부실한 상태에서는 그 위에 무엇을 세우든 불안정할 수밖에 없고, 변화가 클 때는 위험이 더욱 커지기 때문이다. 하지만 아쉽게도 경영 혁신 추진 현장에서도 원칙과 기본이 무시되는 경우를 어렵지 않게 발견할 수 있다.

이는 혁신 추진자나 현업의 실무자가 일상적인 경영 활동이나 업무 추진의 연장선에서 경영 혁신을 이해하고 있기 때문이다. 문제의 근본적인 원인을 찾아 개선하기 위해 원칙과 프로세스를 바로 세워야 하는 경영 혁신 활동에서 오히려 원칙과 기본이 경시되는 모습은 아이러니하다.

혁신 추진의 당위성에 과도하게 집착하여 원칙과 기본이 경시되면, 경영 혁신 추진이라는 전체의 조합이 정합성을 잃고 겉돌게 될 우려가 크다. 그래서 변화관리의 추진이 중요한데, 이때 진행 단계에 맞춰 적절한 관리 활동이 수행되어야 한다. 변화관리는 새로운 모습으로의 변화 준비, 진행 과정에서의 점검과 피드백, 그리고 실행 후 정착까지의 관리를 포함해야 한다.

프로젝트의 오너(owner)인 최고 경영자는 경영 혁신 추진 과정에서 모든 상황에 대해 컨트롤 타워의 임무를 수행해야 한다. 보통의 경영 활동처럼 하위 책임자들에게 전체 권한을 위임하고 뒷짐을 져서는 안 된다. 경영 혁신을 추진하면서 최고 경영자가 중심에서 비켜서는 순간, 그 즉시 경영 혁신 기본 ABC는 보장되지 않는다. 혁신은 결과나 과정 모두가 매우 어렵고 희생이 따르는 과정이므로, 적극적인 수용보다는 피하고 싶은 마음이 크게 작용하기 때문이다.

최고 경영자가 경영 혁신 추진 과정의 일부 기능을 하부로 위임하였더라도 철저하게 점검해야 한다. 목적에 부합하는 활동인지, 로드맵에 의한 원칙과 기본을 준수하는지, 변화관리가 적극적으로 전개되는지 등에 대해 구체적으로 관심을 가지고 적극적으로 개입해야 한다. 이러한 점검 활동을 변화관리 프로그램의 일부에 포함하여 지속 관리하는 것도 효과적인 활용 방법이다.

경영 혁신의 첫 출발이 품질 혁신이어야 하는 이유

특별한 위기 상황에서 이를 극복하기 위한 전략이자 대응 방안으로 경영 혁신을 추진하는 것이 일반적이다. 이런 이유로 경영 혁신의 추진 범위는 위기 극복의 대상이나 관련 범위 내로 한정하는 것이 자연스러워 보인다. 하지만 경영 혁신 추진을 특정 사업이나 업무의 일부 영역에 국한하여 진행하는 것은 바람직하지 않다. 왜냐하면 문제의 근본 원인이 사업 또는 업무 일부에 국한되더라도, 이의 해결 방안은 프로세스 전체에 영향을 미치기 때문이다.

경영 혁신의 추진은 대개 경쟁력의 위기로부터 출발하므로, 그 첫 출발은 당연히 품질 혁신이다. 아직도 사회 전반에서는 품질을 제품(부품) 품질 또는 서비스 품질로 좁게 인식하고 있다. 하지만 4차 산업혁명 시대에서 품질의 범위(품질의 역할과 기능의 범위)는 제한 영역이 없을 정도로 넓다.

품질에 대한 고전적인 해석에서 벗어나, 품질의 의미를 일상적인 의미로서 '약속한 것을 지키기 위해 하는 일련의 모든 활동(과정)과 그 활동으로 인한 수행 결과'로 단순하게 인식해보자. 우리는 앞에서 모든 경쟁력은 이미 내세운 약속을 지키기 위해 품질을 유지하고 향상하는 품질 경쟁력을 뜻하는 것임을 확인할 수 있었다. 그래서 모든 혁신의 추진은 문제를 해결하는 것인 동시에 품질 경쟁력을 올리는 것과 같다. 즉, 경영 혁신의 가장 밑바탕에는 품질 혁신이 존재하는 것이다.

경영 혁신을 주창하면서 눈앞에 보이는 거창한 구호에 매달리지 말자. 보다 현실적 관점에서 품질에 주목해야 한다. 현재 처한 위치와 품질 상황이 모든 혁신의 출발점이 되어야 한다. 그러기 위해서는 올바른 측정과 판단, 그리고 목표 설정을 위한 혜안이 필요하다. 이를 위해 여러 원칙과 기술, 도구들이 존재한다. 그리고 핵심 운영 방식은 혁신 방법론이라는 구조로 제공된다.

혁신 방법론에 대해서는 혁신의 대상(Product, Process)에 따라 다양한 선택지가 있을 수 있다. 그중 가장 강력하고 효과적인 방법론은 6시그마 방식이다. 6시그마 방식은 맨 먼저 문제의 핵심을 성찰하여 현실을 분해하고 혁신적인 목표를 설정한다. 그리고 이를 달성하기 위해 과학적이고 통계적인 도구들을 적극적으로 활용한다.

대표적인 로드맵인 DMAIC, DMADV 방법론은 다른 혁신 방법론이 대체하기 힘든 강점을 가진 유일한 대안이다. 다소 경직된 면이 있지만, 이를 철저하게 적용한다면 성공으로 인도하는 가장 확실한 방정식임이 틀림없다. 뒤의 제2장 「Cue Q! Again Six Sigma!」에서 6시그마 방식의 핵심에 대해 구체적으로 설명한다.

21세기 들어서 IT 신기술을 바탕으로 4차 산업혁명 시대가 성큼 다가섰다. 기존 산업에서 품질의 역할이 중요했듯이, 4차 산업혁명 시대에도 품질의 역할은 역시 중요하다. 특히 4차 산업혁명의 기반을 이루는 빅데이터나 인공지능, 사물 인터넷 등 소프트웨어(S/W) 분야에서는 품질에 대한 인식이 더욱 중요시되고 있다. 그러나 S/

W 품질에 대한 인식은 매우 낮은 형편이며, 그 정의와 대상조차 구체적이고 명확하게 정의되어 있지 않다. 이는 우리뿐만 아니라 세계적으로도 유사하다. 눈에 띄는 홍보와 세련된 구호는 보이지만, 실체는 좀처럼 피부에 와닿지 않는다. 더욱이 관련 기술의 전문가들조차 S/W 품질은 자신의 분야가 아니라며 손사래를 친다. 눈앞의 위기조차 헤아리지 못하는 안타까운 현실이다.

개선과 혁명 사이에서 어정쩡한 줄타기, 혁신의 참모습은?

경영 혁신은 경영과 혁신을 조합한 단어다. 즉, 경영상 직면하고 있는 문제를 해소하여 목표를 달성하기 위한 활동을 통칭한다. 따라서 경영 혁신은 구호에만 머물러서는 안 되며, 실제적이고 구체적인 성과를 통해서만 보증된다. 또한 목표 수준도 탁월해야 하고, 이에 이르는 방법 역시 특별하고도 획기적이어야 한다.

경영 혁신을 이해할 때는 먼저 경영에 대한 이해가 있어야 한다. 왜냐하면 경영에 대한 실질적 정의에 따라 경영 혁신이 요구하는 목표와 활동도 달라지기 때문이다. 게다가 경영에 대한 실질적 정의와 개념은 고정되어 있지 않고 시대의 흐름에 따라 끊임없이 변한다. 특히 21세기에 들어선 이후 4차 산업혁명과 최근 약 2년의 글로벌 팬데믹을 거치면서 기업 경영이 요구하는 핵심은 크게 변화하였다.

20세기 기업 경영의 핵심은 성장과 수익으로 정의되었다. 하지만

20세기 후반부터 급격한 신기술 발전이 경영의 핵심에 자리하기 시작하면서, 경영의 핵심은 성장이나 수익보다 생존에 더욱 강한 중점이 실리게 되었다. 초격차, 지배적 격차의 시대에서 기업의 생존 그 자체가 성장과 수익의 바탕이 되기 때문이다. 생존이 위협받는 상황에서 성장과 수익이 무슨 의미가 있겠는가! 특히 기업의 생존 여건 중에서 신기술에 의존하는 비중은 매우 커졌고, 신기술과 경영의 콜라보(협업)는 필수 요건이 되고 있다.

21세기의 경영을 신기술 중심의 생존 전략으로 이해한다면, 혁신에 대한 정의는 더욱 절실하고 과감해져야 한다. 한때 혁신 활동은 의미 자체가 파격적이라서 쉽게 접근하기 어려웠던 적도 있었다. 하지만 20세기 후반부터 불어닥친 경영 혁신의 바람은 유행을 넘어, 그 눈높이를 낮추어 일상화 수준까지 이르게 되었다. 혁신의 개념은 단기간의 집중된 활동이라는 차원을 넘어, 이제는 일상에서 흔하게 접하는 보편적 전략이 되었다. 때로는 고급화된 목표를 상징하기도 한다.

조금 더 솔직하게 표현하면 최근 기업의 경영 혁신, 즉 기업 혁신에 대한 수요는 필요에 의해서라기보다는 기업 전략을 효율적으로 집행하는 방편으로 활용되는 측면이 강하다. 이는 앞서 살펴본 바와 같이, 혁신에 대한 보편화 현상과 궤를 같이한다. 따라서 이제는 웬만한 크기 이상의 변화를 목표한다면 혁신이라는 용어를 피할 수 없게 되었다. 그만큼 혁신이란 용어에 대한 접근성은 낮아졌다. 어쩌면 이제는 용어 남용을 우려할 수준까지 일반적이고 보편화된 정도다.

혁신의 남용은 표면적으로는 아무런 문제가 없어 보인다. 어디

하나 피해가 발생하지 않을 것 같기 때문이다. 하지만 냉정하게 살펴보면, 혁신을 남용하게 되면 일상적인 개선 수준의 목표가 혁신의 이름으로 포장되는 역효과가 발생한다. 이럴 경우, 개선과 혁명 사이에서 혁신은 어정쩡한 스탠스(위치)를 가지게 된다. 명확한 의지와 방향 설정, 그리고 강력한 추진 강도를 가져야 하는 경영 혁신이 애매하게 포지셔닝되면 전략적으로 실패할 가능성이 커진다.

이제 경영 혁신의 참모습에 대해 살펴보자. 경영 혁신의 모습은 경영 전반에 걸친 일반적인 문제(과제)를 해결한다는 단순한 의미를 넘어서야 한다. 이는 매우 구체적인 목적으로 표출되어야 한다. 이를 핵심 단어로 축약한다면 vector와 velocity로 표현할 수 있다.

경영 혁신은 크기와 방향을 포함하는 vector 개념으로서, 이를 통해 혁신의 정당성과 의지를 확인할 수 있다. 또한 방향을 포함한 속도의 개념인 velocity(속력)를 통하여 혁신의 절실함과 긴급성, 그리고 추진의 강도가 노출된다. 이 두 개념을 온전히 갖추지 못한 혁신은 첫 출발부터 부족함을 안게 된다. 비록 경영 혁신이라는 타이틀로 조직의 획기적인 변화를 추구하지만, 경영 혁신 추진의 동기가 애매모호하면 구성원과 참여자들의 열정을 얻을 수 없기 때문이다.

현재 아무런 문제가 없고 충족되어 있는 상태지만 더욱 잘하자는 의미로 혁신을 추진한다면, 새로운 노력과 형식적인 갖춤이 필요할 것인지에 대해 참여자들은 부정적으로 반응할 수 있다. 이는 경영 혁신의 참모습에 대한 오해이자 왜곡이다. 왜냐하면 경영 혁신은 정상적인 경영 방법으로는 해소되기 어려운 목표나 변화를 추구하는 경영상의 전략이지, 일상 경영 행위에 대한 포장된 표현이 아니기 때문이다.

실제로 경영 혁신은 많은 경영 현장에서 오해를 받고 있다. 이를 바로잡기 위해서는 오롯이 그 참모습부터 새로 이해하고 재출발하는 것부터 시작해야 한다. 용어가 결단력 있어 보이고 화려하다고 해서 그 추진과 활동이 용인되지는 않으며, 더욱이 목표의 달성이 보장되지도 않는다.

4차 산업혁명 시기의 어느 조직이라도 절박한 경영 상황이 있다. 이를 당면한 위기로 솔직하게 받아들이고 해결 방법을 찾는 것이 현명한 전략이다. 먼저 경영 전반에 걸친 위기 상황, 즉 문제점에 대해 성찰하는 것이 중요하다. 필자는 이를 혁신의 첫 출발점인 insights 단계로 정의한다. 필자가 주창한 I-T-P-I 경영 혁신 추진 전략의 첫 번째 phase다. I-T-P-I 방법론은 뒤의 「7. 6시그마 도입, 이렇게 준비하라」에서 상세하게 다루었다.

품질 혁신의 역사와 품질 대가들의 철학

경영 혁신은 주요 경영 현안을 해결하고자 추진하는 경영전략으로서, 경영의 위기에서 출발한다는 것이 특징이다. 이는 형식적으로는 조직의 문제를 해결하기 위해 획기적 경영 목표 달성을 내세우지만, 본질적으로는 목표 달성에 이르는 방법을 제시하여 이를 조직 곳곳에 스며들게 하는 변화(과정)를 의미한다. 다시 말하면, 경영 혁신의 목적은 일회적인 경영 목표의 달성뿐만 아니라 조직을 영속적인 개선 조직으로 변화시키는 데 있다.

이런 경영 혁신의 최선봉에 있었던 분야가 품질 혁신 분야였다. 왜냐하면 경영 혁신의 요체가 경쟁력을 확보 또는 회복하는 것이고, 이를 위한 핵심은 품질이기 때문이다. 여기에서의 품질은 주로 제조 품질을 의미해왔다. 2차 세계대전 이후에는 국가 간, 기업 간의 극심한 경쟁 속에서 생존과 성장이 최대 과제였다. 그리고 그 경쟁력은 산업 경쟁력이 견인하였는데, 초기는 제조 품질을 중심으로, 그 이후에는 서비스 품질로 확대되었다.

품질 분야에서 두 개의 축은 품질경영과 품질관리다. 이 분야도 제조 품질을 중심으로 출발하여 진화하면서 발전하였다. 그에 따라 품질개선을 위한 도구들과 방법론 역시 제조 품질을 바탕으로 하고 있다. 이런 이유로 아직도 품질이라고 하면 먼저 제조 품질을 떠올리게 된다.

품질 이론에서 가장 원칙적이고 대표적인 이론은 Juran 박사가 주창한 품질 트릴러지(Quality Trilogy)다. 이는 품질의 구성을 품질계획과 품질관리(통제), 그리고 품질개선의 3가지 핵심 요소로 정의한다. 일상의 관리 체계에서 새로운 관리로 이행시키는 노력을 품질개선이라고 하며, 목표한 개선의 크기와 변화의 폭이 클 때를 품질 혁신이라고 평가한다.

기업에서 문제 해결 방법론, 즉 경영 혁신은 문제의 요소가 무엇인가에 따라 달라진다. 경영 혁신에서 문제 요소는 크게 생산성 혁신, 품질 혁신(협의의 품질로서 제조 품질의 혁신), 서비스 혁신 그리고 비즈니스 혁신으로 나누어진다. 광의로는 품질 혁신은 경영 혁신의 범주가 겹칠 정도로 넓다. 다만 품질 대가에 대한 설명을 위하여 품질 혁신을 제조 품질의 혁신으로 국한하여 사용키로 한다.

제조업에서 생산성과 품질은 양과 질이라는 측면에서 가장 중심이 되는 혁신의 개념이자 목표다. 이 둘은 동전의 양면과 같이 함께 해야 하면서도 서로 충돌할 수도 있는, 협업과 경쟁이 공존하는 면이기도 했다. 현대 품질에서는 생산성과 품질을 동시에 추구할 수 있는 방법론을 지향하고 있지만 항상 이 목적이 충족되지는 않고, 아직도 많은 과제를 안고 있다.

이번 주제인 품질 혁신의 발전사를 이해하기 위해서 서비스 혁신과 비즈니스 혁신도 중요하지만, 품질 혁신을 중심으로 설명하기 위해 생략한다. 생산성은 품질과 함께 발전하므로 생산성 혁신과 품질 혁신은 불가분의 관계에 있다. 따라서 본 주제인 품질 혁신, 그리고 품질 대가와 그 철학을 소개하기 전에 먼저 생산성 혁신에 대해 간략하게 설명하기로 한다.

생산성에 관한 과제는 생산성의 양적 개선(향상)과 이를 위한 혁신이라는 주제로 진화, 발전하였다. 생산성 향상은 아담 스미스가 그의 저서인 『국부론』(1776)에서 분업 이론을 주장했던 때부터 출발했다고 보는 것이 타당하다. 이후 분업화는 생산성을 매개로 더욱 전문화하여 대량생산을 위한 전문적인 생산 체계로 이어졌다. 이어서 휘트니의 표준화(1798년, 소총 생산 표준규격 도입) 등 기계화, 자동화가 추가되면서 대량생산은 쾌속으로 성장했다.

이후 20세기 초반 테일러의 과학적 관리법을 통해 대량생산은 탄력을 받기 시작했다. 과학적 관리는 작업을 세분화하고, 불필요한 작업을 제거하고, 이동 거리를 축소하는 등 업무 처리 효율화를 중심으로 발전하였다. 이와 비슷한 시기에 헨리 포드는 대량생산을 위한 컨베이어 시스템을 고안하여, 포드사의 T 모델을 통해 대량생산의 현실화를 이끌었다.

이후에도 생산성에 대한 기업의 욕구와 함께 생산성 혁신은 끊임없이 발전하였다. 20세기 중후반의 생산성 혁신 모델은 여러 도구를 통해 세계적으로 널리 퍼지게 되었는데, 도요타의 TPS 방법론(Toyota Production System)이 대표적인 방식이다. 생산 혁신 시스템으로서의 TPS는 이 시스템을 부양하는 다양한 도구를 갖추고 있는데, 낭비 제거, 유연 생산, 카이젠, 평준화(작업부하 평준화), 실수 방지(Poka-Yoke), JIT(간판 방식), VSM(Value Stream Mapping) 등을 들 수 있다.

생산성 혁신과 함께 추진된 품질 혁신도 제조업의 품질을 대상으로 출발하였다. 특히 제조 품질 분야에서는 생산성 혁신을 통해 대량생산이 가능해진 이후의 불량(品) 관리와 이의 개선이 핵심 관건이었다. 이를 위해 1920년대부터 슈워츠 박사는 통계적 품질관리를 강조하였다. 특히 슈워츠 박사가 고안한 관리도(control chart)는 불량(品) 비율을 낮추는 품질관리의 대표적 도구로서, 21세기 제조 현장에서 아직도 적극적으로 활용되고 있다.

이후에도 수많은 품질관리 도구가 출현하였고, 현재까지도 유용하게 활용되고 있다. 샘플링 검사에 기초한 검사 기법, 관리도의 작성과 분석을 통한 불량 개선 기법, 과학적이고 통계적인 실험계획법, 프로세스의 관리 상태 파악 및 개선에 활용되는 다양한 형태의 관리도 등이 통계적 품질관리의 대표적인 도구다.

통계적 품질관리에 이어 지속적인 품질개선을 위한 접근법이 창안되었다. 대표적인 기법으로는 Deming의 P-D-C-A 관리법과

Juran의 품질 트릴러지 등을 들 수 있다. 이러한 기법들은 품질 향상을 위한 원칙을 강화하는 데 크게 이바지하였다. 그리고 이를 토대로 다양한 품질 문제의 해결을 위한 이론과 제도들이 계승되었다.

품질 혁신 이론은 역사적인 순서와 관계없이 Crosby의 무결점 운동, Feigenbaum의 TQC, 이시가와의 CWQC와 품질분임조 등을 통해 제조 품질 향상에 이바지하였다. 즉, 품질 혁신의 역사는 개별 도구로부터 출발하여 다양한 이론과 제도를 체계화하면서 발전하였다. 이를 요약하면 개별 QC(품질관리)와 QM(품질경영)에서, 이를 기능과 조직으로 통합하여 운영하는 TQC(Total QC), CWQC(Company Wide QC)로 발전하였고, 궁극적으로는 시스템적 개선·혁신을 추구하는 TQM과 6시그마 혁신 방법론 등으로 이어진다고 할 수 있다.

위에서 살펴본 바와 같이 품질 혁신은 개별 도구로부터 출발하여 기본 이론과 품질 체계를 형성하면서 발전해왔다. 하지만 그 궁극적인 완성은 이 모든 도구, 이론, 원칙, 체계들을 통합한 품질 혁신 방법론(methodology)의 출현이라고 할 수 있다. 이 방법론은 개별 도구나 방법과는 차이가 있다. 도구의 활용성과 우수성보다는 목표 달성을 위한 통합적 효과성과 효율성의 관점에서 의미가 있는 것이다.

품질 혁신 방법론은 여러 품질 이론, 원칙, 방법, 도구들을 체계화하여 프로세스(절차)로 통합한다. 따라서 수행 담당자의 개별적 능력 차이에 영향을 덜 받으면서 목표를 달성하도록 하는, 품질경영 전략이자 실행 방법이라 할 수 있다. 즉, 품질 혁신 방법론은 품질 혁신 목표를 달성하기 위해 무엇을 어떻게 해야 하는지를 절차적으로 규정한 것이다.

품질 혁신에 대한 방법론에는 여러 가지가 있고, 또한 각 산업 분야에서 적극 활용되고 있다. 품질 혁신에서 성과를 이루어 낸 대표적인 방법론으로는 TQM과 TPS, 그리고 6시그마 방식을 들 수 있다. 각 방법론의 내용에 대하여 모두 다룰 수는 없으나, 6시그마 혁신 방법론은 뒤의 제2장에서 집중해서 소개하기로 한다.

품질의 역사는 품질관리와 품질개선을 위한 이론과 도구의 발전, 그리고 혁신 방법론의 변천사라 할 수 있다. 그리고 품질 이론과 방법론을 고안하고 실행에 옮길 수 있도록 구체화한 품질학자와 품질인(quality representative)을 품질 대가(master)라고 한다. 품질 대가들은 다양한 방식으로 품질개선과 혁신에 접근하였다. 하지만 내용과 형식의 다양성에도 불구하고 품질 대가들에게는 공통점이 있는데, 이는 품질 철학을 중시하였다는 점이다.

품질 관련 실무자들은 품질 도구와 이론, 방법론을 배우고 숙련하면서 구체적인 품질 활동과 전략을 추진하였다. 이는 효용성과 효율성이 중심이었다. 하지만 이제는 품질 도구에만 머물지 말고, 품질 대가들의 품질 철학에도 관심을 가져야 한다. 만약 이에 대한 탐구 없이 품질 도구와 방법론에만 치중하게 되면 이를 수행하고 활용하는 과정에서 발생하는 갈등과 문제에 효과적으로 대응할 수 없다. 왜냐하면 혁신 방법론으로 통합된 이론과 방법에는 각각 그 탄생 배경과 창안자의 철학적 고민이 담겨 있기 때문이다. 그런 의미에서 품질 대가들의 철학을 살펴보고 이해하려는 노력은 품질 혁신 리더와 추진자에게 필수적이다.

품질 대가들을 개별적으로 소개하고 그 품질 철학을 본서에서 충분히 공유하기에는 지면이 부족하다(다른 참고 서적을 활용하길 바란다). 다만 품질 혁신을 추구하는 리더는 도구(기능)와 방법(론)의 적용에 앞서 반드시 품질 대가의 철학을 이해하려는 노력을 다해야 한다. 이는 품질을 공부하는 학생들에게 항상 요구하는 바이며, 품질을 대하는 모든 품질인들에게도 당부하는 바다.

이를 통해 품질 혁신은 기능적 완수뿐 아니라 기본과 원칙에 바탕을 둔 혁신 성과를 얻을 수 있기 때문이다. 다시 한번 강조하자면, 품질 혁신의 궁극적인 목적은 일회적인 경영 목표로서의 품질 목표 달성뿐만이 아니다. 오히려 조직을 영속적인 개선 조직으로 변화시키는 데 그 목적이 있음을 기억해야 한다.

Post Corona, 생존 전략으로서의 품질 혁신

현대 경영의 목적 중에서 최우선은 역시 생존이다. 우선 생존해야 고용을 통해 직원과 함께 생산적인 경제 활동이 가능하고, 비로소 성장이나 수익 창출을 꾀할 수 있기 때문이다. 이와 같이 극심한 생존 경쟁에 직면하면서, 기업은 고전적 경영의 핵심이었던 성장과 수익 중심에서 경쟁에서의 생존 체계로 급속도로 변화하였다.

또한 21세기 초반, 급속하게 발전하는 신기술을 중심으로 4차 산업혁명의 시대가 쓰나미처럼 다가왔다. 게다가 글로벌 산업 환경은 2020년부터 세계 경제와 사회 전반을 휩쓸었던 COVID-19 사태로 인한 글로벌 팬데믹 상황으로 인해 지구 역사상 초유의, 지금까지 경험하지 못했던 새로운 환경에 직면하게 되었다. 즉, 생존 경영과 4차 산업혁명, 그리고 글로벌 팬데믹이 한꺼번에 발생하면서 글로벌 산업 생태계는 엄청난 도전을 받고 있다. 이는 또한 현재도 진행 과정에 있다.

팬데믹 초기에는 대면 경제 활동이 초토화되고, 글로벌 경제는 비대면 산업 정도만 간신히 명맥을 유지할 정도로 극심한 정체에 빠지기도 했다. 이에 따라 글로벌 산업 변화의 새로운 체계로의 이행(移行) 국면에 대한 이해와 대응에서는 발생한 문제에만(COVID-19) 집중하는 착시 현상이 발생한 것도 사실이다. 최근 급속히 악화한 세계 경제 환경의 책임을 모두 코로나 사태에 전가하기엔 침체와 격변의 원인은 복합적이다. 다만 그 '최근의 trigger'가 COVID-19에 기인한 글로벌 팬데믹일 뿐이다.

복합적인 산업 변화에 대한 종합적 대처보다 글로벌 팬데믹 극복이라는 대증 처방에 극단적으로 집중하는 것은 매우 근시안적 자세다. 산업의 재편이 기술 혁신을 중심으로 변화하는 것은 당연한 진행 순서다. 그리고 오늘 이 순간의 경제와 산업 체제는 기존의 경제 체제와 신기술 중심의 체제가 공존하고 있는, 매우 혼란스러운 상황이기도 하다.

물론 이러한 위기 상황에서도 ICT 신기술을 바탕으로 언택트 또는 온택트로 일컬어지는 비대면 산업은 오히려 괄목할 수준의 성장을 보이기도 했다. 그러나 이러한 성장과 퇴조의 혼조 속에서도 종합적으로는 세계 경제 침체를 피해 가지 못했으며, 그나마 강력한 생산 기술과 품질로 무장한 제조업의 뒷받침으로 버틸 수 있었다.

　아직 여러 환경이 복합적이고 어지럽게 얽혀 있지만, 팬데믹 상황에 대한 글로벌 대처 능력이 강화되고 있고 회복과 개선의 기대가 커지고 있다. COVID-19 글로벌 팬데믹의 회복에 대한 기대는 새로운 경제 질서로의 재편을 예고하고 있다. 그동안 점진적으로 이행되었던 4차 산업혁명 시대로의 변화와 함께 광폭으로 빠른 스텝이 진행되고 있다.

　글로벌 팬데믹의 영향으로 시작된 세계 경제 침체 이후의 산업 경쟁력은 어떻게 재편될 것인가? 이에 대한 품질 혁신의 방향은 어떠해야 하는가? 산업의 변화는 포괄적으로는 4차 산업혁명 시대가 이끄는 산업 경쟁력을 바탕으로 스마트 사회(smart society)로 이행할 것이 명확하다.

　앞으로의 스마트 사회는 스마트 팩토리와 스마트 홈, 스마트 시티를 중심으로 빠르게 재편되고 산업 경쟁력은 스마트 품질을 통해 승자독식 체계가 생성될 것이다. 이미 글로벌 경제는 상당 수준 스마트 사회를 향하여 진행되고 있고, 준비도 돼 있다. 아직 완전하지는 않지만 언택트(untact, 비접촉) 신기술은 그 방향성과 지향점을 명확히 선언하고 거센 속도로 진화하고 있다.

　우리는 이에 대해 얼마나 준비하였고, 대처가 되어 있는가? 이제부터는 국가 품질 경쟁력을 구성하는 요소마다 철저하게 점검하고 대응책을 마련해야 할 시점이다. 특히 산업 경쟁력 최전방의 첨병이었던 제조업에 신기술을 탑재한 융합 산업들은 현재의 글로벌 침체 국면을 오히려 기회로 삼아 새로운 품질 혁신 전략으로 도약을 노려야 한다.

경영 혁신의 추진이 경쟁력의 위기로부터 출발하여 이를 강화하는 방향으로 진행되고, 그 핵심은 품질 혁신에 있음은 앞에서 설명하였다. 그리고 현재의 글로벌 산업 환경에서는 품질 혁신이 경영의 수단을 넘은 생존 전략으로서 절실한 돌파구다. 따라서 현재의 위기 상황을 돌파할 전략의 최일선에 품질 혁신이 있다. 그리고 품질 혁신의 핵심은 스마트 품질 경쟁력이다.

이제는 스마트 품질을 바르게 이해하고 산업에 적용해야 한다. 개념에 대한 집착이나 형식적인 접근은 더 이상 무의미하다. ICT 기반의 4차 산업혁명 기술들이 광풍처럼 쏟아지는 현시점에 지난 20여 년간 우리 산업들의 대응은 충분하였는가 성찰해보아야 한다. 나아가 스마트 품질을 통해 경쟁력을 높여야 한다. 이것이 현대 품질경영의 목표로서 스마트 품질 경쟁력이다. 경쟁력의 출발점이 왜 품질이어야 하는지는 이어지는 「3. 모든 혁신은 품질로부터 시작하라!」에서 자세하게 살펴보기로 하고, 스마트에 대한 이해부터 시작해보자.

최근 부쩍 활용도가 높아진 스마트(smart)라는 용어는 그 의미가 다양하게 사용된다. 일상적인 의미에서는 '영리하다' 또는 '똑똑하다'의 의미에 그친다. 하지만 사회적인 의미로는 그 범위가 넓어져, 다기능(multi-function)을 가지거나 네트워크와 연결되어서 사용자가 조정이 가능하다는 의미로 통용된다. 즉, 다기능을 가지면서 사용자 중심으로 운영되도록 구축된 체계나 시스템을 의미한다.

산업의 관점에서 스마트를 좀 더 구체적으로 개념화하기 위해, 다보스 포럼(2016년)에서는 4차 산업혁명의 특징에 대해 다음과 같이 정의하였다. 즉, 스마트(smart)의 개념을 구체적으로 초지능(스마트 지능화 사회), 초연결(커넥티드 사회), 초융합(유비쿼터스 사회)의 의미로 정의하였다.

이런 의미에서 현대의 품질에는 역시 '스마트(smart)'를 입혀야 한다. 개념으로서가 아니라 철저하게 스마트를 지향하고 체질화해야 한다. 기존의 전통적인 품질 개념만으로는 경쟁력이 없다. 새로운 술은 새로운 부대에 담아야 터지지 않고, 다가오는 4차 산업혁명의 본격적인 전장에서는 스마트 품질 경쟁력으로 무장해야만 승산이 있고, 생존도 가능할 것이다.

스마트 품질은 동질성을(약속을 지키고, 산포를 줄이는) 강조하는 전통적인 품질과 핵심 영역은 공유하되, 품질 영역에서도 새로운 가치를 창조하기 위해 차별성을 확보해야 한다. 당장은 동질성과 차별성을 함께 갖추기 어렵다. 하지만 지금부터라도 차별성에 도전할 수 있도록 연구하고 대비해야 한다.

기업 또는 산업에 경쟁력을 확보하는 것은 경영자의 몫만은 아니다. 동시에 품질인(quality representative)의 사명이기도 하다. 나아가 품질에 스마트를 입혀서 스마트 품질 경쟁력을 추구하는 것 역시 품질인의 사명이어야 한다. 현재 자신이 속한 기업이나 산업에서 초지능(hyper intelligence), 초연결(hyper connectivity), 초융합(hyper convergence)의 스마트화가 품질에 접목되도록 하여야 한다. 그리고 이를 촉진하는 모든 활동의 중심에 품질인(品質人)이 있어야 한다.

Why we should focus on quality, again?

모든 혁신은 품질로부터 시작하라!

○ 왜 모든 경쟁력의 출발점은 품질이어야 하나?

○ 기업 계층이동 가능성의 희망과 좌절

○ 격차를 만드는 아이디어, 격차를 벌리는 품질

○ 지배적 격차 없이는 경쟁력도 없다, 스마트 품질 경쟁력

○ 품질 혁신의 원형, 제조업에서 배우는 혁신 DNA

○ 품질과 품질인, 품질인의 재조명

*

　한때 경영 혁신은 잘나가는 기업이나 그 기업의 CEO를 더욱 멋있게 포장하는 수식어에 불과하던 때가 있었다. 이는 혁신에 대한 환상과 오해에 따른 왜곡된 현상이었다. 본래의 경영 혁신은 위기에 대응하는 절실함으로부터 출발하였다. 초기 경영 혁신의 강력한 추진 동력은 시장 경쟁자들 사이에서 경쟁력을 확보하기 위한 절박함이었다. 이는 공급자 우위 시장에서 소비자 중심으로 이동하면서 나타난 당연한 현상이었다. 하지만 점차 기업 환경이 나아지면서 절실함을 잃고 혁신의 모습도 상당 부분 변질되었다.

　혁신에 대한 절실함이 사라진 사정에는 다양한 이유가 있겠으나, 산업과 사회 전반적인 측면의 사정에서는 신기술에 의한 시장 지배력의 양극화를 들 수 있다. 신기술을 확보하지 못한 기업은 도태될 수밖에 없어 경쟁에서 탈락하였고, 신기술을 통해 지배력을 확보한 기업은 큰 위험 없이 지배력을 강화할 수 있었기 때문이다. 이러한 현상은 인터넷 혁명이라 일컫는 3차 산업혁명과 ICT 기술을 바탕으로 한 4차 산업혁명 시대를 관통하면서 더욱 심화되었다.

그렇다면 기술을 수반한 기업에서는 더 이상의 위험은 존재하지 않는 것인가? 그리고 신기술 대응에 뒤진 기업은 재기를 위한 기회조차도 없다는 것인가?

비록 한때의 열병과 같이 추진되었던 경영 혁신 추진은 사라졌지만, 오히려 경쟁력 확보를 위한 혁신 추진의 필요성은 더욱 커지고 있다. 이는 신기술로 앞서가는 기업이나 뒤처진 대응으로 도태 위기에 있는 기업이나 마찬가지다. 다만 형식적인 경영 혁신 추진에 대한 반발로서 혁신이라는 용어를 군이 사용하지 않을 뿐이다.

경영 혁신 추진의 역사는 절실함에서 출발하여 유행과 같이 번졌다가, 기술 진보와 함께 주춤하였다. 하지만 21세기에 들어선 이후의 산업과 기업에서는 혁신 추진은 선택이 아니라 당위가 되었다. 왜냐하면 현대 경영에서는 기술 혁신에서 도태되면 바로 탈락하고, 초격차와 지배적 격차를 갖춘 승자만이 존재의 가치를 인정받는 승자독식 시스템이기 때문이다.

이처럼 경영 혁신은 지난 반세기 동안 확산과 약화를 반복하면서 치열하게 진화해왔다. 그리고 혁신의 실질적 목표는 경쟁력 확보이며, 이를 위한 핵심 활동과 도구는 품질을 통한 혁신의 완성이었다. 즉, 경쟁력을 갖추거나 강화하기 위한 경영 혁신의 추진은 곧 품질 혁신을 의미한다.

이번 「3. 모든 혁신은 품질로부터 시작하라!」에서는 혁신과 품질이 왜 불가분의 관계인지, 그리고 혁신과 품질이 서로 어떻게 영향을 주고받는지 살펴본다. 경쟁력의 원천이 품질이라는 당연한 사실을 이해하는 데 너무나 오랜 시간이 걸렸다. 이제는 모든 경쟁 요소에 품질을 적용하여 경쟁력을 갖추는 데 초점을 맞추어야 한다.

경쟁력 그 자체가 승리의 공식임을 명심하자.

왜 모든 경쟁력의 출발점은 품질이어야 하나?

경영 현장에서의 화두는 당연히 경쟁력이다. 하지만 이 경쟁력의 바탕에 품질이 있음은 잘 인식하지 못한다. 그만큼 품질에 대한 이해가 부족했고, 이해를 넓히는 노력이 부족했다. 모든 경쟁력의 출발점은 품질이라는 필자의 주장에 대해 많은 경영자는 경계심을 표출하기도 한다. 품질을 매개로 터무니없는 주장을 하는 것처럼 오해도 한다. 하지만 최근 그 오해는 많이 해소되고 있고, 이에 대한 적극적인 논쟁은 환영할 만하다.

경쟁력은 비교를 통해 우위를 확보하기 위한 전략적인 힘의 크기다. 그리고 기업의 경쟁력은 기업이 생존과 성장을 위해 고객과의 약속을 얼마나 잘 지키는지에 대한 평가인 품질 수준으로부터 나온다. 따라서 경쟁력은 반드시 품질로부터 출발해야 한다. 특히 신기술의 급속한 발전으로 인해 조직의 생존이 좌우되는 시기에는, 품질 경쟁력이 더욱 중요한 전략적 가치를 가지게 되었다.

품질 경쟁력은 경영 혁신의 핵심 전략이자 목표일 때 가장 효과적인 가치를 발휘한다. 그리고 경영 혁신의 최우선 목표를 품질 경쟁력 확보로 이해한다면, 경영 혁신은 곧 품질 혁신이다. 용어의 사용이 핵심 이슈는 아니지만, 이제는 포괄적인 의미인 경영 혁신이라는 용어보다는 품질 혁신과 품질 경쟁력이라는 구체적인 용어를 사용하기를 권장한다. 지난 여러 혁신 추진의 사례에서, 경영 혁신이라는 용어는 경영 전반을 혁신한다는 종합적인 의미 이외에는 효과적이지 못했다. 오히려 전략적 모호함과 구체성의 결여로 인해, 전체 구성원의 공감과 참여에 장애 요소로 작용하였음을 부인하기 어렵다.

앞에서 국가 경쟁력을 설명하면서, 국가 경쟁력은 한 국가에 대한 품질 경쟁력임을 설명히였다. 그렇다면 하나의 통합된 조직 단위에 대한 경쟁력을 판단할 때, 그 범위는 어느 정도까지로 정해야 할까? 모든 구성 요소에 대해 관련 내용을 일일이 점검하고 평가하기는 어렵다. 그래서 품질 경쟁력은 핵심 요소에 대해서만 평가한 결과로 나타난다. 여기에서 두 가지 결정이 필요하다. 첫째는 품질 경쟁력의 구성 요소이며, 둘째는 품질 경쟁력의 평가 방법이다.

품질 경쟁력의 범위를 제조 품질 또는 서비스 품질과 같이 기존의 품질 개념에 국한하는 것은 올바르지 않다. 왜냐하면 품질의 개념은 3차 산업혁명 시기 이후부터 확장됐고, 이제는 국가 품질 경쟁력을 구성하는 전체 조직과 활동으로 그 대상이 넓어졌기 때문이다. 우리나라도 국가품질상(KNQA) 단체상을 제조와 서비스를 포함하여 공공 부문, 의료, 교육까지 확장하고 있다. 이처럼 품질 개념은 제조 품질이나 서비스 품질에 국한하지 않고, 성과를 구성하는 구체적인 활동 전반으로 확장되고 있다.

다음으로 품질 경쟁력을 평가하는 방법이다. 모든 경쟁력의 판단이 품질로부터 시작되므로, 품질 경쟁력의 평가는 그 어느 때보다 그 중요성이 커지고 있다. 특히 4차 산업혁명을 관통하는 한중간에서 품질 경쟁력의 확보는 생존을 향한 유일한 대안이다. 하지만 품질 경쟁력은 그 자체로는 계량적인 의미를 갖지 않으므로, 실제 추진하는 목표와 평가 및 달성 전략은 더 구체화해야 한다.

품질 개념은 확장되었지만, 품질 경쟁력의 달성 전략과 방법에 대한 논의는 아직도 많이 부족하다. 경쟁력 평가를 개별적인 품질 지표에 의존하여 단순하게 그 조합으로만 구성하는 경우가 많은데, 이 경우 경쟁력을 객관적으로 대변하기가 어렵다. 이에 대한 통일된 방법이나 수단도 없다. 그래서 이를 객관화하는 방법론의 연구와 제안을 강화해야 한다.

현재까지의 품질 경쟁력을 확보하는 방법론에 대해 살펴보자. 이는 품질 혁신과 무관하지 않다. 왜냐하면 품질 혁신을 추진함으로써 얻는 성과의 최종 산물이 품질 경쟁력으로 나타나기 때문이다. 품질 혁신은 조직의 위기를 극복하고 문제를 해결해나가는 과정이므로, 경쟁력을 확보하는 방법론은 문제 요소에 따라 차별적으로 진화해왔다.

문제 요소로 볼 때, 제조 기반의 산업은 생산성 혁신과 품질 혁신을 중심으로, 서비스업에서는 서비스 품질이라는 관점에서 서비스 혁신이 추진되었다. 그리고 다소 모호하지만 경영 전반을 포괄하는 비즈니스 혁신은 다른 혁신 활동과 함께 병렬적, 포괄적으로 추진되었다. 즉, 경쟁력의 핵심 이슈가 '낮은 생산성'일 때는 생산성 혁신이, '낮은 품질 수준이나 서비스 수준'일 때는 품질 혁신과 서비스 혁신이 중심에 있었다. 그리고 경영전략의 변화나 조직 운영의 이슈가 핵심 문제일 때는 비즈니스 혁신이 추진되었다.

이처럼 경쟁력 확보를 위한 방법론은 관점을 바꾸어 문제의 원인에 따라 구별할 수도 있다. 첫째, 프로세스 중심의 문제 해결 방법론으로는 PI, BPR, ReEngineering, Mckinsey 방식, 그리고 6시그마 혁신 방법론을 들 수 있다. 둘째, 약점 개선 문제 해결 방법론으로는 TOC, VE, GVE, VI를 들 수 있다. 마지막으로 발상(idea) 근거의 문제 해결 방법론으로는 TRIZ, 창조 경영, GE의 IB 등이 이에 해당한다.

위에서 소개한 각 방법론은 순수하게 개별적으로 그리고 독자적으로만(unique) 수행되는 것은 아니다. 오히려 여러 방법론이 혼용되어 추진됨으로써 시너지 효과를 창출하기도 하였다. 그리고 품질 혁신 방법론을 수행하는 도구들은 많은 부분 서로 겹쳐 있다. 이러한 중복은 혁신 방법론의 진화 과정에서 당연한 귀결이다. 왜냐하면 혁신의 추진은 하나의 방법론만을 적용하여 온전하게 마무리한 후, 완전히 새로운 방법론으로 다시 시작하는 것은 아니기 때문이다.

기존의 효과 있는 도구들을 다른 방법론에서도 효율적으로 배치하여 계승하는 것은 전체적인 효과 극대화를 위해 권장된다. 다른 방법론과의 차별성을 위하여 각각의 도구에만 집착해서는 안 된다. 품질 혁신 활동의 목표는 성과의 달성에 있어야 한다. 즉, 품질 혁신을 통한 품질 경쟁력을 확보하는 과정과 활동은 형식이 아니라 실질적인 목표(성과) 달성에 중점이 있다.

그런 의미에서 현존하는 혁신 방법론 중 6시그마 방식은 가장 강력한 품질 경쟁력 강화 방법론이다. 왜냐하면 6시그마 방식은 재무적 성과를 강조하는 동시에, 프로세스 중심의 과학적이고 통계적인 문제 해결 과정을 중시하기 때문이다.

기업 계층이동 가능성의 희망과 좌절

부자는 망해도 삼 년은 간다는 속담이 있다. 이 속담은 부(富)를 한순간에 이루기도 어렵지만, 한번 쌓은 부는 아성(牙城)과 같이 쉽게 허물어지지도 않는다는 의미로 새길 수 있다. 하지만 근대에 들어서 상황은 반전되었다. 계급과 축적된 부에 의하지 않고도 새로운 부를 창출할 수 있는 기회가 늘어났고, 특히 기업의 경우에는 주식회사 제도를 통해 신기술을 보유한 신흥 기업의 탄생이 활발해졌다.

물론 이러한 신흥 기업 역시 이미 축적된 자본력에 의존하여 탄생하기도 한다. 하지만 경영 현장에서는 신기술과 자본력이 합작하여 계층이동 사다리를 만든 사례도 자주 회자(膾炙)된다. 특히 창업에서 신기술이 중요한 트리거가 되는 4차 산업혁명 시대의 현대 경영에서는 연구하기에 충분할 정도로 기업의 계층이동 사례가 차고 넘친다.

계층이동은 원래 사회적인 의미로서, 계급과 부에 의한 신분 차이를 극복한다는 의미가 있다. 이와 같은 의미로 현대 기업에서도 극적 반전을 통한 기업 계층이동이 현실화하면서 많은 주목을 받고 있다. 다양한 신기술을 탑재한 스타트업(소규모 신생기업)의 탄생과 함께, 스타트업이 스타 기업으로 성장하는 스토리는 더욱더 극적이다. 이런 극적인 사례를 통해 기업 계층이동은 널리 전파되고 있다.

계층이동은 계층의 상향 이동 가능성에 대한 기대다. 그리고 계층이동 가능성은 주관적 의식으로서, 자신이 속한 사회에서 지속해서 노력하여 개인의 사회·경제적 지위를 높일 수 있는 기대이자 가능성을 뜻한다. 이는 현실적으로는 권력, 명예 또는 부의 창출로 나타난다.

이를 기업에 적용해보면, 기업에서는 권력과 명예 그리고 富가 개별적이지 않다. 즉, 기업의 권력과 명예는 부와 직결되어 있다. 따라서, 결과적인 면에서 기업 계층이동 가능성은 부의 획기적인 창출과 유지로 연결된다. 그리고 기업 계층이동 가능성은 사회적으로도 신기업가(new enterpreneur)의 창출을 더욱 강화하고 있다는 데서 의미가 크다.

기업 계층이동은 스타트업과 신기업가에게는 새로운 희망이자 목표다. 하지만 4차 산업혁명 기술을 중심으로 급부상한 신흥 기업 강자들은 새로운 클러스트를 형성하고 있음에 주목해야 한다. 즉, 계층이동에 성공한 신흥 기업이 자본력을 극대화하면서 이제는 새롭게 보수화 단계를 거치고 있다. 이러한 보수화는 이미 배에 탄 기업들끼리 내부 리그를 형성함으로써, 새로 진입할 도전자들에게는 또 다른 벽이 될 수 있다.

이는 새로운 좌절을 의미한다. 왜냐하면 신기술은 승자독식의 특성이 강해, 신기술 확보의 여부에 따라 초격차와 지배적 격차가 발생하기 때문이다. 신기술은 당장은 극복하기 어려운 높은 벽으로 작용한다. 한쪽에서는 엄청난 기회이자 반대 측면에서는 재앙에 가깝다. 즉, 신기술이라는 허들을 넘기 위해 몰입하여 경쟁하다가 도태되면 일순간 낙오하고 마는 것이다. 이는 신기술을 기반으로 하는 기업 계층이동의 대표적인 특징이 되었다.

그렇다면 기업 계층이동 가능성은 승자에게는 희망을, 패자에게는 언제까지나 좌절을 의미하는 것일까? 4차 산업혁명과 관련된 신기술에 관한 한, 완전한 승자와 패자는 존재하지 않는다. 신기술은 아직도 완전한 모습을 갖춘 것이 아니기 때문이다. 현재 주목받고 있는 신기술도 그 아이디어와 출발은 파격적인 성과를 보장했지만, 반면 이를 위한 유지와 관리는 아직도 충분한 상태가 아니다.

신기술은 그 자체로 완결된 것이 아니고 매 순간 끊임없이 진화한다. 그래서 새로운 기술의 창출과 기존 신기술의 확장은 항상 열려 있다. 이는 4차 산업혁명 시기의 기회를 상징한다. 또한 4차 산업혁명 신기술은 이제 본격적인 상태를 맞고 있어서, 앞으로도 준비하고 대응해야 할 프로토콜(protocol)과 프러시져(procedure)가 많이 남아 있다. 4차 산업혁명 시대의 스마트 품질이 그 대표적인 항목이다.

이제는 신기술을 어떻게 유지하고 관리할 것인지도 함께 준비해야 한다. 4차 산업혁명 신기술을 기반으로 스마트 시대가 열리고 있지만, 스마트 품질에 관한 연구와 적용은 아직 더딘 형편이다. 고전적인 품질 방법론과 도구들만으로 4차 산업혁명 신기술을 유지하고 진화하기에는 역부족이다.

새로운 시대의 품질은 새로운 부대에 담아야 한다. 그 새로움에는 스마트 품질을 입혀야 한다. 이는 새로운 기회다. 기업의 계층이동 가능성은 언제나 열려 있다. 신기술만 계층이동이 가능한 트리거가 아니다. 스마트 품질로의 방향 전환과 집중 역시 기업 계층이동을 가능하게도 하고 포기시키기도 한다. 이제는 신기술과 함께 반드시 스마트 품질이 요구되는 시점이다.

4차 산업혁명 시대는 기업 계층이동 가능성에 대한 엄청난 기회가 존재한다. 동시에 이 신기술의 흐름(wave)에 타지 못하거나 후발 주자로서 스마트 품질을 갖추지 못한다면 또한 좌절을 맛볼 수밖에 없다. 그 주체가 될지 낙오자가 될지는 얼마나 미래를 준비하는지에 달려 있다. 신기술을 등에 업었다 하더라도 스마트 품질과 함께하지 않는다면 성공을 장담할 수 없다. 또한 비록 신기술에는 뒤처진 후발 주자라 하더라도 스마트 품질로의 발 빠른 전환은 그만큼 격차를 줄이고, 성공으로의 보장을 강화한다.

격차를 만드는 아이디어, 격차를 벌리는 품질

경영자들은 '격차를 벌린다'라는 말을 즐겨 사용한다. 상대적인 비교와 경쟁적인 활동을 좋아해서 그런 것만은 아니다. 현대 경영은 격차를 벌리는 뜻을 담은 '차별화'에 중요성을 둔다. 그리고 차별화를 통한 경쟁력은 경쟁에서 살아남기 위한 필살기를 뜻한다. 격차를 벌리지 못하면 탈락하는(out) 것이다.

격차, 차별화라는 용어는 비단 경영 혁신이나 품질 경쟁력을 들먹이지 않더라도 사회 전반에서 친숙하게 사용하는 용어다. 먼저 격차에 대해 살펴보자. 격차(隔差)라는 표현은 상대방과의 차이를 의미하며, 얼마나 많이 차이가 있는가, 즉 기준 또는 원점과 떨어진 거리의 크기를 뜻한다. 이 표현은 품질 혁신과 경쟁력을 연구하고 적용하는 학자나 컨설턴트 입장에서는 더욱더 관심이 가는 용어임이 틀림없다. 왜냐하면 그 차이를 지향하는 것이 경쟁력이고, 그 중심에 품질이 있기 때문이다.

쉽게 말하면, 차이는 기준과 다름을 의미하고 격차는 그 차이의 크기를 뜻한다. 그렇다면 차이(差異)를 만드는 것은 무엇일까? 얼핏 너무나 쉬워서 어리석은 질문처럼 생각되지만 매우 의미가 깊은 물음이다. 이에 대해 답하기가 쉽지 않은 것은 시대의 흐름에 따라 보는 관점이 변해왔기 때문이다. 이를 품질 개념의 진화로 이해할 수도 있다.

이 차이의 원천은 관점에 따라 동질성과 다양성에서 찾을 수 있다. 고전적인 품질에서는 차이를 원점(기준)과 비교하여 좋고(良品) 나쁨(不良品)의 구분으로 이해하였고, 그 차이의 크기인 격차를 동질성의 기준으로 판단하였다. 이에 근거하여 격차를 품질 경쟁력의 척도로 삼았다. 즉, 같지 않으면, 그리고 그 차이가 크면 품질이 나쁘고 품질 경쟁력이 없음을 뜻하였다.

하지만 산업이 고도화되면서, 품질 혁신의 방향성은 불량을 없애는 차원에서 벗어나 가치 중심으로 진화하였다. 특히 인터넷 혁명이라 일컫는 3차 산업혁명기를 지나, 스마트 지능화와 유비쿼터스를 지향하는 4차 산업혁명 시대에서는 다양성을 '차이'로 이해하기 시작했다. 다양한 종류 중에서 평균(현재)에 속하는 것과의 다름, 즉 새로움을 차이로 이해하였다. 그리고 그 차이를 벌리는 것을 차별화로 전략화하여 경쟁력, 품질 경쟁력으로 보고 있다.

고전적 품질(now quality) 개념과 새로운 품질(new quality) 개념은 분명 변하였다. 하지만 어느 하나를 선택하고 다른 하나를 버리는 전략은 바람직하지 않다. 전략적으로 하수(下手)다. 4차 산업혁명 신기술에 대한 품질 개념이 명확하지 않은 상태에서 동질성과 다양성을 취사선택할 필요는 없다. 오히려 융합해야 한다.

지금까지의 품질 경쟁력은 세운 기준을 철저하게 지키는 동질성을 바탕으로 하고 있다. 이는 제조업을 근간으로 경쟁력을 지키는 핵심 전략이자 도구였다. 하지만 이제는 품질에서도 가치의 중요성을 인식하고 차별화를 적극적으로 전략에 반영하고 도구를 개발해야 한다. 신기술은 아이디어에 의하여 창출된다. 그리고 이는 다양한 차이를 추구하여 차이를 만드는 것, 즉 차별화에 궁극의 방향이 있다.

이 다양성과 동질성이라는 두 특성은 새로운 품질 시대에서 상호 극복할 대상이 아니라 함께 추구해야 할 가치이자 전략이다. 격차를 만드는 아이디어와 신기술이 앞장서 나아가는 경쟁력의 깃발이라면, 이 격차를 지키고 유지하는 품질은 경쟁력을 유지하는 몸체인 수레바퀴 역할이다. 즉 신기술이 만든 격차를 더욱 벌리는 것은 품질의 몫이다.

혁신의 출발점은 품질이고, 혁신의 동력은 품질 경쟁력의 확보에 있다. 그래서 품질 경쟁력을 위해서는 품질에 스마트를 입혀야 한다. 기술 혁신의 시대는 이미 진행되고 있고, 앞으로 더욱더 현실적으로 다가올 스마트 시대에서는 스마트 품질 경쟁력을 갖추어야 살아남을 수 있기 때문이다.

스마트 시대에서는 추구하는 방향에 따라 스마트 팩토리, 스마트 홈, 나아가 스마트 시티의 시대가 펼쳐지고 있다. 특히 기업 현장에서는 스마트 품질이 얼마나 준비되어 있고 적용되고 있는지 철저하게 분석하고 파악해야 한다. 시설과 설비로서 스마트 팩토리를 갖추었다고 스마트 품질 시대가 열리는 것은 아니다. 스마트 품질은 현재의 품질 영역 전체에 스마트를 입혀야만 가능하다. 품질의 스마트화와 스마트 품질 경쟁력은 더 이상 추구해야 할 이상(理想)이 아니라 이제는 경쟁력의 구체적인 수단으로서 목표이자 현실(現實)이 되었다.

지배적 격차 없이는 경쟁력도 없다, 스마트 품질 경쟁력

현대 경영에서 경쟁력 확보는 조직이 생존을 위해 갖추어야 할 필수 항목 중 하나다. 특히 극심한 신기술 경쟁을 바탕으로 한 4차 산업혁명 시기에는 더욱더 강조된다. 왜냐하면 경쟁력, 즉 품질 경쟁력이 없거나 부족하면 바로 라인업에서 도태되고, 경쟁력을 바탕으로 해야만 생존을 보장받고 성장과 이익의 열매를 얻을 수 있기 때문이다.

그러면 4차 산업혁명 시대에서의 품질 경쟁력은 기존 품질 경쟁력의 내용과 유사한 것일까? 다르다면 무엇이 어떻게 다르고, 그 차이를 극복하기 위해서는 어떤 전략과 방법으로 추진하여야 할까?

기존의 경쟁력과 비교하여 새로운 품질 경쟁력은 경쟁력을 구성하는 내용뿐만 아니라 추진 전략과 방법도 다르다. 상황과 목표가 전혀 다르기 때문이다. 그리고 개별 산업과 개별 기업의 경쟁력 확보 전략과 수행 방법은 산업별 특성에 따라 매우 큰 차이를 나타낸다. 즉, 기존 산업 체제에서는 기업 차별화의 핵심 항목은 산업별로 유사한 경향을 보인다. 하지만 4차 산업혁명기의 차별화 대상(항목)

은 구체적인 산업, 기업별로 어느 하나라도 같은 것이 없을 정도로 다양하다. 이는 기업의 구체적인 개성과 다양성을 바탕으로 품질 경쟁력을 구성하여야 함을 의미한다.

이런 개별화된 다양성으로 인해, 우리 산업과 기업이 추구해야 할 4차 산업혁명 시대 품질 경쟁력의 구체적인 내용과 추진 방법을 일반화하여 설명하기는 어렵다. 특히 21세기 현대 경영에서 4차 산업혁명 신기술은 경쟁력 대상의 폭을 제조업과 서비스업만이 아닌 글로벌 사회 전반으로 확장하고 있어서, 경쟁력의 대상을 일일이 비교하기는 불가능에 가깝다. 그러므로 우선은 경쟁력을 확보하는 전략 수준의 핵심 방향과 추진 방법론에 관해 이해해야 한다. 그 구체적인 수행 방법까지는 개별 사안이 있을 때 보조적으로 설명하도록 한다.

앞에서 여러 번 설명하였듯이, 오늘날의 경영은 모르거나 뒤지면 위기지만 올바로 판단하여 준비한다면 극적인 뒤집기까지 가능한 구조로 되어 있다. 그런 면에서 현대는 위기인 동시에 기회인 셈이다. 4차 산업혁명 시대의 품질 경쟁력은 기존의 경쟁력과 다르므로 이에 대한 이해는 새로운 경쟁력을 구축하는 데 매우 중요하다. 먼저 구조적 차이에 대해 살펴보자.

기존의 품질 경쟁력은 어떤 분야건 포괄적으로는 생산성과 불량 감소, 원가절감을 중심으로 운영되어왔다. 하지만 기존과 비교하면 현대의 품질 경쟁력은 기반부터 다르다. 가장 큰 차이점은 신기술의 탑재와 무한 융합이다.

신(新)기술은 구(舊)기술에 대비되는 개념이 아니라, 4차 산업혁명 신기술을 의미한다. 이를 구분하기 위해 스마트 기술이라고 하자.

스마트 기술이라는 표현은 이미 다보스 포럼을 통해서도 4차 산업 혁명 시대를 표현하는 대표적인 용어로 소개되었다. 스마트 기술의 의미는 앞에서도 설명한 바 있지만, 초지능(hyper-intelligence), 초연결(hyper-connected), 초융합(hyper-ubiquitous)과 관련한 기술을 총체적으로 의미한다.

용어 자체의 뜻에서도 나타나지만, 스마트 기술은 개별 기술의 독립적인 역량보다는 각 기술과 연결된 소프트웨어(S/W)와 융합된 특성이 강하다. 그래서 고립적이지 않고, 다른 부문과의 융합(融合)을 필연적으로 내포하고 있다. 또한 스마트 기술의 탑재는 여러 다양한 기술들을 융합할 수 있게 한다. 그리고 융합의 영역은 무제한으로 열려 있다.

이 무한 융합의 특성은 '상상한 대로 이루어진다'라는, 4차 산업혁명 시대를 상징하는 표현을 현실화한다. 즉, 상상만 할 수 있었던 기술들을 이제는 실제로 생활과 산업 현장에 적용할 수 있게 되었다. 그리고 그 핵심은 소프트웨어(S/W)의 역할이었다.

4차 산업혁명 시대의 품질 경쟁력은 스마트 기술의 경쟁력을 빼고는 설명할 수 없다. 즉, 모든 경쟁력의 근원에는 스마트 기술이 함께하고 있어서 이의 발전과 동반하여 경쟁력이 확보되고 승패가 좌우된다. 이는 모든 산업 구조에 신기술이 탑재되어 있고, 핵심은 스마트 기술이기 때문이다. 따라서 스마트 기술의 이해 없이는 산업의 핵심 구조와 동력을 이해할 수 없고, 현대 품질 경쟁력의 구조를 이해할 수 없다.

물론 스마트 기술의 탑재만으로 경쟁력이 될 수는 없다. 하지만 스마트 기술 없이는 경쟁력을 가질 수도 없다. 즉, 스마트 기술을 경쟁력 있는 방향으로 활용해야만 4차 산업혁명기에 생존할 수 있는 품질 경쟁력을 갖출 수가 있다. 어떤 추진 전략과 방법론이 필요할까?

4차 산업혁명 시대에서 경쟁력을 갖추는 가장 기본적인 전략은 스마트 품질 경쟁력을 갖추는 것이다. 그리고 이 스마트 품질 경쟁력은 다음에 소개하는 'NICE 전략'을 바탕으로 추진해야 한다. 상위의 전략적인 개념이라 개별적인 추진 방법은 산업과 기업에 따라, 혁신 방법론에 따라 개별적이고 구체적으로 설정해야 한다. 본서에서는 전략을 중심으로 설명하고, 구체적인 추진 방법은 어떤 연구자나 추진자라도 언제나 필자와 토론할 수 있기를 기대한다.

스마트 품질 경쟁력의 핵심 추진 전략인 'NICE'는 크게 네 가지로 구성된다.

첫째, N-New(새로움)에 집중해야 한다. 새 술은 새 부대에 담지 않으면 못쓰게 된다는 성경의 지적처럼, 새로운 기술은 새로운 품질에 의해 완성된다. New technology, New quality. 즉, 스마트 기술에는 스마트 품질을 입히는 것이 중요하다. 이를 위해 기본적으로 수행해야 할 전략은 디지털 전환(Digital Transformation, DX, DT)이다. 새로운 시대, 새로운 품질의 핵심 내용에는 소프트웨어가 포함되어야 한다. 신기술에는 소프트웨어가 핵심이므로, 새 품질에도 소프트웨어적인 특성이 빠져서는 안 된다. 기존 품질 영역에 추가하여 S/W collaboration 전략이 함께 수행되어야 한다.

둘째, I-Innovation(혁신)을 주도하여야 한다. 4차 산업혁명기는 엄청난 변화를 수반한다. 이러한 변혁기에 기존 품질을 단순 수준의 개선(改善)만으로 업그레이드할 수는 없다. 변화를 주도하기 위하여 혁신으로 맞서야 한다. 리더(leader)와 팔로워(follower)의 차이는 혁신으로 판가름 난다. 혁신(innovation)은 생존의 조건이다. 하지만 혁신만으로는 생존 자체가 보장받지 못하는 시대가 되었다. 그리고 혁신도 따라 하는 것이 아니라 주도해야 한다. 그런 의미에서 주도하는 혁신만이 승리의 공식이다. 새로운 품질 경쟁력을 갖추기 위해서는 따라 하는 혁신이 아니라, 혁신을 주도해야 한다.

셋째, C-Convergence(융합)에 초점을 맞추어야 한다. 21세기는 기술 혁신의 시대로 상징된다. 그리고 기술 혁신은 다양한 스마트 기술들을 바탕으로 서로 융합하면서 가능성을 높이며 진화한다. 스마트 기술 자체로 경쟁에서 살아남기는 어렵다. 생존을 위한 경쟁력을 갖추기 위해서는 반드시 유기적으로 융합하여야 한다. 이러한 스마트 융합 시기에 품질 영역만 독자 노선을 구축하는 것은 독자적인(unique) 것이 아니다. 오히려 고립(isolation)을 초래하는 하수(下手)의 전략이다. 수많은 기술이 융합하고 진화하는 기술 혁신의 시대에서, 품질만의 홀로서기는 불가능하다. 품질 역시 다양한 스마트 기술 및 도구와 융합해야 승리할 수 있다. 그리고 신기술과의 융합, 소프트웨어와의 융합들은 궁극적으로 품질 경쟁력 전체로서의 조화(harmony)를 지향해야 한다.

넷째, 마지막으로 E-Excellence(탁월함)을 추구하여야 한다. 탁월함은 잠재력을 최대한으로 끌어내게 하여, 각 기능이 온전히 수행되어 최선의 상태를 가지는 것을 의미한다. 이는 행동의 결과로서 나타난 탁월한 상태뿐만 아니라, 탁월함을 갖추기 위한 생활 자세이자 추구해야 할 목표의 뜻도 함께 담고 있다. 4차 산업혁명 시대의 스마트 품질 경쟁력은 목표와 전략에 있어 탁월함을 추구해야 한다. 즉, 극심한 경쟁에서 생존하기 위해 추진하는 품질 전략인 스마트 품질 경쟁력은 탁월함을 바탕으로 해야 한다. 이는 좋은(good) 또는 보다 나은(better) 상태가 아닌, 궁극적인 최상(the best)에 도전해야 함을 뜻한다. 그리고 이 탁월함은 획기적인 목표를 의미하는 혁신과는 구분되는 것으로서, 목표 그 자체만이 아니라 그에 도달하기 위한 수행 자질과 태도를 함께 뜻한다. 또한, 스마트 품질 경쟁력 추진 전략으로서의 Quality Excellence는 습관화를 통해 완성된다. 이는 많은 혁신 추진 방법론에서 놓치고 있는 전략 추진의 자세와도 맞닿아 있다. 그리스의 대표적 철학자인 아리스토텔레스는 탁월함에 대하여 행동(action)이 아니라 습관(habit)이라고 표현하였다. 즉, 우리가 탁월해서 올바로 행동하게 되는 것이 아니라, 올바로 행동함으로써 탁월함을 가지게 된다는 의미다. 품질에서도 탁월함만이 최상, 최고를 만들 수 있다는 것임을 명심하자.

다음으로는 격차에 대하여 생각해보자. 격차(隔差)는 경쟁력을 통하여 얻게 되는 이점 중에서 가장 큰 부분이다. 즉, 경쟁자 간에 격차를 만들고 또 그 격차를 벌리는 것이 승부에서 관건이다. 그러면 얼마만큼 이 격차를 벌려야 기업의 생존과 번영(성장 및 수익)에서 안전한 것일까?

최근에는 초격차(超隔差)라는 용어가 유행하고 있다. 이는 비교하기 힘들 정도의 큰 차이(super gap)를 뜻하는 용어다. 초격차는 주로 첨단 산업의 기술 부문에서 활발히 사용되었던 용어였으나, 이제는 사회 전반에까지 널리 사용된다. 하지만 산업마다 특성에 따라 그 차이는 천차만별이다. 따라서 super gap의 기준을 어떻게 설정할지는 모호하다.

필자는 초격차의 개념을 지지하면서, 이에 더하여 새로운 용어인 지배적 격차(dominant gap)의 개념을 도입하고자 한다. 이는 초격차가 구체적인 수치를 의미하지는 않기 때문에 주장하는 관점에 따라 모호성을 띠게 되는 한계를 극복하기 위함이다. 즉, 구체적이고 정량화된 수치 개념을 초격차의 개념에 부여한 개념이다.

일반적으로 지배적이라는 의미를 사용하자면, 적어도 절반(50%) 정도 또는 그 이상의 지분이 있어야 한다. 이 개념에 착안하여 필자는 지배적 격차를 다음과 같이 정의하고자 한다. 지배적 격차란 1위의 점유율이 2위 이하의 모든(또는 일정 부분까지 제한한) 참여자의 점유율보다 많은 경우, 또는 1위와 2위의 격차가 2위(점유율)의 절반 이상일 경우로 한정하여 정의한다.

경쟁이 극심한 사회일수록 전략 수립에서 구체적인 목표를 설정하는 것이 필수적이다. 스마트 품질 경쟁력 추진 전략에서도 명확하게 수치로 표현되는 목표로서 경쟁력과 격차를 선언하는 것이 좋다. 그 개념으로서 지배적 격차는 매우 유용할 것이다.

마지막으로 스마트 품질 경쟁력을 추진하는 방법론에 대해 생각해보자. 품질 혁신 방법론은 크게 구분하면 문제 해결 방법론이다. 문제가 발생할 때 이를 효과적으로 해결하고 그 성과를 유지하는 것이 가장 큰 목표다. 지금까지 품질 혁신 방법론으로는 여러 방법론이 제시되었고 나름의 성과가 있었다.

필자는 방법론(methodology)이 완결성을 갖추자면 특별한 형식적 요소를 갖추어야 한다고 강조한다. 왜냐하면 방법론은 문제 해결에 사용되는 개별 도구와는 다르기 때문이다. 그리고 방법론이 요구하는 형식적 요소를 문제 해결 로드맵(roadmap)이라고 칭

한다.

이런 기준으로 품질 혁신 방법론에는 대표적으로 6시그마 방식과 TQM, TPS, Mckinsey 방식, GE의 IB가 있다. 모두 문제 해결을 위해 일정한 로드맵을 갖춘 품질 혁신 방법론이다. 이 중 TQM과 TPS는 문제 해결을 위해 도구를 강조하고, 로드맵도 전체보다는 부분적인 활용을 강조한다. 반면, 6시그마 방식과 Mckinsey 방식 그리고 IB(Imagiantion Breakthrough)는 문제 해결에 접근하는 포괄적인 로드맵을 갖추고 있고, 각 단계에서 잘 짜인 도구들을 체계적으로 활용할 수 있도록 구축되어 있다.

4차 산업혁명 시대의 스마트 품질 경쟁력을 갖추기 위한 가장 효과적이고 효율적인 방법론으로는 6시그마 방식을 강력하게 권장한다. 물론 각 방법론은 각자의 특징과 장점들이 많다. 하지만 그중에서도 6시그마 방식의 방법론을 추천하는 이유는 다음의 네 가지다.

첫째, 6시그마 방식은 먼저 문제를 인식하는(insights) 것에 집중한다. 둘째, 확인된 문제를 바탕으로 프로젝트가 착수되도록(trigger) 제반 과정들을 효과적으로 준비하게 한다. 셋째, 프로젝트를 추진하면서 성과에 도달할 수 있도록 구체적인 로드맵(project 추진 방법론)을 갖추고 있다. 마지막으로는 창출된 성과에 대해 이에 그치지 않고 지속해서 유지하기 위한 제도적 기반을(institutionalize) 제공한다.

이상과 같은 네 가지의 특징과 함께 6시그마 방식은 고객 중심, 부단 추진, 전원 참여 그리고 사원의 육성이라는 전략적 지향점을 명확히 한다. 아울러 6시그마 방식은 한 번의 성공에 머무르지 않고 선순환을 통한 지속적인 프로젝트 추진 구조를 갖추고 있다.

즉, 6시그마 방식은 기업 경영 방식의 사이클 구조에 문제 해결 방법론을 내재화하였다. 한 회기의 마지막에 다음 회기의 중점 사업을 챔피언 플래닝(Champion Planning)이라는 형식으로(CTQ-Tree 구성) 전 사원이 공유하도록 한다. 이는 선순환 체계를 구축함으로써, 기업의 지식관리(knowledge management)에도 매우 효율적이다. 6시그마 방식에 대해서는 다음 제2장에서 구체적으로 소개한다.

품질 혁신의 원형, 제조업에서 배우는 혁신 DNA

21세기는 엄청나게 빠른 속도로 변화하고 있고, 변화의 폭도 상상을 초월한다. 이런 특징에 착안하여 WEF(세계 경제 포럼) 의장인 클라우스 슈밥은 현재 시기를 4차 산업혁명이라고 명명하고, 다보스 포럼에서 이 용어를 최초로 사용하였다. 앞에서는 4차 산업혁명의 개념과 함께 4차 산업혁명 시대의 품질 경쟁력, 즉 스마트 품질 경쟁력에 대하여도 살펴보았다.

품질 부문 역시 변화된 시대의 영향을 받아 변해왔다. 현대의 품질 개념에 대해 알아보기 위해서는 먼저 현시대의 특징을 명확하게 인식해야 하기도 하지만, 여기에 더하여 품질의 기본 철학과 역사 그리고 핵심 도구를 살펴보는 노력 역시 중요하다. 과거로부터 현재를 알 수 있고, 현재가 바로 미래의 거울이기 때문이다.

품질 원칙과 이론, 그리고 품질 혁신의 역사는 농경 시대에서 공업화 과정을 거치면서 탄생과 진화를 거듭해왔다. 그 역사의 한복판에는 늘 제조업이 자리하고 있었다. 제조업 중심 공업화의 역사가 곧 품질의 역사인 것처럼 보이는 것도 이 이유다. 따라서 품질 혁신을 분석하고 연구하기 위해서는 제조업 품질 혁신부터 시작하는 것이 타당하다. 즉, 품질 혁신의 원형은 제조 혁신에서 찾을 수 있다. 이는 4차 산업혁명 시대의 품질 혁신에서도 같다. 제조 혁신을 무시하고 스마트 품질 경쟁력을 논할 수는 없다.

경쟁력의 핵심이 품질 경쟁력에 있음은 이미 설명하였다. 그리고 품질 경쟁력 강화를 위한 대표적 전략은 품질 혁신이다. 이제 품질 혁신의 핵심과 본체가 어떤 것인지 규명해보자(이를 '혁신 DNA'로 부르기로 하자). 품질 역사에서 보듯이, 품질 혁신의 DNA 역시 그 원형인 제조 혁신으로부터 확인할 수 있다.

제조업에서 혁신 DNA는 당연히 품질과 관련된 내용이다. 혁신은 경쟁에서 살아남기 위한 생존 전략이고, 그 결과인 경쟁력은 바로 품질 경쟁력이기 때문이다. 오랫동안 경쟁력은 가격과 제품 성능을 의미해왔다. 그런 탓으로 언뜻 경쟁력을 넓은 의미로 이해하여 품질 경쟁력으로 받아들이는 것이 익숙하지 않을 수도 있다. 하지만 연구 차원을 넘어, 기업 경쟁력 확보를 위한 새로운 전략 개발과 행동 방침을 수립하기 위해서는 광의의 품질 경쟁력 개념을 받아들이는 것을 주저해서는 안 된다.

제조업 품질 혁신의 역사는 생산성 향상과 불량 감소, 그리고 원가절감이라는 세 축을 중심으로 발전해왔다. 이 세 가지는 제조업의 목표이자 전략이다. 그리고 이를 중심으로 한 혁신 활동의 근저에 품질 혁신의 DNA가 있다. 참고로, 혁신 DNA가 제조 혁신을 원형으로 한다고 해서 반드시 제조업에만 적용된다는 의미는 아니다. 제조업 이외의 모든 산업에도 적용이 되지만 그 출발은 제조 혁신, 즉 제조 품질 혁신에서 시작하여 이를 중심으로 발전했다는 의미다.

품질 혁신의 DNA는 혁신 전략의 목적 및 혁신 활동의 특징과 연결된다. 즉, 왜 해야만 하는지(당위) 그리고 어떻게 하는지(방법)에 대한 해답의 성격을 띠기 때문이다. 대표적인 품질 혁신의 DNA는 다음의 네 가지로 압축할 수 있다.

첫째, '고객 중심'의 철학이 가장 근본적인 혁신 DNA다. 현대 경영의 출발점은 고객이기 때문에 고객 중심의 철학과 전략, 그리고 행동은 가장 중요한 혁신의 방침이다. 이는 모든 경영 활동이 고객으로부터 출발하기 때문에 혁신의 모든 출발점은 고객 요구를 바탕으로, 그리고 활동의 목적과 과정은 고객 중심으로 전개되어야 함을 뜻한다.

거의 모든 산업이나 기업의 경영 방침에서 고객과 관련된 내용의 선언을 확인할 수 있다. 심지어 경영 방침에서 고객이라는 용어나 이와 관련된 선언, 즉 고객 만족, 고객 감동, 고객 중심과 같은 말이 없다면 무언가 빠진 듯한 느낌이 들 정도이기도 하다.

하지만 일상화가 된 고객 만족, 고객 감동, 고객 중심이라는 선언적 방침의 홍수만으로 고객을 중시하는 혁신 추진이 담보되는 것은 아니다. 경영 혁신의 선언과는 별개로 실제 경영 활동에서 구체적으로 고객 중심의 방침이 실천되어야 한다. 그렇지 않으면 이러한 노력은 선언적 의미, 캐치프레이즈만으로 퇴색하게 된다.

혁신의 목적을 쉽게 설명하면 현재의 문제를 해결하고 당면한 위기 상황을 돌파하는 것이다. 따라서 혁신 DNA의 가장 근원적 요소인 고객 중심이 무시되면 혁신 추진의 당위성은 근본으로부터 부정당할 수밖에 없다. 그러므로 경영의 바탕이자 전략의 중심인 고객 중심의 사상에 초점을 맞추어 모든 혁신 활동의 방향과 범위의 설정, 그리고 도구의 활용을 진행해야 한다.

둘째는 '전원 참여'의 정신이다. 이는 제조 품질 혁신의 역사에서 TQC, TQM, CWQC의 전략과 방법론을 통해 확실하게 검증된 내용이다. 소수 핵심 인력의 아이디어와 핵심 리더의 강력한 리더십만으로 혁신의 성공과 성과의 지속적 유지는 어렵다. 비록 전략적인 출발을 위해 소수로 시작했다 하더라도, 구성원이 함께 추진하고 성과를 공유할 수 있어야만 온전한 혁신의 성공이라 인정받을 수 있다.

현대 사회에서는 독립성과 다양성이 점점 더 중요해지고 있다. 그럴수록 활동 면에서는 구성원 전원의 참여가 요구된다. 이는 지나치게 개별화하는 성향을 구심점을 중심으로 묶을 수 있고, 동시에 참여의 정신으로 조직의 총합 에너지를 극대화할 수 있기 때문이다. 성과에 이르는 가장 빠른 지름길은 속도에 의해 결정되지만, 지속적인 유효성은 일부가 아닌 조직 전체의 총화(總和)에 의한다. 즉, 조직 전원이 정신과 방침을 공유하고 참여함으로써 성과의 유효성이 지속될 수 있다.

또한 전원 참여의 정신은 부분 최적화의 단점을 극복하는 데 매우 효과적이다. 신기술의 비약적인 발전으로 인해 세계 경제의 지역 간 차이와 문화적, 정서적 격차는 줄어들고 있다. 이에 따라 산업과 기업의 글로벌화와 종합화 경향이 심화하고 있어서 전체 최적화가 더욱 중요해지는 시점이다. 핵심 부분만의 성공만으로 조직 전체의 성과를 누리던 시대는 지났다. 이제는 모든 기능이 최적화되어 전체가 목표에 부합하는 전체 최적화만이 승리의 조건이 되고 있다.

세 번째 혁신 DNA는 '부단(不斷) 추진'의 혁신 행동 방침이다. 이는 지속적이고 끊임없이 추진하여, 혁신 동력을 계속 공급하는 것이다. 혁신은 일회성 문제 해결에 그쳐서는 안 된다. 조직과 문화를 건강한 상태로 유지해야 한다. 이를 위해서는 항상 새로움을 즐기고, 위기로 대변되는 문제의 해결에 적합하도록 조직 문화(culture)를 구축해야 한다.

특히 4차 산업혁명 시대를 통해 신기술의 출현과 진화 속도는 어마어마한 수준으로 빨라지고 있다. 이처럼 '빠른 변화 속도'와 '큰 영향력'은 끊임없는 문제 발생이라는 도전에 직면하게 한다. 큰 파도가 지났다고 해서 위험이 사라지지는 않는다. 크든 작든 줄기차게 파도는 닥칠 것이고, 이에 대비해야 한다.

앞으로의 경영 환경은 크기와 주기의 문제일 뿐이지, 상시적인 위협에 노출될 수밖에 없는 상황으로 변하고 있다. 이는 새로움이 희망과 함께 위기도 동반함을 의미한다. 즉, 4차 산업혁명 시대에서는 희망이나 위기라는 환경이 늘 동반될 것이다. 새로움은 희망을 의미할 수 있지만, 이 대열에서 탈락하는 처지에서는 위기이자 위협적인 상황일 수밖에 없기 때문이다.

다가오는 불확실한 미래에 대해 불안으로 걱정하기보다는, 새로움을 접할 기회에 기대하며 도전에 나서야 한다. 그런 의미에서 혁신을 즐기는 자세야말로 혁신에서 성공하는 현명한 방법이다. 이것이 바로 승리하는 혁신 DNA의 밝은 모습이다.

마지막으로 혁신 DNA의 네 번째는 '사원 육성'의 리더십이다. 이는 혁신 추진을 위해 기본적으로 갖추어야 할 DNA인 전원 참여와 부단 추진을 뒷받침하는 요소다. 수많은 경영전략이 주장되고 성공이나 실패의 성적표를 받았지만, 그 이후의 전개는 알 길이 없다. 오히려 무관심에 가까운 것이 사실이다. 공들여 추진했던 혁신 경영전략도 추진 직후에는 반짝하다가, 조금만 지나면 관심에서 멀어져 외면되곤 한다. 이는 사회적으로 큰 손실이다. 왜냐하면 반복되는 위기에 적절하게 대응하기 위해서는 해결을 위한 지혜와 축적된 지식이 필요하기 때문이다.

문제 해결의 아이디어나 지혜는 당시의 상황에 크게 의존하므로, 리더의 혜안과 추진력에 의존하게 되기 쉽다. 또한 이 리더의 능력은 경험을 통해 구성원에게 전파하기도 쉽지 않고, 학습이나 축적되지도 않는다. 하지만 위기 해결 지식과 능력은 반드시 축적되고 계승되어야 한다. 그리고 이는 경험과 학습을 통해서만 가능하다.

경험과 학습을 통한 문제 해결 능력의 보유는 조직의 큰 자산(資産)이다. 이를 지식관리(knowledge management)로 표현하기도 한다. 성공과 실패의 경험과 지식은 조직의 DNA로 계승되도록 해야 하는데 그 주체는 사람, 즉 구성원인 사원이다. 그래서 사원 육성은 혁신의 추진과 성공을 위한 핵심 목표가 되어야 한다.

사원 육성에 대해 많은 경영자는 '사원이 주인'이라는 상투적이고 선언적인 언어로 포장하는 데만 그치고 만다. 말이(선언) 앞서고, 후속 조치(실행)는 실종되는 용두사미(龍頭蛇尾)의 경우가 많다. 물론 회사에서는 업무 추진 능력을 배우고 능력을 강화하기 위해 교육 및 훈련의 기회를 제공한다. 하지만 이런 활동들은 최소한의 필수 활동에 국한되고, 전체적인 사원 육성의 철학이나 로드맵을 갖추는 경우는 드물다.

특히 채용 경쟁이 심한 사회(기업)일수록, 구성원 스스로 자생하여 경쟁을 통해 생존한 사람만 우대하겠다는 기업이 늘어난다. 이러한 현상은 한편으로는 효율적인 접근처럼 보이지만, 장기적인 성공 전략으로는 바람직하지 않다. 왜냐하면 이는 경영자가 모든 구성원을 경영의 주체로 보지 않고 자본에 의해 운영되는 기능적인 조직체로만 보는 인식을 근거로 하기 때문이다.

사원 육성은 혁신의 주체인 핵심 역량을 강화하는 차원에서 매우 중요하다. 또한 사원 육성은 혁신으로 인한 성과라는 의미에서 결과로서의 의미도 함께 갖고 있다. 따라서 경영 혁신 추진 전략에는 사원 육성의 목표를 함께 포함해야 한다. 그럼으로써 당장 목표하였던 성과의 달성뿐만 아니라, 장기적인 성과의 유지와 차세대 혁신 핵심 역량도 확보할 수 있게 된다.

경영 혁신에서 중요한 핵심 역량이자 승패를 가름하는 핵심 본체로서의 DNA는 산업과 기업에 따라 다양하게 존재할 것이다. 하지만 공통적인 혁신 DNA는 반드시 위에서 제시한 네 가지의 DNA를 포함하고 있다. 이들은 제조 품질 혁신을 통해 검증된 내용이지만 다른 혁신 추진에도 활용되어야 한다. 그런 의미에서 앞으로의 여러 산업 부문의 혁신 추진에서도 제조 품질 혁신의 전략과 과정, 그리고 축적된 노하우에 귀 기울일 필요가 있다.

품질과 품질인, 품질인의 재조명

품질이 현대인의 생활에 미치는 영향력은 상당하다. 사회생활뿐 아니라 개인의 사적 활동에도 품질은 밀접한 연관을 맺고 있고, 그 영역은 광범위하다. 비교 대상이 되는 모든 부분에서 품질은 늘 화두의 중심에 있다. 그렇다면 품질인(品質人)에 대한 구체적인 정의는 어떤가?

일반적인 의미로는 품질 업무를 담당하는 사람 정도로 이해할 수 있을 것이다. 하지만 품질인에 대한 학술적 정의는 더욱더 구체적이어야 한다. 미래의 품질은 제품 품질이나 기능적인 부분에만 국한되지 않고, 비즈니스 수행 전반에 통합됨으로써 지속 가능한 비즈니스, 혁신의 성공 및 조직 문화로 연결되는 고리의 역할을 한다. 그리고 이 미래의 성공이 달린 품질을 책임질 주역이 바로 품질인이기 때문이다.

품질인이라고 하면 품질 전문가로 일컬어지는, 품질을 전공하는 학자와 품질 컨설턴트 그리고 기업에서 품질 부문의 책임자를 떠올리게 된다. 하지만 품질인의 범주에는 이러한 전문적인 역할 이외에도 품질 업무를 수행하는 담당자와 이를 지원하는 기관과 단체도 포함해야 한다.

품질인의 정의에서도 품질 의미의 확대가 필요하다. 협의의 품질인 제품 품질과 서비스 품질 정도만으로는 미래 사회의 품질과 품질인에 관해 규정하기가 어렵다. 충분히 넓은 의미로 해석하여, 경쟁력의 원천으로서 품질의 의미를 찾아야 한다.

많은 품질학자는 품질 전문가를 품질인으로 대체하여 단순하게 이해하고 있고, 심지어는 품질인에 대해 구체적인 정의를 내린 학자도 많지 않다. 매우 안타까운 현실이다. 품질은 과거의 영역, 즉 제품과 서비스 품질 중심에서 이제는 미래의 품질인 비즈니스 전반에 걸친 경쟁력의 원천으로 진화하고 있다. 이런 흐름과는 달리 품질인 역할에 관한 관심은 지속해서 낮아지고 있다. 더욱이 품질 전문가 그룹조차 품질과 품질인 역할의 변화에 대한 반응은 엉거주춤한 상태다.

품질학자로서 반성컨대, 엄청난 속도로 변화하는 4차 산업혁명 시대의 주축이 되어야 할 품질과 품질인에 대한 사회의 관심 부족을 초래한 직접적인 원인은 품질 전문가 그룹의 안일함에 있다. 이로 인해 품질 부문의 발전은 20세기 후반 이래 장기간 정체되었고, 학문적인 성과도 답보 상태에 있다. 대표적인 예로, 대학이나 기관의 품질 관련 새로운 방법론이나 기법(도구)에 관한 연구도 20세기 후반에 머물러 있음을 들 수 있다.

대학의 품질 관련 전공에서도 사회 변화에 대한 본질적, 구체적인 대응 없이 품질과 다른 영역과의 연계(공급망)에만 치중하고 있다. 대학에서는 학과명을 바꾸는 데만 열을 올리고 있다. 그렇다고 이전의 수준을 회복하거나, 간신히라도 전공의 생존이 보장된다고 생각한다면 큰 오판이다. 임기응변이나 눈 가리고 아웅 하는 식의 피상적인 변화 모색과 같은 형식적인 활동에서 벗어나야 한다. 이제는 본질에 집중해야 한다. 그런 의미에서 품질과 품질인에 대한 재조명은 매우 의미 있는 일이다.

품질의 의미와 진화하고 있는 흐름에 대해서는 앞에서 설명하였다. 품질인에 대해 본격적으로 살펴보자.

일본 품질학자인 미즈노 시게루는 품질인을 품질에 대해 정통한 전문가로서 지식과 행동을 갖춘 자로 정의하였다(1984). 이는 품질 역사로 볼 때, 20세기 후반 시점에서는 제품 또는 서비스 품질을 중심으로 품질인을 규정한 것으로 볼 수 있다. 품질 전문가, 즉 제품과 서비스 품질 전문가를 품질인으로 보고 그 자질에 대해 강조하였다.

품질인에 대한 최근의 정의로는 ASQ 의장이었던 세실리아 킴벌린(Cecilia Kimberlin)의 정의를 들 수 있다. 2015년 「2015 Future of Quality Report」에서 킴벌린은 품질 전문가의 역할에 대해 다음과 같이 소개하였다. 참고로, 그가 제시한 품질인의 역할은 품질 전문가의 역할(the role of quality professionals)의 번역임을 밝힌다.

"품질인의 역할은 품질 기술 전문가(specialists)뿐만 아니라 파트너, 협력자와 리더로 진화할 것이다. 품질인은 품질 성과를 달성하기 위해 어떤 직함(title)인지와 관계없이 최고의 통찰력, 지침, 관행 및 혁신적인 해법을 제공함으로써 모든 수준에서 선도(lead)하고 봉사해야 한다. 이를 위해서는 과거의 접근법이나 기술 및 도구로는 충분하지 않을 수 있다. 과거의 방법이나 사고들은 혁신의 추진, 실시간 정보와 빅데이터의 분석과 활용, 혁신적인 제품과 프로세스에 맞는 품질의 설계, 민첩성의 유지, 새로운 기술과 재료의 채택, 충족되지 않은 요구 및 이를 충족하는 방법에 대한 이해의 재정의 등에 관련된 미래 조직의 능력을 저해할 수도 있다."

이러한 킴벌린의 견해는 앞으로의 품질과 품질인의 역할 변화를 시사한다. 또한 품질 개념의 진화와 품질인의 역할 변화에 따라 ASQ와 같은 품질 전문가 사회(professional societies like ASQ)도 변화할 것을 주문하였다. 이런 변화를 위해 학계, 다른 전문가 사회, 단체,

산업 기관, 정부 기관의 새로운 파트너십과 협업을 구축해야 한다. 그럼으로써 품질인의 역할과 역량도 증진되고 강화될 것이다.

위에서 제시한 킴벌린의 제안은 우리 품질 현장과 대한민국 품질의 미래에도 적용된다고 볼 수 있다. 아직도 늦지 않았다. 새로운 품질 흐름에 맞추어 품질인의 개념부터 재정의하고 그 사명과 역할을 명확히 해야 한다. 우리의 품질 인식은 과거에 머물러 있다. 범위와 역할 모두 기존 개념에서 벗어나지 못하였고, 미래의 역량 또한 모호한 상태다. 이제는 품질인에 대해 새롭게 정의하고, 시작부터 다르게 할 필요가 있다.

필자는 품질인의 정의를 품질 업무를 수행하는 담당자나 품질 분야의 전문가라는 한 방향의 인식에서 벗어나야 한다고 본다. 품질인의 범위를 더 전체적, 포괄적으로 이해해야 한다. 왜냐하면 품질인은 복합적인 경쟁 환경에서 이겨야 하는 경쟁력의 주체, 즉 품질 경쟁력의 중심이자 본체이기 때문이다. 품질인을 더 이상 특정 산업 분야나 기술에 대한 전문성을 갖춘 인재로 보아서는 안 된다. 산업의 어떤 분야나 기술이라 하더라도, 그 속에서 품질을 대표하는 모든 사람을 품질인(quality representatives)으로 정의해야 한다.

4차 산업혁명에 진입한 이후의 사회에서는 경쟁력이 가장 중요한 선택의 기준이 된다. 현시대는 신기술을 바탕으로 한 분야뿐만 아니라 기존 산업 분야에서도 경쟁에서 앞서 나가는 새로움(new)을 추가하지 않고서는 생존 자체가 어렵게 되었다. 이 경쟁력 확보를 위한 가장 핵심적인 역량이 바로 품질이다.

경쟁에서 이기기 위해서는 먼저 품질 개념부터 새롭게 해야 한다. 그리고 이를 수행하는 품질인의 개념과 역할을 재정의하고 역할을 부여해야 한다. '신개념 품질'은 고객과의 약속을 잘 지키는 정도를 뜻하는 전통적인(기본적인) 품질 개념을 넘어서, 신기술과 같이 고객에게 새로운 가치를 제공하는 광의의 품질을 의미한다. 이 광의의 품질을 대표하는 사람이 바로 품질인이다.

품질인을 더 이상 기술적인 역량이나 양품·불량품의 구분, 즉 측정과 분석이라는 좁은 영역에 가두지 말자. 본질적으로 경쟁력을 추구하는 모든 부서, 모든 분야에서 품질 역량을 키우도록 하고 이를 대표하고 책임지는 사람을 품질인으로 정의하자. 그리고 이 품질인의 역할에 부합하는 사명과 자세 그리고 요구되는 자격을 재정의해야 한다.

21세기 들어 스마트 품질 경쟁력의 시대가 도래하였다. 스마트 품질에 합당하는 품질과 품질인이 재조명되어야 한다. 품질인의 역량과 자세에는 해당 산업과 기술, 업무 분야에 따라 차별적이고 개별적인 영역도 있을 것이다. 하지만 그에 앞서, 4차 산업혁명이라는 큰 흐름 속의 공통적인 영역에서 품질인의 역할과 자세가 바탕이 되어야 한다.

스마트 품질 시대에서 품질인의 공통적인 역할과 자세는 품질 혁신 DNA를 갖추고 스마트 품질 경쟁력 추진 전략을 올바르게 수행하는 것이다. 스마트 품질을 주도하는 품질 리더이자 품질 전문가로서의 품질인은 품질 혁신 DNA를 완벽하게 이해하여 업무 수행의 기본으로 삼아야 한다. 아울러 스마트 품질을 추구하는 방법론의 바탕인 NICE 전략을 이해하여 이를 본연의 업무에 철저하게 투영하여야 한다. 품질 혁신의 DNA 네 가지와 스마트 품질 경쟁력 추진 전략인 'NICE 전략'은 앞서 설명하였다.

제 2 장

Cue Q! Again Six Sigma!

Cue Q! Again Six Sigma!

4.
6시그마 방식, 유행 그리고 정체

＊

 경영에서 혁신을 주장한 지는 오래되었다. 하지만 그 시작점을 확인하기란 쉽지 않다. 경영은 항상 변화하면서 영속되기 때문이다. 사회는 농경사회에서 산업사회로, 그리고 정보·지식사회로 진화 발전하였는데 그 중심에 기술 혁신이 있었다. 경영 혁신을 기술 혁신과 비즈니스의 진화가 결합한 것으로 이해한다면, 경영 혁신의 출발점은 20세기 초로 거슬러 올라간다.

 대개 현대 경영학의 태동을 테일러리즘(Taylorism)이라 불리는 테일러의 과학적 관리법(The Principles of Scientific Management, 1911)에서 찾는다. 이전과는 다르게 최적화, 표준화 및 통제, 그리고 동기부여와 같은 과학적인 경영 활동을 제창하였기 때문이다. 이후 현대 경영에 눈 뜬 기업은 과거에 경험했던 속도와는 비교가 되지 않을 정도로 급속하게 발전과 진화를 거듭하게 되었다.

 그리고 사회가 산업화와 정보화를 거치면서 현상의 유지만으로는 기업이 생존하기 어려운 사회를 맞게 되었다. 이러한 상황에서 혁신은 현상의 유지 못지않게 경영에서 중요하게 다루어졌다. 그 결과로 산업과 기업 운영은 더 조직적이고 체계적인 모습을 갖추게 되었다. 이로써 테일러리즘으로 출발한 현대 경영학은 혁신의 요구와 함께 진화하였다.

이후 양대 세계대전을 거치면서 급속도로 발전한 기술과 이에 따른 생산 혁신은 경영의 면에서도 혁신을 재촉하였다. 그리고 비즈니스 혁신을 목표로 하여 본격적으로 전개된 경영 혁신은 20세기 후반부터 여러 다양한 혁신 방법론의 창안과 함께 진화, 발전하게 되었다. 경영 혁신 수행 방법론으로 수많은 방법론이 존재한다. 그중 프로세스와 전사적인 혁신 방법론을 대표하는 것으로는 TQM, PI, BPR, TPS, 6시그마 방식 등을 들 수 있다.

최근까지 기억에 남을 만한 혁신 방법론은 예상외로 많지 않다. 이미 역사 속에서 명성을 누리고 사라져버린 많은 혁신 방법론과 기법이나 도구들이 아직도 명맥을 유지하며 전해지고는 있다. 하지만 실제 경영 현장에서는 이미 사명을 다하여 대부분 유명무실해졌다. 아직도 경영 현장에서 유효한 대표적인 혁신 방법론은 6시그마 방식과 TPS가 대표적이다.

혁신 방법론과 관련하여 가장 많은 이슈를 몰고 온 것은 6시그마 방식이다. 이 6시그마 방식은 시기적으로는 20세기 후반 이후에 탄생하여 세계적인 유행으로 확산되었다. 유명 기업치고 6시그마 혁신을 경험하지 않은 기업이 없다시피 한 것이 그 증거다. 이는 글로벌 기업뿐만 아니라 국내 기업도 마찬가지였고, 6시그마 혁신은 마치 열병과 같이 급속도로 확산되었다.

특히 6시그마 방식이 강조한 과학적이고 통계적인 혁신 기법들은 경영자들에게 엄청난 호응을 얻었다. 물론 6시그마 방식에 대한 경영계의 폭발적 반응이 어느 한순간에 생긴 것은 아니다. 그 이전의 품질 혁신 발전을 통해 TQC, TQM이 정착되고 TPS와 같은 혁신 시스템에서 검증된 혁신 기법과 도구를 경험하였기에 6시그마 방식의 효과가 커진 것임은 분명한 사실이다.

하지만 6시그마 혁신 방법론은 폭발적 유행 이후에 21세기 초반을 거치면서 정체 상태를 유지하고 있다. 이와 같은 유행과 정체 현상의 원인은 무엇일까? 그 원인을 명확하게 분석하기 위해서는 먼저 6시그마 방식을 어떻게 이해해야 하는지, 그리고 경영 혁신 추진에서 어떻게 포지셔닝할 것인지부터 구체적으로 살펴볼 필요가 있다.

유행처럼 번진 글로벌 혁신 방법론

신기술의 급속한 발전과 확산으로 세계는 공간적, 기술적, 문화적 거리가 좁혀지고 있다. 이러한 글로벌화(globalization) 현상은 21세기를 거치면서 4차 산업혁명이라는 거대한 파도의 진화를 가속하였고, 지금도 그 변화의 한중간에 있다. 이러한 사회 변화의 진화 과정에서, 경영 혁신의 추진은 대표적인 위기 대응 전략의 하나로 평가받았다.

위기 대응과 문제 해결을 위해 다양한 경영 혁신 추진 방법론들이 창안되었다. 혁신 방법론은 추진 목표나 대상에 따라 기술 혁신, 생산성 혁신, 물류 혁신, 프로세스 혁신 등으로 구분된다. 이 구분 방법은 추진 대상을 기준으로 하므로 구별이 쉽고, 추진 방향과 수행 방법을 하나의 전략으로 정렬할 수 있다는 장점이 있다. 또한 각 혁신 유형은 분야가 특정되어 있어서, 기업들은 이미 검증된 혁신 방법론 중에서 선택할 수 있다.

조직 내부적으로 추진 대상에 따라(기술, 생산성, 물류, 비즈니스 등) 경영 혁신 분야를 세부적으로 구분하는 것은 방법론의 선택과 추진 효율 면에서는 의미가 있다. 하지만 경영 혁신 목표의 전체 최적화 차원에서는 실익이 크지 않다. 오히려 최종적인 전체 성과를 위하여 어떤 방법론을 선택할 것인지가 더욱 중요하다. 왜냐하면 경영 혁신의 추진은 궁극적으로는 기업의 통합 목표를 달성하기 위해 조직 전체의 통합적인 성과를 창출해야 하기 때문이다. 결국 혁신의 성공 여부는 전체 최적화에 달려 있다.

경영 혁신 추진 시 가장 큰 선택 중의 하나는 올바른 방법론의 선택이다. 조직의 특성과 문화에 적합하지 않은 혁신 방법론의 선택과 적용은 단순히 실패만이 아니라, 오히려 독에 가까운 치명적인 결과를 가져온다. 그만큼 혁신 성공의 핵심에는 방법론이 큰 영향을 미친다. 그렇다면 부분적이고 단기적인 혁신 목표의 달성을 넘어, 경영 혁신의 전체적인 성공을 위해 어떤 방법론을 선택할 것인가? 이에 대한 논의는 진부해 보이지만 경영자에게는 실속이 크고, 또한 오랫동안 논의가 이어지고 있다.

20세기를 대표하는 글로벌 혁신 방법론으로는 여러 혁신 방법론이 있지만, 6시그마 방식과 TPS(Toyota Production System)가 대표적이다. 이들은 전 세계로 확산되었다. TPS는 일본식 접근 방식을 서구식(西歐式)으로 접목한 린(Lean) 방식이라는 방법론으로도 널리 전파되었다. 대표적인 두 방법론 중 TPS는 전체로서의 방법론보다는 개별 혁신 기법의 결합을 강조하지만, 6시그마 방식은 종합 경영 혁신 방법론을 지향한다는 점에서 차이가 있다.

경영 혁신 방법론과 혁신 기법은 여러 면에서 차이가 있다. 엄연히 다른 의미를 지닌다. 하지만 '혁신 방법론'과 '혁신 기법'이라는 이 두 용어를 혼란스럽게 사용하면서, 경영 혁신 추진 과정에서 많은 오해들을 낳았다. 경영 혁신의 올바른 전개를 위해서는 방법론과 기법의 차이를 명확히 이해해야만 한다.

경영 혁신 추진의 첫 접근은 혁신 방법론의 선정으로부터 시작된다. 그리고 혁신 방법론을 선택할 때는 반드시 혁신 방법론과 혁신 기법의 구분과 이해가 전제되어야 한다. 매우 단순해 보이지만, 이를 혼동하면 최고 경영자의 올바른 결정에 큰 장애가 된다. 처음부터 결정이 잘못되면 혁신의 추진을 전도시키거나 왜곡시킬 수 있으므로 세심한 주의를 기울여야 한다.

방법론과 기법을 구분하는 것의 실익은, 여러 혁신 기법을 결합하거나 연쇄적으로 적용하는 것과 일관된 원칙과 전략 아래 다양한 혁신 기법들을 정렬하는 것의 구분에 있다. 이 두 가지를 혼용하면 경영 혁신 추진 현장에서는 혼란이 초래된다. 때로는 원칙과 적용(활용)이 도치(倒置)되는 경우도 생기기 때문이다. 따라서 혁신 방법론과 혁신 기법에 대한 개념적인 구분을 명확히 함과 동시에 그 절차를 확실하게 규정하고 정립할 필요가 있다.

경영 혁신 방법론(方法論, methodology)의 선택은 전사(조직 전체)의 총합 성과에 초점을 맞추어 전체 프로세스의 개선과 추진 과정을 중시하는 경영 혁신의 원칙이자 전략 중의 하나다. 따라서 어떤 혁신 방법론을 선택하는가의 결정은 매우 중요하다. 그래서 혁신 추진 시 기법 간의 갈등이 발생이 생길 때는, 선택한 혁신 방법론이 제안하는 기법이 다른 기법(도구)들보다 우선 적용된다. 즉, 방법론은 여러 갈등 상황에서 판단의 기준이자 해결 통로가 되고 새로운 문제를 만났을 때 나침반의 역할을 한다.

이와는 달리 혁신 기법(技法, method, technique)은 결과적으로는 전체의 성과에 이바지하지만, 혁신 목표 달성을 위한 수단이자 도구의 요소가 강하다. 따라서 혁신 기법은 올바른 적용과 수행에 초점이 맞추어진다. 즉, 혁신 기법은 목표라기보다는 목표를 수행하는 과정으로 평가해야 한다.

결론적으로 혁신 방법론과 혁신 기법은 목표와 수단으로서 상호 부분집합 관계로 이해해야 한다. 하지만 이러한 관계가 무너지는 예도 있는데, 이는 6시그마 방식의 적용에서도 많이 발생하였다. 6시그마 방식에서는 혁신 추진의 핵심 과정이자 도구인 혁신 기법을 지나치게 강조하여 원칙과 전략이 뒤바뀌는 경우로도 나타났다. 반면 TPS는 이런 적용의 오해는 적었는데, 이는 TPS가 혁신 방법론의 성격보다는 여러 혁신 기법의 연결이라는 특성이 강하기 때문이다. 이에 대해 6시그마 방식을 예로써 소개한다.

6시그마 방식은 전 세계적으로 유행처럼 확산되었다. 20세기 후반과 21세기 초반을 거치면서 명실상부한 글로벌 혁신 방법론으로 자리 잡았다. 특히 6시그마 방식에서 강조한 고객 중심의 철학과 프로세스 중심의 문제 해결 방식, 그리고 과학적이고 통계적인 혁신 기법들은 경영자들에게 엄청난 호응을 얻었다.

하지만 열병과 같이 확산되었던 6시그마 방식도 21세기 초반 이후부터는 정체 상태를 맞고 있다. 이러한 확산과 정체에 대해 그 원인을 명확하게 파악하려면 먼저 6시그마 방식을 어떻게 이해했는지, 그리고 경영 혁신 추진 과정에서 어떻게 포지셔닝되었는지부터 살펴보아야 한다.

6시그마 방식에 관한 오해의 대표적인 예는 통계 관련 도구에 쏠린 지나친 믿음, 맹신(盲信)이다. 이러한 현상은 경영 혁신의 최종 목표 달성을 저해하는 치명적인 요소로서 매우 경계하여야 한다. 심지어는 6시그마 방식의 경영 혁신 자체를 통계와 관련한 혁신 기법이나 도구로 오해하기도 하였다. 그 결과로, 통계만을 앞세워 6시그마 혁신을 추진하는 사례도 적지 않게 발생하였는데 이는 결과적으로 6시그마 방식의 혁신 방법론 정착에 큰 장애가 되었다.

6시그마 방식의 핵심 역량과 구체적인 적용 방법에 대해서는 이후 이어지는 제2장의 내용에서 자세하게 소개한다. 이번 「4. 6시그마 방식, 유행 그리고 정체」에서는 6시그마 방식의 실질적인 적용에 앞서 혁신 방법론으로서의 6시그마 방식의 본질에 대해 구체적으로 살펴보도록 하자.

유행을 이끈 세 단어: 고객, 통계, 수익

인류 발전사에서 가장 센 강도와 큰 폭을 가진 사회적·경제적 변화는 20세기 후반부터 21세기 초에 이르는 시기에 발생하였다. 물론 변화의 물리적인 크기는 시대의 발전상을 반영하므로, 항상 최근 시점의 변화가 가장 클 수밖에 없다. 하지만 이 시기의 변화는 다른 때와는 여러 면에서 남달랐다. 다른 시기와는 비교가 안 될 정도로 엄청난 강도(强度)나 변화의 폭을 가진 변화가 사회, 경제, 산업, 문화 등 모든 인류의 생활에 영향을 미쳤다.

이 시기는 컴퓨터·인터넷 혁명으로 일컬어지는 3차 산업혁명의 완성과 함께 스마트 신기술을 이끈 4차 산업혁명을 맞게 된 시기다. 변화는 새로운 기대인 동시에 불안을 수반한다. 그리고 이 불안과 기대에 대한 준비를 위해 혁신 필요성과 요구가 발생하는 것은 매우 자연스러운 현상이다. 이런 이유로 경영 혁신에 대한 이미지에는 그 당시의 경영 환경이나 사회적인 상황이 직접 투영(投影)된다.

최근 50여 년 우리 사회의 변화는 극심했다. 신기술과 경제, 경영 환경에서뿐만 아니라 문화, 생활 면에 이르기까지 혁신의 거센 요구는 격랑처럼 밀려들었다. 변화에 올바로 대응하지 않으면 생존할 수 없는 환경이 조성되었기 때문이다. 이는 기업뿐 아니라 모든 조직 사회에서도 같은 경험을 했다. 특히 20세기 말과 같은 거센 변화의 흐름은 강력한 경영 혁신 추진의 추동력(推動力)이 되었다.

변화가 큰 만큼 혁신 요구는 커졌고, 혁신 방법론에 대한 기대 역시 다른 경영 기법에 거는 기대를 초월했다. 이 과정에서 6시그마 방식은 일거에 세계적인 혁신 방법론으로 발돋움했다. 그만큼 위기에 대응하는 전략과 효과가 탁월했다. 그리고 선풍적인 인기를 얻으며 진화하여, 빠르게 전 세계로 확장되었다.

6시그마 방식의 원래 목적과 취지는 품질 위기를 극복하는 것이었다. 하지만 품질에만 그치지 않고 조직의 경쟁력 강화를 위한 특단의 조치이자 방법론으로 진화하였다. 따라서 6시그마 방식의 빠른 성장, 확산의 주된 원인과 동력을 '품질 위기 극복'에 국한해서 찾는 것은 바람직하지 않다. 왜냐하면 품질 대응을 위해 6시그마 방식이 출발한 것은 사실이지만, 이를 적용한 기업 중에서 심각한 품질 위기를 겪고 있던 기업은 소수였고, 오히려 품질 경쟁력 면에서 탄탄한 기업도 많았기 때문이다.

세계적인 인기를 누리면서 명품 혁신 방법론으로 자리 잡은 6시그마 방식의 핵심 역량은 어떤 것일까? 많은 강점이 있지만, 기업에 어필한 가장 강력한 단어를 들자면 단연 고객·통계·수익의 세 단어를 들 수 있다. 이들은 6시그마 혁신 방법론의 특징이자 가치에 잘 포함되어 있다. 왜 이 요소들이 기업 경영자에게 깊은 인상을 주었고, 혁신 방법론으로 선택되었는지에 대해 간략하게 살펴보자.

6시그마 방식을 이해하기 위해서는 가장 먼저 '고객 중심'의 철학을 이해하여야 한다. 이제는 고객 중심의 철학을 조직 운영의 당연한 원칙이자 경영 방침으로 받아들이지만, 20세기 중반만 해도 생산성 향상과 생산량 증대가 기업의 최대 관심사였다. 그리고 일정 수준의 공급 혁신이 이루어진 후에야 비로소 고객 중심, 고객 만족, 고객 감동 등 고객 최우선 전략과 정책 추진으로 이행하였다. 바야흐로 공급(자) 우위에서 소비(자) 우위로 시장 판도가 바뀐 것이다.

6시그마 방식에서 품질 위기를 극복하기 위한 첫 착안점은 모든 문제를 고객의 눈높이에서 확인하고 개선하는 것이다. 아무리 좋은 제품이나 서비스도 고객과 유리(遊離)되어서는 안 된다는 것이다. 이를 소홀히 하면 자칫 자원의 낭비나 남용에 빠질 우려도 있다. 그런 점에서 모든 문제의 파악을 고객의 눈으로부터 출발함은 적절하다.

그 이전에도 '고객 만족'을 경영 방침으로 삼은 적은 있었다. 하지만 이 경우에도 목표이자 지향점으로만 고객을 바라본 탓에, 상당히 추상적이고 선언적인 경향을 띠었다. 반면 6시그마 방식은 모든 출발의 원점을 고객에 두고 있다. 이는 문제 해결을 위해 매우 실천적인 자세이며 구체성을 가진다. 즉, 측정과 분석 그리고 개선의 모든 절차에 고객 관점의 실행을 구체화할 것을 요구하였다. 지금은 너무나 지당한 방침이자 절차로 자리를 잡았지만, 이전까지는 관념적인 수준에 그쳐 등한시되었다.

'고객 중심'을 기치로 건 혁신 추진은 고객의 관점에서 모든 문제를 분석하고 개선하는 것으로, 그 당시에는 파격이었다. 생각하는 방법 자체를 바꿈으로써 조직 운영 철학과 경영 방법에도 많은 변화를 가져왔다. 또한 개별 부문을 중심으로 '부분 최적화'된 목표와 전략은 '고객'이라는 중심체를 통해 하나로 묶이게 되었고, 전체 최적화가 경영 방침으로 확고하게 자리 잡는 계기가 되었다.

다음으로 6시그마 방식에서 돋보인 점은 경영과 문제 해결에서 '통계'를 강조한 것이다. 6시그마 방식을 구성하는 여러 기법 중에서도 특히 경영진을 사로잡은 것은 통계를 활용한 문제 분석과 해법 제시였다. 왜냐하면, 그때만 해도 경험과 직관을 바탕으로 한 판단이 경영의 '비법'으로 주목받던 시점이었기 때문이다. 이런 관성적 판단과 검증하기 어려운 주관적 결단에 비해, 통계는 마치 문제 해결의 만능열쇠처럼 다가왔다.

통계를 활용한다는 것은 분석과 개선에서 계량화를 의미한다. 이전의 주관적이고 경험적인 분석과 개선을 넘어, 수치로 측정하고 통계로 분석과 개선을 한다는 그 자체로도 의미가 컸다. 이로써 수치에 의한 명확한 검증이 가능해지고 객관적인 평가가 이루어질 수 있게 된 것이다.

기존에는 제품 설계와 같은 기술 분야나 수학과 공학처럼 일부 학문적 영역에서만 통계를 운영할 수 있다고 생각하였다. 그런 관점에서 벗어나, 6시그마 방식을 통해 경영과 문제 해결에도 통계적 접근이 도입되었다. 이로써 경영 전반에 걸친 통계의 활용성은 크게 확장되었고, 6시그마 방식은 경영자의 열광적인 지지를 얻었다.

통계를 경영과 운영에 적극적으로 개입시킨 것은 파격적인 시도로서 경영계에 깊은 인상을 남겼다. 하지만 일부 6시그마 방식의 혁신 추진에서 통계의 장점을 지나치게 강조하여 마치 만병통치약처럼 통계를 활용한 것은 바람직하지 않다. 통계를 중시하는 경영도 과학적이고 합리적인 관리 방식의 하나로 이해하고, 다양한 혁신 기법과 조화를 이루어야만 한다. 통계에 대한 지나친 맹신은 때로는 부작용을 초래하였지만, 대체로 긍정적인 효과를 낳았음은 부정할 수 없다.

마지막으로 6시그마 방식의 유행에서 빼놓을 수 없는 키워드는 '수익성' 중심의 혁신 운영이다. 기업에서 수익성을 목표 또는 전략의 맨 앞에 내세울 경우, 긍정적 이미지보다는 부정적인 영향이 크다. 종합적인 혁신 전략의 모습이 아니라 이익에만 치중한 듯한 인식을 주어, 구성원 전체의 참여와 총력 추진에 장애가 될 수 있기 때문이다.

기업이나 조직은 생존을 궁극적인 존재 이유로 삼는다. 생존의 벽을 넘어선 이후에야 비로소 성장과 수익을 추구할 수 있다. 당위적인 의미에서는 '수익성'이 목표와 전략으로 강조된다. 하지만 기업의 전략과 방침을 대외적으로 선언할 때, 공개적으로 '수익'을 전면에 내세우기는 불편하다. 그래서 6시그마 방식 이전에는 혁신 용어로서의 '수익'의 쓰임새 역시 매우 제한적이었다.

경영 혁신은 생존의 위기를 극복하고 품질 경쟁력 확보를 목적으로 하므로, 실질적 필요성과 함께 당위적 성격 역시 강하다. 그래서 경영 혁신의 목표에서 '수익성'을 다른 목표의 뒤에 두어서는 안 된다. 게다가 품질 위기는 곧바로 품질 원가의 상승, 즉 수익성 악화와 직결되므로 조직 운영에서 수익성을 중시하는 것은 지극히 자연스럽다.

특히 저품질비용(COPQ: Cost of Poor Quality)은 순수한 비용이다. 따라서 이의 절감은 바로 순이익의 증가를 뜻하므로 경영자에게는 이만큼 중요한 전략이 따로 있을 수 없다. 저품질비용은 이전에도 품질비용(Quality Cost)의 일부로서 그 원칙과 중요성 그리고 분류에 대해 이미 많은 학자가 주장하였다. 그리고 COPQ는 아직도 품질 운영의 중심축 중 하나다.

품질비용의 일반 원칙과 이론에서는 이를 예방, 검사·평가, 내부 실패 및 외부 실패 비용의 4가지로 구분하고 전체 품질비용의 절감을 강조하였다. 이에 비해 6시그마 방식에서는 품질비용의 구성에서 예방 비용을 제외한 저품질비용의 제거를 직접적인 목표로 하고 있고, 이를 바로 수익과 직결시키는 것을 목표와 전략으로 삼고 있다.

이러한 고객, 통계 그리고 수익과 관련한 방침과 전략은 6시그마 방식이 가지는 인기의 비결이자 핵심적인 매력이다. 하지만 아무리 매력적이라고 하더라도 과유불급(過猶不及)을 경계로 삼아야 한다. 경영 혁신은 종합적인 전략이다. 그런 의미에서 한쪽에 대한 지나친 강조는 전체의 불균형을 초래할 수 있어서 비효율적이다. 특히 전원 참여의 정신과 전체 최적화의 방침 전개를 위해서도 매력 포인트 역시 균형을 이루어야 한다.

축배와 독배, 섣부른 대세론

최근의 경영 혁신 흐름에 관해 설명하자면 6시그마 방식을 빼놓고서는 풀어나가기가 어렵다. 그만큼 6시그마 방식은 20세기 말부터 21세기 초의 글로벌 혁신 현장에서 막강한 위세를 떨쳤다. 실제로도 기업 품질 전략이나 정책에서 6시그마 방식의 흔적을 찾기는 어렵지 않다. 그리고 이미 조직의 기능 곳곳에 체화(體化)되어 있다.

반면 신기술의 급속한 성장을 배경으로 4차 산업혁명이 진화하고 있는 현시점에서 6시그마 방식은 주춤한 형세다. 일부 비평가들이 이러한 상황에 대해 진단과 분석 결과를 내고는 있으나 명쾌한 결론은 없다. 아쉬운 점은 시류에 편승하여 구체적 대안이나 평가 기준도 없이 마구잡이식으로 불만을 나열하는 형태의 비평도 적지 않다는 점이다. 이러한 불완전한 비평은 혁신에 대한 막연한 불신만 증폭시킬 수 있어 무척 우려스럽다.

더욱이 그나마 시도된 분석도 6시그마 방식의 도입과 적용 전반에 대한 진단이 아니라 현재 상황에 꿰맞추는 형식이라는 점이다. 게다가 현재의 진단과 분석은 학자와 품질 전문가에 의한 전문적인 분석이 거의 없었고, 단편적인 실행의 실수나 오류에 집중되어 있었다. 그런 점에서 현재까지의 6시그마 방식에 대한 여러 진단과 분석은 방법과 형식에서 미흡한 점이 많다.

잘되면 흥행이고 유행이라고 칭송하면서 '웰컴(welcome)'을 붙이고, 마음에 들지 않으면 더 이상 필요 없다는 의미로 '굿바이(good-bye)'를 붙이는 것은 전문적인 분석이나 평가의 결과로 보기 어렵다. 6시그마 방식에 대해서도 이미 일부 비평가가 '굿바이'라는 타이틀을 붙인 바 있다. 명확한 근거보다 저간에 흐르는 불만과 의심을 자극적으로 표출하는 어설픈 작명(作名)에 불과하다. 무엇이 잘못인지, 왜 잘못 수행되었는지, 그리고 올바른 대안은 무엇인지를 명확하게 세시해야만 객관적인 평가라 할 수 있다.

6시그마 방식을 올바로 분석하려면 먼저 그 방식을 제대로 이해하는 것부터 출발해야 한다. 그리고 혁신 방법론의 도입과 전개 및 운영과 성과에 대해 종합적으로 철저하게 진단하여 그 분석 결과를 내야만 한다. 이 진단과 분석에는 내용뿐 아니라 실행에 이르는 절차까지 포함해야 한다. 그렇게 해야만 한 시대의 경영 혁신을 대표했던 방법론을 올바로 평가할 수 있다.

흔히 특별한 성공이나 승리에 대해 축배를 들었다고 한다. 반면 그 승리가 단기간의 자축에 그칠 뿐, 전체에 미치는 영향이 부정적이거나 또는 미래까지 지속되는 영향이 작은 경우에는 '독배'라는 표현을 쓴다. 시도와 출발이 아무리 좋았다 하더라도 과정 또는 결과가 좋지 않아 정상적인 성장이나 성숙을 해치면 부정적으로 평가

될 수밖에 없고, 결국 축배도 독배로 바뀌는 것이다. 그렇다면 6시그마 방식의 참여자들은 과연 축배를 들었던 것일까? 혹시 독배는 아니었던가?

객관적으로 반추해볼 때, 6시그마 혁신을 추진한 기업이나 참여자들이 승리자로서 축배를 들었다는 것은 100% 확신하기 어렵다. 여러 긍정적 성과 이외에도 부정적인 신호(信號) 역시 작지 않았기 때문이다. 6시그마 혁신 방법론의 추진 결과가 축배인지 혹은 독배인지를 알기 위해서는 그 성과에 이르는 과정을 면밀하게 살펴보아야 한다.

만약 축배라고 평가한다면 현재의 정체를 극복하고 더욱 활성화해야 한다. 그 반대로 독배라 진단되면 그 치명적 독소를 제거하든지, 또는 새로운 혁신 방법론의 창안과 구축에 전력해야 한다. 이러한 구체적인 고민도 없이 방관만 하는 어정쩡한 자세로는 매 순간 변화와 위기에 노출되는 4차 산업혁명 혁신 흐름에 적극적으로 대처하기 어렵다.

이런 방관적 자세를 피하려고 기존 혁신 방식과 새로운 방식 모두에 대해 양비론으로 일관하는 것 역시 바람직하지 않다. 현상에 대해 명확하게 분석하고, 그 판단 결과로써 새로운 혁신 방안이나 방식을 제시하는 것이 옳다. 비판은 상대적으로 쉽다. 이에 반해 새로운 대안을 준비하고 제안하기는 어렵고 큰 노력이 필요하다. 분명한 것은 새로운 대안 제시에 앞서 올바른 평가와 진단이 선행되어야 한다.

그렇게도 각광(脚光)을 받으며 혁신 방법론으로 추켜세워졌던 6시그마 방식은 왜 잠잠해진 것일까? 축배로 칭송되던 6시그마 혁신의 적용이 왜 독배와 같은 혹평(酷評)으로 바뀌었을까? 이를 확인하려면 그 도입과 확산 과정에서 어떤 일들이 있었는지 살펴보아야 한다. 그 실제적인 사연(事緣)은 외부로 잘 공개되지 않는, 경영 혁신 추진의 부끄러운 이면(裏面)일 수도 있다. 하지만 올바른 혁신 추진을 위해서는 철저히 반성하여 반면교사(反面教師)로 삼아야 한다.

앞에서 설명한 바와 같이 6시그마 방식은 현존하는 가장 강력한 로드맵과 기법(도구)을 갖추고 있는 혁신 방법론이다. 그리고 이 강점에 추가하여 기존의 경영자가 목말라하던 6시그마 방식의 핵심 가치와 방침을 적극 반영함으로써 기업의 최고 경영자로부터 열렬한 호응을 얻었다.

이처럼 최고 경영자의 호응을 받은 6시그마 방식은 선언과 구호에 그치지 않고 경영 혁신 현장에서 구체적인 혁신 방법론으로 실행되었다. 특히 실행된 6시그마 방식은 세계적으로는 GE, 모토로라, 국내는 삼성, LG와 같은 글로벌 대기업부터 연이어 적용에 성공하였다. 그리고 이 혁신 성공의 증거들은 로드맵과 기법 전체가 대중적으로 공개되면서, 관련 기업뿐 아니라 경쟁적 관계에 있던 기업들까지 속속 6시그마 방식의 도입에 참여하는 결과로 나타났다.

마치 도미노처럼 일순간에 전파되고 확산한 6시그마 방식은 그 성과의 자축 속에서 한때 축배로 인식되기에 충분했다. 이런 축배 현상은 아직 6시그마 방식을 도입하지 않았던 기업의 경영자에게는 매우 강한 자극이 되었다. 심지어는 6시그마 혁신의 도입과 적용 그 자체만으로 혁신 경영을 이룬 것으로 이해하였다. 이러한 외면 중심의 왜곡은 혁신 방법론의 도입 그 자체가 당위가 되는 아이러니를 낳았다.

이러한 조바심은 6시그마 방식의 혁신 추진을 '반드시 그리고 빨리' 도입하려는 압력으로 작용하였다. 하지만 지나치게 빠른 속도로 확산한 것이 오히려 화근이 되었다. 섣부른 대세론이 오히려 6시그마 방식의 정착과 안정 과정에서 발목을 잡은 것이다. 기존의 혁신 방식과는 차별되는 6시그마 방식은 점진적인 전파가 아니라 급속도로 확산하면서 중심을 잃게 되었다. 핵심 가치보다는 유행으로서의 도입에 관심이 쏠린 것은 6시그마 추진의 뼈아픈 역사다.

경쟁 조직에 앞서 6시그마 방식을 도입한 조직은 경쟁력을 확보할 수 있었다. 내부적으로는 빼어난 로드맵의 운영과 전문가만 운용이 가능하던 통계를 혁신 추진 구성원 전체가 사용하게 되면서, 혁신뿐만 아니라 일하는 방식에도 큰 변화를 가져왔다. 또한 6시그마 방식은 기업 문화의 변화이자 4차 산업혁명에도 크게 이바지하였다. 왜냐하면 신기술 중심의 4차 산업혁명은 디지털 전환(DT 또는 DX: Digital Transformation)을 바탕으로 하는데, 과학적이고 통계적으로 일하는 방식은 DT(DX)를 촉진하기 때문이다.

6시그마 혁신은 외부적으로 긍정적인 모습이 많지만, 6시그마 방식이 꼭 지켜야 할 핵심 가치와 방침은 의외로 어렵다. 또한 이는 상당히 경직되었다고 평가받을 정도로 필수 준수 사항이 많다. 하지만 후발로 6시그마를 도입한 많은 기업은 6시그마 방식의 외형적인 부분은 온전하게 수용하였지만, 안타깝게도 가장 바탕이 되어야 할 핵심 가치와 방침까지 충분히 담지는 못하였다. 이는 지나치게 서두른 탓이다. 또한 6시그마 방식의 유행에 편승한 전문가 그룹인 컨설팅 기관이 자신의 잇속을 챙기기 위해 무리한 것도 적지 않은 영향을 미쳤다.

이와 관련하여 6시그마 방식의 공과에 대한 구체적인 평가는 다음 주제에서 자세하게 다루기로 하자. 다만, 중요한 교훈으로 기억해야 할 부분은 섣부른 대세론이 낳은 아이러니다. 아무리 성공이 담보되는 훌륭한 혁신 방법론도 섣부른 대세론에 갇히면 한순간에 축배가 독배가 될 수도 있음을 역사로 확인할 수 있었다. 경영 혁신은 방법론의 좋고 나쁨을 떠나서, 도입과 전개 과정 모두에서 핵심 내용과 가치를 온전하게 실행하고 구축해야 한다. 역사적으로 확인된 아픈 경험을 낭비하여 재발시켜서는 안 된다.

폭주와 예고된 정체, 아무도 막지 않은 아이러니

6시그마 방식은 문제 해결을 위한 종합적인 경영 혁신 방법론이다. 따라서 혁신 방법론으로서의 6시그마 방식은 혁신 기법과는 달리 6시그마 철학과 가치, 핵심 방침이 도입 시점부터 충분히 녹아들어야 한다. 하지만 이를 도구로서의 혁신 기법 정도로 오해하는 경우가 많았다.

종합적인 혁신 방법론으로서 요구된 내용을 충족하지 못한 채로 출범한 6시그마 방식은 선언하고 계획하였던 내용에 걸맞은 성과를 낼 수가 없었다. 그리고 이는 조직 내 저항감을 심화시켰고, 마침내 경영자의 적극적인 지원으로부터도 멀어지는 상황을 초래하였다. 이 부분이 앞서 설명하였던 바로 독배(毒杯)로 평가되는 도입 과정에서의 사연이다.

이렇듯 부족한 준비로 출발한 6시그마 방식이었지만, 6시그마 혁신 방법론의 도입과 적용은 대세론에 힘입어 급속도로 확산되었다. 그 과정에서 온전한 6시그마 방식이 유지되지 못한 점은 옥(玉)의 티로 남게 되었다. 단순히 로드맵이나 통계를 포함한 혁신 기법 적용만을 목적으로 하는 것은 6시그마 방식의 혁신 추진 방법론이 아니다. 전체로서의 혁신 방법론 구축이 가장 중요한데 이것이 간과되었다.

6시그마 방식은 충분한 준비 없이 일부만의 강점을 무기로 안전장치 없이 폭주하였고, 이런 급속도의 확산은 부작용을 초래하였다. 도입과 확산의 폭주(暴走)와 그 이후의 정체는 어쩌면 예견된 사고(事故)였을지 모른다. 왜냐하면 그 이전의 혁신 방법론과는 너무나 달라서 호응을 얻었지만, 추진 과정에서 치밀하지 못한 수행과 껍데기만 혁신의 형식을 갖추어, 결과적으로는 이전의 혁신 방식들과 유사한 전철을 밟았기 때문이다. 이는 시행착오라고 하기에는 너무 본질에서 많이 벗어나서, 후유증은 생각보다 컸다.

우리나라의 6시그마 방식 도입과 확산의 과정에서는 잘못된 적용을 바로잡을 몇 차례의 기회가 있었다. 첫 번째 기회는 최초로 국내에 도입한 LG와 삼성에 이어 대기업들로 확산하던 시점이었다. 이 시점에서부터 벌써 6시그마 혁신은 중심에서의 일탈이 예고되었다. 지나치게 도입 기업의 개성에 의존하면서, 원칙과 본질이 상당 부분 훼손되었기 때문이다.

두 번째 기회는 대기업을 중심으로 구축된 6시그마 혁신 방법론을 중견, 중소기업으로 전파하던 시점이었다. 이때는 어느 정도 6시그마 방식에 대한 전문가 육성이 된 시점이어서, 그간의 잘못된 적용을 바로잡거나 최소한 다른 기업들로 확산하는 시점에서 원칙과 본질을 제대로 지킬 기회가 있었다. 하지만 이 중요한 기회 역시 무의미하게 지나쳤는데, 이는 6시그마 추진 역사의 오점으로 남았다.

안타깝게도 오류를 비로잡을 수 있었던 중요한 기회에서 6시그마 전도사라고 하는 혁신 전문가들은 훼손된 원칙과 본질을 환원시키지 못했다. 오히려 자신들의 이익 때문에 오염된 원칙을 그대로 전파했다는 의심마저 받고 있다. 가장 선두에 서서 올바른 방향으로 인도해야 할 전문가들이 오류로 향하는 방향을 막지 못한 것이 아니라, 막지 않은 것이 아닐까 의심조차 드는 것은 아이러니다.

6시그마 방식은 새로운 혁신 방법론이며, 도입과 적용의 각 시점에서 반드시 전문가의 도움이 필요하다. 그래서 잘못된 흐름이 있으면 전문가들의 노력으로 바로잡을 기회들이 충분히 존재했다. 특히 다른 혁신 방법론에 비해 전문가 의존도가 높은 6시그마 방식은 전문가들의 의지만 있었다면 오류를 바로잡는 것이 오히려 수월할 수 있었기 때문이다.

결과론적이긴 하지만, 6시그마 방식 확산 과정에서의 오류 수정에 대해 전문가들의 역할은 기대에 미치지 못하였다. 그 영향으로 원칙과 본질의 훼손은 방치되었고, 6시그마 방식의 정체가 발생하였다. 이는 매우 안타까운 사건이다. 4차 산업혁명의 시기와 맞물려 더욱 성장하고 성숙하여야 할 6시그마 방식의 최고 정점에서 확산의 정체 또는 퇴보를 맞았기 때문이다.

이러한 오류를 바로잡지 못한 원인에는 6시그마 방식의 도입을 돕고 핵심 벨트를 전문적으로 육성하는 컨설팅 기관의 책임이 컸다. 과연 6시그마 방식의 적용에 특화된 전문 컨설팅 기관이 얼마나 존재했는지 의문을 갖게 하는 대목이다. 6시그마 훈련과 컨설팅 기관은 6시그마 방식의 팬덤(fandom) 영향으로 우후죽순과 같이 빠르게 생성되었다. 그런 기관들에서 자신의 이익과 6시그마 방식이 요구하는 철학과 원칙이 배치될 때, 이익을 포기하고 원칙을 지키기에는 본질적인 한계가 있었다.

이에 더하여 현실에 안주한 연구와 학술 기관으로서의 학교의 책임도 작다고 할 수 없다. 품질 경쟁력 혁신의 핵심 원칙과 방법론을 주도하던 학계(學界)가 산업 현장에 모든 것을 맡긴 채 뒤로 숨었다. 품질은 산업 발전의 소명을 가지고 20세기 혁신을 주도했다. 그리고 6시그마 방식을 통해 혁신 분야에서 최고 정점을 맞았지만, 이 시점 이후부터는 중심에서 주변부로 뒷걸음질했다.

섣부른 대세론에 취해 폭주하던 6시그마 방식은 갑작스러운 정체를 맞으면서 아직도 그 명성을 회복하지 못하고 있다. 심지어 4차 산업혁명 시대를 맞으면서 품질에 대한 소외와 함께 그 침체의 골은 심화되었다. 품질과 6시그마 방식은 출발부터 성장까지 함께할 수밖에 없는 공동체적 운명이다. 그렇기에 어느 한쪽을 포기할 수는 없다. 같은 관점에서 문제 해결의 실마리를 찾아야 한다.

4차 산업혁명 시대는 AI, 빅데이터와 같이 완전히 새로운 신기술을 바탕으로 하고 있다. 기존의 기술을 바탕으로 점진적으로 발전하는 신기술이 아니다. 품질 역시 새로운 모습으로 변모해야 한다. 기존의 원칙과 방법만으로 새로운 4차 산업혁명 신기술과 함께하기는 어렵기 때문이다. 스마트 품질이라는 시대적인 숙명을 받아들여, 기존의 체계를 철저하게 보완하고 새로운 방법과 원칙을 신속하게 세워나가야 한다.

본질을 외면한 흉내 내기 혁신 추진의 결말

끝없이 성장할 줄 알았던 6시그마 방식도 정체를 맞았는데, 그 주요 원인은 원칙과 본질에서 벗어난 6시그마 방식의 운영이었다. 흉내 내기라는 뜻은 원칙과 본질을 바탕으로 온전하게 도입과 적용이 이루어지지 않았다는 의미다. 많은 6시그마 혁신 도입 사례가 본질보나는 외형에 더 많은 관심을 쏟았다는 비판을 받는 것은 이러한 흉내 내기 현상에 기인한다.

잘못된 적용이 용인되기 시작하면, 전염병과 같이 쉽게 다른 적용으로 이어진다. 왜냐하면 6시그마 방식은 기존의 방식과 완전히 다른 방법론이어서, 본질에 대해 제대로 알지 못하면 모르는 채로 적용할 수밖에 없기 때문이다. 혁신을 추진하는 중간 단계에서 이를 돌이켜 바로잡기란 어렵다. 그런 점에서, 경영 혁신의 도입과 추진에서는 전문가의 역할이 더욱 중요해진다.

게다가 이의 도입이 뒤처져서는 안 된다는 조급함 때문에 서둘러 도입을 재촉했던 것도 흉내 내기 식 혁신 추진을 부추겼다. 이처럼 준비가 부족한 상태의 출발과 조바심은 외부의 힘에 더욱 의존하게 했고, 나아가 스스로 보완할 역량을 떨어뜨렸다.

돌이켜 보면, 기본을 잘 지켜서 온전하게 수용하고 적용했다면 더욱 성공할 수 있었다. 어느 정도의 성과를 거둔 6시그마 방식의 추진도, 제대로만 추진되었다면 자원과 시간 낭비 없이 훨씬 더 효과적으로 추진될 수 있었다는 아쉬움이 남는다. 흉내 내기는 왜곡된 추진으로 연결되기 쉽다. 이를 확인할 수 있는 대표적인 추진상의 부족 두 가지를 꼽는다면, 불완전한 로드맵 구축과 특정 벨트에 치우친 사원 육성 정책의 두 가지로 압축할 수 있다.

　첫째는 로드맵 전체의 완성보다 'M-A-I-C' 중심의 문제 해결에 초점을 맞추었다는 점이다. 6시그마 혁신 방법론에서 빠짐없이 추진되어야 할 전체 로드맵은 'R-D-M-A-I-C-S-I'라는 8단계 추진 로드맵이다. 하지만 많은 6시그마 방식의 도입에서 이 중 첫 부분과(R) 마지막 부분이(S-I) 훼손된 채로 도입되고 적용되었다.

　6시그마 방식의 가장 큰 강점은 문제에 대한 올바른 인식에서 출발한다는 점이다. 그다음에야 비로소 문제를 해결하기 위한 활동을 하게 된다. 그래서 첫 단계(Recognize-Define)는 매우 중요하다. 특히 문제의 인식(R단계: Recognize)은 가장 먼저 선행되어야 할 요소다.

　그리고 또 하나의 강점은 성과를 온전히 유지할 수 있는 시스템적 체계를 갖추는 것이다. 따라서 문제를 해결한 후의 성과관리와 이의 마무리(Control-Standardize-Integrate) 역시 매우 중요한 단계다. 올바른 마무리를 통해 프로젝트 성과가 기업 전체(전사)의 경영 성과에 통합되고, 나아가 지식관리 체계를 구성하기 때문이다.

　하지만 아쉽게도 많은 도입 사례에서 6시그마 방식은 문제 해결을 위한 본격적인 실행 단계(M-A-I-C)를 중심으로만 이해되었다.

그 영향으로 가장 첫 부분인 문제의 인식(R)과 마무리 단계인 성과의 표준화와 통합화(S-I) 단계를 어설프게 적용하거나 빠뜨렸다. 이렇듯 불완전한 로드맵은 특별한 저항 없이 구축되었고 복사(複寫)되었다.

물론 Define 단계에서 어느 정도 문제의 인식(Recognize)을, 그리고 Control 단계에서 표준화와 통합화(S-I)를 포함하여 운영할 수는 있다. 그러나 이 8단계 전체를 충분히 반영하지 못한 로드맵으로는 형식적으로 추진될 수밖에 없었고, 이는 충분한 성과를 내기 어렵다. 아는 것만큼 보이기 마련인데, 완전체로서의 전체 로드맵을 강조하지 않은 탓에 일부가 누락(漏落)된 로드맵이 오히려 당연한 것처럼 받아들여졌다. 이러한 아이러니는 아직도 이어지고 있어서 아쉽다.

두 번째로 원칙에서 벗어난 부분은 핵심 역량의 훈련과 교육에서 블랙 벨트(BB) 위주로 치우친 점이다. 전원 참여를 통한 전체 최적화 추구를 위해서는 사원 육성이 매우 중요하다. 하지만 프로젝트를 수행할 리더로서 블랙 벨트(BB)의 역할은 강조됐지만, 상대적으로 다른 벨트와 전 사원 육성 체계는 외면받았다.

6시그마 방식이 실제 운영되는 현장에서 가장 중요한 활동은 프로젝트의 추진이다. 그리고 프로젝트 추진 관점에서 가장 기본은 프로젝트의 선정과 이를 추진할 프로젝트 구성원이다. 이는 아무리 중요하고 필요한 프로젝트라 하더라도, 훈련받고 검증된 프로젝트 추진자를 갖추지 못하면 목표한 성과를 달성하기 어렵기 때문이다. 그래서 챔피언은 프로젝트의 선정도 중요하지만, 프로젝트에 투입할 핵심 인력(벨트)의 선발과 육성에 더욱 정성을 기울여야 한다.

프로젝트 추진 구성원에 대해 특별한 자질과 자격을 요구하는 것은 다른 혁신 방법론과 차별화되는 6시그마 방식의 독특한 형태다. 6시그마 방식은 프로젝트 추진자인 벨트에 대해서도 엄격하게 기준을 지킬 것을 요구한다. 그리고 각각의 벨트가 가져야 할 자격 요건과 수행하여야 할 임무는 매우 구체적이고 상세하다. 이 모든 벨트가 각자의 역량을 발휘할 때 최고의 성과와 혁신이 완성될 수 있다.

많은 비평가가 지적하는 것처럼 외형만 화려하고 실속은 없다는 비아냥은 벨트 체계의 운영에서도 드러난다. 대부분의 6시그마 도입 기업에서는 BB를 중심으로 인력을 육성하고 훈련하였다. 물론 초기에는 프로젝트 추진 리더인 BB를 확보하기 위해 많은 시간과 자원 투자가 불가피했다. 왜냐하면 6시그마 방식에서는 프로젝트 추진 리더인 BB의 역할이 프로젝트의 성공 여부를 좌우할 정도로 핵심적이기 때문이다.

하지만 BB에만 집중함으로써 다른 벨트, 특히 GB를 홀대한 것은 6시그마 방식의 강점인 강력한 벨트 체계의 구축 기회를 놓쳤다. 이는 프로젝트 실무를 수행하는 GB의 역할에 대한 중요성을 지나치게 경시하는 잘못된 정책으로 이어졌다. GB의 수준을 단순하고 기본적인 도구 활용이 가능한 정도로 눈높이를 낮춘 것이다.

이런 왜곡된 벨트 육성 전략은 필수 벨트의(인력) 확보와 훈련에서 GB 기능을 지나치게 홀대하여, 균형 잡힌 벨트 구성을 어렵게 하였다. 이러한 벨트 자원의 불균형은 단계적 사원 육성이라는 6시그마의 핵심 가치와도 배치된다. 그리고 궁극적인 6시그마 문화 구축에도 큰 장애 요인이 되었다. 심지어는 1인(BB) 프로젝트 추진이라는 기형까지 전락함으로써, 형식적인 흉내 내기 식의 추진으로 이어졌다.

결과적으로, 6시그마 방식 도입 기업에는 BB만 잘 선발하여 육성하면 모든 것이 다 준비되었다는 잘못된 신호를 주게 되었다. 이는 도입 당시에만 문제가 된 것이 아니라, 6시그마 프로젝트를 추진할 때마다 두고두고 걸림돌이 되었다. 안타깝게도 이에 대한 오해와 잘못된 인식은 아직도 바로잡히지 않았다.

6시그마 방식은 당면한 문제 해결에만 초점을 맞추지 않는다. 나아가 지속적인 혁신 추진과 사원 육성을 통한 지식관리 및 6시그마 문화의 완성까지를 목표로 한다. 그래서 6시그마 혁신 방법론은 장기 전략이어야 한다.

하지만 많은 6시그마 추진 기업은 벨트 육성의 초점을 BB에만 집중하고 GB의 육성은 소홀히 했다. 이는 문제 상황에 대한 응급 해결 중심의 대증(對症) 처방인 초단기 전략과 같다. 설령 이 전략을 적용한다고 하더라도 최대한 짧게 운영 후, 원래 방향으로 회귀해야 한다. 이러한 방향 전환이 이루어지지 않으면 문제는 재발할 수밖에 없다. 이제는 GB의 훈련과 육성에도 정성을 쏟아야 한다.

이처럼 불완전한 6시그마 방식의 적용이 지속되면 여러 왜곡된 상황을 자초하게 된다. 예를 들면 6시그마 방식이 성공적으로 정착하였는지 평가할 때, 육성된 BB와 MBB의 수(數)만을 척도로 사용하는 평가 방식이다. 혁신의 도입 초기에는 당면 문제 해결을 위해 프로젝트 추진 리더인 BB의 수가 중요할 수도 있다. 하지만, 궁극적 목표는 문제 해결 방법론이 체계화되고 조직 전체에 문화로 자리 잡는 것이다. 그래서 BB 이상으로 GB도 적극적으로 육성해야 한다.

품질의 역사도 처음에는 부서 중심의 QC와 QA 운영에서 TQC, TQM으로 진화하였다. 초기의 전략과 중장기 전략은 달라야 하고, 목표도 같을 수 없다. 6시그마 장기 전략에서 BB만으로는 체계가 완성될 수 없다. TQC(CWQC)나 TQM 전략과 같이, 전체 최적을 구현하기 위한 전원 참여의 방침이 필요하다. 이 전원 참여의 방침을 전개하기 위해서는 6시그마 실무자 벨트인 GB의 육성에 더욱 초점을 맞추어야 한다. BB도 위에서 뚝 떨어지듯이 외부(컨설팅, 교육, 훈련)의 도움만으로 구성할 것이 아니라, GB를 거쳐 체계적으로 육성하는 것이 바람직하다.

어떤 전략이나 기술도 실행할 때 원칙을 지키기는 어렵고, 이에 비해 흉내 내기는 쉽다. 특히 새롭거나 어려운 전략을 도입할 때는 이런 유혹에 빠지는 경우가 많다. 6시그마 방식은 반드시 지켜야 하는 부분이 많은, 경직된 시스템으로 평가될 수도 있다. 하지만 그 본질의 탁월성을 인정한다면 어렵더라도 지켜야 할 원칙은 제대로 지켜야 한다. 그래야만 기대한 효과를 거둘 수 있다. 지나친 조바심은 흉내 내기 식의 6시그마 도입을 부채질할 뿐이다.

산이 높으면 골도 깊다

혁신 방법론으로서 6시그마 방식에 대한 평가는 다양하다. 긍정과 부정 의견 역시 여러 면에서 교차한다. 종합적인 평가로는 긍정

효과가 절대적으로 많다. 다만, 도입 과정에 대한 평가와 도입 이후 얼마나 성공적인 경험을 이끌었는가에 대한 평가에는 여러 부정 의견도 존재한다.

공통적인 긍정 평가에는 강력한 로드맵과 기존의 다른 혁신 방식에는 없었던 독특함에 대한 매력을 꼽을 수 있다. 고객 중심, 부단 추진, 전체 최적, 사원 육성의 네 가지 핵심 가치는 20세기 말 경영 혁신 현장의 키워드가 되었다. 이런 긍정적 후광에 힘입어 6시그마 방식은 열병과 같이 세계적으로 퍼져나갔다. 그 과정에서 특히 6시그마 방식의 도입 속도와 이 혁신 방법론에 대한 기업 최고 경영자의 지원은 상상을 초월하는 수준이었다. 이는 부인할 수 없는 시대적 증거로 남아 있다.

이런 초강력 흡인력에도 불구하고, 21세기를 지나면서 6시그마 방식은 도입과 적용에서 모두 정체를 맞고 있다. 그리고 그 정체의 기간은 길어지고 있다. 이제는 정체를 넘어 퇴조로 보는 시각도 만만치 않다. 산이 높으면 그만큼 골도 깊은 것처럼, 급격하였던 확장세도 현재 뚜렷한 정체와 퇴조의 흐름에 놓인 것 역시 무시하지 못할 현실이다.

다만, 현재와 같은 상황만으로 6시그마 방식이 더 이상 효과가 없다거나 지나간 방법론이어서 불필요하다고 평가하기는 어렵다. 왜냐하면 품질 경쟁력 혁신은 스마트 신기술에 대한 적용과 기존 혁신 방식에 대한 피로감 해소라는 복합적인 원인을 안고 있기 때문이다. 또한 현재 상황은 폭발적으로 진화하고 있는 4차 산업혁명 시대를 바탕으로 한 완전히 새로운 국면에 서 있어서, 6시그마 방식 역시 변화의 기점에 서 있다.

현재 상황에 대한 진단은 객관적이고 철저해야 한다. 하지만 기술과 경제 상황의 변화가 극심한 상황이어서 '왜?'라는 질문에 대한 답을 찾아나가는 과정이 쉽지만은 않다. 명확하지 않은 근거나 비평으로 본질을 흐리는 평가 역시 바람직하지 않다. 또한 평가를 위한 판단에서 선입견과 왜곡이 개입되지 않도록 해야 하고, 객관적인 평가가 되도록 명확한 근거를 바탕으로 해야 한다.

아직 6시그마 방식의 적용은 소멸한 것이 아니라 진행형인 상태다. 그래서 더욱 이런 진단과 평가는 조심스럽다. 다음 항목에서는 6시그마 방식의 도입 단계별로 자세한 설명과 함께 기존의 적용에 대해 진단하도록 한다. 그리고 이번 항목에서는 왜 골이 깊게 느껴지는지를 간단하게 살펴보기로 하자.

여느 혁신 방법론에서도 생성과 발전, 그리고 정체, 침체, 소멸에 이르는 흐름은 자연스럽다. 이에 반해 6시그마 방식에 대해서는 유독 정체와 침체를 크고 깊게 받아들인다는 지적도 있다. 하지만 세밀하게 따져보면, 골이 깊은 것은 다 그만한 이유가 있는 법이다. 이에 대한 현시점에서의 적확한 진단은 새로운 도약으로 이어질 수도, 또는 지속적인 정체와 침체를 거쳐 소멸로 흐를 수도 있는 갈림길에서 매우 중요한 판단 기준이 될 것이다.

현재 깊은 골의 중요한 원인은 혁신 도입의 '관성(inertia)'으로 설명할 수 있다. 경영 혁신 방법론의 도입에서 '관성'이란 따라 하기 또는 흉내 내기와 비슷한 의미다. 나의 문제에 대한 해결을 경험으로 판단하는 것이 아니라, 남의 문제 해결을 보면서 도입과 적용을 결정하는 현상을 말한다. 이 관성을 구조적으로 설명하면 다음과 같이 쉽게 설명할 수 있다.

혁신 방법론의 창안은 당면한 문제를 획기적인 해결책으로 해소한 경험이 바탕이 되고, 이 성공 경험에 구조와 체계를 갖추는 것으로 시작한다. 이러한 성공 사례는 객관적이기보다는 극적인 상황으로 다듬어지기 때문에, 이를 통해 나의 문제도 해결될 수 있다는 기대감으로 이어진다. 기대가 과도할 경우 환상으로 빠질 수도 있지만, 대부분은 객관성을 갖춤으로써 환상으로의 비약은 차단된다. 그리고 성공하리라는 충만한 기대감은 칭찬과 따라 하기로 이어지고, 그 흐름은 나만 빠질 수 없다는 조바심으로 연결되는 것이다.

경영 혁신은 당면한 문제를 반드시 해결해야 하는 위기감으로부터 출발하는 것이어서, 혁신 추진 과정에서의 '관성'적 도입은 특별한 사례가 아니라 일반적인 현상이다. 관성(inertia)의 어원은 '게으르다, 쉬다'의 뜻을 가진 라틴어 'iners'다. 이런 의미에서 경영 혁신의 관성적 도입과 추진은 적극적 의미의 '유행'이라기보다는 절박함을 담은 '느슨한 게으름'을 의미한다. 즉, 빡빡하게 따지지 않고 슬쩍 편승하는 것이다.

경영 혁신의 관성적 도입은 최고 경영자의 결단이라는 형식으로 용인되었다. 그리고 결단에 의한 도입은 성공 또는 실패의 체계적인 진단을 피하게 되어, 평가의 사각지대(死角地帶)가 되었다. 철저한 분석과 예측을 통해 도입해야 할 혁신 방법론의 도입이 관성에 의해 진행되는 것도 바람직하지 않지만, 이에 따라 사후 평가가 부실해지거나 생략되는 것은 더욱 나쁜 관행을 남긴다.

이러한 관행(慣行)은 실패한 혁신 방식을 특별한 평가 없이 자연스럽게 도태시키는 결과로 이어진다. 매우 부정적인 경험만 아니라면 슬쩍 묻어두고 가는 것이다. 이는 사회 진화에 도움이 되지도 않고, 오히려 걸림돌이 된다. 안타깝게도 6시그마 방식도 이 관성을 극복하지 못한 채로 창안되고 확산되었다.

6시그마 혁신 방식이 빠른 속도로 확산된 것은 장점이 많고 인상적이었다는 점에 기인한 바가 크다. 하지만 관성에 의한 도입일 경우에는 도입과 추진 과정에서 객관적인 평가를 하지 않고 다른 성공 사례만을 일방적으로 모방하는 경우가 많았다. 이 경우, 도입 이후의 중간 평가와 이에 따른 방향 수정을 어렵게 하여 혁신의 실패로 이어지게 되는 단초가 되기도 한다. 이는 높은 산 이후 깊은 골이 형성된 주된 원인이 되었다. 기대가 크면 실패에 따른 실망도 큰 법이다. 이제라도 근거를 바탕으로 객관적인 진단과 평가가 철저하게 진행되어야 한다.

약으로 쓰는 실패의 교훈

6시그마 혁신 방법론을 종합적으로 평가하기 위해서는 탄생에서부터 종착까지, 즉 도입과 촉진, 적용 그리고 평가와 후속 조치의 단계를 세밀하게 확인해야 한다. 왜냐하면 다른 혁신 방법론과는 달리, 그 태생과 적용 방식이 이전의 것과는 차이가 크기 때문이다. 6시그마 방식은 기존의 혁신 체계나 운영 방식과는 완전히 다른, 새로운 혁신 생태계를 창출했다.

6시그마 방식은 현재도 진화가 진행 중이며, 재정비를 위해 진단과 평가가 필요하다. 평가 결과로 나타난 실패와 부족함에 대한 지적은 겸허하게 받아들이고, 이를 보완하거나 새로운 형태로 변경하여야 한다. 여러 지적과 비평은 불편할 수 있다. 하지만 약(藥)으로 사용하면 장기적으로는 긍정적으로 작용한다. 지금이 바로 이러한 지적(指摘)을 교훈으로 삼아 6시그마 방식도 재정비를 통해 변화해야 할 때다.

먼저 '도입(launching)'에 대한 평가부터 시작하자. 혁신 방법론의 도입을 단순히 소개받고(설명을 듣고) 추진을 결정하는 정도로 쉽게 이해해서는 안 된다. 혁신 추진에서의 도입은 그 자체로 이미 전사적인 크고 넓은 범위로의 적용을 예고하기 때문이다. 그렇기에 도입부터 치밀한 전략과 사전 준비가 선행되어야 한다.

우리의 6시그마 방식 도입은 어떠했는가? 다분히 형식적이었고, 심지어 충동적이기도 했다는 반성에 이를 수밖에 없다. 얼마나 본질에 철저하였는지 살펴보아야 한다. 많은 기업의 6시그마 방식 도입 사례를 보면, 이를 충분히 그리고 철저하게 이해하지 못한 상태에서 도입 의지만을 앞세워 추진하였다. 그 결과로 핵심 내용과 추진 방법을 명확히 인식하지도 못한 채 진행되었고, 목적과 수단이 앞뒤가 전도(顚倒)된 경우도 많았다.

혁신 추진은 최고 경영자의 결단이다. 시작이 반이라는 격언이 있듯이, 혁신 추진에서도 방법론의 선정과 도입 결정은 매우 중요하다. 특히 6시그마 방식은 도입 단계부터 최고 경영진을 비롯한 조직 수뇌부의 전폭적인 지지가 수반되어야 한다. 6시그마 방식의 추진 목적이 조직의 위기 해결과 경쟁력을 확보하는 것이므로, 이는 당연히 최고 경영자의 당면 과제이기도 하기 때문이다.

다음으로 혁신 추진에서는 도입 선언을 했더라도 방치하는 것이 아니라 적극적인 촉진(promotion)이 필요하다. 아무리 최고 경영자의 의지가 투철하여도, 도입 의지에 이은 촉진 노력이 부족하면 추진에 동력을 잃게 된다. 6시그마 방식은 이전의 방식과 차이가 크므로, 이 촉진 활동에는 새로운 제도와 지원 조직, 그리고 성과를 내기 위한 도구들의 준비가 필요하다.

하지만 우리의 6시그마 혁신 도입에서 아쉬운 점은 이 촉진 활동에 적극적이지 않았다는 점이다. 어떤 조직도 갑자기 큰 변화를 쉽게 이루어낼 수는 없다. 6시그마 방식은 초기에 많은 지원을 받았지만, 본질을 등한시한 채로 도입과 적용에만 서둘렀기 때문에 온전한 개화(開花)와 정착(定着)이 지연되었다.

심지어 6시그마 방식의 핵심 의사결정 벨트인 챔피언(champion)조차도 제대로 선정하지 않은 채 혁신 추진을 시작하기도 한 사례가 많았다. 이는 개문발차(開門發車)와 다름없어서, 온전하지 않은 미완의 혁신 추진을 예고하였다. 이와 같은 미성숙한 준비는 예견된 사고로 이어질 수밖에 없었다.

이러한 사례의 대표적인 것으로는 사내 전문가의 육성보다는 외부의 힘만으로 6시그마 방식을 완료시키려는 과욕, 혁신지원 조직의 부재 또는 방치라는 안일함, 그리고 성과 평가에 대한 무대응이라는 무관심을 들 수 있다. 이들은 결국 6시그마 교육 체계의 부실과 6시그마 성과의 통합과 지속 운영의 실패로 이어졌다.

이와 같은 미숙한 도입은 모양에만 치중한 벨트 운영과 형식적인 프로젝트 추진과 같이, 감당하기 어려운 내부의 저항까지 연결되었다. 잘못된 6시그마 방식의 도입은 도중에 다시 되돌이키기가 매우 어렵다. 잘못된 적용을 분석해서 제대로 알기도 전에, 조직 분위기는 이미 저항감을 안고 변화를 거부하는 쪽으로 강화되기 때문이다.

그렇다고 모든 촉진 활동을 반드시 실행해야 한다거나, 항상 최고 경영자가 관여해야 한다는 것은 아니다. 하지만 도입과 촉진만큼은 최고 경영자가 적극적으로 개입하여 준비하고, 선언하고, 챙겨야 한다. 이런 의미에서 6시그마 방식은 top-down 시스템을 중요한 의사결정 구조로 하고 있음은 당연하다.

6시그마 방식의 혁신 방법론은 벨트 체계를 통해 '사원 육성'이라는 핵심 가치 실현을 위한 방침을 전개한다. 그 중심에서 챔피언과 GB를 빼고 벨트 체계를 말할 수는 없다. 물론 BB도 중요하지만, 혁신 방법론 도입 시 가장 먼저 중요하게 다루어야 할 벨트는 챔피언 벨트이고, GB 역시 중요한 육성 자원임을 잊어서는 안 된다.

6시그마 방식의 도입과 촉진에서 가장 중요한 역할을 담당하는 벨트는 챔피언이다. 하지만 BB와 GB에 관한 관심과 중요도보다 챔피언에 대한 준비와 활용은 매우 미흡하였다. 여러 6시그마 추진 사례를 보면, 챔피언 벨트의 존재 이유와 활용 방법조차 모르는 경우가 많았다. 챔피언 벨트에 관해서는 설명의 기회가 충분치 않았기에, 뒤에서 자세하게 그 권한과 책임에 대해 설명한다.

챔피언 벨트는 Deployment Champion(운영총괄 챔피언)과 Project Champion Belt(프로젝트를 총괄하여 운영)로 나뉜다. 특히 6시그마 혁신 방법론의 도입과 적용, 그리고 정착을 총괄하여 운영하는 책임 경영자가 중요하다. 이를 수행하는 챔피언이 총괄 챔피언이다.

6시그마 방식을 경험한 사람들에게 익숙한 것은 프로젝트 챔피언이다. 많은 경우 챔피언을 프로젝트 챔피언만으로 인식했기 때문이다. 프로젝트 챔피언은 총괄 챔피언과 겸할 수는 있지만, 이 둘은 구분되어야 한다. 프로젝트 챔피언은 자신이 맡은 프로젝트에 대해서만 책임을 지는데 반해, 전사의 6시그마 혁신에 대한 총체적인 운영 권한과 책임은 (운영)총괄 챔피언이 갖기 때문이다.

특히 도입 단계에서는 이 둘을 확실하게 구분하는 것이 바람직하다. 그렇지 않을 경우 벨트 전체의 구성이 체계를 잃게 될 우려가 있기 때문이다. 총괄 챔피언(Deployment-C)은 최고 경영자의 지시 또는 회사의 중요한 전략을 전개하는 형태로 6시그마 방식의 도입과 운영을 책임지는 최고위(最高位) 자격이다. 따라서 프로젝트 챔피언 역시 총괄 챔피언에 의해 임명되고 권한과 책임이 조정될 수 있다.

총괄 챔피언 포지션은 최고 경영자로부터 위임받으며, 도입을 위한 조직 구성과 자원 할당 및 운영 체계 전반에 대해 권한과 책임을 진다. 6시그마 방식 도입 시 사무국 조직의 구축과 핵심 역량인 벨트 자원의 육성은 총괄 챔피언의 중요한 임무다. 프로젝트 챔피언 역시 체계로 보면 총괄 챔피언으로부터 임명된다. 다만, 실제 운영에서는 조직별 책임자인 경영진(任員)을 프로젝트 챔피언으로 할당하는 형식을 많이 사용한다.

이는 기존에 없던 체계이다 보니, 많은 6시그마 적용 기업에서조차 챔피언을 개념적으로만 두루뭉술하게 인식하였다. 챔피언 벨트를 운영한다고 해도 대부분이 흉내 내기 식이어서, 총괄 챔피언과 프로젝트 챔피언의 역할을 구분하지도 않았다. 그 탓으로 6시그마 혁신의 도입과 적용, 정착의 임무는 누구에게도 권한과 책임이 부여되지 않은 채 출발할 수밖에 없었다.

챔피언 벨트에 대한 무지와 몰이해는 6시그마 혁신의 도입이라는 선언과 구호만 난무하였지 이를 구체적으로 지휘하고 책임지는 주체는 없는 미완성 상태를 벗어나지 못하였다. 이는 결과적으로 6시그마 방식이 종합적인 완전체로서 온전한 뿌리를 형성하지 못하게 하였다. 이제부터라도 챔피언의 본질과 중요성, 임무, 그리고 활용에 대해 재평가하여 보완해야 한다.

다음으로는 6시그마 방식의 적용에 대한 인식이다. 지금까지 알려진 6시그마 방식에 대한 인식은 6시그마 혁신 로드맵 및 혁신 기법의 적용(운영)과 관련한 내용이었다. 이는 프로젝트 추진 로드맵과 혁신 기법이 새롭고 다양하여 6시그마 방식이 기존의 혁신 방법과 비교하여 차별화되는 핵심 부분이기 때문이다. 특히 6시그마 방식의 핵심은 성과 목표의 달성이고, 그 모습은 프로젝트의 추진을 통해서만 실현된다. 이는 다른 경영 혁신 방식에서도 같지만, 프로젝트의 추진에 집중하지 않는 것은 성과 달성으로의 집중을 방해한다.

기존 경영 혁신 운영에서는 통계가 수반되는 혁신 기법을 일부 전문가들만 사용하는 특별한 도구로 인식했다. 하지만 6시그마 방식에서는 통계를 일부 전문가가 아니라 벨트별로 필요한 교육과 훈련을 받은 전 직원이 활용할 수 있게 했다. 그리고 이를 프로젝트 추진에 적극적으로 활용함으로써 혁신 기법의 활용이 보편화되었으며, 이는 사원 육성 방침에도 크게 이바지했다.

혁신 기법 중 통계 적용이 일반화된 이유는 6시그마 프로젝트 추진 로드맵 운영에서 통계가 강조되었기 때문이다. 그리고 이를 교육하고 훈련하는 과정도 전문성 중심에서 알기 쉬운 통계, 적용하기 편한 통계로 변했다. 이에 따라 품질 운영의 바탕을 이루는 공학 계열의 수학과 통계에 대한 접근성은 기존보다 대폭 개선되었다. 여기에는 6시그마 컨설팅 기관의 통계 교육 확대와 함께 미니탭(MINITAB)이라는 공학 통계 소프트웨어의 역할도 컸다.

직관과 경험에 의한 문제 해결에서 벗어나, 과학적이고 통계적인 방법을 통해 성과에 접근하는 것은 매우 강력한 인상을 주었다. 이는 경영자가 문제 해결 과정으로서의 프로젝트 추진을 신뢰하는 데 큰 이점이 되었다. 하지만 이 또한 과유불급! 프로젝트 추진을 위해 과학적이고 통계적인 방법을 적극적으로 활용한 것은 강점이지만, 통계만을 지나치게 강조한 것은 오히려 큰 부담이 되었다.

심지어는 굳이 통계가 필요 없는 부분까지도 통계를 끌어들여 꿰맞추는 형식의 억지 프로젝트 추진도 발생하였다. 무언가 보여주기 위해서 프로젝트를 추진하게 되고, 이는 결국 형식적인 6시그마 추진이라는 비판에 직면하게 되었다. 결과적으로 통계의 남발은 통계를 활용하여 문제 해결을 보편화할 수 있다는 장점마저 상쇄시킴으로써, 6시그마 방식의 확산과 진화(進化)에 장애가 되었다.

6시그마 방식의 운영 측면에서는 6시그마 로드맵을 적용한 '6시그마 프로젝트' 추진이 핵심이 된다. 특히 문제 해결을 위한 프로젝트도 그 특성에 맞게 일반적인 프로젝트와 6시그마 프로젝트로 구분하여 실행해야 한다. 왜냐하면 6시그마 방식의 프로젝트는 추진 대상도 기존 프로젝트와는 다르고, 전문적인 기법 적용도 상당한 수준(경직될 정도로) 엄격한 운영을 요구하기 때문이다.

6시그마 방식은 적당히 알아서 하는 방식이 아니다. 문제 해결을 위해 주어진 혁신 기법을 올바른 로드맵으로 적용해야만 목표한 성과를 얻을 수 있다. 그래서 6시그마 프로젝트는 해결 방법이 매우 정교하고 까다롭다. 6시그마 방식이 요구하는 특성과 절차에 집중하지 않으면, 경험과 직관에 의한 프로젝트 추진이라는 과거의 관성적인 경험에서 벗어날 수 없으므로 매우 주의해야 한다.

6시그마 프로젝트는 발굴과 선정부터 기존의 방식과는 달라야 한다. 프로젝트를 발굴하고 선정할 때, 쉽거나 일반적인 문제를 대상으로 해서는 안 된다. 이런 문제의 해결은 훈련을 받지 않아도 누구든 처리할 수 있기 때문이다. 만성적인 문제여서 쉽게 해결이 안 되는 과제나 긴급하고 중요한 과제를 6시그마 프로젝트로 선정하여 추진해야 한다. 그렇지 않으면 투입된 자원 대비 효과가 낮아서 비효율적인 운영이 될 수밖에 없다. 6시그마 운영 자원을 육성하기 위해서는 기간과 비용 측면에서 많은 투자가 불가피하기 때문이다.

하지만 우리의 경험에서는 6시그마 방식에 대한 충분한 이해를 갖추지 못한 상태에서 급하게 도입하여 원칙과 다른 적용이 많았다. 그 결과로 6시그마 방식은 도입하였지만, 프로젝트 선정과 추진은 기존의 운영 방식과 같아서 문제가 되었다. 쉽고 간단하게 해결할 수 있는 문제를 거꾸로 복잡하게 해결한다는 비판은 매우 안타깝다. 이는 형식적이거나 비효율적이며 보여주기 식이라는 지적과도 맞물려 있다. 6시그마 방식에 대한 몰이해로 추진한 프로젝트로 인해서, 오히려 6시그마 방식 자체가 오해받게 된 것이다. 6시그마 로드맵과 6시그마 프로젝트 추진에 필요한 다양한 혁신 기법에 대한 특이점은 뒤의 「7. 6시그마 도입, 이렇게 준비하라」에서 구체적인 항목으로 나누어 자세하게 설명한다.

마지막으로 살펴보아야 할 부분은 6시그마 프로젝트 추진 이후의 평가와 후속 조치다. 6시그마 방식을 완전체로 파악하기 위해서는 도입 시점의 특징과 프로젝트를 추진하기 위한 준비 및 기법을 살펴보는 것만으로는 충분하지 않다. 프로젝트 추진 성과를 지속해서 유지하고 관리하며, 이를 표준화하고 전사 경영 성과에 통합시켜야 한다.

이를 마이클 해리는 6시그마 8단계인 R-D-M-A-I-C-S-I 로드맵에서 C-S-I(Control-Standardize-Integrate)로 구분하였다. 보통의 6시그마 추진에서는 Control 단계의 세 가지 관점을 합쳐서 하나의 단계(C)로만 진행하기도 하였다. 하지만 6시그마 프로젝트의 관리 단계에서 제도화로 일컬어지는 표준화와 통합화 단계를 함께 다루기는 쉽지 않다. 그래서 이 세 단계는 구분하여 추진하는 것이 효과적이다.

마지막 운영 단계인 이 제도화 단계는 전사 지식관리(knowledge management) 차원에서 최고 경영자의 지원을 받아 추진하는 것이 바람직하다. 프로젝트를 마무리하는 정도로 가볍게 인식해서는 통합 효과를 얻기 힘들다. 프로젝트의 종료 이후에도 요구된 절차를 준수하여, 6시그마 방식의 핵심 가치들이 모두 잘 발휘되고 정착되도록 해야 한다.

6시그마 혁신의 시작을 도입 선언부터라고 한다면, 마무리는 당연히 6시그마 체계의 완성이다. 단순히 문제 해결 기법을 도입한 것으로 만족해서는 부족하다. 전체 과정과 핵심 역량을 깊이 있게 이해하기 위해 노력해야 한다. 아쉽지만 많은 기업은 이에 대해 충분한 이해가 부족한 채로 6시그마 방식의 혁신 방법론을 도입하고 적용하였다. 그 부작용은 지금의 현실과 같이 6시그마 방식에 대한 저항감으로 표출되었고, 정체로 이어졌다.

필자는 6시그마 방식의 전체를 이해하기 위해 I-T-P-I 로드맵을 제안했다. I-T-P-I 방법론은 대상을 프로젝트 운영에만 국한하지 않는다. 6시그마 방식의 도입과 운영, 실제적인 문제 해결, 그리고 문제 해결 이후의 평가와 제도화 과정 전반을 로드맵으로 제시하였다(I: Insight, T: Trigger, P: Project, I: Institutionalize).

물론 6시그마 방식이 아니라 다른 어떤 혁신 방법론이나 기법이라도 이 I-T-P-I 기준으로 구성할 수 있다. 다만 기존의 혁신 방식들은 문제 해결에만 집중하였다. 즉, 문제 발굴 및 해결과 함께 성과의 지속적 관리와 제도화까지 아우르는 방법론은 지금까지 6시그마 방식밖에 없다. 그래서 I-T-P-I 로드맵은 6시그마 방식에 가장 적합하다. 자세한 내용은 「7. 6시그마 도입, 이렇게 준비하라」에서 다루기로 한다.

5.
4차 산업혁명 시대에 다시 주목받는 6시그마

*

4차 산업혁명 시대가 본격적으로 펼쳐지면서 산업과 경제 및 모든 영역에서 큰 변화가 생겼다. 특히 산업 분야에서는 기존의 제조 중심에서 IT 기반으로 완전히 변모하였다. 이뿐 아니라 인류의 일상생활 역시 4차 산업혁명과 관련된 기술 없이는 영위되지 않을 정도로, 4차 산업혁명을 이끈 신기술이 사회 모든 핵심을 장악하였다.

스마트(smart)라는 용어는 이미 20세기 후반부터 일상화되었지만, 4차 산업혁명을 일컬을 때는 항상 스마트가 따라붙는다. 품질 경쟁력 혁신 역시 신기술을 중심으로 한 스마트 품질을 바탕으로 하여야 한다. 하지만 스마트 품질에 대한 구체적인 전략과 수행 방침에 관해서는 아직 연구가 부족하다.

빠른 변화에 대응해야 생존이 가능한 4차 산업혁명 시대지만 품질의 변화는 더디기만 하여 그 진보(進步)는 뚜렷하게 보이지 않는다. 게다가 품질 위기에 대한 불감증이 품질의 정체를 넘어 혁신의 역행(逆行)으로 비치는 현실은 더욱 안타깝다. 20세기와 21세기를 거치면서 경영 혁신의 주류가 되었던 6시그마 방식도 현재는 정체 현상을 맞고 있다.

이에 더해 4차 산업혁명이라는 큰 변동은 더욱 스마트 품질로의 진보를 요구하고 있다. 이제는 말로만 스마트를 외칠 때가 아니라 진정한 스마트 품질로의 전환이 이루어져야 한다. 그 중심에서 6시그마 방식이 제 역할을 할 때다. 6시그마 방식은 운영 체계와 성과를 인정받았다. 하지만 여기에 머무르지 않고 새로운 기술에 맞는 새로운 혁신 방식으로 거듭나야 한다.

6시그마 방식도 기존의 틀에서만 운영할 수는 없다. 이미 산업 기반이 '스마트화'하였기 때문이다. 스마트 품질에 대한 재정의와 함께 품질 경쟁력 혁신의 핵심 방법론으로 6시그마 방식도 스마트화되어야 한다. 혁신 기법의 일부를 변화하는 정도에서 그치는 것이 아니라 전반적인 운영 프레임이 스마트를 지향해야 한다.

4차 산업혁명은 기존과는 다른 완전히 차별화된 IT 신기술을 바탕으로 한다. 그리고 이 신기술은 산업 전반에 걸쳐 전방위적으로 확산되고 있고, 이에 따라 급속한 산업과 사회 변화를 불러왔다. 아직은 이러한 변화 흐름의 방향과 크기가 유동적이어서 불확실성이 높다. 특히 지금과 같이 미래 불확실성과 이에 따른 위기감이 증가할 때는 혁신에 대한 기대가 더욱 커진다.

예측하기 어려운 미래는 혁신 추진을 위한 강력한 로드맵을 요구한다. 그리고 변화의 폭과 강도가 클수록, top-down의 리더십과 전원 참여에 의한 전체 최적을 이루는 방침 전개가 필요하다. 이러한 요구는 6시그마 방식이 갖춘 독보적인 강점이자 특징이다. 따라서 4차 산업혁명 흐름이 주도하고 있는 현재 상황에서의 위기 극복 대안으로는 6시그마 방식이 가장 적합하다.

이와 같은 새로운 변화 상황에서도 6시그마 방식의 핵심 가치는 그대로 유효하다. 그리고 산업과 사회의 스마트화는 정체되어 있던 6시그마 혁신 방법론을 다시금 주목받게 하는 계기가 되었다. 오히려 정체의 극복을 넘어 활성화를 위한 전화위복으로 삼아야 한다. 이제는 6시그마 방식의 본질과 내용에 대해 바로 알고 정확하게 적용하여, 기존의 시행착오를 다시 겪어서는 안 된다. 지금의 스마트 산업 환경은 6시그마 방식의 진가를 높일 수 있는 최고의 기회이기 때문이다.

최근 6시그마 혁신 방법론의 확산은 정체되어 있다. 그리고 핵심 역량의 개발과 활용에도 어려움을 겪고 있다. 원인에 대한 진단과 함께 새로운 방향으로의 모색도 진행 중이지만, 회복과 개선은 더디고 지엽적인 부분에 집중되었다. 하지만 새로 맞는 4차 산업혁명 시대는 6시그마 혁신 방법론이 거듭날 수 있는 중요한 계기를 제공하였다. 겉만 화려하고 알맹이는 별것 없다는 오명을 씻을 수 있는 절호의 기회가 다가온 것이다.

신기술 중심으로 재편되는 경영 환경

21세기를 정의하는 대표 키워드는 단연 'IT를 기반으로 한 신기술'이라 할 수 있다. 이는 4차 산업혁명을 이끌었다는 뜻에서 '4차 산업혁명 기술'이라고도 불린다. 이름이야 어떻든 이들은 기존의 것과는 확실히 차별화되는 새로운 기술이다. 또한 이 기술은 그 특징을 반영하여 '스마트 신기술'이라고도 일컬어진다. 조금씩은 개념적 차이가 있지만, 대체적으로 21세기 신기술, 4차 산업혁명 기술, 스마트 신기술은 같은 의미를 지닌다.

스마트 신기술이 체계적이고 보편적으로 적용되는 사회를 스마트 사회라고 한다. 이는 단순히 IT 기기의 사용으로 생활의 편리를 제공한다는 소극적 의미에 그치지 않고, 사회의 전반적인 토대가 IT를 바탕으로 구성된다는 적극적인 의미다. 그리고 스마트 사회는 구체적으로 스마트 공장(factory)과 스마트 홈(home), 스마트 시티(city)의 구현을 목표로 한다.

스마트화는 산업과 가정, 사회 활동 전반에 걸친 영역으로서 초지능(超知能), 초연결(超連結), 초융합(超融合)을 지향한다. 그리고 우리 주변에는 이미 상당한 수준의 스마트 사회가 열리고 있다. 스마트 사회는 신기술이 구조화되어 산업 기반을 스마트화시키며, 사회의 저변을 IT 중심으로 변화시킨다. 이는 일찍이 없었던 생활 방식의 변화와 함께 산업 변화를 촉진하고 있다.

이러한 전방위적 스마트화는 경영 환경의 재편을 초래한다. 특히 상상 속에 존재하던 신기술의 현실화는 예상을 초월하는 속도로 생활 방식과 사회 시스템을 재편하고 있다. 이는 기존 제조 산업과 서비스 산업의 미래를 통째로 흔드는 구조의 변혁이라 할 만하다. 굳이 IT 산업이라는 추가적인 산업 개념 없이, IT가 모든 산업의 바탕을 차지하고 직접 개입하는 근본적인 변화가 온 것이다.

인공지능(AI), 빅데이터, 메타버스(metaverse), 드론 등의 IT 신기술은 자동차 자율주행과 첨단 의료 산업 등으로 빠르게 확산하여 정착되고 있다. 그 적용 대상과 부문은 제한이 없다. 도리어 적용하지 않으면 도태될 가능성이 크다. 실생활 역시 빠르지만 조용하게 IT 신기술에 녹아들고 있다. 처음에는 신기하던 모습이 이젠 자연스러운 미래 모습 또는 현실로 자리매김하고 있다. 이러한 현상은 직접적으로 스마트화 대상이 되는 산업뿐만 아니라, 모든 산업 분야로의 적용과 응용을 적극적으로 고려해야 함을 의미한다. 스마트화는 더 이상 선택이 아니라 생존을 위한 필수 전략이 되었기 때문이다.

4차 산업혁명 이전까지는 새로 나온 신기술의 적용에 의한 사회 변동의 영향만으로 경영 환경까지 변화되지는 않았다. 하지만 4차 산업혁명 신기술은 차원이 다른 혁명적인 변화를 초래하였다. 이 지면을 통해 신기술에 대해 모두 설명할 수는 없다. 하지만 사회와 산업의 변화에 대한 이해는 필수적이다. 그리고 이러한 사회 기반의 변동에 따라 경영 방식과 품질 경쟁력 혁신도 반드시 변화하여야 한다.

첫째, 초지능으로 대표되는 스마트 지능은 단순히 IT 기기를 사용하는 정도에서 그치지 않는다. 기계가 사람의 지능을 닮았거나 대체하는 수준으로 진화하고 있다. 아직은 완성이 아니라 진행 중인 기술이어서 의견들이 많다. 어느 정도까지 수용해야 할 것인지에 대해서도 활발하게 논의된다. 기술의 발달이 오히려 인류의 미래에 치명적인 위험이 될지 모르기 때문이다.

인공지능은 그 강도에 따라 보통 ANI, AGI, ASI로 분류한다. 가장 약한 수준인 ANI(협소인공지능, narrow)는 특정 전문 영역에만 적용을 목표로 하는 인공지능이다. AGI(일반인공지능, general)는 대상 영역을 인간의 모든 활동 수준까지 확장한 인공지능이다. ASI(초인공지능, super)는 가장 강한 수준의 인공지능으로서, 인공지능이 스스로 목표를 설정하고 강화하는 단계까지 가능한 인공지능이다.

아직은 머신러닝과 딥러닝을 중심으로 한 ANI가 대부분이지만 앞으로의 기술은 AGI, 나아가 ASI까지 진보할 것임이 틀림없다. 인공지능의 발전을 쉽게 느끼지 못하다가 체감하게 된 계기는 오래되지 않았다. 바둑 AI인 알파고를 통해 성큼 다가선 인공지능을 느낄 수 있었을 뿐이었다. 하지만 일상의 생활과 산업 현장에서도 챗봇, 무인 매장, 질병 진단, 자동차의 ADAS(첨단 운전자 보조 시스템) 기능과 제품 불량 검사 등이 이미 폭넓게 도입되어 활용되고 있다.

신기술은 창의와 창조의 영역에 가까워서 새로운 기능을 창출하는 데 초점이 맞추어진다. 하지만 이전의 신기술이 점진적으로 개발되고 실행되는 데 반해, 스마트 신기술은 완전히 새로운 기술의 도약으로 완성된다. 그래서 관리가 어렵고, 특히 품질관리에서의 불완전한 준비와 미숙함은 큰 위험으로 다가온다. 그 어느 때보다 예상하지 못한 미래의 위험은 크지만, 아쉽게도 스마트 지능에 대한 품질은 아직 구체적인 대비가 많지 않은 것 역시 오늘의 현실이다.

둘째로, 초연결은 앞으로 모든 관계의 설정이 인간(사람) 중심으로만 작동되지 않는다. 이미 인터넷을 통해서 사람과 사람, 사람과 사물이 연결되고 있고 나아가 사물과 사물 간의 관계로 확장될 것이다. 우리가 알지 못하는 순간에도 우리 주변에는 많은 연결을 통해서 실생활이 전개된다. 앞으로의 사회는 스마트화된 지능과 함께 모든 관계가 재설정되고 연결될 것이다.

이는 특정한 시간과 공간에서의 연결의 의미를 초월한다. 모든 장소, 어떤 시간에도 연결은 거의 무한대로 작동할 것이다. 이는 막

대한 데이터의 생산과 가공을 통해 작동되므로, 이와 관련한 데이터 관련 산업들이 주목받고 있다. 그 결과로 유비쿼터스 환경이 구현된다. 게다가 이러한 상황은 특정 환경에서만 국한된 것이 아니라 우리 실생활에서 언제, 어디에서든 항상 작동되는 것이기에 강건한 품질관리 체계의 구축이 필수적이다.

마지막으로 스마트화는 초융합을 통해 인류에게 생각지도 못했던 혜택을 누리게 할 것이다. 이미 많은 기술의 결합을 통해 과거에는 불가능했던 것들이 현실화되는 초융합의 시대를 맞고 있다. 대표적으로 스마트 시티와 스마트 헬스케어를 들 수 있다. 이러한 새로운 기술은 산업을 통해 구현되고, 디지털, 물리, 생물의 범주를 넘나들면서 융합하며 진보할 것이다.

이런 기술의 진보가 인류의 미래를 새롭게 바꿀 것이다. 그렇다면 우리의 기술 진보와 산업 변화에 대한 대응은 충분한 것인가? 신기술은 이미 대세이자 현실이 되었지만, 이를 관리하고 운영하는 부분에서는 아직 초보를 벗어나지 못하고 있다. 심지어는 위험에 대한 자각조차 없는 부분도 많다. 지나치게 앞서간 인공지능의 발달에 따른 폐해와 자동차 자율주행을 통해 보여주는 위험만이 가시적인 증거일 뿐이다.

이렇듯 인류의 미래를 책임질 신기술의 탄생과 진보에 따라 산업 발전과 경영 환경은 적응할 수밖에 없다. 그리고 이를 온전하게 지탱할 수 있으려면 품질이 뒷받침되어야 한다. 하지만 아직도 품질은 '해야만 한다'라는 당위의 수준에 그치고 있고, 실제적인 준비와 대응은 거의 없다. 현시점에서의 정체는 흐르는 배의 흐름과 같다. 부진즉퇴(不進即退), 즉 강물 위에 흐르는 배와 같아서 나아가지 못하면 뒤로 물러나는 것과 같다.

초지능, 초연결, 그리고 초융합된 스마트 사회에서의 품질에 대해 이제부터라도 집중하여 준비해야 한다. 이를 위해 품질 혁신 플랫폼을 신기술에 맞게 재정비하고, 운영 체계를 갖추어야 한다. 기존의 품질 체계에서 한 차원 업그레이드하는 것으로는 부족하다. 새 술은 새 부대에 담아야 하듯이 새로운 스마트 기술 시대에 적합한 품질기획과 품질관리, 그리고 품질 혁신의 틀을 새로 구상해야 할 때다.

기술 혁명 시대에서 추격자의 비애

상징적이고 대표성을 띤 표현은 많지만, 21세기는 기술 혁명의 시대로 요약할 수 있다. 그만큼 신기술이 인류에 미친 영향이 크기 때문이다. 기술의 도움 없이 개개인의 고유한 지능과 감성만으로 현세대를 살아가기는 더욱 힘들어지고 있다. 물론 예술과 문화 분야는 아직 기술의 지원이 덜한 영역으로 존재한다. 하지만 이러한 영역에서도 언젠가는 기술과의 협업을 통해 더 나은 모습의 결과를 창출할 것임은 충분히 예상할 수 있다.

이제는 거의 모든 영역에서 기술의 도움 없이는 활동이 제약된다. 특히 금세기 들어 IT 신기술은 강력한 시너지를 발산하고 있다. 생활과 일 그리고 공적 서비스 영역에 이르기까지 신기술은 급속하게 확장하고 있어, 인류 생활의 많은 모습이 바뀌고 있고 그 변화는 현재 진행형이다.

앞으로의 모습은 어떠할까? 미래학자들의 견해를 빌리지 않더라도 기술이 미래를 지배할 것임은 자명하다. 반면 아직 그 나아갈 방향이 명확하게 정의되지 않은 것도 사실이다. 어쩌면 윤곽만 드러낸 채, 불확실한 미래를 향해 과속하고 있는지도 모른다. 이런 우려는 여러 곳에서 드러나고 있다. 대표적으로 인공지능을 어떤 수준까지 수용할 것인지에 대한 담론은 아직 논란 그 자체로 남아 있다.

신기술은 누구에게나 가장 강력한 무기로서 최고 효율의 전략이 되었고, 이의 보유는 곧바로 핵심 역량으로 연결된다. 반대로 신기술 확보의 실패나 지연은 기업이나 개인 모두를 철저하게 중심에서 도태시켜 아웃사이드로 재배치한다. 즉, 신기술의 보유 여부와 활용 수준은 기업의 미래 방향을 가늠하게 하는 중요한 지표가 되었다. 특히 신기술로 인해 벌어진 격차는 짧은 순간의 작은 차이로도 승패가 갈리게 된다. 따라서 신기술은 매우 역동적이면서, 동시에 치명적이다.

3차 산업혁명 시대까지는 핵심 기술이 실물, 즉 하드웨어를 동반하여 발전하였다. 이런 환경으로 인해 기술 선도 기업만 전속적(專屬的)으로 누릴 것으로 예상되었던 이득과 혜택은 후발 기업 중 제조 기술 강자들에게도 상당 부분 전이(轉移)되었다. 우리나라도 이 제조 기술의 혜택으로 한강의 기적이라는 세계의 모범 사례를 만들 수 있었었다. 하지만 4차 산업혁명 시대에는 게임의 법칙이 완전히 바뀌고 있다. 신기술과 관련한 선도 기업과 후발 기업과의 이익 공유는 이전보다 훨씬 어려워지고, 승자독식의 패러다임이 구축되고 있다.

물론 신기술의 개발이 오직 선두에 있는 기업 하나만의 전유물은 아니다. 다수의 선도 기업이 공동 참여하여 성과를 내기도 한다. 하지만 이는 공동 참여자에 한할 뿐이지, 후발 기업에 자비를 베푸는 경우는 거의 없다. 후발 기업은 터무니없을 정도로 많은 수업료를 내야만 신기술 공유와 그들의 이익 궤도에 함께 탈 수 있다. 그리고 이마저도 기회를 잃으면 바로 퇴출의 위기에 직면하기 마련이어서, 선택의 여지도 없다.

4차 산업혁명 신기술 개발에서는 선도와 후발의 차이는 기업 생존의 문제와 직결된다. 그래서 품질 경쟁력을 다투어야 하는 기업 간의 경쟁에서는 기술 개발 현장이 바로 피눈물 나는 현장이다. 감성적으로 들리지만 이는 엄연한 현실이다. 기술 혁명 시대에서 뒤처지면 곧바로 생존의 위협이 다가오기 때문에, 기술 선점과 함께 기술 추격은 매우 중요한 경영전략이 되었다.

21세기 경영에서 CEO의 가장 큰 역할은 경영의 중심에 신기술을 끌어들이는 것이다. 왜냐하면 비록 선도 대열에는 포함되지 않았더라도 기술 추격의 대열에서마저 이탈한다면, 동일 분야에서의 존립(存立) 자체를 포기해야 할지도 모르기 때문이다. 이 경우에는 그동안 쌓아 올린 명성의 추락과 매몰될 기회비용이 경영 실패의 책임으로 돌아올 수밖에 없다. 경영자에게 경영 실패라는 낙인은 치명적이다. 다른 그 무엇으로도 치유하기 어렵기 때문이다.

21세기 경영 생태계에서는 독자적인 신기술 확보나 신기술 보유자와의 협력 관계 형성은 최상의 경쟁력이 된다. 신기술은 꼭 그 신기술을 활용하여 어떤 제품이나 서비스를 구현해야 하는 것은 아니다. 여러 형태로 응용되어 적용될 수도 있다. 예를 들어 인공지능

기술의 경우, 인공지능을 직접 활용하는 제품이나 서비스뿐만 아니라 본연의 기술이나 업(業)에 인공지능 기술을 접목하거나 응용하는 활동을 모두 포함한다. 전체적인 외연은 매우 넓고, 응용의 폭은 무한대에 가깝다.

앞으로 구현될 사회는 신기술을 배제한 채 독자적인 구조로 유지될 수 없다. 단언컨대, 기존의 하드웨어만으로 성공하기는 더욱 어려울 것이다. 그렇기에 신기술에 대한 집중화는 극단적으로 심화될 수밖에 없다. 여기에 기술 혁명 시대 추격자의 비애가 있다.

앞선 기업에 비해 추격하는 기업의 노력은 수배로 늘어날 수밖에 없다. 게다가 기술 패권을 지키기 위한 선도 기업의 방어(防禦)와, 새로운 기술과의 결합 역시 충분히 예상할 수 있다. 이는 선도 기업에 절대적으로 유리하게 작용하기 때문에, 추격자는 고단한 여정에도 불구하고 그만큼의 성과를 보장받을 수가 없다. 자명한 사실은, 기술 선도 기업은 절대 그 자리에 머물지 않고 진보하기 위해 총력을 기울일 것이라는 점이다.

기술 선도 기업은 그 자체로 혜택을 향유(享有)할 것이다. 반면 후발 주자들은 선도 기업과의 공유가 안 되면 한 톨의 이득이라도 공유하기 어렵다. 그래서 기술 공유나 기술 추격의 의지와 노력만으로는 부족하다. 이전 시대의 제휴와 공유를 통한 협업을 생각한다면 큰 오산이다. 이제는 기술에 관한 한 제휴와 공유는 과거와는 개념 자체가 다르기 때문이다.

선도 그룹 역시 현재에 그치지 않고, 새로운 기술을 개발하거나 추가적인 업그레이드를 통해 격차를 벌리고자 전력을 다할 것이다. 기술 선도 기업도 격차를 키우거나 유지를 위한 전략이 필요하지만, 후발 기업도 이에 대응되는 전략이 필요하다. 노력만이 아닌 경영진의 리더십과 타이밍, 사원 육성 등 종합적인 전략을 수립하고 지속해서 추진해야 한다.

특히 후발 기업의 추격 전략은 품질 경쟁력 차원에서 충분히 검토되어야 한다. 모든 기술은 품질에서 완성되기 때문이다. 선도 기업에 비해 시점으로는 늦게 출발하였더라도 품질 완성도 면에서 극복의 기회가 있을 수 있다. 그런 점에서, 기술 개발의 시작에서부터 최종 성과에 이르기까지 모든 과정을 지식관리 차원에서 철저하게 관리하는 것이 더욱 중요해지고 있다.

승자독식 생태계의 생존 전략

기술 혁명, 기술 전쟁의 시대에서 기업의 생존은 최상위 전략이자 목표다. 그리고 경쟁에서 승리한 승리자는 승리의 과실에 대해 가장 우선으로 독점적인 혜택을 누린다. 이른바 승자독식(勝者獨食)의 원리가 작용하고 있고, 이러한 경향이 신기술 개발의 특징을 상징적으로 대변한다.

승자독식(Winner takes all)은 승자에게는 최대의 은혜이자 강력한 방어막이 된다. 반면 패자에게는 회복하기 어려운 치명적인 독이다. 신기술 대열의 동참에 실패하면 기업의 존재 자체가 불투명해지기도 하고, 기존에 축적한 역량마저 위협받기도 한다. 이는 기업의 개별 신기술 역량에만 따른 것은 아니다. 산업과 사회의 환경적인 요소도 작용하며, 기술 역량 이외에도 품질 경쟁력이 큰 영향을 미친다.

스마트 사회에서 신기술 경쟁력과 함께 품질 경쟁력 등 종합적인 역량을 가지기 위한 첫 단추는 디지털화다. 이 디지털화는 아날로그에서 디지털로의 변화 그 자체만이 아니라 디지털화의 수준이 중요하다. 스마트 신기술이 요구하는 기본적인 정보는 디지털 정보로 구성되어 있으며, 그 수준에 따라 역량에 차이가 나기 때문이다. 따라서 디지털 정보는 요구되는 수준 이상의 품질을 갖추어야 한다. 그러므로 제대로 된 디지털 전환을 위한 전략과 수행이 필요하다.

디지털화는 필수적이며, 이 흐름으로 인해 우리의 산업 구조와 사회의 모습 역시 새롭게 변화할 수밖에 없게 되었다. 그렇다고 아날로그 정보를 무조건 배척할 수는 없다. 하지만 아날로그는 어느 정도는 과거에 매여 있음을 의미한다. 따라서 미래로의 변화를 위해서는 반드시 디지털 전환이 필요하다.

21세기 신기술을 특징짓는 스마트 신기술은 기본적으로 IT 기술을 기반으로 한다. 이제는 모든 산업에서 IT는 떼려야 뗄 수 없는 필수 기능이 되었다. 이는 현시대의 생존 경쟁에서 살아남기 위해서는 IT 기술의 수용과 변화를 서둘러야 함을 시사한다. 아직도 준비가 안 되어 있다면 이제부터라도 디지털 전환에 착수(着手)하여야 한다. 왜냐하면 스마트화는 디지털 전환으로부터 출발하기 때문이다.

컴퓨터 혁명으로 일컬어지는 3차 산업혁명이 무르익으면서 모든 기계 장비들이 컴퓨터 그리고 IT 기술에 연동되었다. 그 영향으로 산업에서 요구하는 정보(자료)들은 모두 디지털화를 요구하게 되었다. 아날로그 시대에서 디지털 시대로의 변화를 의미하는 디지털 전환(Digital Transformation: DT)은 이미 20세기 후반부터 꾸준히 진행되었다. 디지털 전환의 시작은 비록 IT 대기업부터 시작되었지만, 이제는 모든 산업과 기업으로 확대되고 있다.

21세기 들어서면서 디지털화는 가속화되었고, 이를 바탕으로 초지능, 초연결, 초융합으로 상징되는 스마트 신기술이 속속 등장하였다. 이에 따라 스마트 기술의 외연도 급속도로 확대되고 있다. 머지않아 이러한 스마트 신기술이 인류의 미래를 규정할 것임에는 이론의 여지가 없다. 다만 이 대열에 자신이 포함될 수 있을지가 관건이다. 대열에서의 이탈이나 소외는 미래와 현재까지도 위협받게 한다.

이제는 생존 전략으로서의 스마트 혁신을 어떻게 잘 준비할 것인지가 관건이다. 앞서 「3. 모든 혁신은 품질로부터 시작하라!」에서 스마트 품질 경쟁력에 관해 설명하였다. 그리고 스마트 경쟁력을 준비하는 전략인 NICE 전략도 소개하였다. 구체적인 실행 차원의 방침은 개별 기업의 상황에 따라 다를 수 있지만, 전반적인 경영전략으로서는 NICE 전략을 바탕으로 하는 것이 효과적이다.

새로운 미래를 선점하기 위해서는 보다 빨리, 더욱 적극적으로 준비하고 대응해야 한다. 지금 한순간의 지체가 나중에 돌이킬 수 없는 폐해로 돌아올 수 있음을 기억해야 한다. NICE 전략을 바탕으로 스마트화와 스마트 시대의 품질 경쟁력 구축, 그리고 그 첫 출발로서 디지털 전환을 추진하길 권장한다.

강조하건대, 최고 경영자가 디지털 전환을 포함한 스마트화의 총체적 컨트롤 타워가 되어야 한다. 중간 관리자나 실무자 선에서 기업의 미래에 대한 전략과 정책을 종합적으로 준비하고 실행할 수는 없기 때문이다. 지금과 같은 기술 격동의 시대에서는 더욱더 경영자의 강력한 리더십이 요구된다.

NICE 전략	
N	스마트 신기술이 주도하는 시대에는 새로움(New)을 입혀야 한다. 또한, New Technology 시대에는 New Quality로 변화해야 한다. 어제의 품질로 내일의 기술을 대비할 수는 없다.
I	4차 산업혁명의 시대에서 혁신(Innovation) 없이 생존과 성장의 혜택을 누릴 수는 없다. 스마트 혁신을 주도해야 한다. 거센 변화의 흐름 속에서는 혁신만이 생존의 조건이다.
C	21세기는 어느 시점보다도 역동적이며, 동시에 복합적이다. 그리고 이 복합성을 바탕으로 융합(Convergence)이 대세가 되었다. 물리학, 생물학, 공학이 어우러져 융합 기술을 만들어내고 있다. 융합은 다른 기술과 물리적으로 결합하는 수준을 벗어나 화학적으로 통합되어야 한다. 융합하지 못하면 고립될 뿐임을 기억해야 한다.
E	탁월함(Excellent)만이 최초, 최상, 최고를 만들 수 있다. 일상을 뛰어넘지 않고서는 신기술의 개발이나 공유가 허용되지 않는 시대가 된 것이다. 탁월함을 일시적이고 번뜩이는 아이디어로 착각해서는 안 된다. 기술 혁명 시대에서, 탁월함은 창의적 사고에서 그치는 것이 아니라 지속된 행동과 습관화를 통해서만 완성된다.

4차 산업혁명 시대에서 승리하기 위한 NICE 전략은 포괄적인 경영전략이자 방침이다. 이를 수행하기 위해서는 해당 신기술에 따라, 그리고 기업에 따라 구체적인 실행 플랜을 세워 준비해야 한다. 게다가 현시대는 아직 충분히 경험하지 못한 스마트 시대가 준비되고 완성되는 과정에 있다. 한 번에 모든 것을 해결하려 하지 말자. 하나하나 열어나가는 개척자의 정신과 마음으로, 첫 출발부터 신중하고 진지하게 임해야 한다.

COVID-19에서 입증된 제조업의 저력

유난히도 강하고 길었던 글로벌 재난 상황인 COVID-19도 어느 정도 소강상태에 이어 정리 단계로 들어섰다. 소멸과 같은 극적인 결말은 없더라도, 지독히 길었던 팬데믹이었기에 긴 터널을 빠져나온 듯한 느낌이다. COVID-19 팬데믹은 전염성 바이러스에 의한 의료 재난에 그치지 않았다. 전 세계를 고립으로 내몰았고 그 여파는 경제 침체로 연결되었다.

특히 팬데믹 초기의 약 1년간 글로벌 산업 생태계가 심각한 타격을 입었다. 특히 대면 업종인 서비스업과 자영업은 기존 경제 체계가 정상 작동을 멈출 정도로 직격탄을 맞았다. 이뿐 아니라 다른 기술 및 제조업 역시 성장과 유지에 방해를 받았다. 이는 국내 경제뿐 아니라 세계 경제도 예외가 아니어서, 글로벌 공급 사슬로 엮어진 세계 경제에 위기 상황이 확산되었다.

이의 극복을 위해 범지구적인 노력이 진행되었고, 이제 그 긴 터널에서 벗어나고는 있다. 그러나 그간의 후유증으로 인해 단절된 성장 동력이 단기간에 회복되기는 사실상 어려워 보인다. 하지만 글로벌 역량을 총체적, 적극적으로 집중하고 있어 다른 장애 요소가 다시 터지지 않는 한 팬데믹 이후의 침체 터널은 머지않아 끝이 날 것이다. 이에 따라 또 새로운 승자와 패자가 나타날 것이다. 위기는 늘 기회를 동반한다. 그래서 위기를 극복해내는 과정은 잘 관리되어야 하고, 미래를 위해 기록되어야 한다.

위기 극복과 함께 새로 세워야 할 경제 질서에는 팬데믹 사태에서 겪었던 교훈을 충분히 반영해야 한다. 위기에 강하게 반응하였던 요인과 취약했던 부분을 명확하게 진단하여 반면교사로 삼아야한다. 위기에서 배우지 못한다면 이만큼 뼈아픈 실패는 없다. 위기로 인한 피해에 더하여, 그 과정에서의 교훈을 놓쳐 미래의 위험을 그대로 안고 가는 것은 가장 낮은 하수(下手)의 경영이기 때문이다.

팬데믹 기간 초기에 산업과 경제 기반이 위협받았을 때, 그래도 가장 강하게 경제 시스템을 지탱해나갈 수 있었던 동력은 굳건한 제조업이었다. 비록 새로운 도전이나 혁신적인 도약은 많지 않았지만 제조업의 방어막 뒤에서 산업과 경제 기반의 피해는 최소화되었고, 재출발을 위한 씨앗을 남길 수 있었다. 제조업 덕분에 그나마 빠른 전기(轉機)를 마련할 수 있었다는 진단은 적확하며, 지나침이 없다.

21세기에 들어서면서 IT 중심의 기술 집중과 사회 변화는 신기술 이외의 기존 제조업에 대한 중요성을 상대적으로 경시(輕視)하게 하는 방향으로 흘렀다. 이러한 제조업의 중요성을 무시하는 경향은 제조 기술을 바탕으로 성장한 제조 강국인 우리나라의 경우에는 매우 복합적인 숙제를 남겼다. 즉, 신기술 강국과의 격차를 좁히는 동시에 제조 기술 후발국과의 격차를 벌려야 하는 복합적인 과제에 직면하게 된 것이다.

4차 산업혁명 시대에 신기술의 위력은 막강하다. 하지만 이를 지탱하는 산업 기반은 제조업임이 명확하다. 신기술만으로 산업에서 모든 것을 이룰 수는 없기 때문이다. 신기술과 기존 제조업, 이 둘을 동시에 잡기 위한 전략이 최선이겠지만 우선순위를 둔다면 어디에 집중해야 할까? 이러한 전략적인 집중과 선택은 바로 우리가 직면한 상황이다. 우리의 상황은 스마트 신기술에 관한 한 후발 기술국의 입장이다. 하지만 동시에 제조 기술 강국으로도 발돋움한 상황이므로, 두 가지 관점에서의 포지셔닝이 중요해졌다.

제조업의 중요성은 아무리 강조하더라도 지나침이 없을 정도로 국가와 산업에서 차지하는 비중이 핵심적이다. 4차 산업혁명으로의 이행 과정에서도 제조업의 중심축 역할은 변함이 없다. 그리고 제조업의 중요성은 팬데믹으로 인한 글로벌 위기 상황에서도 입증되있다. 이는 4차 신업혁명 신기술이라도 제조업과의 협업이 중요하다는 신호다.

독자적인 신기술 자체로 운영되는 산업의 역량도 중요하지만, 제조업에 신기술이 결합하는 산업이나 기술에도 효과가 엄청나다. 특히 기존 제조업에서의 신기술 융합 효과는 진화 속도가 빠르고 활용 폭도 매우 넓어서 앞으로의 산업 구도에 핵심 역량이 될 것이다. 우리나라도 성공 신화를 이룬 제조업을 기반으로 신기술을 동반하는 전략을 수립하여, 신기술과 융합된 정책의 운용과 집행에 더욱 집중하고 서둘러야 한다.

신기술을 기존 제조업에 융합하는 전략과 방침에는 아직도 해결해야 할 과제가 많다. 이미 제조 1등의 위치를 점유한 반도체, 조선, 디스플레이, 휴대폰, TV 제품조차도 이젠 신흥 제조 강국에 쫓기고 있다. 전체적인 제조 경쟁력 지표인 유엔공업개발기구(UNIDO) 제조업 경쟁력 통계지표인 CIP 지수에서도 이미 중국이 우리의 수준을 앞지르고 있다. 제조업에서도 더욱 분발해야 하는 처지다.

신기술 능력은 그 자체로 제품력에 연결되고, 글로벌 국가 경쟁력을 의미하는 시대가 되었다. 이는 제조업이 필연적으로 신기술과 협업해야 함을 의미한다. 기존 방식의 제조업만으로 성공하기는 더욱 어려워졌다. 왜냐하면 스마트 산업, 스마트 홈, 스마트 사회로의 흐름은 이미 미래를 결정짓는 핵심 척도가 되었기 때문이다. 이 경향은 현재뿐 아니라 앞으로도 유효하다.

우리나라의 입장에서는 스마트 신기술의 개발과 추격에 집중하는 것이 중요하다. 또한 이와 동시에 제조업에도 더욱 집중해야 한다. 그래서 제조업에도 스마트 신기술을 입혀야 한다. 나아가 신기술을 유지하고 혁신하는 품질 경쟁력에 S/W와 제조 기술의 시너지가 필요하다. 혁신 수준의 스마트 신기술 개발이나 협업에 있어 우리의 수준은 아직 부족한 상태다. 따라서 이 방향에 우리의 미래가 있음을 인식하고, 더욱 혁신에 매진해야 한다.

ESG 경영, 그보다 우선은 생존과 성장이다

최근 경영 환경은 과거의 경우와는 다르게 가까운 미래조차 예측하기 어려워 매우 불안정하고 불투명하다. 이는 복잡하고 다양화된 경영 여건을 가장 큰 원인으로 꼽을 수 있다. 현대는 기술과 경제, 그리고 사회적인 움직임이 매우 복합적으로 연결되어 있고 연결 속도 역시 상상을 초월하기 때문이다.

특히 정보의 공유가 거의 같은 시간대에 이루어지고 있어, 강력한 이슈가 생기면 이에 대응하기 위한 최소한의 준비 시간도 보장되지 않는다. 이럴 경우 위기에 그대로 노출될 수밖에 없다. 그리고 이런 환경이 점점 보편화되고 있어, 무엇보다도 미래에 대한 정확도 높은 예측이 더욱 중요하게 되었다.

경영 환경이 복잡해지면서 핵심 역량도 다원화하고 있다. 아날로그 경영 시대에는 핵심적인 몇 가지만 가지고 있으면 웬만한 장애는 극복할 수 있었다. 하지만 이제는 요구되는 핵심 역량이 한둘이 아니다. 축구의 중심 전술이기도 한 '전원 공격, 전원 수비'라는 토탈 사커(total soccer) 전술과 같이, 경영전략에서도 어느 특정 부분만을 강조하는 것은 현대 경영의 흐름이 아니다. 이른바 토탈(total) 경영이 필요한 시점이다.

이러한 최근의 경영 흐름은 '화두(話頭) 경영'의 경향으로 나타나고 있다. 화두 경영이란 중요 이슈(issue, topic)에 대해 필요에 따라 해당 항목을 경영의 핵심으로 편입하는 것을 말한다. 초기에는 아이디어 차원에서 제기된 이슈들이 차츰 정제되면서, 글로벌 스탠더드로 자리를 잡게 되는 수순(手順)을 밟는다. 대표적인 화두 경영의 사례로는 ESG 경영을 들 수 있다.

ESG 경영은 지속 가능 경영을 위해 재무적 지표뿐 아니라 환경(Environment), 사회(Social) 그리고 의사결정(Governance)과 같은 비재무 지표도 중요하게 관리해야 한다는 경영 이념이자 경영 화두다. 이는 성장 중심에서 지속 가능으로 기업의 패러다임이 전환된 것을 계기로 활성화되었다. 특히 코로나로 인한 글로벌 경제 여파와 같이 불확실한 경영 여건에서는 더욱 새로운 성공 전략을 요구하게 되었다. 이에 따라 ESG 경영에 대한 투자자와 소비자의 인식이 높아졌고, 기업에서는 이를 계기로 경영전략에 적극적으로 반영하는 추세다.

경영전략과 방침에서 환경과 사회에 대한 책임, 그리고 지배구조의 투명성을 포함하는 ESG 경영은 지극히 자연스럽다. 또한 이는 지속 가능 경영에 대한 구체화로 진전되고 있다. 이러한 '지속 가능 경영'과 'ESG 경영'이 화두 경영이다. 이런 부분에 관심을 집중함으로써 문제를 해결하거나 미래를 대비하자는 취지다. 이같이 사회적으로 중요한 이슈를 개념화하여, 직접 경영 현장으로 끌어들이는 것이 화두 경영이다.

이 경영의 화두는 기업의 경영을 운영하고 책임지는 경영자에게 매우 중요하다. 더욱이 화두가 이미 경영 체제에 편입되고 있는 항목들은 반드시 챙겨야 하는 항목이 되었다. 하지만 많은 경영자가 오해한 부분이 있다. 화두 경영을 혁신 방법론으로 이해한다는 점이다. 이 둘은 관념적으로는 큰 차이가 없어 똑같이 이해해도 될 것처럼 보인다. 하지만 실제 경영전략을 세워서 성과를 담보해야 하는 실질적 차원에서는 차이가 크므로, 반드시 구분해서 활용해야 한다.

차이를 이해하기 위해 화두 경영과 경영 혁신 방식(방법론)에 대해 간략하게 살펴보자. 이 두 가지는 품질 경쟁력과도 관련이 깊다. 그래서 이들을 잘 이해하는 것은 기업이 집중해야 할 바를 확인하는 데 도움이 된다. 다만, 차이에 대한 이해가 둘 중 무엇이 더 중요하다거나 또는 특정 내용을 취사(取捨)선택하는 관점은 아니다. 서로 보완되거나 결합함으로써 시너지 효과를 거둘 수 있기 때문이다.

하지만 굳이 구분을 명확히 해야 하는 이유가 있다. 최근 지나치게 많은 화두로 인해, 경영 위기를 극복하기 위한 실천 전략이자 방침인 경영 혁신과의 모호성이 생겼기 때문이다. 경영 현장의 중요 이슈들은 늘 화두로 제시되어왔다. 이러한 이슈화를 통해서 경영 방법이 진화하고, '올바름'으로 나아간 것도 사실이다. 하지만 이러한 이슈의 제기만으로 모든 문제가 해결되지는 않는다.

화두를 제시하는 것만으로 많은 것을 해결하려고 하는 것은 성급하다. 많은 경영자가 화두 경영에 솔깃한 것도 사실이다. 왜냐하면 화두에서 제시된 이슈는 당면한 문제에 대한 당연한 지적이자 앞으로 가야 할 방향이기 때문이다. 하지만 화두 경영은 이슈를 제기하는 것이지, 문제를 해결하거나 새로운 프로세스를 구축하는 것을 목표로 하지 않는다. 문제점 지적으로 임무를 완성하기 때문에, 상대적으로 쉬운 접근법이라고 할 수 있다. 이는 경계해야 할 대목이다.

이슈로서 화두를 제시했다고 해서 기대하는 성과가 이루어지거나 완성되지는 않는다. 실행 전략과 구체적인 방침 전개를 통해서만 가능하다. 이 점이 화두 경영과 혁신 방법론의 극명한 차이다. 경영 현장에서 차이를 명확히 하지 않고 화두만 중시하면 구체적인 실행 계획을 수립할 타이밍을 놓칠 수 있다. 관전자(觀戰者)로서는 화두 경영으로도 의미가 있을 수 있지만, 성과를 이끌어야 하는 경영자로서는 화두만으로는 부족하다.

경영 혁신은 기업의 생존과 성장이라는 절박한 과제와 직결되어 있다. 하지만 혁신의 추진 과정은 어렵고 희생이 따른다. 많은 기업이 혁신을 외치지만 혁신에 성공한 기업이 많지 않은 것도 이러한 이유 때문이다. 그래서 상대적으로 문제의 지적과 개선 요구에 초점을 맞추는 화두 경영에 의존하고픈 유혹이 드는 것도 이해가 된다.

최근 들어 지속 가능 경영과 ESG 경영에 대한 요구가 늘어나면서 상대적으로 경영 혁신에 소홀해지는 경향이 있다. 화두 경영도 경영 혁신에 포함하여 설명하는 경우까지 생긴다. 경영 혁신은 전략의 수립만이 아니라 성과의 창출, 그리고 이를 지속해서 운영하기 위한 프로세스도 구축해야 완성된다. 반면 화두 경영은 프로세스 구축을 목표로 하지 않고, 프로세스 실행 과정에 대한 관심도 작다. 혁신 방법론이 아니기 때문이다.

단적으로 ESG 경영만으로는 기업의 생존과 성장이 담보되지 않는다. 그럴 것으로 믿고 있다면 순진한 생각이고 큰 오해다. 재무적 요소에 더해 비재무적 요소까지 갖춤으로써 경영 현안을 해결하자는 ESG 경영의 장점도, 궁극적으로는 생존과 성장이라는 궁극적인 목표 아래에서 빛을 발할 수 있다.

화두 경영은 혁신 방법론과 접목되어 강건한 프로세스를 구축하는 데 도움이 된다. 하지만 그 자체로 완결되지 않는다는 점을 충분히 이해해야 한다. 문제점만 지적하고 대안만 찾았지, 이에 대한 구체적인 실행 방안에 자칫 소홀할 수 있기 때문이다. 손쉽지만 지속성이 보장되지 않는 쉬운 해법에만 치중하면 엄청나게 빠른 속도로 진화하는 4차 산업혁명 시대에 뒤처져 도태될 수도 있다.

아무리 좋은 화두라도 강건한 프로세스와 시스템의 구축이 담보되지 않으면 오래 유지되지 않는다. 임시방편과 짧은 안목의 전략이 경영자에게는 수단이 아니라 독이 될 수도 있다. 경영 여건이 어려운 환경일수록 화두에 집착하는 경향은 반복될 것이다. 필요한 화두를 제시하는 것은 경영 혁신의 중요한 실마리가 된다. 이를 명확하게 정의하고, 추진 동력을 확보하여 올바른 프로세스까지 구축하는 온전한 경영 혁신에 집중해야 한다.

왜 6시그마에 주목해야 하나?

세익스피어의 대표작인 『햄릿』 내용 중 명대사인 "To be, or not to be: that is the question"과 나이키의 유명한 광고 문구인 "Just do it!"은 묘한 대조를 이룬다. 삶과 죽음 앞에서 고뇌에 찬 대사지만 우유부단함의 대명사가 된 희곡의 대사, 그리고 과감한 결단을 요구하는 도전과 진취적인 이미지를 대표하는 광고 카피. 이 두 문구에서 확연하게 느낄 수 있는 차이점은 '선택'이다.

현대는 고민과 결단의 시대다. 그래서 현대 경영에서는 '선택과 집중'이 더욱 중요해지고 있다. 특히 21세기 이후의 경영 현장은 스마트 신기술의 진보와 함께 시시각각 변하고 있다. 따라서 크고 다양한 변화가 수시로 발생하는 경영 생태계에서는 선택과 집중에 속도를 더해야만 의미가 있다. 그만큼 빠른 변화에 대응하지 않고서는 생존이 어렵고, 올바른 선택에 이은 속도감 있는 실행만이 승리의 관건이 되고 있다.

4차 산업혁명이 본궤도를 타고 있는 현시점에서는 더 이상 즉흥적이고 임시적인 대응으로 미래를 개척할 수는 없다. 대중에게 인기를 얻고자 미사여구로 꾸며진 경영 방침과 전략을 남발하던 화두경영만으로는 가치를 만들 수 없다. 어떤 상황에서도 결함 없이 반응하고 가동되는 강건한 경영 시스템을 구축함으로써 탄탄한 바탕을 갖추어야 한다. 그리고 이 바탕 위에서 불투명하고 모호한 장래의 위험을 예방해야 한다. 이것이 바로 4차 산업혁명 시대에서 승리하기 위한 경영의 목적이자 공식이다.

안전하고 강력한 경영 시스템의 구축을 위해서는 운영 전략과 실행 도구를 포함한 실행 방법론이 있어야 한다. 여기에 더하여 전략과 방침의 구심점 역할을 하는 철학적 지향점이 명확해야 한다. 특정 상황이나 일부의 요구에 의한 화두 경영은 이러한 종합적인 시스템으로 적합하지 않다. ESG 경영이나 창조 경영 등과 같은 화두 경영은 취지와 중요성은 충분히 인정되지만, 특정 부분에만 한정되어 단편적이거나 성과에 이르는 방법론이 없기 때문이다.

경영 시스템은 문제나 위기 상황에 대한 문제 제기와 이에 대한 보완을 목적으로 하는 것이 아니다. 문제를 종합적으로 해결하여 성과에 이르고, 또한 이를 지속하여 유지와 운영을 할 수 있어야 한다. 이러한 체계를 갖춘 방식을 방법론(methodology)이라고 한다. 그리고 방법론은 특정 상황에만 적용될 것이 아니라, 일반적 적용이 가능한 범용성을 가져야 한다.

경영 혁신을 추진하는 방식의 결정은 어떤 방법론으로 추진할 것인지의 선택으로부터 출발한다. 여러 방향의 방법이 가능할 때, 위험에 둔감하고 동시에 가능성을 극대화하는 솔루션을 제공하는 시스템이 가장 훌륭한 방법론이다.

20세기를 거쳐 지금까지 많은 혁신 방법론이 창안되고 적용되었다. 그중 가장 안정적이고 견고한 시스템으로 인정받는 시스템은 6시그마 혁신 방법론이다. 이는 지금도 가장 인정받고 있는 유효한 선택지 중 하나다. 그리고 4차 산업혁명이라는 큰 변혁기를 맞으면서 6시그마 방식이 다시 주목받고 있다. 그 이유에는 6시그마 방식 자체의 강점도 있지만, 현재 상황과 가장 잘 맞물려 있기 때문이다. 특히 COVID-19 이후 경제 위기를 극복하는 과정에서 6시그마 방식에 거는 기대는 더욱 커지고 있다.

하지만 내용을 충분히 확인도 하지 않은 채 억지로 6시그마 방식을 선택해서는 안 된다. 그리고 6시그마 방식을 유행과 같이 멋이나 과시용 퍼포먼스로 생각해서도 안 된다. 먼저 혁신 방법론에 대해 명확히 확인하고 혁신을 추진하는 것이 중요하다. 혁신의 추진은 현재 문제를 해결하여 위기를 극복하고, 이를 수행함으로써 목표 달성에 성공해야 하고, 또한 성과를 지속하여 유지해야 하는 목적에 그 당위가 있다. 이런 목표들을 달성하기 위해서는 혁신 방법론으로서 갖추어야 할 필수 조건들이 있다. 그 최소한의 조건들은 다음과 같다.

첫째, 운영 전략이 있어야 한다. 단순한 문제점의 지적과 이에 대한 개선 요구로는 부족하다. 어떻게 혁신 방법론을 도입하고 운영할 것인지에 대해 적용을 위한 구체적인 전략적인 요소를 갖추어야 한다. 즉, 조직 구축과 교육 및 훈련 그리고 목표 수립과 이를 달성하기 위한 실행 방안을 포함해야 한다.

둘째, 운영 전략과 방침을 안정적으로 이끌 수 있는 문제 해결 체계가 있어야 한다. 6시그마 방식에서는 이를 6시그마 로드맵이라는 방법으로 제시하였다. MAIC나 DMAIC, DMADV와 같은 문제 해결 로드맵은 현재도 그 자체로 완성된 문제 해결 기법이자 탁월한 프로세스로 인정받고 있다.

셋째, 이런 운영 전략과 문제 해결 체계도 그 근본에는 철학적 중심이 있어야 한다. 이를 보통은 혁신 방식의 리더십(leadership) 또는 이니셔티브(initiatives)라고 한다. 6시그마 방식에서는 고객 중심, 부단 추진, 전체 최적, 사원 육성의 네 가지를 대표적인 리더십으로 강조하고 있는데, 이는 많은 경영자의 공감을 얻었다.

넷째, 모든 혁신 방법론에는 추진 이후에도 반드시 평가와 보상 체계가 뒤따라야 한다. 하지만 지금까지의 수많은 혁신 방식은 제안 중심이었고, 성과에 대한 평가나 검증에는 소홀했다. 또한 과거의 경영 혁신 방법론은 거의 모두가 도입과 적용에만 치중했고 사후 관리를 하지 않았다. 이런 탓에 프로젝트를 완료할 때까지도 문제의 근원을 완전하게 해결하지 못해 남겨진 이슈는 제대로 관리가 되지 않았다. 이러한 용두사미(龍頭蛇尾)식의 혁신 추진은 반대론자에 의해 비판의 대상이 되기도 했지만, 추진자에게도 미완의 혁신이라는 불만을 남겼다. 이에 반해 6시그마 방식은 그 성과에 대해 평가하여 획득한 성과를 유지할 수 있게 하고, 부족한 부분을 보완하는 프로세스를 갖추고 있다. 이른바 평가와 보상까지 포함한 '제도화 단계'를 로드맵에 포함하고 있다. 이러한 성과 평가와 검증 그리고 보상 체계는 혁신의 성공과 지속적인 운영을 위한 필수 조건이다.

경영 혁신은 예측하기 어려운 위기 상황에서 추진되는 경우가 많아서, 그럴듯한 화두에 이끌려 이에만 집중하기가 쉽다. 그래서 혁신은 문제의 인식과 이해로부터 출발하여 분석과 대책 등 종합적인 방법론으로서의 조건을 갖추어야 한다. 즉, 화두의 제시로만 끝나지 않고 방법론의 적용을 통해 구체적인 계획의 수립과 실행을 통해 성과를 이끌어내야 한다.

이 조건들을 모두 갖추고 있고, 가장 강력하고 안정된 체계를 형성하고 있는 방법론은 6시그마 방식이 거의 유일하다. 대개의 혁신이라고 일컫는 방식들은 화두 경영과 같이 문제의 지적과 이에 대해 간단하게 문제 해결 전략을 제시한 경우다. 즉, 창조 경영이나 ESG 경영과 같은 화두 경영은 문제의 인식에는 중요한 역할을 하지만, 문제 해결과 성과 창출과 유지에는 효과가 크지 않다.

이런 이유로 6시그마 방식이 새롭게 재조명되고 있다. 한때 유행과 같이 세계적으로 확산하였다가 정체와 침체를 맞은 6시그마 방식은 현시점에서 재정비가 필요하다. 특히 6시그마 혁신 방법론의 핵심 역량인 리더십이 훼손된 것은 바로잡아져야 한다. 그리고 이해의 부족으로 인해 잘못 적용한 점 역시 솔직하게 인정하고 바로잡아야 한다.

더욱 강건한 혁신 방법론으로 거듭나기 위해서는 6시그마 방식도 여러 문제를 보완하고 해결해야 한다. 그중 가장 시급한 것은 4차 산업혁명 신기술에 부합되는 로드맵을 지속하여 발굴해야 하는 과제다. 그리고 6시그마 혁신 도입 로드맵과 함께 프로젝트 추진 로드맵을 올바르게 적용할 수 있도록 하고, 그 범위를 더욱 확대할 필요가 있다.

Post Corona 대응에 6시그마 방식이 효과적인 이유

COVID-19 팬데믹으로 인한 위기 상황은 의료와 사회적인 분야에만 국한되지 않는다. 지역적인 의료 부문의 위기가 글로벌 팬데믹으로 확산되면서 전반적인 이동과 물류를 제한하게 되었다. 이로 인해 사회 전반에 걸쳐 거리두기가 시행되고, 심지어는 지역적 셧다운(봉쇄)이 실행되면서 후유증은 경제 전반으로 확산되었다.

팬데믹은 상황 자체의 문제로 끝나지 않았다. 오히려 이에 대응하는 과정에서 글로벌 SCM의 근간이 기능을 멈추거나 심각한 타격을 입어 경제 흐름이 왜곡되었다. 이는 국지적인 장애가 아니라 범세계적인 공황 상태로까지 몰고 갔고, 급속도로 경제 상황을 후퇴시켰다. 팬데믹 이후의 세계 경제는 성장의 둔화 정도가 아니라 역성장(逆成長)으로까지 이어졌다.

예상하기 어려운 재난급 상황에는 필요 이상의 대응 노력이 필요하게 된다. 현재 상황에 대한 대응과 함께 재발 방지 노력이 동시에 준비되어야 하기 때문이다. 그 과정에서 경제 부문의 대응은 거의 소모전에 가까울 정도로 엄청난 양적 팽창을 초래하였다. 물론 이후 회복 과정에서의 어려움이 예고되었다. 하지만 대안이 없는 상황에서 양적 팽창은 불가피한 선택이었고, 이는 단시간에 해소되기 어려운 구조적인 위험을 안고 있었다.

이제 의료적으로는 어려운 시기를 거의 극복한 상태다. 사회도 전반적으로 안정을 찾고 있는 시점이다. 하지만 경제적인 위기 상황은 여전하다. 오히려 여러 다른 국지적인 사정이 겹치면서, 세계적인 양적 팽창의 후유증을 일시에 걷어내기가 매우 힘겨운 국면을 맞고 있다. 현시점에서 각 국가와 기업의 사명(使命)은 Corona 이전 시대로의 빠른 회복과 정상화, 그리고 새로운 도약을 의한 설계다.

팬데믹으로 인한 위기를 해소할 수 있는 가장 안정적인 방법은 산업이 정상 궤도로 신속하게 돌아오는 것이다. 이를 위해서는 산업을 뒷받침하는 경제 시스템을 재건하여, 경제 주체의 활력을 높여야 한다. 여기에 Post Corona 시대의 미션이 있다. 그런 의미에서, 어느 때보다 위기 극복의 혁신 전략 수립과 운영이 절실하게 필요하다.

다양한 측면에서 해결을 위한 노력이 추진되어야 한다. 지금 당면한 위기의 정도를 보면, 일부의 노력만으로 쉽사리 해소될 것처럼 보이지는 않는다. 지금은 많은 경영자가 고민하였던 경영 혁신의 필요성이 다시금 강조되어야 할 시기다. 4차 산업혁명에 대응하기 위한 목적뿐만 아니라, 당면한 산업과 경제 체계의 복원을 위해 서둘러야 한다. 그렇다면 어떤 혁신 전략이 가장 유효하고 또한 효율적일까?

현재의 위기는 4차 산업혁명으로 인한 기술과 사회의 급변이 진행되는 중에, 글로벌 팬데믹과 우크라이나 사태와 같은 공급 사슬의 악조건이 겹치는 등 여러 다양한 원인으로 출발하였다. 이로 인한 산업과 경제의 부진과 구조의 왜곡을 바로잡기 위해서는 일시적이고 단발적인 대응만으로는 부족하다. 종합적이고 안정적인 혁신 전략이 필요한 시점이다.

당면한 위기를 해소하기 위해서는 변화에 빨리 반응하되, 안정된 프로세스를 갖춘 혁신 방법론을 강도 높게 추진해야 한다. 이를 통해 현재 노출된 문제를 해결하고, 동시에 미래를 위한 대응 기반을 구축해야 한다. 한 분야에 특화된 전략과 방침이 아니라, 다목적의 다양한 도구를 수용할 수 있는 포괄적인 혁신 전략이 필요하다. 여기에 가장 적합한 혁신 방법론은 6시그마 방식이다.

6시그마 방식은 이미 20세기 말과 21세기 초를 통해 검증되었다. 그리고 새로운 보완을 통해 더욱 강화되어야 한다. 현존하는 가장 효과적인 문제 해결 기법이자 프로세스인 6시그마 로드맵은 아직도 강력한 혁신 방식이다. 하지만 이의 보완과 확장의 필요성은 더욱 커지고 있다. 이미 확인된 문제를 해결하는 제조형 6시그마 로

드맵인 DMAIC 프로젝트 추진에만 그쳐서는 안 된다. 또한 제조
나 서비스의 특수 목적으로 국한해서도 안 된다. 이제는 산업과 사
회 전반적인 품질 경쟁력 강화를 목적으로 시스템과 로드맵을 보완
하고 확장하여야 한다. 이를 필자가 주창하는 6시그마 I-T-P-I 로
드맵으로 전개하면 다음과 같은 효과를 창출할 수 있다.

6시그마 I-T-P-I 로드맵		
I	Insights	먼저 현재의 모든 상황을 단편적이 아니라 종합적으로 성찰함으로써, 혁신의 도입과 전략 수립이 가능해진다.
T	Trigger	그리고 이를 통해 위기를 명확하게 인식하고 해결해야 할 문제를 구체화할 수 있다.
P	Project	다음으로 문제의 실질적인 해결은 6시그마 방식의 강력한 수단인 프로젝트 추진 로드맵을 통해 해결할 수 있다.
I	Institutionalize	그리고 창출된 성과에만 머무르지 않고, 지속 가능한 혁신 운영을 위해 평가와 보상을 포함한 제도화를 구축함으로써 전체 최적화와 사원 육성의 이니셔티브를 완성할 수 있다.

　현재의 위기를 극복하는 데 반드시 6시그마 방식만이 유효한 것
은 아니다. 하지만 현존하는 가장 강력하고 효과적인 방식임에 틀
림없는 6시그마 혁신 방식으로 접근하는 것이 효율적이다. 물론 기
존의 내용에만 집중하면 이전의 오류를 답습할 가능성이 크다. 과
거를 거울삼아 새로운 미래로 나아가기 위하여 더욱 폭넓은 연구와
집중이 필요하다. 6시그마 방식에 대해 온전하게 이해하고 올바르
게 적용할 수 있도록 해야 한다. 구체적인 정책과 방법은 뒤의 「7.
6시그마 도입, 이렇게 준비하라」에서 자세히 소개한다.

아는 만큼 보이고 하는 만큼 돌려받는 6시그마 방식

어떤 중요한 것을 선택하기 위해 평가할 때 가장 일반적인 방법은 입력(input) 대비 출력(output)의 효율을 확인하는 것이다. 이를 효율성이라고 하며, 효과의 양과 질이 높다 하더라도 투입된 요소에 비례하여 더 나은 출력을 선호한다. 혁신 방식의 선정을 위한 비교에서도 효율성을 무시할 수 없다. 물론 모든 것을 효율성으로만 판단할 수는 없지만, 효과성과 함께 핵심적인 평가 요소로 적절하다.

앞서 6시그마 방식의 장점에 대해 여러 번 강조했다. 이제는 6시그마 방식으로 얻을 수 있는 이익과 혜택에 대해 살펴볼 차례다. 경영 혁신 방법론인 6시그마 방식을 판단하는 데는 여러 기준이 있겠지만, 효과성(effectiveness)과 효율성(efficiency)의 기준이 대표적이며 합리적이기도 하다.

효과성(effectiveness)은 목표를 얼마나 달성하는가에 관한 판단이다. 이를 구성하는 두 축은 방향과 크기다. 효과가 좋은 것을 증명하는 데는 언제나 크기가 가장 우선이다. 하지만 이 크기를 이루어내기 위한 방향 역시 중요하다. 유사한 크기라 하더라도 방향이 목표한 바에 맞지 않으면 의미가 떨어지거나 부적합하기 때문이다.

6시그마 방식은 방향과 크기를 의미하는 벡터(vector)와 함께 속력(velocity)을 중시한다. 목표를 달성하는 것은 당연히 중요하다. 그리고 이에 앞서 혁신적인 목표를 수립하여 기존의 관성을 깰 수 있도록 도전해야 한다. 이때 속도가 매우 중요하다. 목표 달성 시기를 앞당김으로써, 전체적인 크기 달성에 대한 효과를 극대화할 수 있기 때문이다.

다음으로 효율성(efficiency)을 함께 검토해야 한다. 효율성은 목표를 이루는 과정이 경제적인지를 확인하기에 적합한 평가 척도이기 때문이다. 아무리 좋은 성과라 하더라도 투입된 자원과 비교하여 경제성이 떨어지면 효율적이라 할 수 없다. 6시그마 방식은 혁신적인 성과와 함께 성과에 이르는 과정도 강건하고 경제적일 것을 요구한다. 즉, 효과성과 효율성을 동시에 추구하는 혁신 방식이다.

아는 만큼 보이고, 하는 만큼 돌려받는 것은 매우 공평한 원칙이다. 6시그마 방식은 이를 철저하게 지킨다. 처음부터 제대로 알고 접근하지 않고서는 올바르게 적용하기 어렵다. 하지만 지난 6시그마의 적용에서는 6시그마 방식에 대한 철저한 이해가 부족하여, 한창 절정기에서 정체와 침체를 맞았다. 아직도 제대로 된 준비보다는 겉모습에 현혹되어 6시그마 방식의 일부만 적용하는 기업도 작지 않다. 이제는 철저한 이해를 토대로 6시그마 혁신을 추진해야 한다.

경영 현장에서 회자하는 많은 격언 중, 망치를 든 사람에게는 모든 것이 못으로 보인다는 말이 있다. 이는 자신이 가지고 있는 만큼, 즉 아는 만큼만 이해할 수 있고 또 그렇게 하려고 한다는 뜻이다. 이는 현재 알고 있는 것이 다음(next)을 선택하고 결정하는 중요한 기준이자 전제가 됨을 강조한 것이다.

혁신적인 사고는 여기에 머물러서는 안 된다. 즉, 알고 있는 것만을 바탕으로 할 것이 아니라 필요하다면 그 전제인 '알고 있는 것'을 넓히고자 해야 한다. 6시그마 방식은 이를 적극적으로 활용하는 혁신 방식이다. 현재 알고 있는 제한적인 부분만을 바탕으로 할 것이 아니라, 그 한계를 넘어서려고 도전하는 혁신 방법론이다. 그래서 6시그마 혁신 첫 출발의 바탕에서는 '문제에 대한 인식과 이해'라는 절차를 기본 요건으로서 강하게 요구한다.

　일반적으로 혁신 방법론들은 다른 방식들과의 차별화를 위해 목표 수립과 도구의 활용에 중점을 둔다. 이들은 성과에 초점을 맞춤으로써, 높은 목표와 그 목표의 달성 여부에만 집중한다. 이에 반해 6시그마 방식은 혁신적인 목표 수립 이전에 첫 출발로서 현재 상황에 대한 인식을 강조한다. 즉, 모든 혁신의 출발을 상황과 내용의 명확한 인식과 이해로부터 시작하도록 한다. 이는 당연한 순서인 것 같지만, 대부분의 경영 혁신 추진에서는 소홀하게 다루어졌다. 그래서 오히려 6시그마 방식의 독특한 특징이 되었다.

　두 번 재고 한 번에 자르는 목수가 좋은 목수이듯이, 모든 행동에는 준비가 충실해야 한다. 특히 6시그마 혁신 방식은 전체 체계가 매우 치밀하게 구성되어 있어서, 적용이 어렵고 준비할 것이 많다. 전략과 로드맵, 추진 조직, 교육 및 훈련 체계가 정교하고 구체적으로 짜여 있다. 그런 만큼 각 요소에 대해 충분한 이해가 필수적이다.

　대충 이해하여 섣부르게 추진하면 그만큼 설익은 적용이 될 수밖에 없다. 그 결과는 당연히 전체의 효과를 낮추거나 실패로 연결된다. 제대로 알지 못하고 출발했던 이전의 실패를 다시 되풀이해서는 안 된다. 추진을 위한 준비와 마찬가지로, 6시그마 방식의 적용 역시 철저하게 이해한 후에 집행해야 한다.

　아무리 효과적인 혁신 방법론이라 하더라도 형식적인 적용으로는 성과에 도달하기 어렵다. 특히 적용 방법과 조건이 까다로운 6시그마 방식에서의 '오적용(誤適用)'은 큰 낭비로 돌아온다. 투입된 노력이 많기 때문이다. 그래서 6시그마 방식의 도입과 적용을 위해서는 효과성과 효율성을 철저하게 따져보아야 한다.

Cue Q! Again Six Sigma!

6.
6시그마 방식의 핵심 경쟁력

*

어려운 때일수록 더욱 많이 듣게 되는 말들이 있다. 초심으로 돌아가라, 기본에 충실하라, 원칙을 지켜라. 이 말들의 공통점은 위기를 극복하기 위해 현란한 기술이나 기적과 같은 묘수에 기대지 말고 기본부터 챙기라는 경계의 말이다. 4차 산업혁명의 높은 파고와 COVID-19 팬데믹은 인류에게 큰 변화를 요구하고 있다. 그것이 위기든 기회든, 분명한 것은 이 변화를 거치지 않고서는 새로운 시대로 나아갈 수 없다는 것이다.

필자는 현재와 같이 과거에는 경험하지 못했던 위기 상황에서 가장 효과적인 혁신 방식으로 6시그마 혁신을 제안한다. 많은 다른 방법론들도 가능할 수는 있겠지만, 6시그마가 가장 나은 방식이며 검증된 체계를 이미 갖추고 있기 때문이다. 새로운 방법론을 찾기 위해 노력하는 것은 경영자의 의무이자 책임이다. 하지만 이미 성공적인 경험과 함께 체계를 갖추어 준비되고 검증된 6시그마 방식에 대해서는 더 고민할 필요가 없다. 다만 새로 적용할 때는 과거 적용상의 오류를 반복하지 않도록 새삼 주의하고 경계해야 한다.

이번 「6. 6시그마 방식의 핵심 경쟁력」에서는 6시그마가 가지고 있는 핵심 경쟁력을 소개한다. 앞서 부분적으로 설명한 내용도 있지만, 현재 상황에서 가장 효용이 큰 이유에 대해 세부적인 설명을 추가하였다. 먼저 현재 상황에 대해 명확한 이해를 할 필요가 있다. 경영 혁신 방식을 선택하는 것은 학구적(學究的)인 영역만의 과세가 아니라, 현재 당면한 문제를 해결해야 하는 실용적(實用的)인 사명이 있기 때문이다.

이전에 경험하지 못했던 스마트 신기술은 이제는 거의 모든 기업과 국가가 갖추어야 할 필수 요건이 되었다. 기존의 제조업과 서비스업도 여기에 스마트 신기술을 융합함으로써 새로운 제품과 서비스를 선보이고 있고, 이는 미래의 대세가 될 것이다. 여기에는 기회와 위기가 함께 공존한다. 얼핏 기회로 보이지만, 이면에는 무시하지 못할 위협적인 요소 역시 존재한다.

이러한 흐름에서 신기술에 남보다 앞서 접근할 수 있는 것은 분명 기회이다. 앞으로의 새로운 사회와 문명을 이끌어 갈 수 있는 조건을 갖추었기 때문이다. 하지만 이 기회는 동시에 매우 강한 위기를 동반하고 있다. 스마트 신기술의 개발과 협업에서 낙오되거나, 이에 대한 대응과 준비가 늦으면 늦을수록 생존과 성장의 대열에서 이탈할 우려가 커지기 때문이다.

스마트 신기술의 출현으로 기업은 미래의 준비에 거센 압박을 받고 있다. 기존 제조업과 서비스업도 새로운 변화의 시기에 기로를 맞고 있다. 게다가 Post Corona 상황은 위기를 넘은 후의 안도가 아니라, 새로운 위기 상황으로 몰린 형국이다. 현재 상황은 스마트 사회를 향한 기대와 이 대열에서의 낙오에 대한 위기감이 병존한다. 이에 더하여, 코로나 이후의 국제 경제의 심각한 부진은 엄청난 충격과 사회문화적 파장을 예고하고 있다.

다행스러운 것은 이 위기에 대한 대응에 전 세계가 하나로 뭉치고 있다는 점이다. 국가 간 긴밀한 협업의 정도는 20세기 말까지 우리가 경험했던 기존의 글로벌 협력 수준을 훨씬 넘어섰다. 공동 대응의 수준은 역내(域內) 국가 간, 또는 국가 내 지역 간의 협력처럼 보일 정도로 동기화(synchronization)의 세기는 크고 강하다.

국가나 기업의 경쟁력 역시 동기화되고 있다. 애써 일군 경쟁력을 혼자나 소수만이 길게 누리기 어려운 환경이 되었다. 오히려 새로운 경쟁력으로 연결해야만 기존의 경쟁력을 유지할 수 있는 시스템이 자리 잡았다. 경쟁력의 대명사인 품질 경쟁력 역시, 부분이나 독자 생존이 아닌 공존(coexistence)이 공통 관심사가 되었다. 공학과 과학 그리고 인문학의 협업, 기존 기술과 스마트 신기술 간의 융합, 사람과 기계, 기계와 기계 간의 연결이 중요해진 시대다. 그만큼 초연결과 초융합은 현시대의 대표적인 특징이라 할 수 있다.

이런 엄청난 변화와 복합성을 띠고 있는 경영 환경에서는 필연적으로 새로운 혁신이 요구된다. 그리고 이를 체계적으로 구성할 방법론이 있어야 한다. 필자는 앞선 설명에서 최적의 혁신 방법론으로 6시그마 방식을 제안한 바 있다. 그 이유는 6시그마 방식에서 강조하는 핵심 경쟁력은 과거의 경험에서도 검증되었고 지금도 유효하며, 앞으로도 충분히 효과적이고 또한 운영 측면에서도 효율적일 것이기 때문이다. 그 핵심 경쟁력은 다음의 네 가지다.

첫째는 고객 중심(顧客中心)의 리더십이다. 이는 현대 경영의 철학적 중심이다. 고객은 생존의 바탕이며, 고객 없는 성장은 없다.

둘째는 부단 혁신(不斷革新)의 추동력(推動力)이다. 끊임없는 혁신은 더 이상 목표가 아니다. 이는 생존을 위한 필수 조건이 되었다.

셋째는 전체 최적(全體最適)의 통합적 효과성이다. 부분의 성공만으로 전체가 생존하기는 어려운 시대가 된 지 오래다. 각자의 성과와 부분의 성과도 결국은 전체로 통합되어야만 한다.

마지막으로 넷째는 사원 육성(社員育成)의 당위성이다. 아무리 좋은 성과도 미래가 담보되지 않으면 사상누각(砂上樓閣)이다. 사원은 조직을 운영하는 기본이자 핵심이다. 이들의 성장과 함께 조직이 발전할 수 있기에, 교육과 훈련 그리고 평가와 보상에 더욱 관심을 가져야 한다.

고객 만족 경영은 고객 중심 철학으로부터

고객 만족이나 고객 감동은 한때 경영자가 선호하는 경영전략이었다. 이는 고객을 바탕으로, 모든 경영의 우선순위에 고객을 두고 고객을 먼저 생각하겠다는 경영 방침이다. 하지만 아쉽게도 이 전략과 방침은 선언적인 구호에 그친 예도 있었고, 후속 조치가 없어 공허한 메아리로 남는 경우도 적지 않았다. 이른바 화두 경영의 첫 시작이었다고 할 수 있다.

하지만 이제는 더 이상 고객 만족이나 고객 감동이 선언이나 구호에 그쳐서는 안 된다. 말이나 각오로만 기업의 생존이 보장되지는 않는 시대가 되었다. 실제로 모든 경영의 중심에 고객이 있어야만 올바른 방향으로 전략의 전개가 가능하다. 그리고 여기에 그치지 않고 실천적인 행동 지침과 업무 수행이 뒤따라야 한다. 이러한 체계적인 활동을 통해서만 경영 성과로 연결될 수 있다.

경영의 중심에 고객을 두지 않고 잔기술에만 의존하더라도 성공을 거둘 수는 있다. 그러나 이 성공은 오래 지속될 수 없다. 기업 성장의 원천은 고객에 있기 때문이다. 그렇다면 이를 구호에만 그치지 않고, 어떻게 전략화하고 실행으로 옮길 수 있을 것인가? 그 답은 기업 경영 철학의 중심에 고객을 세우는 것이다. 즉, 고객 중심 철학을 경영 방침과 전략으로 결합하고 실행 계획을 수립하여 강력하게 추진해야 한다.

더 이상 말로만 고객 만족을 외치는 경영 행태로 결실을 거두기는 어려운 경영 환경이 되었다. 이미 고객이 직접 기업의 내면까지 모니터링하고, 정책과 의사결정 과정까지 감시하는 시대가 되었다. 특히 ESG 경영으로 대표되는 최근의 경영 환경에서는 기업의 정책 하나하나에 고객과 주주의 관심이 쏠려 있다.

겉만 올바름과 화려함으로 포장한 채, 내부는 이익에만 매몰된 경영을 이제는 숨길 수 없는 시대가 되었다. 사회가 이전에 비해 현격히 투명해졌고, 법적 또는 윤리적으로 공개해야 하는 내용의 범위도 확장되었기 때문이다. 이제는 경영 현장에 고객 중심의 철학을 세워야 한다. 그리고 허세나 공언(空言)이 아니라 실천적인 자세와 행동으로 그 철학적 중심을 뒷받침해야 한다.

6시그마 방식에서 가장 기본으로 삼는 것은 고객 중심의 리더십이다. 이는 고객 중심의 철학을 바탕으로 하고 있다. 즉, 모든 눈높이를 고객을 기준으로 해야만 문제의 핵심을 바르게 파악하고 확인할 수 있다는 의미다. 수요가 공급을 초과하는 공급자 우위의 시대에는 고객에 관한 관심이 낮았고 고객 요구는 참고용에 불과했다. 하지만 공급의 초과잉 시대인 오늘날 경영에서는 고객만이 상품과 서비스에 존재 의미를 부여하고 실제적인 성과를 안겨줄 수 있다.

특히 문제의 인식과 확인을 강조하는 6시그마 방식은 고객의 관점을 가장 중요한 기준점으로 삼고 있다. 고객 중심의 생각과 활동에 대한 대표적인 예는 상품과 서비스의 규격(spec) 설정과 운영이다. 고객 불만을 없애기 위해 불량을 방지하는 활동은 중요하다. 하지만 그에 앞서 양품과 불량의 기준을 명확히 해야 한다. 따라서, 고객을 바탕으로 제품 운영 전략의 가장 기본적인 방침은 올바른 규격의 설정과 운영으로부터 출발해야 한다.

지난 과거에는 처음 설계할 때 설정한 규격을 이후의 제조(양산)와 판매 시점에도 그대로 적용해왔다. 하지만 규격 자체는 고객의 요구 사항과 의견, 그리고 불만을 반영하여 설정하고 수시로 고객의 반응에 따라 개정해야 한다. 아직도 과거에 설정한 규격 기준을 관성적으로 운영하는 사례가 생각보다 많다. 이미 상품화된 제품과 서비스에 대해서는 추가적인 고객 요구나 평가를 수시로 확인하지는 않기 때문이다. 변화하는 고객 요구에 정확하게 빨리 대응하지 못하면 실패로 이어질 위험성이 높아진다. 그리고 이는 당연히 경영 현장의 부담으로 이어질 수밖에 없다.

고객 만족 경영을 거창하게 선언하고 잘 포장한다고 해서 반드시 성공하는 것은 아니다. 그리고 말로만 해서는 전사적인 적용이 어렵다. 고객 만족은 실천적인 행동이기에 앞서, 생각과 행동을 조절하는 철학의 성격을 지니기 때문이다. 지금까지 내부의 시각으로 상품과 서비스를 바라보았다면 이제는 외부의 시각, 즉 고객의 시각으로 면밀하게 살펴보아야 한다. 이 관점이 바로 고객 만족과 고객 중심 경영의 첫 출발이다. 최고 경영자로부터 모든 구성원까지 고객 중심의 생각이 체화될 때, 고객 중심의 철학은 실제적인 경영 성과로 연결된다.

끊임없는 추진, 고통 없는 혁신은 없다

20세기 후반에는 여러 경영 혁신의 흐름이 진행되었다. 모두가 성공한 것은 아니지만, 각 방식은 나름의 강점을 통해 경영 성과에 큰 영향을 미쳤다. 이를 간단하게 유형화하여 구분하면 다음과 같이 세 가지로 나눌 수 있다.

첫째 유형은 더욱 나은 경영 성과를 얻기 위한 기법으로, 경영 현안에 대한 분석과 대책을 제시하는 유형이었다. 대표적으로 데밍의 PDCA, 쥬란의 품질 트릴러지, VE(가치 공학), SCM(공급 사슬 관리) 등을 들 수 있다. 이들은 개별적인 부문에 국한된 방법이지만 기업의 경쟁력을 높이는 목적으로 제안되었고 아직도 꾸준하게 추진되고 있다. 이들은 혁신 방법론이라기보다는 도구로서의 강점을 가지는 것이 특징이다.

둘째 유형으로는 화두(hot topic) 형태로 제시된 방식이다. 구체적이고 체계적인 방법론까지는 연결되지 않았지만, 경영 현안에 대한 지적과 함께 앞으로의 대응을 요구했다는 점에서 의의가 크다. 현재의 가장 큰 문제를 성찰하여 화두로 압축하고, 미래의 방향까지 제시함으로써 경영전략에 혜안을 더해준 점은 매우 유익한 부분이다. 창조 경영과 최근의 ESG 경영이 대표적인 예다.

마지막 유형은 종합적인 경영 혁신 방법론으로서 고객 만족 경영, 전사적 품질관리(TPM), 도요타 생산 방식(TPS), 그리고 6시그마 혁신 등이 있다. 이 유형의 경영 혁신 방식이 가진 가장 큰 특징은 문제 해결을 위해 체계적이고 구체적인 방법론을 갖추었다는 점이다. 이들은 방법론을 구성하는 활용 도구(tool)에만 중점을 두지 않고, 이의 연결과 혁신 체계의 완성을 목표로 하였다.

위기에 대응하기 위한 혁신이나 여러 조치는 항상 성공만 보증하지는 않는다. 때로는 실패하기도 하고, 이를 보완하여 새로운 방법으로 재도전하기도 한다. 경영 혁신은 극복하기 어려운 위기 상황을 전제로 하는 경우가 많기 때문이다. 그리고 제기된 이슈가 해결되었다고 해서 모든 문제가 없어진 것은 아니다. 경영 이슈는 새로운 형태로 계속해서 대두될 것이고, 이에 대한 새로운 대응이 요구될 것이다. 그래서 경영 혁신은 끊임없이 추진되어야 한다.

좋은 경영 혁신 방식에는 강건한 운영 체계가 필요하다. 즉, 변화하는 위기의 모습에 적절한 대응을 할 수 있어야 한다. 이른바 방법론으로서의 혁신 방식이 필요한 이유이다. 아무리 좋은 도구들의 집합이라도, 명확한 운영 체계 없이 혁신 목표의 달성과 성과의 지속 유지는 어렵기 때문이다.

혁신의 추진은 어렵고 희생이 따른다. 그런 점에서 보면, 고통 없는 혁신은 애초에 존재하지 않는다고 할 수 있다. 그리고 많은 경영자가 희망하는 것처럼 경영 혁신이 한 번에 성공하기란 쉽지 않다. 누구나 성공을 희망하고 또 그 기대의 실현을 위해 노력하지만, 노력한다고 해서 단번에 완성되리라는 보장도 없다. 혁신이 끊임없이 추진되어야 하는 또 하나의 이유다.

경영 혁신이 지속해서 추진되기 위해서는 운영 체계가 있는 방법론의 형태를 갖추어야 한다. 위에서 설명한 유형 중 세 번째 유형인, 종합적 경영 혁신 방법론이어야 한다. 방법론으로서의 경영 혁신 운영 체계는 혁신에 적용되는 도구(tools)들을 경영전략과 방침으로 묶을 수 있다. 또한 혁신으로 산출된 성과를 경영 성과에 통합한다. 방법론으로서의 경영 혁신 방식만이 이런 메커니즘을 통해서 지속 추진의 동력을 가지게 된다.

그리고 운영 체계를 갖춘 방법론으로서의 경영 혁신 방식은 외부 환경에 쉽게 흔들리지 않아야 한다. 즉, 통제가 쉽지 않은 변수인 노이즈(noise)에도 강건해야 한다. 이런 요구에 적합한 운영 체계로는 6시그마 혁신 방식의 프로젝트 추진 로드맵(roadmap)이 대표적이다. 문제의 유형과 해결 전략에 따라 다양한 6시그마 로드맵이 이미 개발되어 있고, 앞으로 새로운 문제에 대해 새로운 로드맵이 제안될 것이다.

6시그마 혁신에서의 프로젝트 추진 로드맵은 미지의 변화에 능동적으로 대응할 수 있도록 순환 체계(circulatory system)를 제공한다는 강점이 있다. 이 로드맵은 실제적인 문제 해결을 위해 프로젝트를 어떻게 추진해야 할지 구체적인 단계별로 할 일들을 명확하게 제시한다. 그리고 한 단위의 프로젝트 추진으로 끝나지 않고, 문제의 발견과 해결에서부터 성과의 유지와 평가 및 새로운 이슈에 대한 문제 인식까지를 요구한다. 즉, 프로젝트 종료 후에도 또 다른 문제 발굴을 통해 새로운 프로젝트로 연결한다. 이로써 6시그마 방식은 순환 방식의 로드맵을 통해 끊임없는 혁신을 가능하게 해준다.

이 프로젝트 추진 로드맵에는 큰 단계로서 phase를, 그리고 phase 내부의 작은 실행 단계로서 step을 구분하여 각 단계에서의 구체적인 임무와 할 일을 정해준다. 그리고 이 임무의 수행을 위해 필요한 관련 도구들도 함께 제안한다. 그래서 이 로드맵은 프로젝트 추진 실무자에게는 내비게이션의 역할을 한다.

프로젝트 추진 목적의 6시그마 로드맵은 생산과 설계(개발)를 중심으로 한 제조(생산) 로드맵으로부터 출발하였다. 이후 유통과 공공 부문의 운영을 포함한 서비스 로드맵으로의 확장이 활발히 진행되었다. 프로젝트 추진 대상도 국가 품질 경쟁력 강화를 위해 앞으로는 의료, 행정, 법무 등 더욱 세분된 영역으로 새로운 로드맵을 확장할 필요성이 있다.

6시그마 로드맵에는 실제적인 문제 해결을 위한 프로젝트 추진 로드맵만 있는 것은 아니다. 6시그마 방식의 도입과 인프라 구축 및 운영을 위한 I-T-P-I와 같은 상위 전략을 위한 로드맵도 있다. 그리고 새로운 문제에 대한 새로운 접근법으로서의 개별 6시그마 로드맵 개발은 언제나 열려 있다. 특히 스마트 신기술의 등장으로 인해 큰 변화가 예상되는 현시점에서는 신기술과 관련한 새

로드맵의 개발이 더욱 필요해졌다.

전체 최적화, 눈앞의 성과를 조심하라

한때 산업의 고도 성장기에는 성과의 질이나 효율성을 따지지도 않고 최선을 다해 많은 성과를 내는 것이 미덕이던 시절이 있었다. 하지만 이런 성과가 전사적인 균형을 이루지 못했을 때는 바람직한 결과로 돌아오지 않는 경우가 많았다. 때로 이러한 현상은 낭비로 연결되기도 하는데, 재고로 인한 낭비가 대표적이다.

생산성을 높여서 같은 양으로 더욱 많은 생산을 하는 효율적인 생산이라고 해서 반드시 좋은 것만은 아니다. 판매나 공급계획에 대비하여 균형을 맞추어야만 바람직한 성과로 평가될 수 있다. 공급이 초과하면 오히려 재고로 쌓여 전체의 효율을 낮출 수 있기 때문이다. 특정 부분에서의 최적(최대, 최소)보다도, 이제는 전체 관점에서의 최적이 중요해지고 있다. 산업의 역량이 급속도로 팽창하면서, 국가나 기업의 종합적인 역량이 더욱 중요해졌기 때문이다.

누가 보더라도 전체 최적화는 당연히 중요하다. 그렇다면 부분의 성과와 전체의 성과는 어떻게 균형을 맞추어야 할까? 이는 보는 관점에 따라 달라진다. 전체를 볼 수 있는 위치라야 전체를 생각하여 판단하고 결정할 수 있다. 여기에서도 아는 만큼 보이고, 보이는 만큼 실행할 수 있다는 원칙은 철저하게 지켜진다. 생각만으로 전체 최적화를 구현할 수는 없다.

기업의 성과는 자체 성과도 중요하지만, 결국은 전체의 성과에 통합되어야만 효과가 극대화될 수 있다. 전체의 관점에서 최적화를 이루는 것은 당연한 가치로서 당위성을 가지지만, 실천과 실행은 생각보다 쉽지 않다. 어렵기 때문에 의지와 당위성만으로는 추진 동력으로 충분하지 않고, 실천과 실행으로 이어져야 한다. 그러기 위해서는 다음과 같은 몇 가지 필수 조건을 갖추어야 가능하다.

전체 최적화의 실현을 위한 책임은 최고 경영자에게 있다. 그래서 전체 최적화 방침 전개는 철저하게 top-down으로 전개되어야 한다. 왜냐하면 경쟁 체계 속에서 개별 부문은 각자의 부문에서 최고 성과를 내고 효율을 높이려 하기 때문이다. 비록 책임자의 위치에 있다 하더라도, 개별 부문이나 부서 책임자는 자신의 성과가 전체를 위해 통합되기를 희망하지 않을 수도 있다. 설사 이기적으로 보인다고 하더라도, 눈앞에 보이는 성과를 포기하는 책임자를 찾기는 어렵다.

전체 최적화는 기업의 핵심 전략인데, 이를 책임자의 양심에만 의존할 수는 없다. 특히 산업 규모가 커지고 변화 속도가 빨라질수록 부문보다 전체의 효율이 중요해지게 된다. 기업 내부적으로도 조직이 커질수록 부서 이기주의는 강화되고, 중복적인 노력은 낭비로 연결되므로 조심해야 한다. 그래서 전체 최적화는 최고 경영자의 핵심 사명으로서, 전략과 방침에서 높은 우선순위에 있어야 한다.

전체 최적화는 전략으로서의 가치가 크다. 하지만 장점만 있는 것은 아니다. 가장 큰 단점은 전체 최적의 추구가 개별 부문의 성과를 일정 부분 제한할 수도 있다는 점이다. 특히 개별 능력에 의존하고 경쟁이 심한 산업일수록 전체와 부분 간의 상쇄(trade-off) 효과가 발생하기 쉽다. 왜냐하면, 전체 최적 추구는 부문이나 부서 상호 간에 서로 보조를 맞추어야만 한다는 암묵적인 합의를 전제로 하기 때문이다.

아무리 좋은 원칙이라도 자율성과 최고 효율을 향한 의지를 꺾을 우려가 있다면 적극적으로 강하게 관리해야 한다. 그래서 전체 최적은 최고 경영자의 눈높이에서 평가되어야 하고, 또한 조심스럽게 접근하여야 한다. 이런 점 때문에 여러 혁신 방법 중에서 전체 최적화를 잘 수용할 수 있는 방식을 선택하는 것이 더욱 중요해진다.

전체 최적화에 가장 잘 부합하는 혁신 방식으로는 단연코 6시그마 방식이 최고다. 이를 확인하기 위해서는 그 혁신 방식이 문제를 어떻게 해결하는지에 대한 전략을 살펴보면 된다. 대개의 혁신 방식은 해당하는 문제가 발생할 때, 그에 반응하여 대증적인 형태로 프로젝트를 추진한다. 이에 비해 6시그마 방식은 종합적인 전략으로서 혁신을 운영한다. 즉, 혁신의 첫 단계부터 전체 최적화를 염두에 두고 경영 혁신 운영 체계 내에서 프로젝트를 포함하여 추진한다.

6시그마 방식의 구체적인 전체 최적화 전략은 문제의 발견 단계인 CTQ Tree를 구성하는 것으로부터 출발한다. CTQ Tree란, 조직이 가지고 있는 이슈를 VOC, VOB, COPQ, 품질 레포트 등에서 핵심 품질 특성(CTQ)을 발굴하여 이를 체계화한 것이다. 즉, 조직의 구성 체계별로(조직도 개념) 상위 조직부터(전체로서의 회사, CEO) 하위 단계로 프로젝트 CTQ를 전개하는 것이다.

예를 들면 가장 상위에 있는 회사의 CTQ(핵심 문제)를 설정하고, 하위 조직인 본부나 사업부의 이슈로 나누고, 또한 이를 더 하위 조직의 문제로 세분하는 것이다. 이때 최하위의 CTQ는 문제를 해결하는 주체(부서, 팀 등)가 프로젝트로 추진할 CTQ까지 세분하여 전개해야 한다. 이 방식으로 CTQ를 하위 전개하면, 회사 전체가 일정 기간 수행해야 할 가장 큰 문제에서부터 하위의 실행 과제까지 한눈에 확인할 수 있다는 장점이 있다.

CTQ Tree를 통한 프로젝트 운영은 조직 내부의 이슈가 상위 조직에서 검증되고 과제화된다는 장점이 있다. 또한 이 방식은 과제의 중복과 누락을 방지할 수 있다. CTQ Tree의 구성은 MECE(Mutually Exclusive, Collectively Exhaustive) 원칙에 입각해야 한다. 이를 통해 개별 Project CTQ는 상호 배타적이며(중복이 없이), 동시에 전체를 포괄하여(전체 관점에서 누락이 없도록) 구성할 수 있게 된다. 이로써 6시그마 프로젝트는 문제 해결 자체를 넘어 효과적인 전략 운영의 모습을 담을 수 있다.

전체 최적화의 초점은 문제를 대하는 전체적이고 장기적인 시야다. 최고 경영자가 주체가 되고 여기에서 출발해야 한다는 점도 이 때문이다. 위기 상황이나 문제를 해결하려 할 때는 장기적인 접근보다는 눈앞의 성과에 집착하기 쉽다. 왜냐하면 누구라도 현재 눈앞에서 벌어지고 있는 현안으로서의 문제를 해결하고 싶은 것이 본능이자 상식이기 때문이다. 하지만 이러한 상식적인 접근은 전체를 보지 못하는 우를 범할 수 있다는 단점이 있다. 또한 문제가 발생한 이후에 뒷수습 중심으로 프로젝트를 추진하게 되는, 수동적이고 보수적인 운영에 빠질 수도 있어 경계해야 한다.

다음 해의 경영전략을 수립할 경우, 보통은 하고 싶은 것과 해결해야 할 것을 중심으로 우선순위를 구성한다. 이때 전체 최적화의 대명제 아래 핵심 전략을 편성해야 한다. 서로 좋은 것, 편한 것을 차지하기 위해 경쟁하거나 어렵고 힘든 것을 피해서는 안 된다. 6시그마 방식은 이를 철저하게 목적화하고 현실적으로 추구한다. 결과적으로, 6시그마 프로젝트 발굴의 가장 기본은 '전체 최적화'의 원칙이라 할 수 있다.

결국은 사람이다, 사원 육성에 적합한 혁신 방법론

인재 확보에 대한 중요성은 예로부터 변함이 없었다. 21세기의 현시점에서도 이 중요성은 유효하다. 이는 만사의 기본은 사람이며, 사람을 중심으로 일이 이루어짐을 뜻하기 때문이다. 많은 경영계의 구루와 최고 경영자도 경영의 중심에서 인재에 대한 강조를 소홀히 하지 않았다. 우리나라에서도 마찬가지다. 다들 비슷하지만, 대표적인 예로 삼성그룹의 인재에 대한 집중과 선택은 정평이 나 있다.

기업에서의 사람 중심 경영은 어떤 사람을 뽑을 것인가, 그리고 어떻게 육성하며 성장시킬 것인가와 직접 연결되어 있다. 인재 운영 전략은 크게 두 가지로 나눌 수 있다.

하나는 좋은 능력의 인재를 채용하고 관리하는 데서 그치는 미국 중심의 서구식 인재 관리다. 물론 채용한 인재에 대한 관리가 수반되지만 역시 초점은 채용에 있는 것이다. 그래서 유능한 경력을 보유한 사람(경력자)이 중심이고, 이 이유로 고용 제도의(계약과 해지) 운용 자체가 자유롭다. 채용 중심의 인재 관리는 보상과 평가가 핵심을 이룬다.

다른 하나는 채용도 중요하지만 육성과 성장도 함께 중요하게 다루는 인재 관리 방침이다. 이는 동양적인 방식으로서, 자격을 갖춘 신입 사원을 채용하여 장기적으로 핵심 인재로 육성시킨다. 우리나라도 이 방식을 중심으로 채용과 육성 전략을 운영해왔다. 하지만 20세기 후반부터 신기술의 급속한 발전에 따라 인재 운영 전략도 서구화되는 추세에 있음은 사실이다. 이제는 이 두 전략의 장점을 함께 융합하는 현명함이 필요한 시점이다.

서구식이든 동양식이든, 기업 경영에 합치되는 인재의 채용은 중요하다. 그리고 채용된 인재를 잘 관리하는 것 역시 중요하다. 중국 사서 송사(宋史)에서 이를 잘 표현해주는 고사(古事)를 찾아볼 수 있다. '의인불용 용인불의(疑人不用 用人不疑)'라는 말로서, 의심나는 사람은 쓰지 말고 쓴 사람은 의심하지 말라는 뜻이다.

6시그마 방식 이전에는, 경영 혁신을 추진하면서 인재 육성까지 장기적인 계획을 포함하는 혁신 방법론은 없었다. 어쩌면 6시그마 혁신 방식이 유일하다. 물론 사람, 즉 인재의 중요성은 다른 혁신 방법론에서도 강조는 한다. 하지만 이를 구체적인 방침으로까지 전개하는 혁신 방식은 없었다. 그리고 6시그마 방식은 이를 위해 구체적이고 조직적인 체계를 제공한다. 즉, 조직의 직무나 직급 체계와는 별개로, 혁신 운영 주체의 육성 로드맵으로서 '벨트(belt) 체계'를 제시하였다.

필자는 이러한 6시그마 방식에서의 '사람 중심의 전략, 인재 육성의 체계'를 사원 육성 리더십으로 정의한다. 학계와 컨설팅 업계의 연구자들이 경영 혁신의 전략과 운영에서 사원 육성의 중요성을 소홀히 다룬 점은 매우 아쉽다. 왜냐하면 사원 육성은 경영 혁신을 단기 전략에서 장기적인 기업 성장 전략으로 연결해주기 때문이다.

사원 육성은 6시그마 방식의 본질과도 맞닿아 있다. 그런 점에서 사원 육성은 6시그마 운영 전략의 핵심 중 하나다. 물론 우수 인재를 '확보'하기 위한 노력은 항상 중요하다. 거기에 더하여, 이 인재를 장기적으로 기업의 핵심 인재로 '육성'하기 위한 체계를 구축해야 한다. 서로 좋은 인재를 확보하기 위해 경쟁만 할 것이 아니라, 동시에 육성과 성장의 이슈를 해결해야 한다.

6시그마 방식에서는 프로젝트 추진 책임자로 BB(블랙 벨트)를 중심으로 하여 벨트 체계를 구성한다. 태권도나 가라테의 벨트 운영 방식을 빌린 것이지만, 벨트를 단순히 능력과 경험의 성과(물)로만 평가하지 않는다. 오히려 벨트의 성장 체계에 관심을 가지며, 역할에 따라 벨트 운영 전략을 달리할 수 있어서 효율적인 면이 많다.

6시그마 방식의 혁신 추진에서 벨트 체계를 사용한 점을 새롭다는 관점에서만 평가하는 것은 부족하다. 왜냐하면 이 벨트 체계가 6시그마 방식의 운영 전략을 상당 부분 전략화하기 때문이다. 즉, 6시그마 혁신 방식이 강조하는 핵심 리더십인 부단 추진, 전체 최적과 사원 육성은 이 벨트 체계를 통해 완성된다. 6시그마 벨트 운영 구조를 간략하게 살펴보자.

먼저 사원 육성 차원에서 살펴보자. 6시그마 방식은 초심자인 WB(화이트 벨트)와 프로젝트 참여자인 GB(그린 벨트)로 출발하여 6시그마 혁신의 핵심 역량인 프로젝트 추진자로서의 BB로 성장시키는 로드맵을 갖추고 있다. 이 육성 과정을 기존의 인재 운영 전략과 비교하면 신입 사원으로부터 중견 사원 그리고 핵심 관리자로 육성하는 모습과 유사하다. 다만 그 내용이 일반화된 직급 구조가 아니라, 문제 해결 체계에서의 구체적인 역할을 바탕으로 한다는 점에서 크게 구별된다. 그리고 각 벨트는 교육과 훈련의 명확한 내용이 지정되고, 이를 통해 수행할 자격을 인정받는다는 점에서 차별화된다.

다음으로는 이 육성된 벨트를 통해 프로젝트 추진이 끊임없이 지속된다는 장점이 있다. 낮은 역량의 벨트에서 핵심 벨트로 성장하면서, 참여에서 추진자의 위치로 자연스럽게 육성된다. 그리고 이 성장 로드맵과 전사적인 CTQ Tree의 하위 전개를 통해 끊임없는 프로젝트 추진이 보장된다. 이로써 '부단 추진'이라는 6시그마 방식의 리더십이 동력을 갖게 된다. 즉, 경영 혁신의 추진이 당면한 문제 해결이라는 단발적인 성과를 탈피하여 지속적인 기업 성장 로드맵으로서의 구조를 갖추도록 순환 체계를 만든다.

마지막으로 6시그마 벨트는 전체 최적화를 위해 이바지한다. 벨트의 육성과 분포는 기능적으로는 전체 기능을 아우르고, 계층별로는 최상위층에서 신입 사원까지 모두를 포함하도록 전 사원을 대상으로 운영된다. 이는 전사적 품질관리로서 TQC와 CWQC가 지향하는 바와 유사하다. 벨트가 전사의 모든 영역에 포진함으로써 어떤 문제라도 기능별로 원활한 상호 협조 체계가 구축되고, 특정 이슈에만 집중되지 않도록 하여 전체 최적을 이룰 수 있다.

6시그마 방식에서 사원 육성은 목표 달성을 위한 도구의 역할에 그치지 않는다. 사원 육성 그 자체로서 조직 구성원의 건강한 비전을 키우고 성장에 대한 자부심을 담보할 수 있다. 이는 혁신 전략이 일부분이나 일부 계층에만 전속되었던 과거 경영 혁신 추진의 고정관념을 깨는 역할을 한다. 사원 모두는 누구라도 조직의 혁신을 위해 참여할 수 있고, 자신의 성장을 위해서 적극적인 교육과 훈련을 받아야 한다. 이를 위한 계층이동이나 성장을 위한 사다리로서 6시그마 벨트는 독특하면서도 매우 유용한 기능을 한다.

6시그마 혁신의 오해하기 쉬운 함정들

이번 「6. 6시그마 방식의 핵심 경쟁력」에서는 가장 강력한 혁신 방식으로 검증된 6시그마 방식이 갖춘 핵심 경쟁력에 대해 살펴보았다. 하지만 많은 강점에도 불구하고, 아직은 미흡하여 보완하거나 새롭게 조정해야 할 부분 역시 많다. 그리고 한때 열병과 같이 짧은 기간에 확산되었던 6시그마 방식이지만, 이에 대한 이해는 여전히 충분치 않다. 어쩌면 부족한 이해를 넘어 오해에 가까운 과신과 맹신 역시 존재한다.

다시 한번 강조하지만 6시그마 방식이 모든 경영 혁신 방법론을 대표하거나, 다른 방식을 무조건 배척하지는 않는다. 오히려 부족한 부분에 대한 보완과 협업을 할 수 있도록 유연성과 탄력성을 가지고 있다는 점이 또 다른 강점이다. 이제 그 오해와, 오해를 불러일으킨 원인으로서의 함정(陷穽)을 살펴보자.

대표적인 6시그마 방식에 대한 오해는 다음의 다섯 가지로 요약할 수 있다. 핵심 키워드로 보면 top-down 의사결정, 챔피언 벨트, 사무국, 문제 해결 로드맵, 6시그마 프로젝트다.

첫째, top-down 의사결정에 대한 오해다. 경영 혁신의 전개에서는 최고 의사결정권자의 권능이 클 수밖에 없으므로, 혁신의 동력이 top management로부터 나온다는 점에는 이견이 없다. 여기에서 무슨 오해가 있겠는가 생각하겠지만, 이렇게 생각하여 6시그마 방식의 의사결정을 무조건 위로부터의 경직된 구조로 이해하는 것이 함정이다. 지나친 일반화가 부른 오해로 인해, 6시그마 방식 전체에 대해 잘못된 편견이 커졌다.

위기에 대응하기 위한 전략인 경영 혁신은 경영 성과와 직접 연결되어야 한다. 따라서 혁신의 도입과 적용, 그리고 추진을 위한 핵심 사항은 당연히 최고 경영자의 안목으로부터 출발해야 한다. 특히 6시그마 방식의 혁신은 목적상 일반적 해결이 어려운 문제를 대상으로 강력한 구조와 로드맵, 도구를 갖추어 해결해야 한다. 그래서 경영진의 관심과 직접적인 개입은 필수적이다. 여기에서 다른 혁신 방식과 6시그마 방식의 차이가 발생한다. 6시그마 혁신의 핵심 운전자는 필수적으로 top management가 되어야 한다. 그럼으로써 top-down 의사결정 체계는 더욱 강조된다.

하지만 모든 의사결정 체계가 그렇듯이, 6시그마 방식도 모든 의사결정을 top-down 방식만으로 할 수는 없다. 6시그마 방식도 상위에서 결정하여야 할 내용을 명확히 하되, 때에 따라서는 위임결정 체계를 통해 하부 시스템으로 권한을 위임한다. 이 부분이 간과되면서, 기존의 상향식(bottom-up 방식) 의사결정과는 완전히 반대의 구조라는 성급한 일반화를 불렀다. 이는 상향식 의사결정 구조가 민주적인 절차로 자리 잡는 과정에서, 이와는 반대 의미인 top-down 방식이 상대적으로 부각(浮刻)되어 생긴 일반화의 오류다.

둘째, 챔피언의 위상에 대한 심각한 오해가 있었다. 6시그마 방식의 잘못된 도입과 적용에서는 6시그마 벨트 중 특정 벨트만을 강조하였다. 그 탓으로 다른 벨트의 중요성이 무시되었다. 이는 6시그마 방식의 중심이 되는 근간을 오해한 것으로, 잘못된 혁신 추진의 도화선이 되었다. 6시그마 벨트에서 챔피언 벨트가 대표적으로 오해를 받았다. 기존에 없던 새로운 체계이기에 관심은 컸지만, 충분한 이해가 부족한 상태에서 겉으로 나타나는 외양만 도입한 것이 가장 큰 원인이었다.

챔피언은 구조적으로 두 부분으로 나뉜다는 점을 앞에서 이미 설명했다. 총괄 챔피언으로서의 Deployment Champion과 추진될 프로젝트의 책임자로서의 Project Champion으로 나뉜다. 하지만 대부분의 6시그마 혁신 추진에서는 프로젝트 챔피언만 강조했고, 그 상위 개념인 총괄 챔피언은 무시했다. 이는 총괄 챔피언의 존재와 역할을 전혀 몰랐거나, 중요성에 대해 인지하지 못한 오해 때문에 발생하였다. 결과적으로, 이는 6시그마 혁신의 안정화에 큰 걸림돌이 되었다.

총괄 챔피언은 6시그마 방식의 운영 전반에 대해 총괄적으로 책임을 지고 후원하는 벨트다. 프로젝트 챔피언이 주어진, 즉 할당된 프로젝트에 대해 집중한다는 점과는 큰 차이가 있다. 이 총괄 챔피언의 부재가 부른 가장 나쁜 영향은, 6시그마 도입과 추진 과정에서 발생한 장애에 대해 적절한 조치가 전혀 작동하지 않았다는 점이다. 즉, 혁신 추진이 잘못 진행되거나 지원이 부족할 때, 이를 중앙에서 해결할 수 있는 권한과 책임은 오로지 최고 경영자에게만 집중되어서 그 해결을 어렵게 하였다.

경영 혁신을 운영하는 환경에 따라, 두 챔피언의 포지션을 통합하여 운영할 수는 있다. 하지만 명확하게 각각의 역할을 이해하여 빠짐이 없도록 해야 한다. 통합하여 운영한다고 해서 총괄 챔피언 또는 프로젝트 챔피언의 기능과 역할이 사라지거나 경시(輕視)되어서는 안 된다. 두 유형의 챔피언 벨트는 각각의 고유하고 중요한 기능이 있기 때문이다.

셋째, 6시그마 혁신을 지원하는 조직으로서의 사무국에 대한 오해다. 다른 혁신 방식은 문제 해결을 위해 필요한 기능을 중심으로 강화되고 조직화되었다. 하지만 6시그마 방식은 태생부터 끊임없이 지속되는 혁신 구조를 상정하고 있다. 그래서 6시그마 방식의 혁신 도입과 추진에서는 필수적으로 지원 조직이 요구된다. 대표적인 6시그마 혁신의 지원 구조가 바로 사무국이다. 하지만 6시그마 사무국에 대한 충분한 이해가 부족하여 6시그마 성과를 넘어 6시그마 문화를 구축하는 데 한계를 낳았다.

많은 사례에서 6시그마 사무국을 기존의 유사한 기능 조직과 통합 운영하거나, 기존 조직에 위임하여 운영하였다. 이는 매우 큰 오해로, 올바른 6시그마 방식의 도입에 방해가 되었다. 6시그마 방식은 기존의 것들과는 차별화된, 완전히 다른 방법론이다. 그래서 이를 구현하기 위한 지원 조직 또한 달라야 한다.

사무국이 새롭게 준비되지 않으면 기존 운영 방식과 생각에 머물러 있게 된다. 이러한 오류는 겉모습만이 아니라 내면까지 온전한 6시그마 방식의 도입과 적용을 방해한다. 누구나 변화 없이 기존의 조직을 그대로 답습(踏襲)하여 쉽게 운영하고자 하는 함정에 빠지기 쉽다. 총괄 챔피언이 6시그마 방식의 올바른 도입을 위해서 반드시 경계해야 할 대목이다.

특히 총괄 챔피언의 부재와 함께 사무국의 잘못된 운영은 전체 혁신 체계의 구축에 문제를 발생시켰다. 잘 모르기 때문에 그냥 외부에 통째로 외주를 주거나, 잘못된 이해를 바탕으로 부분적인 기능 중심으로 적용할 수밖에 없었다. 경영 혁신의 도입과 적용상의 오류에 대한 심각성은 개별 프로젝트 추진상의 문제와는 비교할 수 없을 정도로 크다. 특히 잘못된 운영이 발생하였을 때, 그 수습을 위한 적합한 주체가 없어서 혼란을 자초했다.

6시그마 사무국은 총괄 챔피언의 지휘에 따라 혁신 추진의 전체적 중심을 잡아야 하고, 방향성을 유지하며, 문제를 적극적으로 해결해야 하는 특별한 사명이 있다. 하지만 이 기능이 없거나 이를 소홀히 운영함으로써 6시그마 방식은 '용두사미에 불과하다'라는 비판에 직면하게 되었다. 결과적으로 지원 조직의 구심점인 6시그마 사무국 운영에 관한 이해의 부족은 6시그마 방식 정체의 중요한 원인으로 작용했다.

넷째, 6시그마 방식을 6시그마 프로젝트 추진 로드맵 그 자체로 오해하는 경우가 많았다. 물론 이 로드맵이 기존 방식과 쉽게 구별되는 차이점이기도 하다. 즉, DMAIC나 DMADV와 같은 6시그마 프로젝트 로드맵은 독자적이고 차별화된 방법론의 구성을 갖추었다. 그리고 직관이나 관성적인 문제 해결이 아닌 통계적이고 과학적인 해법에 중점을 둠으로써, 기존 방식과 차별화를 이루었다. 하지만 6시그마 방식이 이 로드맵으로만 구성되는 것은 아니다.

6시그마 프로젝트 로드맵은 기존의 방식에서는 제공하지 않는, 일관되고 강력한 단계적 실천 방법론과 통계 도구를 적극적으로 수용하고 배치한 획기적인 방법론이다. 분명 이는 6시그마 방식의 큰 강점이자 차별점이다. 하지만 이를 지나치게 강조함으로써 6시그마 프로젝트 추진 로드맵에 대한 지나친 일반화를 가져왔다. 이미 검증된 바와 같이, 이 로드맵은 문제 해결에 도움이 되었고 효과적인 성과도 창출했다. 하지만 이 로드맵만으로 6시그마 혁신 체계가 완성되고, 성과가 창출되며, 그 성과가 경영 성과에 통합되는 것은 아니다.

6시그마 문제 해결 로드맵은 문제에 대한 효과적인 대응이자 긍정적인 체계이지만, 6시그마 혁신 전체의 관점에서는 핵심 역량의 중요한 부분일 뿐이다. 물론 이를 무시하거나 경시해서는 안 된다. 하지만 이 로드맵을 적용하는 것만으로도 6시그마 방식이 충분히 완성될 수 있다는 기대는 과신이자 맹신에 가깝다. 이는 매우 경계해야 한다. 나무를 보고 숲을 보지 못하는 함정에 빠질 수 있기 때문이다.

6시그마 방식이 근원적으로 목표하는 전략은 해당 문제의 해결이라는 대증적(對症的)인 처방이 아니다. 6시그마 방식의 본질은 고객 중심의 철학을 바탕으로 끊임없는 혁신을 추진함으로써 전체 최적을 이루고, 동시에 모든 계층의 참여와 사원 육성을 통해 종합적이고 통합적인 성공과 승리에 이르는 것이다. 이렇듯 6시그마 방식을 단순히 효과적인 문제 해결 방법론만으로 좁게 이해하는 것은 매우 아쉽다. 따라서 이를 바로잡지 않고서는 전체로서의 6시그마 방식을 이해할 수 없다.

6시그마 프로젝트 추진 로드맵은 성과를 얻기 위한 가장 효과적인 프로세스이자 도구다. 하지만 이 로드맵의 강점 때문에 6시그마 방식의 진정한 철학과 방법론이 가려지는 것은 큰 왜곡이다. 이 오해로 인해 6시그마 방식은 전체가 아닌 부분으로 오해되고, 단기 전략으로 이해되기도 하였다. 이러한 인식은 오해를 넘어, 바람직한 혁신 방식의 진화에 해악을 낳았다.

6시그마 방식은 다른 어떤 혁신 방식보다 도입과 적용을 위한 준비가 철저해야 한다. 게다가 때로는 기존 체계를 수정하고 변경해야 한다. 따라서 올바른 6시그마 방식의 적용을 위해서는 시간과 예산의 소요가 수반될 수밖에 없다. 이는 피할 수 없는 과정이다. 이러한 구축 과정의 어려움과 전략적 완성에 대한 포괄성을 프로젝트 로드맵의 강점만으로는 이해할 수 없다. 왜냐하면 당면한 문제 해결에 초점이 맞추어진 성과 중심의 프로젝트 추진 로드맵만으로는 6시그마 방식이 지향하는 바를 충분히 설명할 수 없기 때문이다.

다섯째, 6시그마 방식에서는 프로젝트의 발굴과 착수에 대한 오해가 많다. 6시그마 방식에서 '6시그마 프로젝트(이하 프로젝트)'는 혁신 방법론으로서의 6시그마 방식을 이해하기 위한 가장 명확한 상징으로 자리 잡았다. 그래서 6시그마 프로젝트의 수행을 위한, 즉 성과를 내기 위한 과정으로서의 로드맵은 꾸준하게 관심을 끌었다. 반면 그 출발이 되는 프로젝트의 발굴과 착수에 대해서는 등한시하였다. 이는 6시그마 방식이 '근본 원인(root cause)'을 해결한다는 관점을 제대로 이해하지 못한 이유에 기인한다.

발생한 현재 문제의 해결만이 중요한 것이 아니다. 궁극적으로는 앞으로 발생하게 될 문제도 중요하다. 그래서 문제의 확인과 이를 프로젝트로 연결하는 노력은 매우 중요하다. 6시그마 방식에서의 문제 발견은 예측된 미래의 방향으로서 현시점에서의 내비게이션 역할을 한다.

6시그마 방식에서의 프로젝트를 발굴하고 착수하기 위한 노력을 다른 혁신 방식과 같게 생각하는 것은 큰 오해다. 프로젝트 추진을 위한 문제 발굴 과정부터 다른 혁신 방식과는 현저하게 다르기 때문이다. 그리고 이는 6시그마 방식의 최대 강점 중 하나이기도 하다.

보통은 현재 발생한 문제점에 대해, 이의 개선을 위해 프로젝트 추진을 결정하고 여건에 맞게 준비하여 프로젝트에 착수한다. 하지만 6시그마 방식은 문제의 발생 이외에도, 운영 중인 프로세스의 CTQ에 초점을 맞춘다. 즉, 전체 CTQ Tree에서 해결해야 할 CTQ를 확인하고, 이를 조직에 맞게 세분하여 할당함으로써 프로젝트를 런칭한다.

이러한 6시그마 방식의 프로젝트 발굴 방식은 독특하다. 이는 두 가지 관점에서 탁월하다. 하나는 회사 전체 프로세스 관점에서의 완결성과 종합성이며, 다른 하나는 개별 프로젝트 성과의 전사 통합이라는 관점이다. 이 두 가지를 따로 떼어서 판단할 수는 없고, 이를 묶어주는 핵심 고리가 CTQ다. 그래서 6시그마 프로젝트는 다른 혁신 방식의 프로젝트와는 확연하게 구별이 가능해진다.

아직도 모든 문제를 6시그마 프로젝트 방식으로 해결하려고 하는 오해가 만연하다. 이런 오해 때문에 더 손쉬운 해결법이 있는 간단한 문제임에도 불구하고 굳이 6시그마 프로젝트라는 어려운 과정을 통해 복잡한 형식으로 해결하려는 경향이 많다.

숨어 있는 CTQ가 없는 일반적인 문제는, 몇 번의 핵심 관계자들의 회의나 T/F와 같은 간단한 형식으로 해결할 수도 있다. 하지만 많은 프로젝트 리더는 6시그마 프로젝트를 오해하여, 간단히 해결될 문제조차도 굳이 6시그마 프로젝트로 추진하려 한다. 이는 낭비에 가까운 행동 양식이다. 6시그마 프로젝트는 반드시 6시그마 방식으로 풀기에 합당한 CTQ에 대해서만 적용해야 한다.

이러한 여러 오해들, 특히 위에서 설명한 다섯 가지 주요 오해로 인해 6시그마 방식은 많은 비판을 받았다. 특히 잘못된 6시그마 방식의 적용 경험은 먼저 내부로부터의 비판에 직면했다. 이러한 내부 저항은 외부적으로도 이어졌는데, 심지어 6시그마 핵심 역량마저 폄훼되어 정체로 이어졌다. 필자는 쉼 없이 이 오해 해소를 위해 연구하고, 올바른 적용과 이해를 위해 제안하였다. 이 연구의 핵심은 쉬운 접근(easy going)으로의 함정에 빠지지 않아야 한다는 것이다.

경영 혁신은 외부로부터도 주목받는 기업의 중요한 전략이자 방침이다. 그래서 더욱 탁월한 수행과 결과에 집중해야 한다. 이때 경영자와 프로젝트 리더는 외면의 화려함과 단기 성과에 대한 집착, 기존 성공 경험을 잊지 못한 관성, 그리고 새로운 방식에 대한 무분별한 흡수와 추종이라는 함정에 빠지기 쉽다. 특히 이 함정은 누구에게라도 솔깃하지만, 경영진과 프로젝트 리더에게는 치명적인 유혹이다. 이때 필요한 것은 신중한 선택과 핵심 역량에 대한 명확한 이해다. 어렵지만 회피하지 않아야 하고, 올바로 이해하고 적용하려는 노력이 필요하다.

＊

6시그마 혁신은 20세기 후반부터 30여 년 이상 세계적으로 확산
되며 추진되고 있다. 전파의 흐름은 초기에는 유행과 같이 급속도
로 확산하였으나, 21세기 초를 지나면서 2010년대 이후부터는 다
소 정체 상황을 맞고 있다. 이 확산과 정체 현상에 대한 진단은 다
양하다. 하지만 명확한 근거보다는 개별 사례 중심의 진단이 대부
분이어서 새로운 대안 제시까지 나아가기는 역부족이다.

지금까지 제2장에서는 'Cue Q! Again Six Sigma!'라는 주제로 6시
그마 방식의 추진 역사와 함께 현재 상황에서 주목해야 할 점, 그리
고 핵심 경쟁력까지 살펴보았다. 또한 도입 목적과 적용 과정에서
의 오류와 개선이 필요한 부분에 관해서도 소개하였다. 이번 「7. 6
시그마 도입, 이렇게 준비하라」에서는 최고의 성과를 얻기 위한 6
시그마 방식의 바람직한 전개에 관해 설명하고자 한다.

경영 혁신의 방식을 어떻게 정하고 추진할 것인지는 개별 기업과
조직의 상황에 따라 다르다. 원칙적인 면에서도 정교한 적용을 위
해서는 세부적인 면까지 기업의 상황에 맞추어 조정과 보완을 할

수 있도록 방법론을 설계하는 것이 효과적이다. 이른바 맞춤 적용을 할 수 있어야 최적의 효과를 얻을 수 있다. 즉, 경영 혁신의 방식은 추진 조직의 개별적인 특성을 살릴 수 있도록 각자의 다름을 반영할 수 있어야 한다.

하지만 위기 극복을 위한 경영 혁신 상황은 누구에게나 낯설고 익숙하지 않기 때문에 자주적인 해결이 어렵다. 그래서 이미 구조를 갖춘 방법론에 의지하는 것이 효율적이다. 이때 적용하게 될 혁신 방법론이 상황에 따라 즉흥적으로 원칙이 변한다면 혼란을 초래할 수 있어서 바람직하지 않다. 이런 이유로 혁신의 방식에는 보편적인 일반화와 함께 상황별 변형 가능성에 대한 요구가 동시에 존재한다.

경영 혁신 방식으로 요구되는 두 조건인 일반화와 변형 가능성을 함께 만족시키기는 어렵다. 이 두 조건은 한편을 강조하면 다른 편의 특성이 약해지는 서로 보상(trade off)의 성격이 있기 때문이다. 어느 정도의 조절은 가능하다 해도, 서로의 특성을 매끄럽게 연결하기는 매우 까다롭다. 어떻든 이 둘을 동시에 충족시키는 방식을 찾는 노력과 고민은 중요하다.

6시그마 방식은 이 둘의 조화를 잘 이루는 대표적인 사례다. 앞서 6시그마 리더십에 관해 설명하였지만, 6시그마 방식은 전체로서의 강건성(robustness)과 개별 상황에 대한 유연성(flexibility)을 갖추고 있다. 특히 이 두 조건이 조화를 이룬 혁신 방법론을 구성하면서, 서로 섞임으로써 발생할 수 있는 애매함을 특유의 방식으로 해소한 독특한 구조를 창출한 점이 새롭다. 즉, 이를 적당한 수준의 타협에서 해결하는 것이 아니라, 새로운 모색을 통한 해결안을 창출했다는 점이 의미가 크다.

이를 대표적인 몇 개의 단어로 요약하기는 쉽지 않다. 여러 전략과 제도, 그리고 도구(tool)가 함께 어우러져 이룬 융합 효과이기 때문이다. 그래서 6시그마 방식을 도입할 때는 방법론 전반에 대한 이해가 철저해야 할 뿐만 아니라, 그 적용 과정 역시 세밀해야 한다.

우리의 6시그마 혁신 적용 경험에서도 이러한 준비 과정을 빠뜨리거나 소홀히 한 경험이 있었다. 그 결과는 빠른 확산에 이은 정체로 이어졌음을 명심해야 한다. 이제 이런 오류를 다시 겪지 않기 위해서도, 6시그마 혁신 방법론의 도입 전략은 명확하게 정의되어야 한다. 그리고 매뉴얼로 정립되어야 한다.

앞으로도 어려운 현재 상황을 돌파하기 위해 많은 경영자가 위기 극복 전략으로 6시그마 방식을 선택할 것이다. 이때 그 성공을 보증하기 위한 여러 장치들을 구체화하고 전략화할 필요가 있다. 이번 「7. 6시그마 도입, 이렇게 준비하라」는 여기에서 6시그마 방식의 세부적인 면까지 설명할 수는 없겠지만, 도입 전략과 추진 과정에서의 핵심 방침에 대하여 명확히 하기 위해 마련하였다.

두 번 재고 한 번에 자르라

경영 혁신은 일상적인 업무의 연장선에 있지 않다. 변화의 크기와 변화가 미치는 영향은 전체 조직을 흔들 정도로 크다. 그래서 혁신을 추진하기 위해서는 경영자의 결단과 함께 심사숙고가 필요하다. 심사숙고의 대상은 혁신 추진 여부의 결단뿐 아니라 혁신 방식의 선정, 그리고 이를 위한 기반 구조(infra)의 구축 등 여러 분야가 포함된다.

조직과 구성원에 미치는 영향이 큰 만큼 혁신 추진을 위해 충분한 준비는 필수적이다. 하지만 일각에서는 경영 혁신의 추진을 외면에 보이는 형식 중심으로 이해한 것도 사실이다. 이런 경우에는 준비가 충분하지 못하고, 그 성과 역시 기대에 미치지 못하는 것은 자명한 이치다. 산업계에서 기술과 공급을 주도하는 위치에 있지 않으면 후발 주자는 따라가야 하는 경우가 많다. 혁신의 추진도 예외가 아니다. 선도 기업들이 줄지어 같거나 비슷한 경영 혁신을 추진하게 되면, 후발 기업은 이 대세에 따르지 않을 수 없기 때문이다.

특히 6시그마 혁신 방식은 1, 2차 세계대전을 거치면서 산업 생산력의 폭증에 따른 후유증, 즉 품질 향상이라는 거센 요구를 배경으로 탄생하였다. 이는 시대적인 요구(most wanted)로 받아들여졌고, 6시그마 방식의 성공이 경영계의 화두가 되면서 6시그마 방식의 도입은 당위(must)에 가까운 현상으로 이어졌다. 여기에 경영자의 호기심과 성취욕이 편승하면서, 6시그마 방식의 확산은 더욱 급속하게 이루어졌다.

6시그마 혁신의 확산으로 품질 향상의 전략이 성공적으로 전개되었음은 틀림없는 사실이다. 이로써 품질 향상은 한 단계 더 높은 목표를 가질 수 있게 되었다. 즉, 품질 혁신이 품질 향상에만 그치지 않고 조직의 경쟁력 향상까지 이끈다는 점이다. 이에 착안하여 조직의 경쟁력 향상을 위한 품질 경쟁력 향상은 제품 품질에 국한되지 않고 서비스 품질, 나아가 모든 부문에서의 품질 향상 목표로 연결되었다.

원래 좋은 일에는 방해가 많은 법이다. 옛 격언에도 호사다마(好事多魔)라는 말이 있듯이, 품질 향상을 이끌었던 6시그마의 급속한 확산은 성과와 함께 부작용도 발생시켰다. 이 지적은 6시그마 방식이 창안되었던 초기에만 국한되지 않고 꾸준하게 제기되었다. 이는 혁신 방식의 불안함보다는 적용상의 오류를 의미한다. 즉, 6시그마 혁신을 성공시키기 위해서는 무엇보다 방법론에 대해 충분하게 이해하고 이를 바탕으로 올바로 적용해야 한다는 점이다.

새로운 혁신 방식에 대한 이해와 준비가 철저하지 못하여 6시그마 혁신의 성공은 방해를 받았다. 나아가 폐해까지 생기게 되었는데, 이는 여러 6시그마 혁신 적용 경험 사례로 확인되었다. 이제는 6시그마 방식을 도입하기 위한 최적의 방법에 대해 알아야 한다. 이미 경험을 통해 성공과 실패 사례도 축적되었다. 그런데도 실패 열차에 탑승하는 오류는 범하지 말아야 한다.

좋은 목수의 조건으로 '두 번 재고 한 번에 자르라'라는 격언이 있다. 이는 그만큼 실행에 앞서 충분히 준비하고 대비하여야 함을 강조한 말이다. 조직과 구성원에 큰 영향을 미치는 경영 혁신 역시 마찬가지다. 남의 성공한 모습을 보면서, 또는 주변의 분위기에 편승하여 경영 혁신을 추진하거나 혁신 방법을 선택하는 것은 어리석은 결정이다. 자기 몸에 맞지 않는 옷을 입게 되면 그 자체로 부자연스럽고, 하지 않는 것보다 못한 역효과가 발생할 수도 있기 때문이다.

경영 혁신 방식으로 6시그마 방식을 선택하였다면 무엇보다 철저한 준비와 점검이 뒤따라야 한다. 이를 위해 가장 먼저 준비할 내용은 6시그마 방식에 대한 완벽한 이해다. 이전에는 없었던 완전히 새로운 체계와 제도, 도구를 장착(裝着)한 6시그마 방식이기에 특히 이러한 준비로서의 이해가 필요하다. 자칫 이해의 부족은 큰 적용상의 오류로 이어질 수 있다. 이는 이미 경험으로 충분히 확인되었다.

이 준비의 대상은 방법론에 그치지 않는다. 6시그마 방식의 철학적인 바탕과 제도, 프로젝트 추진 로드맵과 이에 활용되는 도구까지 전반적인 영역에 대해 철저한 학습과 이해를 요구한다. 새로운 것일수록 피상적인 이해로 인해 오해에 이르기가 쉽다. 기대한 만큼의 성과에 이르지 못할 뿐 아니라, 본질을 왜곡할 수도 있기 때문이다. 그런 의미에서 두 번 재고 한 번에 자르라는 격언은 의미가 깊다.

이를 위해 반드시 점검해야 할 구조가 있다. 바로 총괄 챔피언과 사무국이다. 이들의 필요성에 대해서는 앞에서 충분히 설명하였다. 이 두 가지를 새삼 특별히 강조하는 것은, 6시그마 방식의 도입 시 반드시 갖추어야 할 핵심 축이기 때문이다. 다른 핵심 역량들은 순차적으로 준비하고 육성할 수 있다. 하지만 이 둘은 도입 첫 시점부터 역량을 발휘해야 한다. 그래서 미리 준비되어야 하고, 그렇지 않으면 외부에서라도 도움을 받아야 한다.

총괄 챔피언과 6시그마 사무국은 목수의 역할을 한다. 6시그마 혁신 활동을 위해 전개될 여러 준비를 이 두 핵심 역량이 추진해야 한다. 재든 자르든 이들의 역량에 의해 좌우된다. 그러기 위해서는 이 두 기반 구조부터 명확히 이해하고 준비해야 한다. 아쉽게도 우리의 6시그마 경험에서는 이 부분이 특히 부족했다.

알면서도 소홀히 했다기보다는, 몰라서 제대로 준비하지 못한 경우가 다수일 것으로 판단한다. 이러한 부족함으로 인해 또 실패를 맞아서는 안 된다. 도입부터 철저하게 준비해야만 성공 가능성을 높일 수 있다. 철저하게 효과적으로 추진하기 위해, 기반 구조부터 제대로 갖추어 진행하도록 해야 한다.

Top-down leadership, 경영자가 주도하는 6시그마 혁신

6시그마 방식을 올바로 도입하고 적용하기 위해서는 경영자가 주도하는 혁신 방식임을 인식하여야 한다. 즉, top-down leadership 의 정립이 필요하다. 모든 경영 행위에는 경영자의 의지가 깊게 반영된다. 특히 경영 혁신 추진은 위기에 직면한 절체절명의 상황을 돌파하려는 전략이자 행동 방침이므로, 더욱더 경영자의 의지와 적극적인 개입이 요구된다.

봉건 시대와 전제군주(專制君主) 시대를 지나 민주주의가 확립되는 과정에서 경영과 산업 현장도 민주화 과정을 밟았다. 또한 2차 대전 이후 대량생산 혁명으로 충분한 재화의 공급이 가능해지고 일반 시민의 생활이 윤택해지면서 사회 전반에서의 의사결정 구조도 크게 변화하였다. 특히 20세기 중후반을 거치면서 기업은 구성원의 가치를 인정하여, 그 창의성과 유연성을 중시하는 bottom-up 형식의 의사결정 구조를 받아들이고 권장하게 되었다.

어떤 의사결정 구조가 바람직한지에 대하여는 아직도 다양한 주장들이 존재한다. top-down이냐, bottom-up이냐? 어떤 방식이 가장 효율적이고 효과적일지 고민만 할 것이 아니다. 어느 특정 방식만을 고집하지 않고, 두 가지 의사결정 방식을 적절하게 혼합하는 것도 영리한 선택이다. 두 방식은 나름의 장점이 있어서, 한쪽만 강조하여 다른 쪽을 배제하는 것은 바람직하지 않기 때문이다.

하지만 특정 의사결정 방식이 효과적인 경우도 분명히 존재한다. 무조건 한 방향으로의 의사결정 방식을 고집할 것은 아니지만, 특정 방식만이 유효한 경우도 분명히 있다. 예컨대, 조직의 재무운영과 같은 기업 경영의 중요 의사결정은 당연히 최고 경영자를 정점으로 한 top-down의 의사결정이 되어야 한다. 반면, 구성원의 창의적인 아이디어와 적극적인 참여가 필요한 분야는 bottom-up의 의사결정이 더욱더 효과적이다.

이와 같이 의사결정 방식은 상황과 분야에 따라 더 효과적인 것을 활용할 수 있다. 하지만 6시그마 방식에서는 도입과 중요 전략뿐 아니라 6시그마 프로젝트 추진 과정에서도 top-down의 의사결정을 중시한다. 즉, 도입, 전략 운영, 방침 전개, 프로젝트 추진 및 성과 통합, 그리고 6시그마 제도화에 이르기까지 대부분의 운영에서 top-down의 리더십을 요구한다. 물론 다수 구성원의 의견과 참여는 중요하다. 하지만 6시그마 방식에서는 의사결정과 관련한 명확한 방침이 있다.

첫째, 6시그마 혁신 방식의 도입과 전반적인 운영에 있어 총괄 챔피언이 의사결정을 해야 한다. 둘째, 성과 목표를 위해 추진하는 6시그마 프로젝트는 프로젝트 챔피언이 중심이 되어 의사결정을 하고, 운영에도 직접 개입하도록 규정화하였다. 이는 선언 차원의 규범이 아니라 실제 운영과 관련한 업무 방침이다.

물론 이러한 top-down 의사결정도 특별한 경우에 한정하여 위임 전결을 통한 하부 위양은 가능하다. 하지만 그 권한과 책임은 온전히 상위 구조에 있으므로 최소화하는 것이 바람직하다. 핵심 의사결정은 아는 만큼 보이기 때문에 경영자의 판단으로 결정하는 것이 지극히 당연하다. 그런데도 6시그마 프로젝트의 선정과 운영을 경영자(챔피언)가 직접 개입하지 않고, 이를 하부 위임하는 경우가 흔한 것은 매우 잘못된 운영이었음을 증명하는 사례다.

특히 6시그마 프로젝트의 선정과 관련해서는 다른 의견도 있다. 타운 미팅과 같이, 구성원의 자발적인 의견을 바탕으로 핵심을 향해 압축하는 방식이 더 효과적이지 않으냐는 반론이다. 하지만 6시그마 방식은 CTQ Tree 하위 전개 방식을 통해서 6시그마 프로젝트를 선정할 것을 원칙으로 하고 있다. 이 원칙은 단호하다.

6시그마 방식에서의 프로젝트 선정 방법은 상위 의사결정 구조에서 CTQ를 확정하여 하위로 전개하는 형식이다. 이는 top-down 방식으로 결정해야 한다. 6시그마 프로젝트는 만성적이고 영향이 큰 문제에 대한 개선을 목표로 추진하므로, 시간과 핵심 인력, 프로젝트 운영 비용 등이 많이 소요된다. 그래서 경영자의 눈높이에서 어떤 프로젝트를 선정할지를 결정해야 하기 때문이다.

어떤 과제가 전사 경영 성과에 이바지할지에 대해 경영자가 아닌 하위 구조에서 결정하기란 쉽지 않다. 만약 6시그마 프로젝트 선정을 하위에 위임하면 눈앞에 보이는 성과 위주로 프로젝트를 선정하게 된다. 이는 프로젝트 성과가 전사 경영 성과에 직접 통합되지 않는 위험을 안게 되는 것이다.

Top-down 리더십은 비단 6시그마 프로젝트 선정에서만 요구되는 것은 아니다. 6시그마 혁신 추진을 통해 일하는 방식이 변화되고 안정화되기까지, 전반적인 영역에서 경영자를 중심으로 한 top-down 리더십은 중요하다. 짧게 요약하면 6시그마 방식은 경영자가 주도하는, 경영자가 주도하여야만 하는 혁신 방법론이다. 이는 6시그마 방식에서 중요한 원칙(rule)의 히나로, 성과를 최대화하고 올바른 적용을 위한 기준이자 지침(system)의 역할을 한다.

혁신 성과는 수익성으로 평가하라

과거 대량생산에 집착하여 구성원에 대한 배려보다는 전체의 성과에만 매달렸던 시대가 있었다. 이 시기엔 생산성과 수익성만이 기업을 평가하는 궁극적인 기준이었다. 다른 정보들은 참고에 지나지 않았을 정도로 사람, 즉 구성원에 관한 관심은 부족했다. 이 시대에는 사람에 관한 관심조차도 오로지 생산성을 높이기 위한 수단에 불과했다.

이러한 경향은 기계화를 바탕으로 한 대량생산 이후 지속되었으나, 컴퓨터와 정보통신(IT)의 신기술 발전과 함께 변하기 시작하였다. 20세기 중반을 거치면서 사람이 목적으로서 평가받고 존중되기 시작하는 사회문화적 변화가 확립되었다. 이는 기업 경영에서는 고객(소비자)을 새로운 시각으로 볼 수 있는 계기가 되었고, '고객 만족'

또는 '고객 중심'이라는 중요한 경영 원칙이자 방침을 만들었다.

이런 변화 과정에서 수익성에 대한 경영 집중은 완화되었다. 하지만 기업 경영의 목표는 궁극적으로 기업의 '생존'을 통한 고용의 극대화와 자원의 효과적인 활용을 통한 '수익'의 극대화다. 이는 불변의 가치이자 원칙이다. 물론 이 경영 목표를 이루는 과정에서 성장과 배분 역시 중요한 역할을 담당한다. 하지만 경영 목표에서 '수익성'을 빼고서는 그 어느 원칙이나 전략도 수행 목적을 잃는다. 이런 측면에서 수익성은 기업 경영의 원천(源泉)이자 강력한 동력(動力)이다.

하지만 '수익성'은 경제 원리로서는 탁월한 핵심 역량이지만, 사회문화적으로는 박한 평가를 받는다. 한때 우리의 경험에서도, 일본을 경제적 동물(economic animal)이라는 경멸적 단어로 조롱한 적도 있었다. 물론 역사적인 감정이나, 반사회적이고 오로지 경제만을 중시하는 정책이나 인성(人性)을 향한 경계 차원의 평가였다. 그러나 이러한 경향은 수익성을 경영의 목표나 방침의 중심에 내세우는 것을 금기시(禁忌視)하는 풍조를 조장했다.

경영자가 가장 강조하고 싶은 바를 슬쩍 뒤에 감춘 듯한 모습은 바람직하지 않다. 왜냐하면 구성원은 경영자의 의지를 통해 운영의 방향을 파악하고 행동의 동기를 부여받기 때문이다. 경영자의 의지와 의도를 그릇되게 해석하여 의도하지 않은 방향으로 경영이 이루어지는 것은 옳지 않다. 또한 숨어 있는 경영자의 의지가 무엇인지를 확인하기 위해 불필요한 노력을 소비하는 것 역시 낭비다. 이런 면에서 더욱 솔직할 필요가 있다.

필자도 수익성만을 찬양하거나 칭송하는 것에 찬성하지는 않는다. 하지만 당연한 원칙을 강조하지 않고 주변을 어슬렁거리는 것은 효율적이지 않다. 경영에서의 문제는 대개 수익성의 부진에서 발생한다. 그 원인이 고객 불만이든, 생산성 부족이든 수익이 부진하면 기업은 경영의 위기를 맞을 수밖에 없다. 그리고 이런 위기를 돌파하기 위한 최고 난도의 경영 행위가 바로 경영 혁신이다.

따라서 경영 혁신의 성과는 수익성으로 평가하는 것이 타당하다. 이에 내한 비판론자들은 수익성만으로 모든 것을 정당화하거나, 수익성으로 환산되지 않는 혁신 성과도 존재한다고 주장한다. 일견 동의한다. 하지만 경영 혁신의 성과에서 수익성을 배제하고서는 설명하기 어렵다.

혁신의 성과는 직접 수익으로, 금액으로 표현되지 않는다고 하더라도, 충분히 '수익성'이라는 가치로 환산하여 평가할 수 있다. 즉, 혁신 성과는 환산을 통해서라도 금액으로 평가하는 것이 바람직하다. 따라서 혁신 성과를 재무 성과로 산출하기 어렵다는 불만은, 이는 수익성으로 평가하려는 의지와 노력의 문제이지 원천적인 한계는 아니다.

많은 경영 혁신 방법 중에서 수익성을 혁신 성과의 최고 목표로 제시하는 경우는 드물다. 하지만 6시그마 방식은 고객 중심 경영 원칙과 함께 수익성 향상을 가장 중요한 혁신 목표로 내세운다. 특히 6시그마 혁신의 핵심적 추진 방법인 6시그마 프로젝트의 평가는 반드시 재무적인 성과(효과)로 표현하도록 함으로써 수익성에 대한 원칙을 구체화하였다. 이는 정공법(正攻法)으로서, 매우 효과적인 전략이다.

어려운 환경에서 위기 극복을 내세우면서 수익성을 전면에 내거는 것이 지나치게 타산적이고 각박해 보일지 모른다. 하지만 이런 낭만적인 이유로 본질을 외면하거나 우회하는 모습은 더더욱 바람직하지 않다. 정면에서 정정당당하게 수익성을 향상하는 최고의 전략으로서 경영 혁신 추진을 선언하는 것이 맞다.

그리고 혁신의 추진 과정도, 목표로 한 수익성에 비추어 문제가 없는지를 수시로 확인하고 점검하여야 한다. 목표는 세웠으면서도 점검을 소홀히 하여, 결과적으로 목표에 도달하지 못하는 어리석음에 빠지지 않도록 하여야 한다. 이는 무능이나 게으름에 다를 바 없다.

경영 혁신을 추진하면서, 목표와 과정에서 수익성 향상이라는 방향으로 진행했다면 결과 역시 이로써 평가받아야 한다. '목표 따로, 성과 따로'의 형식으로 평가가 이루어지면 경영 혁신 성과 평가는 심각한 왜곡을 초래한다. 이는 너무나 당연한 원리지만, 아쉽게도 이 기준들은 소홀히 다루어지거나 외면당했다. 또한 올바르지 않은 평가는 현재의 문제에 그치지 않고, 앞으로의 혁신 추진에 대해서도 악영향을 미친다. 구성원들은 앞뒤가 다르고 공정하지 않은 성과 평가를 보면서 미래를 기대하지는 않는다.

6시그마 방식은 여러 원칙을 가지고 있지만, 수익성 향상이라는 기준 및 목표이자 원칙을 강조한다. 이는 6시그마 혁신의 속성(屬性)이다. 이를 반영할 수 없다면 6시그마 방식이 아니다. 그만큼 재무 효과(성과)로 표현되는 성과 목표는 6시그마 방식에서 중요하다. 그리고 이를 토대로 강력하게 6시그마 프로젝트 로드맵을 구현해야 한다.

목표가 명확한 만큼 진행의 속도는 탄력을 받게 된다. 여기에 더하여 수익성 목표는 경영진의 적극적인 지원을 받을 수 있다는 강점을 갖는다. 수익성 향상 목표에 소홀할 경영진은 없고, 당연히 최고의 경영 방침으로 경영진이 직접 개입할 근거가 된다. 6시그마 방식은 이를 제도화하는 데도 효과적이다. 6시그마 프로젝트 로드맵에서 설명하겠지만, 평가와 관련한 부분만 간략하게 설명하면 다음과 같은 구조를 가진다.

DMAIC 프로젝트 추진 로드맵에서 Control 단계는 표준화와 통합화 단계를 압축하여 구성되었다. 즉, 프로젝트 결과의 평가 및 성과 유지를 위한 Control과 Standardize(표준화, 방침 전개), Integrate (경영 성과로의 통합)가 함축된 것이 Control 단계다. 그리고 제도화 단계로서의 표준화와 통합화에는 평가와 보상 체계 역시 포함되어야 한다.

하지만 많은 6시그마 혁신의 도입과 적용에서 이 제도화 단계의 중요성이 간과된 것은 안타깝다. 이제는 이를 명확하게 인지하여 추진하자. 그렇게 함으로써 6시그마 혁신을 통한 성과를 보장받을 수 있게 된다.

허세를 버리고 실속을 추구하라

6시그마 혁신 방식은 1990년대 후반부터 유행처럼 확산되기 시작했다. 새롭게 경영 혁신을 추진하는 기업뿐 아니라, 추진 중인 혁신 방법을 변경하려는 많은 기업도 이 확산의 대열에 참여했다. 경영 혁신은 현재의 위기를 극복하기 위해 절실함에서 출발하는 것이 일반적이다. 하지만 이 시기에는 6시그마 혁신 대열에 참여하지 않으면 뒤처질 것 같다는 생각이 앞서서, 충분한 고민이 없는 상태로 이를 도입하는 기업도 적지 않았다.

이처럼 통제하기 어려운, 이른바 '묻지 마(무조건)' 확산 경향에 편승하여 6시그마 방식을 도입하는 기업도 늘어났다. 이는 형식적으로, 또는 허세로 혁신 방식의 도입과 적용을 결정하는 것과 다르지 않다. 물론 경영 혁신의 추진이 필요하지 않은데도 불구하고 허세만으로 결정할 수는 없다. 다만 실제 사례를 추적해볼 때, 추진 방식의 선정과 이의 적용에서 형식이 실질보다 강조되는 경우도 적지 않았음은 부인할 수 없다.

게다가 겉멋과 같이 허세가 작용할 때는, 6시그마 혁신이 성공하기란 노력 여하와 관련 없이 지극히 어렵다. 오히려 기업 경영에 폐해를 끼칠 수도 있다. 안타깝지만 6시그마 방식의 확산에서 이 점이 간과되었고, 사전에 충분히 통제되지 않았다. 또한 외형 중심의 경향이 부추겨지면서 변화관리를 놓치게 되어 안정화가 방해를 받았다.

아무리 좋은 혁신 방법론이라도 새롭게 혁신을 추진하게 되면 추가적인 번거로움과 구성원 자신에게 미치는 변화를 피할 수 없다. 그래서 경영 혁신의 추진에는 반드시 조직적인 변화관리가 따라야 한다. 그러나 혁신 도입의 취지와 목적이 본질에서 벗어나 형식에 치우치게 되면 변화관리가 어렵다. 실속 없는 허세를 위해 변화관리를 할 수는 없기 때문이다.

모든 혁신의 도입과 추진이 꼭 성공하는 것은 아니다. 특히 6시그마 방식은 도입과 적용이 까다로워, 성공을 위해서는 치밀한 준비와 전략적인 운영이 필요하다. 그래서 준비가 부족한 상태에서 6시그마 방식을 성공시키기는 더욱 어렵다. 그런데도 일부 기업이나 조직에서는 충분한 준비 없이 도입하여, 본질에서 벗어나는 형태의 운영 조짐도 생겨나기 시작했다.

6시그마 혁신 방식은 기존의 혁신 방식과는 크게 차별화되는 방법론이다. 그러다 보니 내용과 방법에 대한 충분한 검토보다 6시그마 형식의 혁신 체계 도입 자체에 관심이 많은 경우도 생겼다. 이런 이유로 6시그마 혁신 도입 기업 중 일부는 면밀한 검토 없이 서둘러 도입을 결정하기도 했다. 이렇듯 6시그마 혁신 도입을 서둘렀던 흔적은 곳곳에서 발견된다.

도입에 급급하여 서둘러 도입한 기업들은 자체적으로는 검토나 준비가 어렵기 때문에, 당연히 외부의 힘을 빌릴 수밖에 없었다. 그래서 6시그마 혁신 컨설팅이나 교육, 훈련 기관이 우후죽순처럼 생겨났고, 이것이 다 서두른 흔적이라고 볼 수 있다. 심지어는 6시그마 혁신이 빠른 속도로 확산한 틈을 타, 6시그마 혁신의 철학과 내용 등에 대한 전체적인 관점에서의 이해가 부족한 전문가들마저 나타났다.

6시그마 방식은 기존의 혁신 방식과는 완전히 차별화되는 새로운 형태인 데다 워낙 확산의 속도가 빨랐기 때문에 이를 교육하고 훈련하는 기관에 대한 수요가 폭증했다. 하지만 폭발하는 수요에 대해 검증된 전문기관이 준비되지 못하였고, 이에 따라 검증되지 않은 컨설턴트와 교육기관이 등장하였다. 그리고 학계에서도 이러한 흐름에 무분별하게 편승하여 6시그마 교육과 훈련에 뛰어들었다.

이 탓으로 6시그마 혁신의 본질은 크게 훼손되었다. 심지어 일부 핵심 전략과 운영에서도 왜곡 현상이 나타났다. 부분을 전체로 이해하여 도입하고 적용한 결과는 결국 확산 과정에서 심한 저항감으로 나타났고, 이는 정체로 이어졌다. 6시그마 방식의 정체를 이 원인만으로 귀결시키는 것은 무리다. 하지만 성급한 도입과 함께, 본질보다는 형식적인 틀에 갇힌 교육과 훈련이 6시그마 방식에 관한 잘못된 인식과 운영을 초래한 점은 확실하고 분명한 사실이다.

6시그마 혁신은 기존의 방법론에 비해 형식적인 모습이 모든 면에서 새롭고 독특하여 경영자의 시선을 사로잡았다. 하지만 이 차이나 화려함이 지나치게 강조되면 허세로 이어질 위험이 커진다. 이제는 올바른 6시그마 방식으로 접근하기 위해 허세를 버리고 실속에 집중해야 한다.

경영 혁신 추진에 대한 결심이 섰다면, 왜 6시그마 방식을 선택해야 하는지 스스로 답할 수 있어야 한다. 또한 6시그마 방식에 대한 적용을 가능하게 하는 준비가 돼 있는지에 관한 판단이 선행되어야 한다. 이 질문들에 관해 'YES'라는 답을 확실하게 내놓을 수 없다면, 다른 선택에 대해서도 적극적으로 검토해야 한다.

실질적인 관점에서 6시그마 방식의 도입이 불가능하거나, 효율적이지 않음에도 불구하고 억지로 허세를 좇는 어리석음을 범해서는 안 된다. 6시그마 방식은 이 점에서는 상당히 경직되었다고 보아야 한다. 구성 요소 전체를 제대로 갖추었을 때만 획기적인 효과를 기대할 수 있기 때문이다.

6시그마 방식은 전체 최적을 통한, 모든 기능과 모든 구성원의 최상의 효과와 효율을 목적으로 한다. 그래서 적당한 수준의 효과를 기대한다면 오히려 포기하는 것이 나을지도 모른다. 이제 본격적인 4차 산업혁명 시대를 맞고 있다. 엄청난 변화와 함께 극심한 경쟁력 차별화가 요구되는 시점이다. 다른 어떤 방식보다도 강건하고 효과적인 혁신 방식임에는 틀림이 없다. 하지만 기대한 바 또는 그 이상의, 나아가 최고의 효과와 효율을 얻기 위해서는 6시그마 방식 전체를 완전체로 이해하는 노력이 더욱 절실하게 요구된다.

몰라서 지나쳤던 6시그마 체계의 숨은 실세

앞서 여러 번 지적했던 바와 같이, 우리가 6시그마 혁신 방식에 대해 몰라서 지나쳤던 부분이 생각보다 많다. 6시그마 혁신 운영에서 실제 성패를 좌우할 중요한 포지션 중, 총괄 챔피언(Deployment Champion)과 사무국, 그리고 GB(Green Belt)에 관해서는 이미 설명하였다. 앞에서 소개한 내용을 제외하더라도, 실세 수준의 핵심 포지션에는 MBB(Master Black Belt)가 있다.

MBB에 대하여는 6시그마 혁신을 경험한 기업에서조차 그 실체와 임무에 대해 잘 알지도 못했지만 관심도 많지 않았다. 그 결과 기업의 형편에 따라 자체적인 시각으로 접근하였고, 본질에서 벗어난 운영도 많았다. 하지만 MBB 포지션(벨트)의 역할과 중요성에 대한 이해는 매우 중요하다. 이를 제대로 이해하지 못해서 잘못 적용할 수밖에 없었던 지난 전철(前轍)을 다시 답습하지 않기 위해서다.

MBB의 일반적 정의는 6시그마 벨트의 육성(교육 및 훈련)과 함께 챔피언을 도와 6시그마 프로젝트를 성공시키는 6시그마 최고 전문가 벨트다. 하지만 MBB에 대한 실제 운영은 정의한 바와 사뭇 다르다. BB와 GB 등의 벨트 자원 육성에만 치중하여 임무를 부여하기도 하고, 6시그마 프로젝트의 추진에만 몰입시키기도 했다. 이런 실무형 역할에 국한된 MBB 운영 전략은, 전체로서의 6시그마 벨트 구조를 느슨하게 한다는 맹점(盲點)이 있다.

MBB에게는 위에서 제시한 두 가지 이외에도 더욱 중요한 역할이 존재한다. 바로 6시그마 제도 운영과 관련한 전략적인 역할이다. 이 역할을 통해 MBB는 6시그마 혁신 운영 전반에 걸치는 실세이자 핵심 역량으로서 구조화된다. 즉, 이 역할을 통해 6시그마 벨트의 구조 전체가 단단한 관계로 이어지게 된다. 반면, 이 역할을 누락시키거나 오적용(誤適用)하게 되면 구조 전체를 느슨하게 하므로 유의해야 한다.

6시그마 벨트 구조는 수직적으로 챔피언-블랙 벨트-그린 벨트의 순서대로 응집력 높게 구축된다. 즉, 프로젝트의 효과적인 수행을 위해 프로젝트 책임자(챔피언), 프로젝트 추진 리더(BB), 그리고 실무 추진자(GB)의 역할로 분화한다. 이 프로젝트 수행을 위한 벨트 구조에서도 MBB의 역할이 있다. 프로젝트 추진 시 발생하는 애로 사항 해결과 같이, 챔피언에게 전략적인 자문을 하는 역할이 MBB에게 부여된다.

이와는 독립적으로, 6시그마 방식은 수평적인 구조도 동시에 요구하는데 이는 기능적인 분업이라고 할 수 있다. 이 역할의 분담에는 총괄 챔피언, 6시그마 사무국, 그리고 MBB의 세 주체가 관여한다. 구체적으로는 6시그마 혁신 전반의 전략 수립과 수행의 총괄(총괄 챔피언), 총괄 챔피언을 보좌하는 스태프 기능(6시그마 사무국), 그리고 6시그마 제도 운영의 실무 전문가(MBB) 기능이다.

6시그마 방식이 요구하는 수직적, 수평적인 기능에서 MBB는 종합적인 연결 역할을 담당한다. 즉, MBB는 6시그마 혁신의 전략적인 운영과 실무적인 6시그마 프로젝트 추진 간의 가교(架橋)이자 연결점이다. 지나간 경험에서와 같이, 6시그마 혁신 효과는 자칫 프로젝트 추진 성과만으로 오해받을 수 있다. 실제로 이런 오해가 만연했다. 하지만 6시그마 혁신의 효과는 프로젝트 성과에만 그치지 않고, 전략적인 운영을 통한 경영 혁신 효과로 연결되어야 한다.

이와 같은 연결 역할을 책임지는 포지션이 바로 MBB다. 이런 의미에서 MBB는 6시그마 혁신의 숨은 실세라 할 수 있을 정도로 중요하다. 그냥 최고 전문가로서의 위상만 있는 것이 아니라, 가장 적극적이고 공격적으로 6시그마 혁신을 전략화하는 담당이 바로 MBB인 것이다. 이전에는 MBB의 전략적 역할을 잘 몰라서 지나쳤을 수는 있다. 하지만 알고서도 같은 실수를 밟지는 말아야 한다. 그렇기 위해서는 MBB의 역할과 수행 기능에 대한 철저한 이해가 중요하다.

구체적으로, MBB는 핵심적인 세 가지 임무를 수행한다. 지금까지 잘 조명받지 못했던 부분 중심으로 설명하면 다음과 같다.

첫째는 총괄 챔피언을 보좌하는 기능으로서, 사무국 조직의 구심점 구실을 해야 한다(사무국 MBB). 이를 통해, 사무국을 기능적인 스태프 기능만이 아니라 6시그마 혁신의 핵심 역량으로 강화할 수 있다. 즉, 혁신 조직 구성, 벨트 운영(육성과 성장), 혁신과제 관리 등 모든 6시그마 혁신 운영에서 MBB의 역할이 중심이 된다. 그래서

MBB를 6시그마 혁신의 가장 강력한 실세(實勢)라 평가할 수 있다.

둘째는 6시그마 과제 관리의 핵심 역량이 바로 MBB라는 점이다. 전사 과제 관리는 기능 조직인 사무국이나 프로젝트 챔피언에 기능을 위임할 수 없는, 사무국 소속 MBB의 고유 영역이다. 전사 CTQ Tree 구성으로부터 프로젝트의 하위 조직 할당까지, 6시그마 프로젝트의 생애(生涯) 전체를 지휘해야 한다.

따라서 MBB의 역할은 프로젝트의 탄생과 성과 창출 및 전사 경영 성과로의 연계까지 확장된다. 즉, 개별 프로젝트의 총괄 지휘는 프로젝트 챔피언이 담당하지만 전사 혁신과제 수행과 경영 성과로의 통합은 사무국 MBB의 관장(管掌) 범위에 속한다.

셋째는 MBB는 6시그마 방식의 최고 전문가로서, 모든 벨트 구조의 육성과 성장을 담당한다는 점이다. 이미 알려진 MBB의 대표적인 역할이다. 육성의 면에서 조직적으로는 사무국의 지원을 받지만, 벨트 육성을 위한 실무 교육과 훈련은 MBB를 통해서만 가능하다. 또한 육성된 벨트도 이에 그치지 않고, 지속하여 성장하도록 지원하고 관리하여야 한다. 이는 '끊임없는(不斷) 추진'과 '사원 육성'이라는 6시그마 리더십과도 직접 연결된다.

이러한 벨트의 육성과 지속적인 성장을 위해 혁신 성과를 평가하고 보상하는 역할은 MBB의 고유 기능에 속하며, MBB의 역할로 명확하게 규정해야 한다. 물론 일반적인 기업 경영에서도 구성원의 성장을 위한 인사, 조직관리, 교육 부서와 같은 기능 조직이 있다. 하지만 이 기존 조직의 역할에 6시그마 벨트 육성과 성장의 임무를 미루어서는 안 된다. 왜냐하면 일반적인 구성원의 성장과 6시그마 혁신에서의 벨트의 육성 및 성장은 완전히 다르기 때문이다.

지난 6시그마 혁신 추진에서는 MBB의 역할과 중요성을 등한시하였다. 또한 이러한 중요한 포지션임을 이해하지 못한 탓으로, MBB의 육성 또한 부진할 수밖에 없었다. 그리고 MBB는 육성 체계상 최상위에 속하는 벨트여서 육성 기간이 길어(최소 1년), 6시그마 혁신 도입 초기에는 혁신 현장에 바로 활용하기 어렵다는 단점을 안고 있었다. 그래서 MBB의 자체 육성보다는, 오히려 외부의 힘을 빌리는 것에(컨설팅) 더 관심을 가지는 경우가 많았다.

MBB의 육성을 외부에 의존하는 현상은 6시그마 혁신 도입 초기에만 응급처치 형식으로 진행된 것이 아니라, 6시그마 혁신이 안정화된 이후에도 계속 이어졌다. MBB의 육성이 부진했듯이, MBB의 본원적인 역할에 관한 관심과 집중 역시 무지에 가까울 정도로 부족했다. MBB의 역할을 단지 BB나 GB의 육성과 6시그마 프로젝트 추진의 사문 기능에만 국한하는 경우가 많았다.

MBB 벨트의 중요성 몰각(沒覺)과 함께 이를 기업 자체로 육성하거나 성장시키지 못한 여파는 MBB 기능에 대한 왜곡으로 이어졌다. MBB의 중요한 역할들이 거세된 채, 명목상 최고 전문가의 위상으로 남는 경우가 허다하게 되었다. 이는 결과적으로 6시그마 방식의 정착과 안정화의 실패로 이어졌다.

6시그마 방식에서 벨트 구조는 핵심적인 인프라(infra)다. 그리고 이 벨트 중에서도 MBB의 역할은 핵심을 이룬다. 결코 기능이나 역할을 빠뜨려서는 안 되는 핵심 중의 핵심인데도, 그 중요성에 대한 몰이해와 무지는 아직도 여전하다. 6시그마 혁신 방식의 핵심 벨트인 MBB를 몰라서 지나쳤다면, 이제는 제자리를 찾도록 노력해야 한다. 역할도 올바로 세워야 하지만, 더욱 중요한 것은 MBB를 전사적인 인프라 구조 속에서 지속 육성하고 성장시키는 것이다. 벨트 인프라의 가장 상위이자, 이를 엮을 수 있는 핵심 벨트가 MBB 임을 잊어서는 안 된다.

통계를 중시하되, 통계 강박에 빠지지 말라

6시그마 혁신의 역사와 체계를 다루면서 많이 받는 질문 중의 하나는, '왜 꼭 통계여야 하는가?'라는 물음이다. 이 질문은 6시그마를 처음 접하는 사람에 국한되지 않는다. 오히려 이미 6시그마 방식을 경험했거나, 전문가로 자처하는 사람들조차도 반복하는 물음이다. 이 질문에 대한 필자의 견해는 명확하다. 이미 질문자도 그 답을 알고 있겠지만, 스스로 이해하지 못하였기 때문에 이를 질문으로 하소연하는 것이라는 사실이다.

사회가 산업화 과정을 거치면서, 특히 1, 2차 세계대전 이후 대량 생산 체제로의 급속한 변화가 이루어졌다. 이때부터 대량의 데이터 산출과 축적, 그리고 활용이 이루어지게 되었다. 여기에 컴퓨터와 정보통신 기술을 통해 기존의 생활상이 크게 변했다. 사회 모든 분야에서도 수작업에서 자동화로의 변화와 함께 데이터 활용에 대한 적극적인 요구가 발생했다. 이를 적극적으로 수용하면서 통계 (통계학)의 발전이 견인되었다.

'데이터에 의한 관리'는 말로만 하던 것을 숫자로 표현하고, 관련된 데이터를 적절하게 가공(加工)하여 현상을 더 잘 설명하려는 시도부터 시작된다. 여기에 과거 발생했거나 현재 발생하고 있는 데이터를 바탕으로, 미래에 대해 예측하는 기능을 통계가 수행하게 되었다.

통계가 관여하는 영역도 사회와 경제 현상, 기술 영역에 대한 분석에만 머무르지 않고 계속하여 확장되었다. 이런 면에서 통계에 관한 관심과 집중은 지극히 자연스러운 현상이었다. 현대 사회에서 통계 없는 분석과 예측을 상상하기가 어려울 정도다.

특히 산업에서 통계가 이바지한 바는 크다. 제조업뿐 아니라 서비스업 등 산업 전반에서 대량의 데이터를 관리하고, 나아가 품질 경쟁력을 높이기 위해 품질 검사와 개선에 통계를 활용하기 시작했다. 이는 품질 혁신의 바탕이 되었다. 하지만 통계 운영은 수학과 과학, 공학의 응용이라는 점에서 전문성을 띨 수밖에 없었고, 이에 따라 일부 전문 집단의 전유물처럼 진속되었다. 이로써 산업에 기여(寄與)한 바는 컸지만, 확장성(擴張性)에는 제한이 있었다.

20세기 중반 이후의 산업은 정보통신 기술의 비약적인 발전과 함께 더욱 복잡해졌다. 이로써 정확한 현상 분석과 예측을 위해 통계의 필요성은 지속하여 커졌다. 이러한 통계 필요성이 커지는 흐름에서 6시그마 혁신 방식은 통계를 기본적인 분석 도구로 채택했다. 이는 통계에 대한 새로운 시도였으며 신선한 접근이었다. 이는 누구도 예상하지 못했던 변화였기에, 기대와 함께 우려도 컸다.

6시그마 방식에서 통계를 기본 도구로 채택한 것의 의미는, 과학적이고 논리적인 접근을 중시하겠다는 의지의 표명이자 실행 방침의 선언이었다. 통계를 혁신 추진의 전면에 배치함으로써 6시그마 방식은 주목을 받기에 충분했다. 왜냐하면 그때만 해도 통계는 복잡한 수식과 고도의 전문성을 요구하는 체계로 인식되고 있었기 때문이다. 이는 자칫 무모한 시도처럼 보이기도 했다.

이는 일찍이 없었던 파격적(破格的) 시도였고, 경영 혁신 방법론의 발전 면에서도 큰 진전을 이루었다. 또한 혁신 방법론의 구체화와 과학적인 접근이라는 점에서도 전환점이 되었다. 경영 혁신 방법론에서 통계를 채택하기는 쉽지 않았다. 왜냐하면 많은 경영 혁신이 화두 중심으로서 나아가야 할 방향을 제시하는 데 그쳤기 때문이다. 즉, 이전의 경영 혁신에서는 전략적인 차원이 중심이었고, 구체적으로 문제를 해결하는 것까지 포함하지는 않았다.

통계를 핵심 도구로 접목한 6시그마 방식의 도전은 관심을 끌었던 만큼, 전문적 분야라는 장벽을 깨야 한다는 과제도 함께 안고 있었다. 이러한 전문성에 대한 한계를 깨는 데는 특별한 돌파구가 필요한데, 6시그마 방식은 이를 해결하는 전략으로 범용성(汎用性)의 통계 S/W 패키지를 선택했다. 즉, 쉽게 활용이 가능한 범용성의 통계 S/W 패키지를 병행 적용함으로써 통계 활용성도 높이고 문제 해결 방법론으로서의 6시그마 혁신 방식의 체계도 안정화되었다.

이러한 시도는 예상 이상의 상승 효과를 가져왔다. 특히 통계 S/W 패키지의 채택을 통해, 문제 해결을 위한 통계 활용에 대한 접근성을 낮출 수 있었다. 통계의 확장에 제한이 되었던 '어렵고 전문적'이라는 인식을, 누구나 교육과 훈련을 받으면 활용할 수 있다는 인식으로 바꾸어 통계로의 접근성을 낮추었다. 이때 채택한 것이 바로 공학용 통계 S/W 패키지인 '미니탭'이다.

미니탭 등의 통계 S/W 패키지에 대해 더 이상의 설명을 할 필요는 없다. 이는 혁신 방식 선정과 문제 해결 방법론의 추진 주체가 선택할 의사결정 사항이다. 다만 우리가 주의해야 할 부분은, 과거의 경험에서 나타난 통계에 대한 오해와 집착이라는 점을 상기해야한다.

다른 많은 이유와 선택 환경이나 조건에 따라 6시그마 방식을 결정했겠지만, 많은 기업이 통계를 통한 과학적 접근에 큰 기대를 걸었다. 그리고 실제로도 6시그마 방식 도입 이후에, 업무 프로세스에서 통계 활용이 활성화되는 긍정적 결과를 얻었다. 하지만 통계의 적용과 활용에 지나치게 몰입하여, 통계 강박에 빠지게 되었다는 반성도 함께 제기되었다.

경험적 의사결정 체계에서 통계를 바탕으로 한 과학적, 논리적인 의사결정으로의 변화는 당연히 긍정적인 효과를 나타냈다. 하지만이 이유만으로 6시그마 방식을 무턱대고 받아들이는 것은 섣부른결정이다. 적극적으로 통계를 적용하더라도 모든 문제를 해결할수는 없기 때문이다. 그리고 이를 위해서는 교육과 훈련 등의 많은준비가 필요하고, 이 과정에서의 충분한 변화관리도 요구된다는 점을 간과해서는 안 된다.

자칫 맹신에 가깝게 통계 중심으로 6시그마 방식을 적용하는 사례가 있다. 이는 효과적이지도 않을 뿐 아니라, 끊임없이 추진해야 하는 경영 혁신의 특징상 우려스럽고 위험한 판단이다. 어느 하나의특징만 지나치게 부각하여 경영 혁신 방식을 선택해서는 안 된다. 6시그마 방식이 통계에만 강점이 있는 것은 아니며, 따라서 통계에집착하여 6시그마 방식을 선택하는 어리석음을 범해서는 안 된다.

이제는 경영 현황이나 문제에 대한 원인 분석이 수치(數值)를 바탕으로 하지 않으면 받아들이기 힘들다. 이와 같은 이유로, 통계 분석에 대한 기대와 요구는 더욱 커지고 있다. 하지만 통계 분석에만 의존하는 것은 바람직하지 않다. 합리적인 판단과 논리적인 분석 과정만으로도 충분히 좋은 결과에 이를 수 있기 때문이다.

효율적인 분석을 추구하는 과정에서, 통계 분석은 자연스럽게 자리 잡을 수 있었다. 반면, 강박에 빠져 무리하게 통계에 의한 분석과 해법 제시를 요구해서는 안 된다. 통계를 통한 업무 프로세스 제어나 문제 해결을 위한 교육과 훈련은 꾸준하게 추진되어야 한다. 그리고 통계 교육의 애로 사항은 혁신 추진의 변화관리 과정에서도 적극적으로 충분히 반영해야 한다.

최근의 경향은 통계 S/W 패키지의 발전에 따라 통계 접근성이 눈에 띄게 좋아졌다. 앞으로도 더욱 운영하기 좋은 도구들이 나타날 것이다. 이는 문제 해결 과정에서 통계를 적극적으로 사용할 수 있게 만든 긍정적 요소로 작용한다. 하지만 이 S/W 패키지의 운용에만 관심을 두지 말고, 그 원리와 이론에 대한 이해에도 충분한 노력을 기울여야 한다.

6시그마 방식에서는 모든 벨트에 통계 교육을 시행한다. 특히 BB에게는 충분한 통계 교육과 훈련 과정을 요구한다. 이는 통계 도구의 올바른 활용뿐만 아니라, 예외 상황에 대해서도 적절하게 대응하기 위함이다. 즉, 도구의 사용 방법만 알지 운영 원리는 알지 못해 발생하는 예외적인 상황에도 원활하게 대응해야 하기 때문이다. 자신의 직무 이외에 통계에 대한 교육과 훈련을 병행하는 것은 누구에게나 쉽지 않은 과정이다. 이를 위해서도 적절한 변화관리가 필요하다.

6시그마 도입 청사진, I-T-P-I 로드맵

6시그마 방식은 우리에게는 매우 익숙하다. 지난 1990년대 후반에서 2000년대 초반까지, 우리나라 대부분의 기업이 어떤 형태로든 6시그마 방식을 경험했기 때문이다. 6시그마 방식을 경영 혁신의 방법론으로 전면적인 도입을 하였든, 아니면 부분적인 문제 해결 도구로 수용하였든 그 이유는 다양할 것이다. 하지만 6시그마 방식의 내용 중 일부만을 수용했다 하더라도, '6시그마 혁신 방법론'을 도입하였다고 주장하는 데 주저하지 않는다. 이는 '6시그마 방식'이라는 이름에 대한 집착을 의미한다.

6시그마 방식의 전체적인 모습보다는 '적용 그 자체'에 가치를 부여하는 경향도 작지 않았다. 이는 많은 부작용을 예고했다. 이런 경향은 내실보다 형식 중심의 도입과 적용을 부추겼고, 6시그마 방식의 본질적이고 핵심적인 내용들이 빠진 채 도입되기도 하였다. 때로는 너무 서두른 나머지, 도입 과정 전체를 통째로 외부 기관에 의지하는 경우도 생겼다. 이런 이유로, 6시그마 방식의 도입과 관련한 명확한 원칙과 지침의 필요성이 대두되었다.

아무리 좋은 혁신 방법론이라 하더라도, 도입부터 충실해야 적용 시점에서의 실패 확률을 줄일 수 있다. 그만큼 도입에 관해 철저하고도 집중적인 준비가 필요하다. 그리고 제대로 6시그마 혁신 방식을 도입하기 위해서는 철저하게 약속된 프로토콜을 지켜야 한다. 왜냐하면 일반적인 경영 방법에 혁신 경영을 도입하는 것도 쉽지 않은 도전인데, 그 혁신 방식이 기존의 것과 완전히 다른 경우라면 더욱 중심을 잘 잡아야 하기 때문이다.

하지만 우리나라의 6시그마 방식 도입의 지난 경험을 돌이켜 보자. 이때는 도입과 적용에서의 원칙을 이해하고자 하는 노력이 부족했고, 이 원칙과 프로토콜에 대한 안내도 미흡했다. 게다가 최고 경영자가 이에 대한 적극적인 지휘와 개입을 하지 않았을 때는 도입 과정에서의 혼란이 불가피했다.

6시그마 방식의 도입은 그 자체로 구성원 및 외부에서 주목을 받았다. 하지만 도입 과정에서 충분한 준비가 부족했다. 그 탓으로 6시그마 방식은 폭발적인 인기와 관심을 받았으나, 적용 이후에 후유증과 부작용을 겪으면서 확산이 정체에 이르게 되었다. 그러면, 왜 가장 기본이라 할 수 있는 도입 과정에서의 원칙이 지켜지지 않았던 것일까? 너무나 당연한 적용 방침이어야 할 도입 프로토콜이지만, 이들이 배제되거나 수행되지 않은 이유에는 심각한 배경이 있었다.

이미 여러 번의 경험으로 노하우(know how)를 가지고 있는 기존의 경영 혁신 추진과 유사하게 6시그마 혁신 도입을 진행한 것이 화근이었다. 즉, 많은 기업이 이전의 경험과 마찬가지로 경영자의 결단과 이에 따른 화려한 선언, 그리고 후속적인 혁신 활동의 순으로 진행했다. 이는 혁신의 목적과 리더십, 그리고 성과 창출에 이르는 로드맵에서 6시그마 방식과 기존 방식과의 차이를 전혀 고려하지 않은 잘못된 시도였다.

과거 방식에서는 혁신 추진의 성공 여부는 혁신 활동을 담당하는 추진자의 역량에만 온전히 의존하였다. 즉, 경영 혁신의 추진에서 도입 과정은 경영자의 결단과 선언에 함축되어 큰 의미가 없었다. 그리고 실제로도 적용 이외의 도입 과정에 대한 원칙과 절차를 불필요하게 여겼던 것도 사실이다. 목표한 문제를 해결하여 성과에 이르기만 하면 되었지, 굳이 과정에서의 오류나 흠결을 문제 삼진 않고 상당 부분 용납하는 것이 상식이기도 했기 때문이다.

결국 이러한 이유로 인해 도입과 관련한 원칙들은 소외되고 제대로 지켜지지 않았다. 실제로 6시그마 방식은 기존의 방법들과는 현저하게 차이가 있고 새로운 내용과 제도가 많아서 도입 과정도 달라야 했다. 그런데도 과거의 방법을 그대로 답습하여 실패를 촉진했다. 이는 매우 아쉬운 부분이다. 6시그마 방식 추진자들이 도입 과정에 대한 중요성을 좀 더 일찍 인식하기만 했어도 예방할 수 있었던 오류였기 때문이다.

안타깝게도 많은 적용 사례에서 새로 도입할 6시그마 방식을 기존과 같은 형태로 추진하였다. 굳이 '새 술은 새 부대에 담아야 한다'라는 성경의 교훈을 인용하지 않더라도, 이는 너무나 당연한 원칙이다. 완전히 다른 리더십과 핵심 역량, 그리고 로드맵을 가진 혁신 방식인데도 무지와 경솔함으로 인해 기존의 적용 방식과 같이 6시그마 방식을 도입하여 무리가 따를 수밖에 없었다.

왜 이러한 상황으로까지 방치되었을까? 필자는 그 이유에 대해 어느 정도는 이해하려는 입장이다. 왜냐하면 그 차이를 이해하여 제대로 안내할 수 있는 주체가 부족했고, 이들마저도 도입 과정에 대해서는 중요하게 다루지 않았기 때문이다. 끝난 뒤 돌이켜 보면 잘 보이는 것들도, 이를 수행할 당시에는 보지 못하는 경우가 많다. 아는 만큼 보이듯이, 새로운 혁신 방식은 도입부터 더욱 철저하게 준비하고 살펴야 한다.

이제 어떻게 도입하는 것이 효과적일지에 대해 살펴보자. 6시그마 방식의 도입과 적용에 이르는 전체 흐름은 I-T-P-I 로드맵으로 구성되어 있다. 앞에서는 의미와 취지에 관해서만 소개했기 때문에, 좀 더 구체적으로 살펴보면 다음과 같다.

6시그마 방식의 상위 로드맵인 I-T-P-I 로드맵의 전체적인 구성은 (I)Insight-(T)Trigger-(P)Project-(I)Institutionalize의 네 단계로 나눌 수 있다. 그리고 유의하여야 할 것은 I-T-P-I 로드맵은 6시그마 방식 전체의 구성 로드맵이라는 점이다. 전체 로드맵은 4 phase, 10 step으로 구성되어 있다. 이 중 6시그마 추진자에게 이미 익숙한 프로젝트 수행과 관련한 프로젝트 로드맵은 I-T-P-I 로드맵의 4단계 중 세 번째 단계인 P-phase에 포함되어 있다.

1st phase: Insight

첫째, Insight 단계는 혁신 방식의 도입과 관련한 전략적인 단계다. 위기와 문제의 인식을 통해 6시그마 혁신 추진을 결의하고 이를 도입하기 위한 방침의 전개가 핵심 활동이다. 이를 위해 가장 먼저 수행하여야 할 내용은 6시그마 혁신의 목표와 전략을 명확히 하는 작업이다. 이를 위해 총괄 챔피언(Deployment Champion)을 임명하고, 이를 중심으로 체계화된 준비를 위해 사무국을 조직화해야한다. 총괄 챔피언과 사무국의 역할은 앞에서 소개했다.

또 이 단계에서는 6시그마 프로젝트를 추진하는 관점에서도 중요한 기능을 수행해야 한다. 즉, 개별 프로젝트의 첫 출발인 조직 전체(전사적인)의 CTQ-Tree를 완성하여, 각 기능 조직별로 MECE

원칙에 맞게 프로젝트를 할당하는 역할을 해야 한다.

Insight 단계는 I-T-P-I 로드맵 전체 10 step 중 첫째 step이기 때문에, 총괄 챔피언은 더욱 관심을 기울여야 한다. 어떤 일이든 첫 단추를 잘 끼워야 전체 진행이 순조롭다. 이 step은 recognize step으로 구성되어 있고, 핵심은 회사 전체 업무에 대한 전사(全社) CTQ-Tree의 구성이다.

2nd phase: Trigger

둘째, Trigger 단계는 문제(위기)를 인식한 이후 이를 해결하기 위해 과제로 구체화하는 단계다. 즉, 핵심 이슈를 과제로 전환하는 프로젝트화(과제) 단계를 의미한다. 이 단계에서는 본격적으로 6시그마 방식을 적용하기 위한 프로젝트 추진 그룹(팀)의 구성과 구성원에 대한 교육 및 훈련을 포함한 실무 준비가 진행된다. 특히 6시그마 방식을 도입하는 원년(元年)에는 6시그마 벨트 육성을 위해 관심과 노력을 집중하여야 한다. 이때 예산과 전문 인력의 투입이 필요하므로, 사전에 잘 기획하여 낭비가 없도록 주의해야 한다.

이 두 번째 단계는 프로젝트 추진으로는 실질적인 첫 출발이다. 이에는 임무로 부여된 프로젝트의 실무팀 구성과 개별 6시그마 프로젝트의 런칭을 위한 사전 준비를 포함한다. I-T-P-I 로드맵 전체 10 step 중 두 번째 step으로서, define(team building & projet launching) step으로 요약할 수 있다.

3rd phase: Project

셋째, Project 단계는 문제 해결을 위한 6시그마 프로젝트의 실제 추진 단계다. 실제로 성과 창출을 위해 개별 프로젝트를 추진하는 단계로써, 실무적인 운영 방법과 기능을 중심으로 구성되어 있다. 우리가 이미 알고 있는 DMAIC나 DMADV와 같은 6시그마 프로젝트 추진 로드맵이 이 단계에서 집중적으로 수행된다.

현재까지는 몇 종류의 대표적인 6시그마 프로젝트 로드맵만이 완성형으로 운영되고 있다. 하지만 향후 더욱 세분화된 로드맵의 창안과 활용이 요구된다. 특히 4차 산업혁명이 본격화된 현시점에서는 신기술의 특성과 연관된 프로젝트 추진 로드맵의 창안이 매우 필요하다. 여기에 ESG와 같이 최근 다양하게 제기되는 이슈를 감안한 로드맵의 정비도 시급하다. 지금이 그 어느 때보다 6시그마 프로젝트 추진 로드맵의 세분화와 다양화가 필요한 시점이다.

Project 단계에서는 모든 운영을 프로젝트 챔피언(이하 챔피언이라 함)이 관장한다. 챔피언 본인이 프로젝트에 대해 총괄 책임을 지며, 관련된 지원 그룹(sponsor)과의 원활한 협조를 위하여 적극적으로 권한을 행사하여야 한다. 그래서 개별 프로젝트에 대한 챔피언의 임명(할당)은 프로젝트의 성공과 직접적인 관련이 클 수밖에 없다.

물론 프로젝트 수행 관련 실무 역할은 챔피언이 프로젝트 리더에게 포괄적으로 위임할 수도 있다. 하지만 이 경우에도 전체적인 책임은 당연히 챔피언에게 있다. 챔피언은 경영진의 일원으로서 경영의 책임자 위치에서 권한만큼 책임을 지며, 프로젝트의 성공을 위해 헌신해야 한다. 아쉽지만 이전의 6시그마 혁신 추진에서는 주도적이고 적극적인 챔피언의 개입과 참여가 거의 없었다. 6시그마 프로젝트는 전사 경영 성과에 직접 영향을 미치므로, 반드시 챔피언의 주도 아래 추진되어야 함을 잊지 말아야 한다.

이 Project 단계는 로드맵의 유형에 따라 step의 구분은 다를 수 있다. 가장 일반적인 제조(업)형 로드맵인 MAIC를 기준으로 기본 step을 정의하면 다음과 같다.

step 03은 Measure 단계로, CTQ/Y's checking이 핵심이다. 프로젝트를 통해 이루고자 하는 구체적인 목표(target)가 결정된다.

step 04는 Analyze 단계로, 발굴된 인자들을 잠재인자로부터 → 중요(가능) 인자로 압축하고 → 통계적이고 과학적인 분석을 통해 핵심 인자를 추출해나가는 과정이다. 이때 가장 중요한 요소는 추진 과정상의 내부통제를 지키는 것이다(procedural compliance).

step 05는 Improve 단계로, 문제를 해결함으로써 성과를 내는 단계다. 목표 달성을 위한 가장 활동적인 과정이며, efficiency & effectiveness 관점에서 접근해야 한다.

step 06는 Control 단계인데, 창출된 성과에 대한 효과적인 관리가 주요 활동이다. 목표한 성과를 내는 것에 그치지 않고, 지속 유지할 수 있는 시스템을 구축하는 데 진정한 목적이 있다. 즉, 성과에 대한 feedback controlling이 Control 단계의 핵심 관건이다.

4th phase: Institutionalize

마지막으로, 넷째 Institutionalize 단계는 6시그마 혁신의 지속성과 효과성을 담보하기 위한 단계다. 프로젝트 성과의 전사적인 경영 성과로의 통합과 함께, 평가와 보상을 포함한 제도화까지를 포함한다. 6시그마 프로젝트 추진은 이 마무리 단계까지 완성해야 온전한 성과가 보증된다. 이는 선택이 아니라, 반드시 수행해야 하는 필수 추진 사항이다.

보통의 프로젝트나 경영 혁신 추진에서는 성과가 창출된 상태에서 프로젝트를 마무리한다. 그리고 후속 관리를 위한 노력을 더 이상 진행하지는 않는다. 이에 반해, 6시그마 프로젝트는 후속 관리와 제도화를 성과 유지의 필수적인 기능으로 요구한다. 6시그마 방식의 특성 중의 하나라고도 할 수 있는 단계다.

하지만 지난 6시그마 적용 경험에서는 이 단계에 대한 추진과 관리를 등한시하였다. 이는 제대로 알지 못해서, 또는 관성적인 경영 혁신 추진 경험을 답습한 것에서 비롯된 결과였다. 프로젝트 마무리를 소홀히 한 결과는 6시그마 방식이 기대하는 성과의 지속과 전사 경영 성과로의 통합을 어렵게 한다. 이는 부단 추진과 전체 최적이라는 6시그마 리더십을 약화하고, 6시그마 방식의 효과를 가린다.

Institutionalize(제도화) 단계는 경영 혁신 추진에서 결코 놓쳐서는 안 되는 핵심 역량 중의 하나다. 소홀히 한 탓으로 잘 알려지지도 않았고, 명쾌하게 정의되지도 않았다. 추진 전략이자 좋은 영향으로만 슬쩍 소개될 수준에서, 이제는 명확한 추진 항목으로 구체화해야 한다. 그래서 다음의 4 step은 더욱 강조되어야 한다.

step 07은 Standardize 단계인데, 6시그마 프로젝트 추진에서도 보통은 Control 단계에 포함하여 진행하기도 하였다. 하지만 이렇게 Control 단계에 포함하여 운영한 결과, 그 중요성은 간과되었고 형식에 그치게 되었다. 성과의 표준화는 회사 내부의 최상(最上), 즉 가장 효과적인 기준으로 명시하여 작성해야 한다. 개별적인 성과가 아니라 표준화라는 공식 과정을 통해 최상의 성과가 조직 전체로 확산할 수 있다.

일부 사례에서는 표준화를 평준화(平準化)로 오해하는 경향이 있는데 매우 조심해야 한다. 왜냐하면 표준화와 평준화는 완전히 달라서, 엄격하게 구분해야 하는 개념이기 때문이다. 표준화는 최상의 기준에 도전하는 과정으로서, 난도 높은 어려운 과정을 포함한다. 반면 평준화는 표준화에 비해 최상으로의 도전보다는 평균으로 수렴하는 성향이 강해, 쉬운 방법으로의 유혹에 빠지기 쉽다. 그래서 6시그마 방식에서는 철저하게 이 둘을 구분하여 진행해야 한다. 표준화 step의 핵심 중점은 best practice(process)로 요약할 수 있다.

step 08은 Integrate 단계인데, 이 단계도 보통은 표준화와 같이 Control 단계에 포함하여 추진하는 것으로 정의되었다. 하지만 통합화 과정도 중요성이 간과되어 소홀하게 처리하는 경우가 많았다. 성과의 통합화가 중요한 이유는 6시그마 리더십의 하나인 전체 최적과 관련이 깊다. 프로젝트 성과가 전사적인 경영 성과에 통합되지 않으면 결국 부분 최적에 그칠 수밖에 없기 때문이다.

모든 혁신 효과를 전사의 경영 성과로 통합할 수 있게 하는 것은 오직 경영자의 관점에서만 가능하다. 혹자는 실무자의 관점에서도 통합화를 충분히 수행할 수 있다고 고집하는데, 이는 지나친 환상이자 욕심이다. 아는 만큼 보이고, 보이는 만큼 계획하고 실행할 수 있기 때문이다. 이는 새로운 기준이나 지침이 아니라, 상식이자 사회 활동의 원리다.

6시그마 방식에서는 통합화를 위해 프로젝트 챔피언 포지션 운영을 통해 이를 강제하기도 한다. 즉, 프로젝트 챔피언을 통해 6시그마 프로젝트의 선정과 추진 및 성과가 한 방향으로 움직이도록 유도한다. 따라서 모든 프로젝트 추진에서 챔피언이 총괄 책임을 지고 적극적으로 개입할 수 있게 된다. 이를 통해 하위 구성원이 아닌 최상위 경영진의 눈높이에서 프로젝트의 선정과 추진 및 성과에 대해 일관성을 유지하게 되고, 한 방향으로의 통합화가 완성된다.

step 09는 Evaluate 단계로서, 6시그마 성과를 어떻게 평가할 것인가에 대한 로드맵이다. 이 단계는 Control 단계까지를 통해 추출된 개별 프로젝트의 성과에 대한 평가만이 아니다. 이에 더하여 더 상위에 있는 6시그마 혁신 추진의 전사 단위 성과와 6시그마 문화 정착에 대한 제도적 장치다. 즉, 이 단계에서의 평가는 개별 프로젝트 성과를 프로젝트 팀(조직)과 벨트(구성원) 단위로 평가하며, 동시에 6시그마 혁신 도입과 적용에 대한 평가도 포함해야 한다.

이 단계에 대해, 지금까지도 개별 프로젝트 평가에만 집중하는 사례가 많다. 이는 6시그마 혁신 추진에 대한 평가를 개별 프로젝트 성과 평가의 연장선상으로 이해하기 때문이다. 하지만 개별 프로젝트의 성과와 6시그마 혁신 추진 성과는 엄연히 다르다. 전사 6시그마 혁신의 성과를 개별 프로젝트 성과의 누적된 합으로 평가하면 안 된다. 이는 반드시 전사의 통합적 관점에서 성과를 평가해야 한다.

프로젝트의 개별 성과를 합산하여 전사 6시그마 성과로 평가하면, 전체 최적화로서의 통합된 성과보다 개별 프로젝트 성과를 중시하는 경향이 강해진다. 이는 프로젝트 추진 직후의 단기 성과에 집착하는 모습으로 나타난다. 문제 해결 관점의 평가가 중심이 되면 6시그마 방식을 적용한 조직 단위의 장기적이고 포괄적인 평가는 놓치게 된다. 즉, 눈에 보이는 프로젝트 실적만 평가함으로써 전체 6시그마 성과에 대한 평가는 가려지게 된다.

Evaluate 단계에서의 평가는 두 가지다. 첫째는 개별 프로젝트 성과이며, 둘째는 6시그마 혁신 도입 및 적용에 대한 평가다. 첫 번째인 개별 프로젝트 평가는 이를 통해 프로젝트 팀(조직)과 구성원에 대한 적절한 보상을 가능하게 한다. 그리고 두 번째에 해당하는 평가는 프로세스 개선을 통한 종합적이고 포괄적인 효과를 평가하여 6시그마 방식의 도입과 적용의 문제를 해결할 수 있게 한다.

이 6시그마 혁신에 대한 평가는 두 종류 모두 주기적으로 그리고 지속적으로 수행해야 한다. 그리고 평가 주체는 최고 경영진과 총괄 챔피언을 포함한 경영진이 되어야 한다. 이 평가를 핵심 경영층이 전면(前面)에서 직접 수행함으로써 혁신의 추동력이 되고, 프로젝트 팀과 구성원에게 강력한 동기를 부여할 수 있다.

이러한 적극적인 6시그마 평가는 객관적인 모니터링과 적극적인 가치 판단을 동시에 추구해야 한다. 왜냐하면 6시그마 프로젝트의 단순 반복(loop)만으로는 일하는 방식(way)의 변화를 의미하는 6시그마 혁신을 완성하기가 불가능하기 때문이다. 이 관점에서 평가와 후속 관리에는 성공 경험뿐 아니라 실패도 반드시 포함해야 한다. 이를 확장하여 조직의 지식관리(knowledge management) 체계로 완성하는 모습이 바람직하다.

문제 해결과 성과를 통해서 현재를 즐기는 것은 중요하다. 그리고 이에 더하여 미래를 위해 실패까지 밑거름으로 삼는 것 역시 중요하다. 조직 경쟁력, 즉 품질 경쟁력의 요소에는 문제(위험)의 재발 방지가 매우 중요한 원칙이기 때문이다. 이는 6시그마 방식의 중요한 원칙의 하나다. 아무리 좋은 시스템과 성공 경험도, 한 번에 그치거나 실패를 예방할 수 없으면 완성된 것이 아니다.

지난 6시그마 혁신 추진 경험의 상당수에서 이 평가 단계의 범위를 프로젝트 평가로만 제한하였다. 이는 6시그마 혁신 문화의 형성과 정착에 걸림돌이 되었다. 조직 내부의 문제 해결이라는 부분적인 성과와 함께, 반드시 전체로서의 통합된 성과를 평가하여 미래 경영의 주춧돌로 삼아야 한다. 그래서 step 09의 평가 단계는 형식적인 껍데기가 아니라, 빠트려서는 안 되는 핵심적인 기능으로 재평가되어야 한다.

step 10은 Compensate 단계로서, 평가 이후의 보상과 포상에 대한 동기부여를 중심으로 구성된다. 조직 내외의 어떤 활동이든, 동기부여는 변화관리의 매우 중요한 요소다. 영향력이 크고 변화가 많을수록 동기부여에 더욱 관심과 정성을 쏟아야 한다. 조직 전체의 관점에서는 충분히 성공적임에도 불구하고, 구성원의 저항에 밀려 혁신의 성과가 부정되거나 영속성이 끊길 우려가 있기 때문이다.

6시그마 방식에서도 성과에 대한 평가 이후의 보상은 매우 중요하다. 이러한 특성은 여느 활동에서나 마찬가지다. 게다가 6시그마 혁신은 본질적으로 변화의 폭과 강도가 크기 때문에 이 단계에 더욱 집중하여야 한다. 변화관리의 필요성이 큰 만큼 동기부여의 중요성이 더욱더 커지기 때문이다. 금전적 보상을 아까워하여 구성원의 기대와 신뢰를 저버려서는 안 된다.

Compensate 단계의 핵심 주체는 총괄 챔피언이다. 프로젝트 챔피언은 개별 프로젝트에 대한 최종 책임자여서, 성과 보상에 대한 전체적인 기획이나 운영에는 한계가 있다. 이 보상을 하는 주체는 조직 구조와 포지션 이동(승진, 부서 이동 등), 특히 금전적인 보상까지 연계되는 포괄 권한을 가져야 한다. 따라서 이는 최상위 경영자(CEO, CFO, COO)를 포함한 총괄 챔피언의 고유한 권능이다.

성과에 대한 보상의 대상은 조직과 구성원 두 객체다. 조직 입장에서는 현 조직의 확대를 통한 권한의 확장 또는 핵심 부문과의 통합이 동기부여의 핵심이다. 그리고 구성원에게는 인사(人事) 측면에서 승진과 부서 이동, 그리고 금전적 보상이 대표적인 보상이다. 물론 모든 조직과 구성원이 이런 유형적인 보상에만 관심을 가지는 것은 아니다. 하지만 사적 영역에서는 포지션과 금전적 보상(포상 포함)이 매우 중요한 가치임은 부정할 수 없다.

이러한 보상은 성공에 대한 평가 결과를 바탕으로 제시된다. 하지만 실패를 통한 성장 관점에서도 보상은 중요하다. 앞서 평가 체계를 설명하면서, 지식관리 차원에서 실패에 대한 평가도 강조하였다. 따라서 실패에 대한 보상 역시 충분히 검토하고 실행해야 한다. 실패에 따른 페널티와 지적만이 능사가 아니다. 결과와 관계없이 성공을 위한 밑거름이 되고 실패 예방의 계기가 된다면, 실패 역시 가장 중요한 성과 중 하나임을 보상을 통해 실현해야 한다.

6시그마 방식에서는 보상의 방법 역시 중요하게 다룬다. 하지만 아쉽게도 많은 사례에서는 중요한 성과에만 보상과 포상을 하는 경향이 발견된다. 물론 재정적인 면과 조직 운영 측면에서 보상의 남발을 경계하고, 최대한 효율적으로 운영코자 하는 취지는 이해할 수 있다. 하지만 6시그마 방식에서는 꼭 큰 성과에만 관심을 가져서는 안 된다. 보다 실속 있는 미래의 밑거름이 되고, 6시그마 문화에 기여할 수 있는 활동에 대해서는 적극적인 보상이 뒤따라야 한다.

이런 관점에서, 작은 성과에도 평가하고 보상하는 문화가 형성되어야 한다(celebrate small-win and promote). 그럼으로써 끊임없는 혁신의 추진과 함께, 사원 육성의 순환이 자연스러워진다. 오직 큰 것에만 관심을 가지게 되면 전체의 관점에서는 밀도와 강도가 나빠지게 되어 오히려 손실이다. 이는 큰 돌과 작은 돌의 혼합 원리로 충분히 이해할 수 있다. 따라서 작은 성공도 중요하게 축하받아야 한다. 이를 통해 6시그마 리더십이 완성되고, 나아가 바람직한 6시그마 문화를 구축할 수 있다.

문제 해결 내비게이션, 6시그마 기본 8단계 로드맵

현재까지 등장한 것 중 가장 강력하고 정교한 경영 혁신 방법론이 무엇인지 묻는다면 단연 6시그마 방식이라고 주저 없이 답할 수 있다. 이는 이미 20세기 후반 이후 현재에 이르기까지 충분히 검증되었기 때문이다. 그렇기에 이에 대한 이견은 거의 없다. 하지만 이런 검증된 방식도 적용 과정에서는 잘못된 점이 적지 않았다. 이런 아이러니의 원인은 6시그마 방식의 본질적인 결함보다는, 6시그마 방식을 온전하게 이해하지 못한 탓이 컸다. 그리고 이 영향은 6시그마 방식의 확산을 정체시켰고, 현재까지도 소강상태로 이어지게 하였다.

6시그마 혁신 방식은 일하는 방법을 개선하여 품질 경쟁력을 높임으로써 궁극적으로는 기업 가치를 극대화하는 경영 혁신 방법론이다. 그리고 6시그마 방식은 현존하는 가장 강력하고 확립된 문제 해결 로드맵을 답재한 내비게이션으로 평가받는다. 다시 말해, 6시그마 방식은 21세기 초반을 넘긴 현재까지도 가장 완성도 높은 경영 혁신 방식이자 문제 해결 방법론으로 인정받고 있다. 안타까운 것은 이런 강점에도 불구하고 더 이상의 확산이 정체된 현실이다. 결국 이는 혁신 방법론 진화의 큰 장애가 되었다.

우리에게는 6시그마 방식이라고 하면, 문제 해결 방법론 그 자체로만 인식하는 경향이 크다. 이는 혁신을 이해하는 관점을 6시그마 프로젝트와 같이 문제 해결에 두기 때문이다. 지난 6시그마 방식의 도입과 적용에서도 방법론 본연의 본질이나 철학과 같은 전체적인 모습과 운영보다는 6시그마 프로젝트 추진에만 관심이 많았다. 그래서 지금까지는 6시그마 혁신 방식을 문제 해결을 위한 방법론 중심으로 이해하는 것에 그쳤다. 그리고 이는 어느 정도 새로운 방식을 이해하는 자연스러운 노력으로 보이기도 했다.

문제 해결이 중심인 6시그마 프로젝트는, 전체로서의 6시그마 방식 중에서 핵심 활동이긴 하지만 모두가 아닌 일부다(I-T-P-I). 너무나 강력한 문제 해결 로드맵을 장착한 '6시그마 프로젝트'라서 이에 집중하는 것을 나쁘다고만은 할 수 없다. 하지만 6시그마 혁신의 참모습은 문제 해결 그 자체만이 아니라, 조직의 모든 시스템을 새로운 업무 방식으로 변화시키는 것이다. 이를 잊어서는 안 된다. 왜냐하면 지난 6시그마 추진 경험에서는 문제 해결에만 집착하여 6시그마 혁신을 정착시키는 데 어려움을 겪었기 때문이다. 앞으로 6시그마 방식의 진화와 발전을 위해서는 일부를 전체로 이해하는 오류는 더 이상 없어야 한다.

그리고 6시그마 방식의 문제 해결 방법론인 6시그마 프로젝트 추진도 적용 과정에서 적지 않은 오류를 남겼다. 이 오류 역시 바로잡아야 한다. 본질적인 장애는 회피한다고 해서 해결되지 않는다. 4차 산업혁명이라는 신기술을 중심으로 급변하는 환경에서, 이 오류도 함께 바로잡아가는 것이 효과적이다.

6시그마 방식의 본질적인 이해 그리고 올바른 도입 전략과 방법에 대해서는 앞에서 이미 설명하였다. 다음은 6시그마 방식을 문제 해결 방법론 관점에서 재조명하고, 실제 프로젝트 전개 과정의 핵심 이슈에 대해 살펴본다.

6시그마 혁신에서 프로젝트의 추진은 발생한 문제를 해결하여 성과에 이르게 하는 핵심 영역의 하나다. 그래서 문제 해결 과정인 프로젝트 단계(I-T-P-I)는 6시그마 혁신에서 매우 중요하다. 이 프로젝트 단계는 완성형 로드맵으로 대표되는 DMAIC나 DMADV와 같은 강력한 체계를 갖추고 있다. 이 로드맵 자체만으로도 6시그마 방식과 비교하여 경쟁이 되는 혁신 체계는 없었다. 그만큼 강력하고 매력이 넘치는 혁신 추진 체계이므로, 이를 더욱 가다듬어 이제는 완성도를 높여야 한다.

DMAIC 로드맵은 6시그마 프로젝트 추진을 위한 기본 로드맵으로서, 6시그마 방식을 경험하였다면 매우 익숙하다. 그런 만큼 충분히 이해했다고 판단할 수도 있다. 하지만 이전의 적용에서는 많은 오류를 범했다. 교육과 훈련으로만 이해하였기 때문에 형식 중심의 이해를 벗어날 수가 없었다. 6시그마 방식은 기존 혁신 방식과는 차이가 큰 만큼, 본질에 대한 이해가 필요하다. 하지만 그렇지 못하고 형식에 치우쳐 적용됨으로써, 성과의 부진과 확산의 정체를 초래한 큰 원인이 되었다.

6시그마 프로젝트는 문제 해결을 위한 착수(着手) 이전에 여러 준비가 선행(先行)되어야 한다. 그리고 성과에 대한 후속 관리 역시 별도의 절차가 필요하다. 물론 핵심은 문제 해결을 위한 과정이지만, 이의 앞과 뒤에서 요구되는 절차 또한 전체 혁신 방법론 체계에서는 중요한 의미가 있다. 이제 6시그마 방식의 문제 해결 로드맵 중 가장 기본 구조인 '문제 해결 8단계 로드맵' 전체에 대하여 살펴보자. 이는 R-D-M-A-I-C-S-I의 모습으로 구체화된다.

우리가 이미 DMAIC로 익히 알고 있는 Project 추진 기본 로드맵은 크게 세 부분으로 나눌 수 있다. 첫째는 프로젝트 선정과 정의이며, 둘째는 문제 해결을 위한 본격적인 과정이고, 셋째는 성과 창출 이후의 후속 관리로 이루어진다. 즉, D-M-A-I-C 5단계를 기준으로 앞에는 R(Recognize) 단계와 뒤에는 S(Standardize) 및 I(Integrate) 단계가 포함된다.

이 기본 8단계의 활용에 대한 자세한 설명은 다른 기회에 하기로 하고(이미 많은 참고 교재와 자료가 존재한다), 여기서는 이 8단계의 적용에서 소홀하였거나 잘못 적용하기 쉬운 부분을 중심으로 설명한다.

1st phase: Recognize(인식)

첫 단계인 R(인식) 단계는 프로젝트의 출발점을 확인한다는 의미에서 매우 중요하다. 어떻게 현재의 위기를 이해할 것인가에 따라 프로젝트의 추진 방향과 전략은 달라질 수 있다. 따라서 이 인식(R) 단계에서는 매우 신중해야 하며, 다양한 정보의 종합적인 판단을 통해 수행해야 한다. 즉흥적이고 임의적인 위기 인식은 프로젝트를 형식적으로 추진하는 유혹에 빠지게 하는 함정이 되므로 유의해야 한다.

위기에 대한 해결 요구의 대부분은 경영자가 지시와 방침의 형태로 실무부서에 전달한다. 그래서 문제가 어떤 것인지, 어떤 방향으로 목표를 잡아 해결할 것인지가 미리 정해진 경우가 많다. 이런 경우 프로젝트의 추진 배경과 목표는 이미 결정된 상태라 할 수 있다. 즉, 대개의 프로젝트는 P(Project) 단계 이전에 이미 T(Trigger) 단계에서 결정된다.

이 R 단계는 상위의 I-T-P-I 로드맵 중 Trigger 단계에서 검토하는 것이 맞다. 특히 전사 CTQ-Tree의 형식으로 6시그마 혁신의 종합 계획이 수립된 상태라면, Trigger 단계에서의 역할임이 더욱 분명하다. 다만 사전에 예측하지 못하였거나 추가로 발생한 이슈 때문에 신규 프로젝트의 추진이 필요할 때는 Project 단계에서도 검토하고 결정할 수 있다.

이런 이유로, Project 단계에서 R 단계를 검토할 때는 단순하고 간결하게 접근할 필요가 있다. CTQ-Tree 구성이나 전사적인 프로젝트 추진 검토 때와 같이, 전사 경영 현황을 중심으로 검토할 필요까지는 없다. 해당 이슈에 대한 중요성과 프로젝트 추진 필요성에 대한 명확한 인식만 존재하면 된다. 프로젝트 챔피언은 이에 대해 철저하게 검증하여 결정하여야 한다. 특히 프로젝트 추진의 당위성과 필요성을 강조하기 위해, 지나친 추측이나 과장이 있는지도 면밀하게 검증해야 한다.

문제(위기) 상황에 대한 인식은 프로젝트의 첫 출발이므로 이 R 단계가 프로젝트 추진에서 필수적인 단계임을 잊으면 안 된다. 이 Recognize 활동은 매우 중요해서 Trigger 또는 Project 단계 중 어디에서든 어떤 형태로든 반드시 수행되어야만 한다. 절대 생략하거나 빠뜨려서는 안 된다. 만약 Recognize 활동과 절차가 어디에도 명확하게 제시되지 않았다면 이는 잘못된 적용이다. 왜냐하면 Recognize를 통해 확보된 프로젝트 추진 당위성은 프로젝트 진행 기간 내내 프로젝트 추진의 동력이 되고 방향을 제시하며, 동시에 모든 프로젝트 활동에 관한 세한과 견제의 기준이 되기 때문이다.

프로젝트 리더도 R 단계부터 방향성을 명확히 정해야 한다. 프로젝트 추진에 대한 과도한 의욕으로 위기를 과장하거나, 형식적인 접근을 하지 않도록 경계해야 한다.

2nd phase: Define(정의)

대부분의 6시그마 프로젝트 경험자들은 6시그마 방식에서 프로젝트 추진의 첫째 단계를 Define 단계로 이해한다. 이는 Trigger 또는 Project 단계 중 어디에서든 Recognize를 포함하여 적용했을 때만 맞다. 하지만 R 단계의 주요 활동에 대한 중요성은 간과되어, 그 어디에서도 전개되지 않는 경우가 많았다. 이러한 R 단계의 누락은 프로젝트의 선정 필요성과 취지를 명확하게 설명하지 못해, 프로젝트 추진이 형식적이 되거나 목적한 방향과 다르게 흐르는 결과로 이어지기도 했다.

Recognize에 대한 충실한 전개가 부족하면, 프로젝트 추진 당위성이 프로젝트 팀이나 스폰서 그룹에 명확하게 전달되지 않는다. 이는 D 단계의 핵심 활동인 프로젝트 정의를 어렵게 한다. 프로젝트가 왜 선정되었는지부터 시작하여, 그 선정 과정과 프로젝트 세부 계획까지 함께 설명하고 소개해야 하기 때문이다. Recognize 활동은 될 수 있으면 Define 이전에 확정하여 설명하는 것이 효과적이다. 만약 D 단계 이전에 이를 설명할 수 없다면, D 단계에서라도 이를 설명하되 프로젝트 정의 활동과 구분하여 진행하는 것이 좋다.

D 단계에서는 추진하게 될 프로젝트의 명확한 정의와 목표, 성과 창출을 위한 Infra(팀, 구성원)에 대해 구체적으로 제시해야 한다. 이는 프로젝트 챔피언이 가장 집중하여야 하는 단계로서, 챔피언 자신이 직접 개입해야 하는 단계다. D 단계의 결과는 총괄 챔피언에게도 보고되어야 하며(사무국), 이로써 전사 경영 성과 통합 차원에서 등록된 개별 프로젝트로 관리된다.

D 단계는 다른 절차와는 달리 챔피언이 자신의 역할을 프로젝트 리더나 다른 권한의 벨트에게 위임해서는 안 된다. 왜냐하면 프로젝트 목표 설정과 추진 Infra 구축은 챔피언의 고유 권능이자 의무이기 때문이다. 챔피언은 자신이 직접 참여하고 의사결정에 개입함으로써 프로젝트 추진의 당위성과 필요성을 부여하고 실무적인 동력을 공급해야 한다. 또한 핵심 공략 대상과 목표를 명확히 하여

프로젝트 추진 방향을 명료하게 하고, 추진 과정에서의 혼선을 막아야 한다.

핵심 활동은 프로젝트에 대한 명확한 설명에 집중하는 것이다. 어떤 문제를 어떻게 해결할 것인가를 제시하고, 문제점과 목표(재무효과) 그리고 프로젝트 팀 구성과 추진 일정을 포함해야 한다. 이 D 단계에서의 모든 활동은 이후의 활동을 제어하는 역할을 한다. 그래서 한번 정해진 내용을 다음 단계에서 수정하거나 변경하기 위해서는 변경 절차를 엄격히 지켜야 한다.

시작이 반이라는 격언이 말하는 것처럼, 프로젝트의 첫 출발은 아무리 강조해도 부족하지 않을 정도로 중요하다. 이는 6시그마 프로젝트에서도 마찬가지다. 오히려 처음의 중요성은 더욱 강조되어야 한다. D 단계가 중요한 이유가 단순히 출발점이어서 그런 것은 아니다. 앞으로 진행될 내용의 방향을 제시하는 원점(原點)이기 때문에 그렇다.

이렇듯 프로젝트의 실질적 첫 출발점이 되는 D 단계는 매우 중요한 위치를 차지한다. 하지만 이를 선언적 의미로만 이해하거나, 형식적인 절차로 여기는 사례도 많은 것이 사실이었다. D 단계에 대한 경영진이나 챔피언의 인식이 아무리 올바르다 하더라도, 실무적으로 잘못 추진되면 그 이후 단계에도 순차적으로 영향을 미치게 되므로 매우 유의해야 한다. 초기의 방향 차이는 전체적으로 심각한 오차를 만들기 때문이다. 그래서 프로젝트 챔피언의 역할이 더욱 요구되는 지점이 바로 Define 단계다.

성과가 크고 변화가 많을수록 방향 설정과 첫 다짐의 중요성은 비례하여 커진다. 그런 점에서 6시그마 프로젝트를 추진할 때 D

단계에 더욱 집중해야 한다. 이제는 D 단계에 대해 좀 더 많은 투자를(시간, 인력, 챔피언의 개입) 하길 기대한다. 그리고 형식적인 절차에만 집착(執着)하지 말고, 실질적인 프로젝트 기반을 구축하고 다지는 데 집중해야 한다. 충분한 투자가 그 이상의 성과로 보상받을 수 있는 것이 또한 D 단계의 매력이기도 하다.

3rd phase: Measure(측정)

측정(Measure)은 처음 6시그마 방식을 접하는 경우 가장 눈길을 끄는 대목 중 하나다. 이전까지는 측정을 단순하게 대상(물)을 계량화하기 위한 도구 활용의 측면으로만 이해했다. 이에 더하여 6시그마 방식은 공정 능력과 측정 오차에 착안하여, 품질개선과 품질 경쟁력 강화의 중요한 이슈로 다룬다. 그리고 이 측정 대상과 측정 과정을 로드맵의 핵심 테마로 설정하여 구체화하였다.

물론 이것 역시 측정의 개념 자체를 변화시키는 것은 아니다. 측정 개념의 본질적인 부분은 유지하되, 그 영역을 확장하고 구체화한 것이다. 6시그마 방식에서는 측정 개념의 범위를 단순히 대상물의 계측과 관리에 한정하지 않는다. 오히려 무엇을 측정할 것인지, 그리고 어떻게 측정할 것인지, 어떻게 관리할 것인지까지 확장하고 구체적인 방법까지 정의한다. 따라서 측정 단계의 핵심은 CTQ(Y's)의 선정과 함께, 현재 수준(現水準) 측정과 목표 제시로 구성된다.

이렇듯 매우 중요한 의미와 특성을 포함하는 과정임에도 불구하고 측정 단계는 경시된 측면이 많다. 즉, 측정 단계를 분석으로 진행하기 위한 전(前) 단계 정도로 가볍게 여기는 경향이 그것이다.

그래서 6시그마 방식의 측정 단계에서는 주의해야 할 부분이 많고, 잘못 이해하고 있는 부분 역시 작지 않다. 게다가 이 오해에 대한 인식조차 없거나 약하여, 오류의 치유 역시 간과되기 일쑤다. 그래서 6시그마 프로젝트 로드맵의 다른 단계보다 측정 단계는 더욱 많은 집중과 충분한 이해가 요구된다.

측정 단계는 너무 쉽게 보여서 건성으로 진행하거나, 오해하여 잘못 적용할 우려가 상대적으로 크다. 그런 점에서 얼핏 쉬워 보이지만, 더욱 명확하고 선명하게 이해하여야 한다. 프로젝트가 이미 본격적인 궤도에 올랐을 때 이 오류를 발견하여 바로잡고자 한다면 손실과 희생이 크다. 측정 단계의 항목들은 기본과 본질에 해당하는 영역이어서 오류 발생 시 단순 수정이나 보완이 안 되며, 이전 단계로 돌아가서 해당 항목을 새로 수행해야만 하는 경우가 많기 때문이다.

다음은 측정 단계에서 오해하여 잘못 적용하기 쉬운 부분에 대해 다섯 가지 영역으로 나누어 상세하게 설명한다. 이는 실무적인 프로젝트 추진 요령에서는 알려주지 않는 내용이다.

첫째, 측정 단계에서 가장 핵심이 되는 부분은 '무엇을' 측정할 것인가에 대한 명확한 정의다. 즉, 측정의 대상을 명확히 하는 것이다. 6시그마 방식에서는 이를 CTQ 또는 CTQ(Y's)로 표현하며, 이는 문제 해결의 핵심 열쇠(key) 역할을 한다. 이 CTQ(Y's)는 문제 해결을 위한 가장 압축된 핵심 이슈를 의미하며, 6시그마 방식에서 주로 사용하는 용어다.

CTQ는 6시그마 방식에서 프로젝트를 추진할 때 기초가 되는데, 이를 올바로 적용하지 못한 사례가 많았다. 달리 말해, 6시그마 프로젝트가 성과를 내지 못할 경우의 대표적 이유로는 CTQ(Y's)의 선정이 올바르지 않았거나, 측정이 잘못된 것을 원인으로 들 수 있다. 그만큼 CTQ의 선정과 측정은 6시그마 프로젝트 운영에서 매우 중요한 역할을 한다.

기존 관성과 경험에만 의지하여 CTQ를 선정하면 이는 프로젝트의 실패로 이어질 수밖에 없다. 이미 알고 있는 내용을 명칭만 CTQ라 우긴다고 풀리지 않던 문제를 제대로 해결할 수는 없다. 즉, CTQ는 핵심 품질 특성으로서 정확하고 명확하게 정의되어야만 한다. 자다가 남의 다리 긁는 형식으로 가려움을 해소할 수는 없기 때문이다.

CTQ 선정에 대한 충분한 이해의 부족으로, 이를 형식적으로 선정하여 프로젝트가 성공하지 못한 사례는 생각보다 많다. 올바른 6시그마 프로젝트를 추진하기 위해서는 이 CTQ(Y's)의 선정에 관심과 역량을 집중해야 한다. 그리고 선정된 CTQ를 개선하기 위해서는 현재의 역량, 즉 현재 수준(base performance)을 정확하게 측정하여 개선의 출발점으로 삼아야 한다. 이는 주로 '공정 능력'의 형태로 표현된다.

둘째, 6시그마 방식의 측정 단계에서 소홀히 대해진 부분은 선정된 CTQ를 '어떻게' 측정할 것인지에 대한 전략적인 관점이다. 6시그마 방식에서는 측정 대상을 CTQ(Y's)로 특정하고, 이의 공정 능력을 명확하게 파악하는 데 관심을 가진다. 즉, 프로젝트 추진의 기초가 되는 현 수준을 제대로 알지 못하고서 앞으로의 계획인 목표를 수립하여 개선 활동을 전개할 수는 없기 때문이다. 이는 사상누각과 같다.

측정에 앞서 공정 능력을 이해하는 방법에 있어, 이전의 전통적인 방식과 6시그마 방식은 차이가 크다. 그리고 이 차이가 6시그마 방식을 기존과 다른, 새로운 혁신 방법론으로서 '6시그마 방식' 다워지게 한다. 그래서 측정을 단순하게 측정하는 행위만이 아니라, 어떻게 측정할 것인지에 대한 전략적인 관점을 포함하여 이해해야만 하는 것이다.

6시그마 방식 이전에는 '3시그마(σ) 관리'가 기본적인 형태였으며, 이것이 품질관리와 품질개선의 중심 사상이었다. 대표적 현장 관리 기본 도구인 '관리도(control chart)'와 '공정 능력으로서의 CP'는 이 '3시그마 관리'를 바탕으로 하였다. 하지만 6시그마 방식은 3시그마 관리보다 더욱 세밀하게 접근한다. 그리고 전통적으로 사용되어오던 수율 지표인 초기 수율, 최종 수율 또는 단위 공정 수율이 아닌 누적 수율(RTY)로 관리함으로써, 공정 능력을 객관화시켰다.

또한 6시그마 관리는 공정의 능력을 완성품(부품 또는 제품) 단위(PPM)가 아닌 개별 CTQ의 불량 가능성, 즉 불량 발생 기회(DPO)로 이해한다. 이는 품종과 품목이 다르거나 생산 단위에 차이가 있는 공정들도 동일 척도로 상대 비교가 가능하게 한다. 이로써 6시그마 방식은 공정 능력의 의미를 능력 그 자체가 아니라 경쟁력의 기본 개념으로까지 진화시켰다. 이를 통해 6시그마 수준의 목표로, 1백만 분의 3.4dpmo라는 무결점에 가까운 구체적인 품질 목표를 제시할 수 있었다.

셋째, 6시그마 방식은 '수치화'의 중요성에 주목하였다. 일반적으로 측정은 측정기에 의해 산출된 단순한 결과로서의 정보, 즉 숫자로만 이해되었다. 하지만 6시그마 방식에서는 이를 숫자 그 이상으로 생각하고 강조한다. 수치화는 모든 혁신의 기초이며, 이를 통해서만 진정한 개선과 혁신을 이룰 수 있음을 주장한다. 하지만 아직도 수치화를 주저하거나 회피하려고 하는 사례가 있음은 안타깝다.

여기에서 꼭 짚고 넘어가야 할 중요한 논점은 수치화(계량화)에 대한 관점의 변화다. 이미 많은 학자와 경영자, 실무자들이 수치에 의한 경영과 측정의 중요성을 받아들여, 개선과 혁신 그리고 실무 영역에서 실천하고 있다. 일찍이 1883년에 영국의 물리학자인 켈빈(Kelvin)은 다음과 같이 수치화의 중요성을 평가하였다.

"말하는 것을 측정하고 그것을 숫자로 표현할 수 있을 때, 당신은 그것에 관한 무엇인가를 안다고 할 수 있다. 그것을 측정하거나 숫자로 표현할 수 없을 때, 당신의 지식은 빈약하고 만족스럽지 못한 종류의 것이다. 그것이 지식의 시작일 수도 있지만, 어떤 문제가 있든 간에 당신은 과학의 상태로 거의 나아가지 않은 것이다(When you can measure what you are speaking about, and express it in numbers, you know something about it; but when you cannot measure it, when you cannot express it in numbers, your knowledge is of a meager and unsatisfactory kind: it may be the beginning of knowledge, but you have scarcely, in your thoughts, advanced to the stage of science, whatever the matter may be)."

이는 수치화의 중요성을 설파함과 동시에 수치화의 어려움을 표현한 것이다. 또한 과학적인 진보를 위해서는 반드시 수치화가 되어야 함을 강조한 말이기도 하다. 이후 20세기를 거치면서 과학은 괄목할 만하게 발전하였다 하지만, 아직도 적지 않은 혁신 추진 사례에서 수치보다는 '말(화두)'이 앞서고 중심이 되는 경우가 있음은 주지의 사실이다. 즉, 숫자를 자신이 선언한 말을 포장하거나 설명하는 수식어로 여기는 경향이 작지 않다. 이는 혁신의 본질을 상쇄하고, 나아가 혁신 추진의 걸림돌이 되기도 한다.

더욱이 4차 산업혁명 시기를 거치면서 디지털 전환은 필수적인 과정이 되었다. 더 이상 수치화와 정확한 측정에 미온적이어서는 안 된다. 억지로 수치화를 강요하는 것이 아니라, 수치화를 통해서 일과 프로세스의 본질을 이해할 수 있고 이 과정을 통하여 개선의 실마리를 파악할 수 있음을 상기해야 한다. 이제 수치화는 선택이 아닌 필수 항목이 되었음을 잊어서는 안 된다.

넷째, 과학적인 혁신 방법론을 중심 가치로 제시하는 6시그마 방식은 수치화의 필요성과 함께 측정 과정에서의 '오차'에도 주목했다. 일반적으로 측정은 측정기 등에 의해 산출된 정보를 말한다. 즉, 측정의 의미는 측정량, 곧 크기나 양(量)을 의미하는 정도에서 그쳤다. 하지만 6시그마 방식에서는 측정 단계를 측정된 수치만이 아닌, 측정 시스템으로 이해하고 구성하였다. 그리고 측정 시스템의 구성에서 오차, 즉 측정 오차에 대한 중요성에 착안하였다.

6시그마 방식은 측정 오차를 규명하고 줄이는 데 관심을 가진다. 이 측정 오차는 올바른 개선의 가장 중요한 근거가 되는 현재 수준을 왜곡시키는 수치여서 매우 중요하다. 이러한 측정 오차에 의한 측정치의 왜곡 현상은 실제로도 빈번하게 발생하는 사례다. 특히 계량적인 측정이 모호할 때는 더욱 심각한 문제를 일으키기도 한다.

측정 오차와 관련한 측정의 정확성과 정밀성에 대한 중요성을 일깨우고 더욱 관심을 두게 한 계기로서, 6시그마 방식의 역할은 작지 않았다. 하지만 아직도 측정 오차에 대한 인식 부족이 여전한 형편인 것은 매우 아쉽다. 측정치가 계량된 단위가 아닐수록 관심에서 벗어나는 경우가 많고, 왜곡을 바로잡는 노력은 힘들다. 이런 점에서도 역시 측정 단계에서 CTQ의 수치화는 필수적이다.

마지막으로 다섯째는 6시그마 기본 로드맵인 DMAIC 로드맵의 구성에 관한 이슈다. 많은 기업에서 측정 단계의 구성 step에 대해 혼란스러워한다. 이는 교육, 훈련 과정에서뿐만 아니라 실제 프로젝트를 추진하는 순간에도 마주하는 어려움 중의 하나다. 이는 6시그마 프로젝트 추진의 기본 5단계인 DMAIC를 어떻게 추진해야 하는가에 대한 문제다.

모토로라의 MAIC 문제 해결 기법으로 시작하여, GE에서 이를 확장한 DMAIC 기본 5단계로 완성한 이후, 각 단계(phase)의 실제 운영을 어떻게 할 것인지에 대한 의견은 다양하게 진화했다. 예를 들면, 삼성의 15 step(단계별 3개의 step 운영)과 같이 각 단계에서의 할 일을 구체화한 것이 대표적인 사례다. 이 밖에도 MAIC 방법론에 맞게 12 step을 기본 운영의 틀로 하고 Define 단계의 적용을 더한 개념도 있는 등, 기업에 따른 특성이 반영되도록 진화하였다.

이런 진화 과정을 거치면서 우리나라의 경우 가장 많이 참조되고 적용된 추진 체계는 삼성의 15 step이다. 그런데 이 15 step은 6시그마 프로젝트 추진의 보편화에 절대적으로 이바지하였음에도 불구하고 아쉬움을 많이 남겼다. 즉, 단계별 3 step 그리고 총 15 step의 구분이 다소 기계적으로 설정되었기 때문이다. 물론 이것도 나름의 이론적 근거와 당위성을 갖고는 있다. 하지만 잠재인자의 발굴과 압축 과정을 측정 단계의 핵심 활동으로 설정한 것은 바람직하지 않다.

한 단계에 3개의 step을 의도적으로 배치한 기계적인 구분으로 인해 프로젝트 추진의 흐름에서 혼선을 초래하였다. 그 결과로 측정 단계의 핵심 활동인 process output의 측정 이외에 다른 활동들이 포함되어 초점이 흐려졌다. 즉, 잠재인자의 발굴과 압축 과정을 분석 단계가 아닌 측정 단계에 배치함으로써 process output인 Y's 중심의 활동에 집중하지 못하고, 혼란스럽게 진행될 수밖에 없었다.

물론 프로젝트 성과를 내기 위해 잠재인자의 도출과 우선순위화 활동을 어떤 단계에 배치하든 무엇이 문제이겠느냐고 주장한다면, 이 역시 엄격하게는 틀린 말은 아니다. 하지만 보다 효과적이고 효율적인 문제 해결 방식을 자처하는 6시그마 방식에서는 오점이 되었다. Y를 중심으로 집중하여 전개할 단계에서, 원인인 X에 대한 활동을 포함하는 것이 바람직하지 않은 것은 확실하다.

이는 바로잡아야 한다. 원래의 취지대로 측정 단계에서 집중할 process output 위주의 활동으로만 편성하여야 한다. 그리고 X와 관련된 잠재인자의 발굴과 압축하는 과정은 분석 단계에서 실행하는 것이 옳다. 이에 대해서는 많은 전문가도 지지하고 있다. 하지만 아직도 초기 삼성 방식의 15 step을 그대로 고집하는 경향이 있어 안타깝다. 어떤 체계든 진화 과정에서 잘못이 발견되면 즉시 바로잡는 것이 옳다. 측정 단계에서의 step 운영도 마찬가지다.

문제 해결 방법론으로서의 6시그마 방식에서 측정 단계가 상대적으로 소외된 것은 사실이다. 왜냐하면 과거 혁신 방식은 이미 정해진 대상(Y)을 알려진 원인만으로 개선하기 때문에, 굳이 CTQ(Y' s)를 새로 선정하여 현재 수준을 측정하지 않았다. 하지만 이런 관성적인 문제 해결 접근 때문에 목표한 혁신적인 성과가 달성되지 못하도록 방치해서는 안 된다. 그러므로 측정 단계를 문제 해결 활동의 핵심적인 축의 하나로 이해하고 실행해야 한다.

측정 단계는 다른 단계에 비해 상대적으로 덜 중요한 활동으로 평가받고 있다. 어떻게 보면 다른 단계의 활동들이 성과에 더 밀접한 관계가 있어 보이기 때문이다. 이러한 과거 6시그마 혁신 적용이 타성에 젖어 CTQ(Y's)의 선정과 측정에 소홀함으로써 혁신 성과 달성에 장애가 되었던 것도 사실이다. 그런 점에서 오히려 측정 단계에 더욱 집중할 필요가 있다.

새로운 형식의 6시그마 방식은 새로운 체계로 거듭나야 한다. 게다가 측정 단계에서의 실수는 프로젝트 전체의 방향과 성과에 영향을 미칠 수 있어서 매우 중요하다. 더 이상 측정 단계를 홀대하거나 중요성에 대해 간과해서는 안 된다. 특히 프로젝트 챔피언과 리더는 측정 단계의 필요성과 중요성을 프로젝트 팀원과 스폰서 그룹에 충실하게 설명하여 이해를 구해야 한다.

4th phase: Analyze(분석)

DMAIC 기본 로드맵 중에서, 측정(Measure) 단계는 문제 해결을 위한 중요성에 비해서는 상대적으로 소홀하게 취급받았다. 이에 반해 분석(Analyze) 단계는 과도한 관심을 받았다고 할 수 있다. 이는 경험과 지식 중심으로 운영되던 기존의 문제 해결 방식을 과학적이고 합리적인 해법으로 변화시키는 핵심 키워드가 '통계(統計,

Statistics)'였기 때문이었다.

대부분의 의사결정은 가설(중심 의견)을 설정(제시)하고, 이를 검정(분석)하여 결심하는 과정을 따른다. 6시그마 방식 이전에는 이 검정과 분석을 경험에 의한 직관이나 지식(知識)에 의존하는 경향이 컸다. 반면 6시그마 방식은 이 주장이나 가설을 검정하여 결론을 도출하는 과정에서 직관이나 지식보다는 과학적 도구 사용에 관심을 가졌다. 이 과학적 도구의 대표적인 수단이 통계 도구였으며, 이에 따라 통계적 가설검정(statistical hypothesis test)이 강조되었다.

이처럼 과학적이고 통계적인 방법으로 문제 해법을 제시하여 의사결정권자가 합리적 결정을 내리게 함은 매우 파격적이었다. 특히 경영층의 강력한 지지를 얻었다. 수치에 의한 현상 파악과 문제 해결을 위한 통계의 폭넓은 활용은 컴퓨터와 정보통신에 이은 4차 산업혁명의 흐름과도 일치하였다. 이로써 6시그마 방식은 디지털 전환의 토대를 마련하였고, 이는 4차 산업 신기술의 발전에도 크게 공헌했다고 평가된다.

분석 단계는 6시그마 방식을 도입하는 기업이나 기관에서는 대체로 충실한 준비를 병행하였기 때문에 다른 단계에 비해서는 충실하게 진행되었다. 전문성 있는 BB를 육성하기 위해 통계 교육과 훈련에도 충분한 투자를 하였고, 프로젝트의 추진과 평가에서도 과학적이고 통계적인 적용을 강조함으로써 선순환을 이루어냈다. 즉, 벨트 육성에 집중하면서 강조한 통계 교육과 훈련을 통해 기업 전체의 디지털 전환이 빨라졌고, 아울러 문제 해결에서 객관성과 논리성을 강조하는 경향이 강화되었다.

하지만 이런 장점 역시 과유불급(過猶不及), 통계에 대한 지나친 집중은 작지 않은 부작용을 낳았다. 그리고 통계 만능주의에 가까운 편향된 집착은 6시그마 방식의 확산에 장애가 되었다. 심지어 따지지도 않고 통계 적용을 요구하는 경향까지 나타난 현상은 이의 심각한 부작용을 반증하는 것이다. 아무리 좋은 전략과 방식이라도 지나쳐서 한쪽으로 편향될 때는 효과적인 정착이 방해를 받는다.

지나치게 통계를 강조하여 논리적이고 합리적인 다른 의사결정 도구들을 부정하거나 무시해서는 안 된다. 분석 단계에서 통계를 효과적으로 활용하는 것은 바람직하다. 하지만 통계만이 능사는 아니다. 다른 합리적이고 논리적인 문제 해결 접근 역시 통계와 함께 적용하는 것이 효과적이다. 그런 의미에서, 베스트 프랙티스(best practice)의 벤치마킹(bench marking)과 기술적 문서나 전문가의 경험을 적극적으로 배우고 받아들이는 것에 인색해서는 안 된다.

만약 통계 이외의 대안들을 배척하는 배타적인 경향이 나타난다면 6시그마 방식은 합리적인 혁신 방법론으로 자리 잡을 수 없게 된다. 자칫하면 기존의 주관적이고 경험에 의존한 문제 해결 접근을 논리적이고 합리적으로 해결하고자 하는 노력으로 변화시킨 6시그마 방식의 핵심 공로마저 상쇄될 수도 있다.

분석 단계 역시, 제대로 이해하고 정확하게 도구를 사용하여 분석하고 해석하는 과정이 바탕이 되어야 한다. 그래야만 과학적이고 합리적인 문제 해결 방식인 6시그마 방식을 지탱하는 핵심 역량이 될 수 있다. 또한 아무리 좋은 통계 도구와 분석 프로세스가 있다 하더라도, 실제로 이를 적용하고 성과를 이루는 것은 결국 사람이다. 따라서 이를 운용할 사람, 즉 벨트 육성에 더욱 많은 교육과 훈련 등 투자가 필요하다.

5th phase: Improve(개선)

많은 혁신 방법론이 문제 해결의 핵심으로 제시하는 부분은 대개 개선 아이디어에 몰려 있다. 이는 결과 중심의 전략으로서, 해당 문제의 해결 또는 단기 전략으로는 효과적일 수도 있다. 하지만 장기적으로 조직의 문제 해결 역량을 향상하는 혁신 전략으로는 적합하지 않다. 왜냐하면 성과로 나타난 일순간의 문제 해결만으로는 문제의 원천적인 해결을 보증하기 어렵기 때문이다.

'꿩 잡는 게 매'라는 식의 결과로써의 해결을 강조하게 되면 여러 단점을 조장하는 것과 다름이 없다. 즉, 문제의 재발을 원천 차단하기보다는 당장 눈에 보이는 문제에만 집착하여 과정에서의 약점을 회피하거나 간과하기 쉽게 된다. 이런 의미에서 문제의 해결은 나타난 문제 해소뿐만 아니라, 재발 방지도 중요한 목표가 되어야 한다.

6시그마 방식에서는 결과와 함께 과정을 중요하게 다룬다. 물론 꿩 잡는 게 매인 것은 맞다. 하지만 이것만으로 모든 것이 해결되지는 않는다. 매의 개체 수 확보와 함께 성장과 훈련 등 전체적인 과정이 효과적으로 이루어져야만 지속적인 성과를 담보할 수 있다.

그래서 6시그마 방식은 문제 해결의 기본으로 프로세스 중심의 접근을 강조한다. 이는 지속적 혁신을 위한 핵심 수단이다. 즉, 단타로서의 성과가 아니라 체계에 의한 지속적인 성과 창출과 문제 재발의 원천 방지를 동시에 목표로 하는 것이다.

이런 프로세스 중심의 문제 해결이라는 도전은 개선(improve)에 대한 초점을 단기에서 장기로 변화시켰다. 즉, 성과의 본질을 현재의 성과(current performance)라는 단발성 중심에서 개선 효과의 지속 가능성(sustainability)으로 이행하게 하는 중요한 촉매 역할을 하였다. 이는 부단(지속) 혁신이라는 6시그마 리더십에도 부합하는 중요한 전략이다. 그래서 개선 단계에서 기존의 틀을 깨고, 6시그마 방식이 요구하는 체계를 갖추는 것은 중요하다.

우리나라가 20세기에 이룬 비약적 발전에 대해 '한강의 기적'이라고 일컫듯이, 단기간에 이룩한 대한민국의 발전과 성과는 다른 어느 사례에서도 찾아보기 힘들 정도로 크고 강력했다. 이런 성과들은 우리의 성장과 발전을 대표하는 독특한 역사로 기억되기에 충분하다. 또한 우리의 자부심이자 강점으로 남아 있다. 하지만 이 성공적인 역사 속에서도 맹점이 있는데, 이것이 바로 성과를 향한 체계적 프로세스의 흠결이다.

이처럼 성공적인 역사가 진행되는 과정에서 모든 참여자의 희생과 헌신 그리고 노력은 탁월했다. 하지만 아쉽게도 지속성을 담보하기 위한 과정의 체계성은 전무(全無)하다시피 한 것도 사실이다. 우리의 지난 반세기를 반추해보았을 때 극적인 아이디어와 눈물 어린 헌신, 그리고 희생적인 노력 이외의 다른 요소가 부족한 것도 바로 이 때문이다. 그래서 개선 단계에서의 프로세스 중심 접근은 우리의 혁신 운영에서는 더욱 큰 의미와 의의가 있다.

혁신과 개선의 추진 리더들이 개선 단계에서 빠지기 쉬운 함정의 하나는 재빠른 성과로의 유혹이다. 성과를 거두어야 함은 당연한 목표겠지만 이를 다른 구체적인 노력 없이, 그것도 빨리 얻고자 한다면 도박과 다를 바 없다. 그래서 성과의 초점을 아이디어에만 두는 것은 위험하다. 다소 늦는다고 하더라도 탄탄한 프로세스를 갖춘 성공 방정식을 갖출 수 있다면, 아이디어만으로 조합된 재빠른 일회성 성과보다는 이를 택하는 것이 맞다.

앞서 설명한 바와 같이, 아이디어에만 의존하기보다 꾸준한 프로세스가 뒷받침되는 방법론이 오히려 중요하다. 현재보다 나은 향상과 개신을 위해서는 충분한 개선 아이디어의 발산(idea generation)과 함께 이미 검증된 성공 경험의 수렴(success factor convergence) 역시 중요하다. 그래서 혁신 방법론은 이들을 체계화하여 누구라도 성공에 이를 수 있도록 프로세스를 구성하는 것을 목표로 해야 한다. 이런 이유에서 6시그마 방식은 개선 단계에서도 프로세스를 갖춘 체계적 접근을 요구한다.

과거의 개선이나 혁신 방식에서는 문제점으로 확인된 내용에 대해 개선 아이디어를 짜서 이를 그대로 실행하여 성과를 창출하는 것이 목표였다. 하지만 6시그마 방식에서는 핵심 문제(vital few X's)라 하더라도 문제의 유형에 맞게 개선 방법을 설정하고, 이를 합리적이고 논리적인 도구를 사용하여 개선 프로세스를 추진한다. 이로써 개선 활동도 아이디어만이 아닌 프로세스를 갖춘 접근이 가능하게 되었다. 하지만 이 개선 활동은 프로세스만으로는 완성되지 않고, 구체적으로는 성과를 도출하는 도구(tools)가 필요하다.

이를 위해 6시그마 방식에서는 여러 가지 도구를 사용하는데, 가장 인상적인 것은 실험계획법이었다. 실험계획법은 실험을 효율적으로 실행하고, 명료한 분석 결과를 가능하게 해주는 공학 통계 도구다. 이러한 공학에 제한적인 사용 환경임에도 불구하고, 6시그마 방식은 실험계획법을 혁신 로드맵의 꽃이라 할 수 있는 개선 단계에 확장 적용하였다.

즉, 여러 문제(X's)를 동시에 결합하여 가장 효과적인 대안을 찾는 다양한 문제 해결에 실험계획법을 활용하였다. 이는 공학적으로만 사용되던 통계 도구를 현실 문제의 해결 대안으로도 확장하였을 뿐만 아니라, 실제 성과 창출에도 이바지한 점이 많았다.

6시그마 방식의 개선 단계는 기존 혁신 방법론과는 다르게 매우 구체적이고 체계를 갖추고 있다. 이런 강점에도 불구하고 개선 단계의 적용에서 아쉬운 점이 큰 것도 사실이다. 특히 문제 해결 과정이 지나치게 통계 위주이거나 새로운 방법만 고집하는 경향이 많아, 투입되는 노력에 비해 성과 실현이 미흡한 경우가 많았다. 이러한 경향은 프로젝트 추진이 실질보다 형식에 집중된다는 불만을 낳았다.

이에 더하여 개선 단계에서 더욱 활발한 조정이 필요한 것은 개선 도구와 개선 방법론의 확장이다. 현재 제시된 방법들도 나름의 구색과 체계는 갖추었지만, 다양한 문제에 모두 대응하기는 한계가 있고 양적으로도 부족하다. 혁신의 대상이 되는 문제가 다양한 것처럼, 개선에 이르는 길도 몇 가지로 특정되는 것이 아니고 다양한 해법이 존재하기 때문이다.

다른 단계에 비해 개선 단계는 아이디어와 행동(활동)을 종합하여 성과로 쏟아부어야 하는 실행력이 극대화되는 과정이다. 그런 점에서 최적화 목표를 향한 선택과 집중이 강조되는 단계(phase)다. 이 선택을 위해서는 먼저 다양한 개선 도구들이 필요하다. 따라서 새로운 개선 도구의 개발뿐만 아니라, 현재 운영되고 있는 개선 도구도 분화와 진화가 요구된다.

성과를 이루는 기전(mechanism)을 만들 때는 첫 성과와 이를 보충하고 완성도를 높이는 과정이 중요하다. 이를 위해서는 더 다양한 개선 도구들이 설계되어야 한다. 이는 실제로 프로젝트를 운영하고 책임지는 챔피언과 프로젝트 리더인 블랙 벨트만의 역할은 아니다. 오히려 이러한 선택지를 다양하게 제공하는 역할은, 6시그마의 선제적인 운영 책임을 갖는 운영 챔피언(Deployment Champion)과 실무를 담당하는 사무국에 있다.

이런 개선과 관련한 새로운 기법이나 도구의 개발과 개선, 그리고 확장은 기업 내부 역량에만 의존해서는 안 된다. 적극적으로 학교나 전문기관과의 협업을 통해 추진하는 것이 더욱더 효과적이다. 왜냐하면 새로운 기법의 생성과 검증은 실행 노하우와 함께 통계와 같은 전문 능력이 뒷받침되어야 하기 때문이다. 이런 점에서 산학연 협력(産學硏 協力)이 필요하다.

6th phase: Control(관리)

경영을 혁신하기 위해서는, 해결이 필요한 여러 문제에 대해 각각 필요한 바를 달성하는 것 이상으로 이러한 창출된 성과를 지속하여 유지하는 종합적인 시스템이 중요하다. 즉, 성과 창출(創出)과 이의 유지를 분리하지 않고 연결하는 시스템이 필요하다. 이러한 요구에 구체적으로 대응하는 과정을 6시그마 방식에서는 관리(Control) 단계로 구성하였다.

관리 단계는 다른 로드맵의 단계에 비해 상대적으로 그 중요성의 빛이 가려진 점이 많다. 왜냐하면 이미 문제의 개선을 이룬 시점의 활동이고, 거슬러 올라가서 문제의 해결에 직접 개입하기는 어려운 후순위(後順位) 활동으로 보였기 때문이다. 관리 단계의 효용과 영향력은 절대 작지 않고, 필요성과 중요성은 결코 무시할 수 없다. 이런 점에서 6시그마 방식의 강점을 제대로 살리자면 반드시 관리 단계를 올바르게 적용해야 한다.

많은 6시그마 프로젝트 추진 리더가 어려워하는 부분도 성과 이후의 과정 수행이라고 토로한다. 즉, 5단계 로드맵의 관리(Control) 단계 또는 8단계 로드맵의 관리-표준화-통합화 단계에 대해 낯설어한다. 이는 성과를 내기 위한 과정들에 내용과 방식의 차이는 있어도, 이미 다른 기회를 통해서도 경험해보았지만 성과가 창출된 이후에 이를 관리해야 한다는 생각은 생소하기 때문이다.

관리 단계의 강점을 평가하자면 두 가지 측면의 고려가 필요하다. 하나는 성과의 지속적인 유지와 관리의 관점이며, 다른 하나는 지식관리 시스템의 구축과 적극적 활용이라는 측면에서 살펴보아야 한다. 이외에도 성과관리의 기준점이 되고, 근본 원인(root cause)의 개선을 통한 성과 창출에 대해 동기부여를 제공한다는 점에서도 관리 단계가 얼마나 중요한지를 가늠할 수 있다.

이 중요성을 확인하기 위해서는 반대로 그렇지 않을 경우를 예상하여 생각해보면 더욱 뚜렷해진다. 예를 들면, 관리 단계가 충분하게 보장받지 못했던 기존 혁신 방식에 의한 추진을 살펴보면 더욱 쉽게 이해할 수 있다. 즉, 그간 경영 혁신에서 겪었던 애로 사항을 살펴봄으로써 Control 단계의 효용과 가치를 체감하게 된다.

먼저 성과의 유지 측면에서 관리 단계를 살펴보자. 어떤 혁신 방식이든 성과가 핵심임은 지극히 당연하다. 다만 성과 만능에 빠져서는 안 된다는 전제가 지켜져야 한다. 만약 6시그마 방식에서 성과 만능에 빠지게 되면 관리 단계는 완전히 무력화된다. 성과(개선)가 나타난 이상, 더 이상의 변화보다는 기존의 체제나 체계의 유지가 훨씬 가깝고 편하므로 선호할 수밖에 없기 때문이다.

이미 성과는 창출되었다는 안도감에 더하여, 변화를 좋아하지 않는 조직 구성원의 일반적 심리가 결합하면 혁신 성과의 유지는 어렵다. 이는 혁신을 추진하면서 가장 경계해야 할, 변화에 대한 기피로 이어진다. 단 한 번의 성공으로 혁신을 마감할 생각이 아니라면 구성원의 변화관리에 더욱 많은 공을 들여야 한다. 그래서 관리 단계가 꼭 필요한 과정이며, 이는 6시그마 방식의 부단(不斷) 추진의 리더십에도 부합한다.

성과를 유지하기 위한 많은 방법과 도구는 이미 존재하며, 이를 관리하기 위한 통계 도구도 다양하다. 하지만 보다 중요한 것은 성과 그 자체만이 아니라, 성과를 계속 유지하고자 하는 경영자의 의지와 이를 시스템으로 뒷받침하는 혁신 방식의 체계다. 이가 바로 6시그마 방식이며, 나타난 성과를 후속 활동에 연결하는 단계가 관리 단계다.

다음으로 살펴볼 것은 성과를 조직의 지식문화 기반으로 어떻게 구축할 것인가다. 산업화가 더욱 빠르고 복잡하게 진행되면서 지식관리의 중요성과 필요성은 더욱 커지고 있다. 즉, 개별 문제의 해결뿐만 아니라 문제를 해결하고 그 해법을 조직의 문화와 지식에 이식(移植)하는 시스템을 중요한 가치로 이해하게 되었다.

이러한 지식관리 시스템에는 성공에 이르는 방법과 함께 실패 사례 역시 적극적으로 포함해야 한다. 즉, 문제를 해결하기 위한 전체적인 과정을 기록하고 체계화하는 것이 필요하다. 관리 단계는 이러한 요구를 구체적으로 수용하였다. 그래서 후속 활동으로 표준화와 통합화 단계를 요구한다. 이는 필수적인 과정이다. 하지만 아쉽게도 6시그마의 많은 실제 사례에서는 이 후속 활동이 생략되거나 축소되어 관리 단계 본연의 효과가 퇴색되었다.

6시그마 방식을 적용하는 과정에서 대표적인 오해 중 하나는, 관리 단계를 모든 6시그마 활동의 종착지로 이해한다는 사실이다. 이는 마이클 해리가 창안한 6시그마 8단계 로드맵에도 위배(違背)된다. 6시그마 8단계는 관리 단계 이후에 추진되는 표준화와 통합화를 함께 묶어 제도화(institutionalize) 단계로 규정한다. 이 표준화와 통합화 단계를 관리 단계에 묶어서 운영하든(DMAIC 5단계) 또는 별도로 운영하든(8단계 적용) 필수적으로 구성되어야 한다.

즉, 성과만이 능사가 아니라 이를 유지하고 그 과정을 표준화하여 전사적인 경영에 통합함으로써 시너지를 극대화하는 것이 6시그마 방식이 지향하는 바다. 그런데도 이가 빠지거나 생략되는 것이 비일비재(非一非再)하였다. 그 결과로 6시그마 혁신을 추진한 결과가 지속적인 혁신 문화 구축에 이르지 못하고, 단발적인 성과 향상 또는 당면한 문제 해결에 그친 경우가 많았다.

표준화와 통합화는 지식관리 시스템의 바탕을 이루는 두 가지 축이다. 표준화가 이루어지지 않으면 성과를 전파하고 나누기가 어렵고, 통합화가 부실하게 적용되면 전사적인 성과가 아닌 일부의 성과에만 그칠 우려가 커진다. 이렇듯 지식관리 시스템의 중요한 축으로서 표준화와 통합화가 중요하다. 이를 통해 성과를 전사에 효율적으로 전파하여 공유하고, 전사 경영 효과로 통합할 수 있기 때문이다.

프로젝트를 통해 창출된 성과를 표준화와 통합화로 연결하는 통로가 관리 단계다. 그래서 관리 단계는 중요하며, 필수적인 구성 요소다. 예컨대 문제 해결 로드맵에서 관리 단계만 빠졌다고 해도 이는 6시그마 방식이라 할 수가 없다. 그만큼 관리 단계의 중요성은 크다. 하지만 안타깝게도 관리 단계를 임의적이고 자율적인 수행 항목으로 여기는 오해도 많은 것이 사실이다.

관리 단계는 control phase의 번역이다. 이 'control'을 '관리'로 번역하면서 오해의 여지가 생겼다. 왜냐하면 우리는 '관리(管理)'라는 용어를 어느 정도는 임의적인, 또는 융통성을 허용하는 것으로 보기 때문이다. 똑같이 관리로 번역되는 영어에는 'manage'가 있다. 이 둘은 똑같이 '관리'로 번역할 수 있지만, 영향력이나 뉘앙스에서 두 단어는 차이가 크다. 그런데도 이를 적확하게 사용하지 않으면서, 6시그마 방식의 관리 단계는 명확한 적용에서 방해를 받았다.

관리 단계의 'control'은 '통제'로 번역하거나, 번역은 비록 '관리'로 하더라도 최소한 '통제(統制)'의 의미로 이해해야 한다. 이때의 control을 보통 사용하는 개념으로서의 '관리'로 이해하면, 상당한 자율이 허용되는 것으로 착각할 여지가 남게 된다. 즉, 임의로 선택적 적용을 허용하는 것처럼 보이기 때문이다.

Control 단계에서의 control의 의미를 manage와 같이 느슨한 운영의 형태로 이해해서는 안 된다. control 단계는 필수적인 절차로서 강제성을 띠기 때문이다. 'manage'라는 단어는 시간이나 자원 등을 낭비 없이 잘 활용한다는 의미가 강하다. 이는 필수라기보다

는 임의적인 성격이 강하기 때문에 control과 구분하여 사용해야
한다.

반면 'control'은 힘을 가지고 통제, 지배하거나 장악(掌握)한다는
의미가 강하다. 또한 어떤 위험이나 우려를 막거나 방지한다는 의
미도 지닌다. 이제는 Control phase, 즉 관리 단계를 수행해도 좋고
아니면 하지 않아도 그만이라는 생각은 버려야 한다. 관리 단계에
서 수행하여야 할 step은 반드시 충실하게 이행해야만 한다. 그래야
만 성과의 온전한 유지와 지속성을 담보할 수 있으며, 나아가 표준
화와 통합화로 이어질 수 있게 된다.

7th phase: Standardize(표준화)

8단계 6시그마 로드맵에서의 첫 단계인 Recognize와 일곱째 및
여덟째 단계인 Standardize와 Integrate는 일반적인 형식의 프로젝트
추진자에게 익숙하지 않다. 물론 6시그마 프로젝트 추진 리더라 하
더라도 생소하기는 마찬가지다. 특히 마지막 부분의 표준화와 통
합화 단계는 프로젝트 추진자에게는 생소할뿐더러, 귀찮게 여겨지
기도 한다. 왜냐하면 이전에 경험했던 대부분의 문제 해결 방법론
은 문제 해결이 끝나면 모든 절차가 종료되고, 성과를 축하하는 잔
치만 남기 때문이다.

원칙적으로는 5단계 로드맵에서도 관리 단계에서 이 표준화와
통합화 단계를 압축된 형태로 실행해야 한다. 그것이 바로 6시그
마 방식의 본질에 부합하는 절차이자, 6시그마 철학을 반영한 프로
젝트 로드맵이다. 하지만 세부 step으로 표준화나 문서화(이관 및 공

유) 등의 간단한 절차만 포함하고, 상세한 절차나 운영 기준은 제시하지 않았다. 그래서 이는 있어도 그만, 없어도 그만이라는 형식적인 진행을 부추겼고, 결국은 유명무실한 과정으로 치부되기까지 하였다.

이번에 설명할 표준화 단계는 6시그마 리더십의 전체 최적에 직결되는 중요한 의미가 있는 과정이다. 이미 달성한 개선 성과로도 어느 정도는 만족할 수 있지만, 성과의 전사 통합을 위해서는 표준화 절차를 거쳐야 한다. 즉, 있는 그대로의 성과도 의미는 있으나, 보다 효과적이고 효율적으로 개선 과정과 결과를 전체 조직에 공유하기 위해서는 표준화 단계가 필수적으로 요구된다.

표준화 단계에서 요구되는 활동들은 지식관리의 기본적인 수행 절차에 해당한다. 이는 TPS에서 암묵지(暗默知)로부터 형식지(形式知)로 지식을 명문화하도록 하는 것과 유사하다. 특히 산업이 발전하면서 경험과 구두(口頭)에 의한 지식의 축적은 불가능할 정도가되었다. 너무나 복잡하고 다양한 기술이 쏟아지면서 기록의 필요성은 단순한 의미를 넘어선다. 왜냐하면 이제는 디지털화를 거치지 않고서는 자료의 공유와 협력이 작동되지 않는 시대가 되었기 때문이다.

표준화의 절차와 방법은 기업의 상황에 따라 다를 것이다. 하지만 공통으로 추구해야 할 관점은 현존(現存)하는 사내 최고(最高, the best)의 프로세스를 표준화하여야 한다는 점이다. 이는 지극히 당연하지만 잘 지켜지지 않는 원칙이다. 표준화라고 할 때, 대개는 손쉽게 알 수 있는 표준 절차를 떠올리고 이를 정리하는 수준에서 마무리하려고 한다. 하지만 이런 정도의 표준화라면 6시그마 로드맵에서 필수 절차로 강조하는 것과는 거리가 멀다.

표준화 자체를 매뉴얼 작성이나 그간의 과정을 기록하는 정도의 단순한 업무, 즉 규준이 정해진 paper work처럼 이해해서는 안 된다. 표준화는 다음의 세 기준을 반드시 갖추어야 하며, 부족할 때는 이에 부합하도록 철저하게 준비하여 보충해야 한다.

첫째. 반드시 현존하는 내용과 절차가 대상이 되어야 한다. 일부 사례를 보면, 그랬으면 좋겠다는 가상의 또는 희망을 담은 프로세스를 담기도 하는데 이는 잘못된 방법이다. 표준화는 현재 실재(實在)하는 프로세스만이 대상이 된다. 당연히 표준화 대상 프로세스는 최소한 한 번 이상의 실전 적용 선례(先例)가 있어야만 한다. 그리고 표준화는 모범 답안으로만 제시하는 것이 아니다. 아직 적용 경험이 없는 다른 부서에서도 그 표준화된 내용을 모델로 삼아, 시행착오 없이 쉽고 명확하게 적용할 수 있도록 돕는 역할을 해야 한다.

둘째, 표준화는 최상의 프로세스에 대한 것이어야 한다. 이에 대한 오해는 의외로 많다. 특히 전사적인 지식관리를 위해 표준화된 내용을 종합해보면, 같은 업무에 대해서조차 조직에 따라 기준이 다르거나 수준에 차이가 나는 경우가 많다. 이는 자기 부서만의 눈높이에서 현재 수행하고 있는 업무를 옮겨 적는 수준으로 표준화를 했기 때문이다. 이런 방식의 표준화는 적용하기 쉽긴 하겠지만, 옳은 방법도 아니고 효과도 작다.

마지막으로 셋째는, 중복되지 않고 동시에 빠짐이 없도록 구성해야 한다는 점이다. 전사적으로 꼭 필요한 표준화 업무와 절차는 MECE 원칙에 따라 작성해야 한다. 개선된 성과와 관련하여 꼭 해당 내용만이 아니라, 이를 구성하는 연관 업무에 대한 부분까지 확장하여 표준화를 검토해야 한다. 그래서 표준화 작업은 실무 프로젝트 팀만이 아니라, 6시그마 사무국이나 전사 표준화부서와의 협업이 효과적이다. 하지만 이 협업에서도 역시 프로젝트 팀이 가장 중심에 서 있어야 하며, 표준화에 대한 최종적이고 구체적인 책임역시 프로젝트 팀에게 있다.

표준화의 대상과 내용은 얼핏 단순한 작업으로 보일 수도 있다. 그러나 이 표준화 작업이 미치는 파급 효과는 매우 크다. 현재 이 순간에도 같은 업무를 제각각으로 수행하여, 효율과 효과가 천차만별인 사례가 다반사(茶飯事)임은 주지의 사실이다. 성과에만 연연하지 말고, 이를 잘 유지하고 전체 조직에 공유하여 선순환을 일으키는 것이 표준화의 가치이자 목표임을 잊어서는 안 된다.

8th phase: Integrate(통합화)

6시그마 프로젝트 추진의 마지막은 통합화로 마무리된다. 이는 경영 혁신 조직의 구성에 따라 차이가 있지만, 일반적으로는 사무국의 역할로 되어 있다. 6시그마 사무국의 역할에서 전사의 성과통합과 이를 뒷받침하는 제도적 준비는 매우 중요하다. 이는 개별 프로젝트 성과를 숫자로 집계하고 관리하는 차원을 넘어선다. 총괄 챔피언의 지휘 아래 혁신을 통한 성과를 극대화하는 전략을 수립하고, 이를 전사적으로 통합하는 제도적 장치를 마련해야 한다.

필자는 6시그마 방식을 성공적으로 운영하고 있다는 기업으로부터도 통합화에 대해 자주 질문을 받는다. 이유를 확인해보면, 통합화에 대해 몰라서가 아니라 이를 어떻게 적용해야 할지 착안점을 모르는 경우가 많았다. 6시그마 혁신 방식을 훈련하고 컨설팅을 하는 전문적인 기관조차 통합화의 운영에 대해서 충분하게 정보를 제공하는 경우는 없다. 오히려 통합화 단계를 가볍게 여기는 경향조차 작지 않음은 안타까움을 넘어 개탄스럽다.

통합화에 대한 경시(輕視)가 이처럼 개탄스러운 이유는 6시그마 리더십에 근본적으로 배치되기 때문이다. 즉, 통합화 없는 단발적인 혁신 성과만의 나열(羅列)은 전체 최적과 지속 추진의 혁신 리더십을 추구하는 데 걸림돌이 된다. 통합화 단계는 위 두 가지 혁신 리더십의 연결 역할을 하고, 혁신 프로젝트의 온전한 마무리를 이끈다. 문제 해결이 되었다고 모든 것을 종료하는 것은 낮은 단계의 개선 방침일 뿐이다.

전체 최적화 전략은 개별 성과의 부분적인 합산(合算) 이상으로 전체 성과가 커지고 강해지도록 하는 경영전략이다. 그리고 지속 추진의 전략은 해당 문제의 해결에 국한하지 않고, 성과의 유지와 함께 끊임없는 혁신의 진행을 의미한다. 이 두 축을 강건하게 지탱하는 것이 통합화 단계임을 잊어서는 안 된다.

통합화와 앞선 표준화 단계는 관리(Control) 단계에서의 관리 계획(또는 관리 전략)과 통계 도구 운영에 묻혀 제대로 중요성을 인정받지 못했다. 게다가 이 단계들은 성과 창출 이후의 후속 활동이어서 상대적으로 주목받지 못한 것이 사실이다. 하지만 아무리 어려운 문제라 하더라도, 그 문제를 해결했다는 것만으로 혁신이 완성되지는 않는다. 왜냐하면 경영 혁신은 조직 전체의 문제 해결 능력의 향상과 함께 생각하는 방식, 문화까지 변화할 것을 요구하기 때문이다. 그러면 통합화 전략은 어떻게 수행해야 할까?

통합화 단계의 전략과 활동은 구체적인 수행 방법이나 기준이 정해져 있는 것은 아니다. 그런 의미에서 이는 전적으로 기업 내부 전략에 속한다고 할 수 있다. 하지만 그렇다고 통합화의 추진을 아무런 원칙도 없이 편한 대로 적당하게 추진해도 된다는 의미는 아니다. 그렇게 해서는 효과도 없을 뿐만 아니라, 역효과도 만만치 않다. 왜냐하면 통합화는 전략적 차원의 수행 동기를 가지며, 이를 위한 추가 활동이 필요하기 때문이다.

통합화 활동은 자기의 성과를 자기만이 누리면 그만이던 기존의 행태와는 차이가 크다. 결과로써의 개선 성과에만 머무르지 않고, 이에 이르는 과정과 결과를 구성원 모두가 공유토록 하여 전체 성과로 통합하는 전략적 활동이다. 그래서 이 통합화 활동은 총괄 챔피언의 지휘 아래 6시그마 사무국을 중심으로 치밀하게 수행되어야 한다.

먼저 통합화 전략을 이해하기 위해서는 필자가 주장하는 6시그마 혁신 전략 수행 로드맵인 I-T-P-I 단계를 이해할 필요가 있다. 이 로드맵의 넷째 단계인 Institutionalize(제도화) 단계는 성과 이후의 조직 행동 전략으로서 매우 중요하다. 제도화 단계의 네 가지 구성 요소는 이미 설명한 표준화(standardize)와 통합화(integrate)를 포함하고 있고, 이를 구조적으로 안정화하기 위한 평가(evaluate) 단계와 6시그마 팀과 벨트를 구체적으로 보상(compensate)하는 단계를 담고 있다.

수행 순서대로 표준화 다음은 통합화이며, 이 통합화 단계는 산출물인 성과(내용)와 함께 문제 해결을 통해 성과에 이르는 프로세스(과정) 및 방법(know how)을 전체 조직이 공유할 수 있게 한다.

이는 형식적인 선언에 그쳐서는 안 된다. 반드시 시스템화하여 경영에 반영해야 하는 제도화의 핵심 내용이다. 그리고 이 통합화는 단순히 성과를 열거하는 형식의 조직화가 아니기 때문에 표준화된 내용이어야 한다. 그래서 이 이전에 표준화 단계의 수행이 필요하다.

통합화 단계는 두 과정으로 구분된다. 하나는 성과와 프로세스를 지식관리로 연결하는 성과관리 체계이며, 다른 하나는 프로젝트 팀에서 수행한 내용을 스폰서(sponsor) 그룹인 실무 운영팀에게 이관하는 작업이다. 이 두 작업을 일일이 규정하기는 어렵다. 기업별로 조직 문화에 따라 지식관리의 방법과 정도 및 절차가 다르기 때문이다. 또한 실무 운영팀으로 이관하는 대상은 실제적인 프로젝트 운영 내용을 포함하고 있어 일괄적으로 규정하기도 쉽지 않다.

통합화 단계의 중요성 및 해야 할 일에 대해 인식하였다면 그 방법은 기업 상황에 맞게 운영할 수 있을 것이다. 하지만 다음의 세 가지 조건은 반드시 갖춰야 한다. 성공적인 6시그마 혁신의 성공을 위해 반드시 챙겨야 할 필수 항목이므로, 총괄 챔피언과 사무국은 이의 준비와 점검에 소홀해서는 안 된다.

첫째는 성과관리를 포함한 지식관리 시스템의 준비다. 조직 경영과 실제 운영에서, 개별 성과만을 일일이 나열한다고 성과와 프로세스가 전체 구성원에 저절로 공유되지는 않는다. 그래서 체계적인 성과관리 시스템의 마련이 필요하다. 이는 성과관리의 범위를 넘어 지식관리 시스템으로 구성하는 것이 효과적이다. 왜냐하면 성과관리는 조직의 역사인 동시에 현재를 구성하는 원동력이며, 나아가 미래를 위한 밑받침이기 때문이다. 그런 의미에서 지식관리 시스템은 조직 전체의 지식을 함께 담을 수 있는 통합적이고 포괄적인 시스템으로 구성해야 한다.

지금까지의 지식관리 시스템은 실체적인 구성과 내용보다는 도서관과 같이 외형적인 틀로 이해되었다. 그래서 중요성에 비해 실제 구축되는 사례는 많지 않았고, 구축된 사례 역시 형식에 머무르거나 미흡한 것도 사실이다. 이런 형식적인 인식을 해소하기 위해서는 성과관리를 지식관리의 구성에서 핵심 구성 요소로 포함시켜야 한다. 그럼으로써 현재의 실체적인 성과를 바탕으로 조직의 철학과 문화까지를 담을 수 있기 때문이다.

하지만 지식관리 시스템을 당장 꼭 전산 시스템으로 구성할 필요는 없다. 다만 대상(對象)이 되는 지식의 분류, 지식과 관련 부서(담당)의 매칭을 진행하고 지식관리 프로세스와 관리 규칙을 갖추어야 한다. 그리고 이 지식관리 프로세스에는 지식의 생성, 점검, 보완, 폐기에 이르는 지식의 전 사이클을 명시(明示)해야 한다. 특히 성과관리는 지식관리 시스템에서 실체를 갖춘 가장 강력한 틀이므로, 구체적인 지침을 마련하여 실질적인 성과로 채우고 지속 관리하여야 한다.

둘째, 성과관리 시스템의 핵심으로 혁신 프로젝트 관리 체계를 갖추어야 한다. 이 역시 통상적인 성과관리 시스템의 내용이긴 하지만, 6시그마 프로젝트의 관리는 다른 혁신 방식과는 차이가 있어서 별도 구성 요소를 갖추어야만 한다. 바로 CTQ-Tree를 중심으로 한, 6시그마 방식에서 요구하는 프로젝트 운영과 관리 체계다. 이에는 Recognize 단계의 핵심 도구인 전사 CTQ-Tree와 이로부터 하위 전개한 혁신 프로젝트를 통합적으로 구성하여야 한다. 여기에서도

MECE 원칙에 따라 빠지거나 중복이 없도록 해야 한다.

다음으로는 개별 프로젝트도 6시그마 로드맵이 요구하는 단계별로 과정과 성과를 구체적으로 관리해야 한다. 이 6시그마 프로젝트 관리 체계는 지식관리 체계에 비해 훨씬 더 정교한 구조여서, 매우 구체적이고 명확하게 규정하여야 한다. 또한 이 모든 과정과 산출물은 사무국을 통해 엄격하게 관리되어야 한다. 특히 성과의 관리는 통합화 단계를 통해 후속 단계인 평가와 보상까지 연결되므로, 프로젝트 관리 체계에서 중요한 평가 기준으로서의 권위를 가진다.

덧붙이자면, 지식관리는 6시그마 혁신 프로젝트에 비해 적용 범위가 대단히 넓다. 그래서 6시그마 프로젝트 관리 수준을 지식관리 시스템까지 업그레이드하기는 쉽지 않다. 이런 점에서, 지식관리 시스템의 하위 구조인 성과관리 시스템을 구조적으로는 지식관리 시스템과 이원화 관리하는 것도 관리 효율성을 높이는 대안으로 참고할 만하다.

하지만 이 이원화에는 대전제(大前提)가 있다. 지식관리와 성과관리는 하나의 시스템으로 기능해야 한다는 점이다. 따라서 이 두 시스템은 별개가 아니며, 상위 시스템인 지식관리의 하위에 성과관리 시스템으로서 프로젝트 관리가 있음을 잊어서는 안 된다.

셋째는 아무리 좋은 시스템이라도 결국 운영할 사람이 중요하다는 점이다. 전체를 운영하는 틀로서의 지식관리 시스템과 관리할 대상으로서의 6시그마 프로젝트 관리 체계가 갖추어져도, 이를 제대로 운영하지 못하면 사상누각일 뿐이다. 이런 필요성 때문이라도 총괄 챔피언은 사무국의 운영을 적극적으로 고려하여야 한다.

6시그마 방식이 요구하는 성과관리를 프로젝트 추진자가 담당하는 것은 효과적이지 않다. 이 전사 성과의 통합 관리는 전체 최적의 리더십을 달성하는 중요한 목표이자 핵심 활동이기 때문이다. 따라서 프로젝트 성과의 통합 관리 조직으로서 사무국의 역할이 중요해진다. 결국 지속적인 혁신 추진과 누적되는 성과를 지식화하기 위해서는, 사무국 조직의 구성과 그에 따른 핵심 역량 확보기 필수적이다.

총괄 챔피언의 지휘 아래 조직화를 이루었다면, 이 조직이 수행해야 할 업무는 성과의 통합 관리에만 국한되지 않는다. 6시그마 전략 수립에서부터 핵심 벨트의 육성 및 운영, 그리고 성과와 평가 관리 등을 포함한 6시그마 방식의 전체적인 전개와 운영도 함께 담당한다. 이러한 조직을 일반적으로는 6시그마 사무국이라고 부르지만 이름에 연연할 필요는 없다.

다만 현재의 교육 부서나 훈련 조직, 그리고 성과의 평가를 담당하는 기능 조직이 사무국 업무를 대체하기는 어렵다. 왜냐하면 6시그마 방식의 운영 체계는 매우 고유(固有)하여서 기존 업무와 병행하는 것이 효과적이지 않기 때문이다. 또한, 총괄 챔피언은 사무국이 기존의 유사 업무 조직이나 인력과의 소모적인 경쟁이나 자리다툼을 경계해야 한다. 자칫 유사 업무라는 이유로 사무국의 임무가 홀대받거나, 기존 업무와 타협함으로써 6시그마 리더십이 훼손되어서는 안 되기 때문이다.

필자는 6시그마 혁신 초기 단계에서는 성과를 관리하고 제도화하기 위하여 별도의 6시그마 사무국 구성과 핵심 역량 육성을 강조한다. 그리고 사무국의 역량이 안정된 이후에는 기존 유사 조직과의 업무 공유, 협력, 나아가 통합도 가능할 것이다. 하지만 지속적인 경영 혁신 추진 체계가 안정화되기 전까지는 가능한 6시그마 사무국의 독립성을 보장하는 것이 효과적이다.

종합

위에서는 일반적으로는 알려지지 않았던 6시그마 기본 8단계에 대해 유의해야 할 부분을 중심으로 소개하였다. 일부는 단정적으로 할 것과 하지 말아야 할 것을 구분하였다. 하지만 이 단정적인 기준 역시 경영 혁신의 특성상 절대적이지는 않다. 다만 6시그마 방식은 기존의 혁신 방법론과는 완전히 차별화되는 독특하고 고유한 체계이므로, 최고의 효과와 효율을 얻기 위해서는 특별한 준비가 필요함을 강조하였다.

6시그마 운영 원칙을 지나치게 경직되게 운영하는 것은 바람직하지 않다. 하지만 '융통성 있는 적용'이라는 허울 좋은 이름 아래 기존 방식과 적당하게 타협하는 것 역시 경계해야 한다. 이처럼 눈에 띄지 않는 의사결정으로 인해 6시그마 혁신은 그 성공 여부가 좌우되기도 한다. 그런 의미에서 총괄 챔피언과 사무국의 중요성은 더욱 주목받는다.

경영 혁신을 수행하면서 기존 운영과의 조화를 꾀한다고 좌고우면(左顧右眄)해서는 안 된다. 이러한 혼란스러운 모습은 혁신 운영에서는 치명적이다. 두 번 재고 한 번에 자르라는 격언과 같이, 사전에 충분한 검토를 하고 결심이 선 항목에 대해서는 결연하게 대처해야 한다. 이런 결단 없이 경영 혁신을 성공과 승리로 이끌 수는 없다. 그래서 경영 혁신, 특히 6시그마 혁신 방식은 top의 참여와 개입을 필수적으로 요구하는 것이다.

제 3 장

경쟁력 혁신 성공 방정식

The success equation of competitive innovation

8.
경쟁력 혁신은 품질경영으로 돌파하라

*

경쟁력은 비교하고자 하는 대상의 품질이 얼마나 더 좋고 나쁜지 나타내는 크기를 의미한다. 따라서 경쟁력의 비교는 당연히 품질 지표를 통해서 이루어져야 한다. 물론 계량화가 어려운 경우 정성적인 특성으로 판단할 수도 있을 것이다. 하지만 대개의 경쟁력은 품질 지표에 의하여 판가름이 된다. 그래서 경쟁력은 품질 경쟁력의 의미로 사용해도 무방하다. 다만 품질 경쟁력은 제품 또는 서비스의 품질을 의미하는 좁은 의미로 사용되기도 하므로, 구분할 필요가 있을 때도 있다.

경쟁력을 혁신한다는 것은 품질 경쟁력을 현재 수준에서 획기적으로 개선, 향상하겠다는 의지이자 목표를 뜻한다. 품질을 얼마나 개선해야 혁신의 수준이라고 할 수 있을까? 이는 목표 수립을 위해 많이 고민하는 영역이기도 하다. 보통은 일반적인 목표보다는 크게 하겠다는 의지만 반영되는 경우가 많다. 하지만 혁신 수준의 설정은 논리적이고 합리적인 과정을 거쳐 결정되어야 한다.

혁신 수준을 정하는 첫 발걸음은 나(we)의 현재 수준과 비교 대상이 되는 경쟁자(they)의 현재 수준 확인으로부터 출발하여야 한다. 즉, 현재 수준의 차이(gap)를 먼저 확인한 후 이를 얼마나 줄일 것인지(열세일 경우), 또는 벌릴 것인지(강세일 경우)를 결정하여야 한다. 여기에서의 수준은 당연히 품질 수준을 의미한다. 그 대상이 무엇이든 품질은 존재하며, 측정이 가능하다는 전제에서 품질 수준은 품질 특성의 형태로 치환할 수 있다.

다음으로는 경쟁력 혁신을 위해 상대방보다 나은 품질 수준을 유지하는 운영 전략과 함께 실행 시스템을 갖추어야 한다. 일회적인 품질 우위는 의미가 없다. 당연히 품질 우위는 지속되어야 하며, 동시에 더 나은 품질 수준으로의 개선과 혁신 활동이 필요하다. 이런 품질 경쟁력을 지속 개선해나가는 활동을 품질경영(品質經營)이라고 정의할 수 있다.

품질경영은 학자에 따라 다양하게 정의된다. 하지만 가장 단순한 정의가 가장 강력하다. 경쟁력 혁신과의 관계에서 품질경영이란 기업의 모든 전략과 운영, 활동에서 품질을 바탕으로 생각하고 행동하는 것을 의미한다. 즉, 품질을 개선하여 개선된 상태를 유지하거나, 나아가 품질 격차를 벌리는 활동 이외에는 경영의 우선순위를 두지 않는 것을 품질경영이라고 정의할 수 있다.

경영 활동을 오로지 품질에만 초점을 맞추고 집중하는 것이라고 하면, 편협하고 우스꽝스러운 정의로 비판받을 수도 있을 것이다. 하지만 품질을 더 낮게 하지 않고서 어떤 경영 활동이 성과로 인정받을 수 있을 것인가? 선언적인 의미의 홍보나 선전 활동이 아니라면, 오로지 본연의 품질 경쟁력을 위한 활동에만 집중해도 경영자의 활동은 쉴 여유가 없다. 이런 의미에서 경영자의 최대 목표인 경쟁력 혁신은 품질경영으로 출발하여, 품질 경쟁력 확보로 매듭지어진다.

질(質)과 품질(品質), 경쟁력(競爭力)과 품질 경쟁력이라는 언어적 논쟁에서 벗어나자. 양적 그리고 질적 개념에서의 수준(水準)을 품질로 정의하고, 상대보다 이의 우위에 서는 제반 활동을 품질 경쟁력 활동으로 정의하자. 이렇게 단순하게 정의하고, 그 정의를 바탕으로 힘을 집중하자. 다른 논쟁으로 힘과 시간을 허비하지 말고, 오로지 품질 경쟁력 확보에만 집중하는 것이 품질 경쟁력의 가장 강력한 추진 방법이다.

다음에는 이를 위한 이론으로서의 경쟁력 구성 요소, 품질경영 시스템 그리고 국가별 품질에 대한 집중도와 실제 운영되고 있는 품질경영 시스템에 대해 살펴본다. 이 내용 자체만으로도 방대한 설명이 필요하다. 그래서 이를 일일이 열거하여 설명하지는 않고, 핵심 내용과 특징 및 시사점을 중심으로 짚어보고자 한다.

이번 「8. 경쟁력 혁신은 품질경영으로 돌파하라」의 핵심은 우리가 품질 경쟁력을 어떻게 바라보고 적용할 것인지, 그리고 바람직한 방향은 무엇인지에 대한 숙고다. 개별 이론과 사례에 집착하여 핵심을 놓쳐서는 안 된다. 4차 산업혁명 시대를 관통하고 있는 현재 시점에서, 우리가 추구해야 할 품질 가치에 대한 논의는 앞서 소개한 바도 있지만 뒤에서도 설명한다. 이번에는 품질경영을 축으로 생존과 성장의 품질 경쟁력을 확보하는 성공 방정식을 확인하는 것이 가장 중요한 목표다. 다양한 사례와 이론으로 인해 집중에 방해받지 말고, 오로지 경쟁력 혁신의 성공 방정식으로서의 품질경영에만 집중하자.

품질 경쟁력 구성 요소와 평가

경쟁력은 곧 '품질 경쟁력'을 뜻한다. 경쟁 우위에 서기 위해서는 품질, 즉 양적으로나 질적으로나 상대방보다 우위에 있어야 하니까 지극히 당연한 전제다. 특히 품질(品質)의 정의를 '품(品)의 질'이라고 하는 고정관념에서는 벗어나야 한다. 품(品)을 좁은 의미로 제품으로만 이해하여, 품질의 정의를 제품의 진 또는 상품의 질로 좁혀 해석하는 것은 시대에 뒤처지기 때문이다.

20세기 중반을 거치면서 제품뿐만 아니라 서비스에 대해서도 품질 이론과 원칙이 정립되었다. 따라서 품질이라고 할 때 특별한 경우가 아니면 굳이 좁은 의미로 해석할 필요는 없다. 그리고 제품 품질, 서비스 품질이라는 용어 역시 이미 오래전부터 자연스럽게 사용되고 있다. 다음 설명부터는 '경쟁력 = 품질 경쟁력'이라는 전제로 표현하기로 한다.

경쟁력은 어떤 부문에서도 최고의 관심사다. 특히 경영자의 관점에서는 경쟁력, 즉 품질 경쟁력만큼 매력적인 도구는 없다. 경쟁의 상대방을 제압하는 가장 확실하고 효과적인 무기를 외면하는 리더는 없기 때문이다. 그런 면에서 경쟁력의 대상 영역은 무한정(無限定)하다. 기업의 측면에서 보면, 사업 부문과 기능 부서 어느 한 곳도 대상에서 뺄 곳이 없다.

품질 경쟁력을 확보하거나 강화하기 위해서는 구성 요소가 무엇인지, 그리고 그 구성 요소의 계층적 체계(hierarchy)가 어떠한지를 이해하여야 한다. 품질 경쟁력의 구성 요소에 대해서는 이미 종합적으로 검토하여 체계화한 사례가 있다. 바로 미국의 말콤 볼드리지 국가 품질상(Malcom Boldridge National Quality Award: MB-NQA)의 평가모델이다.

국가 품질상은 정부 또는 가장 공신력 있는 기관에 의해 평가된다. 이는 미국의 MB-NQA(1987)뿐만 아니라 그보다 앞선 일본의 데밍상(1951)과 유럽의 유럽 품질상(1992)이 대표적이다. 우리나라도 K-NQA를 표준협회(KSA) 평가(심사)를 통해 수여하고 있으며, 1975년부터 제정되어 시행되고 있다. 그리고 분야도 제조 중심에서 서비스 및 공공, 건설 부문까지 점차 확대하고 있다.

품질 경쟁력을 평가할 때는 여러 기준과 원칙이 있을 수 있다. 따라서 품질 경쟁력의 구성 요소 역시 다양한 기준과 원칙에 따라 달라질 수 있다. 그중 가장 권위를 인정받고 있는 MB-NQA의 평가 기준을 바탕으로 경쟁력의 구성 요소를 살펴보는 것은 의미가 있다. 이는 1987년 제정된 이후 세계적으로도 공신력을 갖추게 되었으며, 미국 산업의 현재 수준 파악과 미래 방향 설정에 크게 공헌하였다.

또한 우리나라의 국가 품질상인 K-NQA도 거의 같은 기준을 도입하였다. 다만 아쉬운 것은, 우리의 특성이 반영되기보다는 미국 방식을 그대로 받아들여 지나치게 대기업 중심의 평가라는 지적도 적지 않다는 점이다. 향후 대한민국 국가 품질상(K-NQA)이 산업의 중심 역할을 하기 위해서는 이러한 지적까지 겸허하게 수용해야 한다. 즉, 품질 경쟁력 요소(항목)와 평가 기준을 우리의 특성에 맞게 보완하고, 평가 기준 업그레이드를 위해 더욱 노력해야 한다.

앞으로 경쟁력의 평가 기준과 구성 요소는 더욱 활발한 연구를 통해 발전되어야 한다. 특히 4차 산업혁명 시대로 진입하면서 사회 전반의 변화가 커질 수밖에 없어, 새로운 산업 기술과 사회 양상을 반영할 필요가 있다. 기존에 정립된 평가 요소만으로는 새로운 변화를 충분히 평가하기 어렵고, 미래에 대한 가치를 경쟁력에 반영할 수 없다. 이 평가와 관련된 기관과 학계는 이러한 여러 지적을 반영하여, 더욱 적극적인 평가모델의 개발과 개선에 관심을 가져야 한다.

품질 경쟁력은 대상을 어떤 부문으로 할지, 그리고 평가를 어떻게 할지 두 방향의 관점이 존재한다. 대상 부문은 전술한 바와 같이 초기에는 제품, 상품 부문을 중심으로 전개되었다가 이제는 서비스 부문 및 공공 등 산업 전반에 대한 영역으로 확장되고 있다. 경쟁력은 고정되어 있거나 단순한 평가가 아니다. 기업의 생존과 성장을 담보하는, 살아 움직이는 평가여야 한다. 그리고 더욱 빠르게 진화하고 발전하는 사회 흐름에 발맞추어 경쟁력 평가도 다양한 부문을 담아내야 한다.

다음으로는 경쟁력을 어떻게 평가할지에 대한 이해가 필요하다. 이 주제는 경쟁력의 구성 요소와 맞닿아 있다. 즉, 이 구성 요소를 어떻게 설정하는지에 따라 평가 항목이 결정된다. 이를 확인하기 위해서는 이미 검증되어 정착된 경쟁력 평가모델을 활용하는 것이 효율적이다. 즉, 기존 평가모델을 분석함으로써 그 구성 요소와 체계를 쉽게 파악할 수 있다.

경쟁력의 구성 요소를 살펴보기 위해, 우선은 MB-NQA 평가모델을 대상으로 분석해보자. 이 모델은 이미 검증된 기준이며 글로벌 산업 평가에도 활용되고 있어 일반화되었다. MB-NQA 모델은 고객과 시장 중심의 전략과 실행 활동을 강조함으로써, '고객과 시장 중심'이라는 경쟁력의 방향성과 핵심 대상을 명확히 하고 있다. 그리고 MB-NQA 모델은 우리의 K-NQA 모델이기도 해서, 평가 항목과 기준 등이 매우 익숙하여 이해하기도 쉽다.

말콤 볼드리지 국가 품질상과 대한민국 국가 품질상

국가 품질상의 전형적 모델인 미국 말콤 볼드리지 국가 품질상인 MB-NQA의 탄생 배경에는 미국과 일본의 산업 경쟁에 관한 독특한 역사가 존재한다. 2차 세계대전 이후 일본은 산업 부흥을 위해 품질을 산업 경쟁력의 가장 중요한 부문으로 다루었다. 특히 이를 위해 미국의 데밍 박사를 초빙하여 품질 경쟁력 강화에 주력하였고, 산업 부흥에 성공하였다. 이는 역사적인 사실이다. 특히 2차 세계대전의 승전과 패전의 쌍방 당사자였던 양국 관계에서, 미국의 데밍 박사를 일본이 산업 경쟁력 강화의 스승으로 삼은 것은 역사의 아이러니다.

그 결과로 일본은 제품 기술과 부품 설계에서 괄목할 성과를 거두었고, 이미 1951년부터 '데밍(Deming)상'이라는 일본 최고 권위의 품질상을 제정하여 산업 최고 경쟁력을 갖춘 기업에 수여하였다. 이런 활동에 힘입어, 일본 산업은 짧은 기간 안에 2차 대전 이전의 기술과 생산력을 회복하였다. 이후에도 품질과 생산 기술에 대한 집중과 투자를 통해, 일본 산업은 오늘날과 같은 세계 최고 수준의 역량을 갖추게 되었다.

역사는 아이러니의 연속이듯이, 미국 학자의 도움으로 세계 최강 품질을 갖추게 된 일본의 산업 역사가 돌고 돌아 마침내 미국 산업 발전에도 엄청난 영향을 미쳤다. 전후(戰後) 일본의 신속한 경제 회복과 산업 발전에 자극받은 미국이 국가 경쟁력의 중심에 품질을 대표 키워드로 내걸면서 '일본'을 대상으로 삼은 것이다. 그 당시 일본 경제는 세계 No. 2의 면모를 보였으며, 미국을 넘어설 것이라는 예상이 나오던 때였다.

이러한 우려를 배경으로 마침내 1980년 6월 24일, 미국 NBC는 다큐멘터리 'If Japan can! Why we can't?'를 통해 미국 산업계에 의미심장한 반향을 일으켰다. 이 다큐멘터리는 일본의 산업 경쟁력이 미국을 압박하고 있고, 일부는 미국 이상으로 발전하고 있다는 경고와 우려를 핵심 내용으로 담고 있다. 이는 미래에 대한 예상이나 허황한 우려가 아니라 현실적인 반성을 바탕으로 하고 있었다. 이는 미국이 경제 초강대국의 이점을 급속히 잃어가는 시점에서 절박한 위기감이 배어난 반응이었다.

이러한 미국의 산업 경쟁력 둔화에 대한 반성 기조는, 말콤 볼드리지 상무부 장관 재직 시 제정된 미국 국가 품질상(MB-NQA)으로 이어졌다. 이는 미국 산업에 여러 방면으로 영향을 미쳤고, 특히 글로벌 산업 경쟁력을 강화하는 선봉의 임무를 수행했다. 이 상을 받는 미국 기업은 글로벌 Top 기업으로 바로 자리매김하였으며, 상의 무게와 신뢰를 높였다. 그리고 평가 과정을 나타내는 평가모델이 공개되면서, 글로벌 기업 간 산업 경쟁력 평가의 기준이 되었다.

이에 비해, 우리나라의 국가 품질상인 K-NQA는 일본 모델(데밍상)을 표본 삼아 미국보다 이른 1975년에 시작되었다. 이후 미국의

MB-NQA 평가모델을 도입하여 핵심 가치와 개념을 명확히 했다. 이로써 K-NQA도 국가 품질 경쟁력 모델로 자리를 잡게 되었다. 현재 우리의 국가 품질상 평가 체계는 거의 MB 방식과 유사하다. 그런 점에서 우리 산업의 고유한 특성을 살린 평가모델로의 진화와 변화가 필요하다.

K-NQA는 국내에서 기관(기업)과 개인을 대상으로 수여하는, 가장 권위 있는 경쟁력 평가 시스템이자 수상 제도다. 하지만 명칭에 있는 '품질'이라는 단어에 가려진 탓에 아직은 제조, 서비스 부문만을 중심으로 활성화되어 있어 안타깝다. 대상 영역은 공공과 건설 부문 등으로 확장되었다. 여기에 그치지 않고 4차 산업혁명 시기를 맞으면서 평가 항목과 기준도 적극적으로 개선하여 새로운 평가모델을 구성해야 한다. 이런 변화의 당위성은 커지고 있다.

경쟁력 항목의 hierarchy와 품질경영 시스템의 이해

품질 경쟁력 항목을 분석하자면 MB-NQA만큼 좋은 모델은 없을 것이다. 이미 세계적인 기준으로 권위를 인정받았고, 우리의 국가 품질상도 MB 방식을 도입하였기 때문이다. 다음에는 MB 모델을 기준으로 설명하되, 구체적 평가 방법은 K-NQA 평가 방식을 보완하여 소개하도록 한다.

MB-NQA 평가모델은 크게 리더십 항목(3요소)과 성과 항목(3요소), 그리고 정보와 분석 항목(1요소)으로 나눌 수 있다. 이 7개 요소를 총점 1,000점으로 평가하며, 부문별로는 리더십 290점, 성과 620점, 그리고 정보와 분석 90점으로 배분되어 있다. 이 중 성과 요소의 경영 성과 항목이 배점 450점으로 가장 높은데, 경쟁력(품질 경쟁력)을 논할 때도 역시 가장 중요한 것은 성과기 때문이다.

이 7가지 평가 항목을 통해 구성 요소에 대한 hierarchy(체계)를 확인할 수 있는데, 가장 핵심은 성과(business result)라 할 수 있다. 평가 체계를 순서별로 보면 ① 리더십, ② 전략 기획, ③ 고객 중심(고객과 시장), ④ 측정, 분석과 지식경영, ⑤ 업무 실행력(인적 자원), ⑥ 업무 추진 프로세스(운영관리), ⑦ 성과(경영 성과)로 구성되어 있다. 이 항목 구성은 평가점수 비중으로도 알 수 있듯이, 어떻게 효과적인 성과를 얻고 그 성과에 이르는 과정을 조직화하는지를 정리한 것이다.

위에서 열거한 7가지 평가 기준에 의한 실제 평가는 MB 모델 또는 우리의 K-NQA 모델에 대한 심층 분석을 담은 연구 결과들을 통해 충분히 확인할 수 있으므로 여기에서는 생략한다. 다만 이번 「8. 경쟁력 혁신은 품질경영으로 돌파하라」에서는 경쟁력 구성 요소의 체계를 확인함으로써, 경쟁력의 핵심인 품질경영 시스템에 대한 실마리를 풀어보고자 한다.

실제로 성과에 이르는 각 구성 요소들이 어떻게 영향을 미치는지는 각 기업이 당면한 환경과 역량에 따라 달라질 수 있다. 그래서 이를 특정 항목과 프로세스로 일반화하기란 쉽지 않다. 이를 극복하기 위해 MB 모델은 다음과 같은 구조를 통해 경쟁력과 성과와의 관계에 대해 일반적인 평가가 가능하도록 체계화하였다.

MB 모델의 핵심 구조를 쉽게 요약하면 다음과 같다. 올바른 시스템을 갖춘 조직과 경영자가(리더십 항목 1~3), 확고하고 강건한 프로세스를 운영하고 유지함으로써(실행력 항목 5~6), 성과(항목 7)에 도달한다는 일반적인 원칙이다. 그리고 이 프로세스를 성공적으로 뒷받침하기 위해 자료와 정보의 효율적 운영(항목 4)이 필요하고 이는 측정, 분석 및 지식경영(관리)의 항목을 효과적으로 수행함으로써 달성 가능하다고 보았다.

이 구성을 통한 경쟁력 항목의 체계(hierarchy)는 MB-NQA뿐 아니라 K-NQA의 설명에도 같은 방법으로 소개되곤 한다. 하지만 이 체계를 무조건 절대시할 필요는 없다. 기업 성과는 환경과 즉흥적인 변수에 영향을 많이 받기 때문이다. 그런데도 이 일반화된 체계는 기업 경영의 중심을 잡는 데 큰 도움을 준다. 특히 기업의 경쟁력 원천과 핵심을 파악하고 확인하는 데 이만큼 효과적인 자료는 없다.

이로써, 품질 경쟁력은 일방적인 노력만을 통한 능력과 효율 향상에서 진일보(進一步)할 수 있게 되었다. 즉, 경쟁력 향상이라는 목적 아래 체계 없이 시행착오를 반복했던 형태에서 경쟁력의 핵심을 확인하여 강점과 약점에 효과적으로 대응하는 경쟁력 체계를 갖출 수 있게 된 것이다. 이런 점에서 국가 품질상의 각 항목과 항목의 구성 체계는 기업 경쟁력의 기준점이자 표준의 역할을 한다.

이는 품질경영 시스템과도 일맥상통한다. 이미 많은 학자가 주장한 바와 같이, 품질경영은 품질을 단순한 수행 업무가 아니라 경영의 핵심 요소로 이해한다. 그리고 품질경영이 기업 운영에 효율적으로 적용되도록 체계화하고 운영의 틀을 갖추게 하는 것이 품질경영 시스템이다. 그런 점에서 경쟁력(품질 경쟁력) 체계는 품질경영 시스템과 같은 방향으로 기능한다고 할 수 있다.

품질경영 시스템에 대해 일반적으로는 개별적인 품질 기능을 중심으로 이해하였다. 그런 이유에서 품질경영 시스템이 기능적인 역할에 머무를 수밖에 없는 한계점이 존재하였다. 하지만 품질을 경영의 중요 요소로 받아들이면 이러한 한계는 극복된다. 오히려 조직 전체의 경쟁력을 끌어내는 핵심 전략으로 품질경영 시스템을 활용할 수 있게 된다.

경쟁력을 극대화하는 전략으로 품질경영 시스템을 사용하기 위해서는 기존 관점을 크게 보완해야 한다. 그리고 이 전략을 구성하는 여러 품질 혁신 방식과 품질 정책과 수단들은 개별적 기능에 치우치지 않고 전체 최적을 향해 통합되도록 해야 한다. 이미 품질에 대한 구조가 안정된 조직에서도 변화는 필요하다.

특히 초지능, 초연결, 초융합으로 무장된 4차 산업혁명 시대에는 기존 경쟁력 전략은 무력화되고, 그 변화 속도도 상상을 초월한다. 이는 경고의 수준을 넘어, 받아들이지 않으면 곧 패배로 이어지는 필연과 같다. 품질경영 시스템을 더 이상 품질 기능들의 조합으로 여겨서는 안 된다. 이제 품질경영 시스템으로 재무장하여 품질 경쟁력 향상에 나서야 한다. 그것만이 새로운 신기술(new technology) 시대에 새로운 품질(new quality)로 대응하여, 4차 산업혁명 시대의 경쟁력을 확보할 수 있는 유일한 길이다.

품질경영 시스템을 체계화하는 전략을 구체적으로 적용하는 것은 생각보다 어렵다. 왜냐하면 품질경영이 너무나 오랫동안 개별 품질 정책과 기능으로만 운영되었기 때문이다. 이러한 품질 정책과 도구들을 통일된 전략으로 엮어서 혁신을 이루는, 가장 합리적이고 효과적인 시스템은 역시 6시그마 방식이다. 앞에서도 여러 번 강조한 바와 같이, 품질경영 시스템의 목적과 방향은 6시그마 핵심 전략 및 방침과도 일치한다.

Top-down과 Bottom-up의 조화

경영을 이야기할 때 의사결정 체계를 빼놓을 수는 없다. 이 의사 결정 체계에 따라 경영의 운영 방식이 바뀔 수 있기 때문이다. 대표 적으로 의사결정 체계가 top-down이냐 또는 bottom-up이냐에 따라서도 경영 방식은 그 모습 자체가 달라진다.

시대적으로 보면, 전근대적인 문화가 대세일 때는 그 형식이나 방법과 관련 없이 오로지 최고 경영자의 결단에 따라서만 의사결정 이 이루어졌다. 이러한 문화는 사회가 자유분방한 흐름으로 변함 에 따라, 아래 사람의 의견을 존중하고 아래로부터 위로 상향하여 의견을 집약하는 형태로 변화하였다. 이는 최고 경영자의 결단으 로부터, 다양한 의견의 수렴이라는 새로운 형태의 의사결정 체계를 가져왔다. 이런 의사결정 방식이나 체계를 통칭하여 bottom-up 방 식이라고 한다.

기업사를 보더라도 경영 방식이 전근대적 형식에서 현대적 방식 으로 이행하면서, bottom-up 형식을 선호하는 경향이 강해졌다. 이 는 다른 의사결정 방식에 비해 더 자유롭고 의견 수렴을 다양하게 할 수 있다는 장점에 기인한다.

산업화가 진전되어 산업의 규모가 커지면서, bottom-up 형태의 의사결정 체계는 경영 현장에서 자연스럽게 자리 잡았다. 하지만 이러한 흐름이 자연스럽다고 하여 부작용이 없는 것은 아니다. 아래로부터의 의견 수렴 절차는 합리적이다. 그러나 이를 지나치게 강조하여 모든 결정에 앞서 아래로부터 의견 수렴 절차를 거치도록 하는 것은 책임 회피와 의사결정의 지연을 초래하였다.

특히 기업의 생존과 흥망성쇠를 가름하는 중요한 결정일수록 top의 의지와 결단에 의존할 수밖에 없다. 이때는 신속한 의사결정이 핵심 성공 요소다. 그래서 이런 경우에는 bottom-up보다는 top-down 의사결정을 통해 하향(下向)으로 전달함으로써 빠른 집행을 가능하게 하고 강력한 의지가 전달될 수 있도록 해야 한다.

따라서 의사결정 체계는 top-down이냐 bottom-up이냐와 같이 이분법적인 분리와 신택의 문제가 아니다. 오히려 두 방식이 서로 조화를 이룰 때 가장 효과적인 운영이 보장된다.

두 의사결정 방식이 상황에 따라 조화를 이루는 것이 효과적인 것은 맞다. 그리고 운영 효율성 차원에서도 합리적이다. 하지만 실제 경영 현장에서는 bottom-up 방식으로의 편향이 대세였다. 그 영향으로 top-down 방식은 상대적으로 경직되고 일방적인 경영 방식으로 비치게 되었고, 심지어 기피되기까지 하였다. 이러한 현상은 경영 혁신의 관점에서 매우 애매한 상황을 가져왔다.

즉, 혁신의 의미는 자유로운 의견 청취와 수렴을 통해 새로움을 추구하는 것이기에 bottom-up 형식을 당연한 것으로 받아들였다. 반면 상향식 의사결정 구조에서는 경영 혁신을 힘 있게 추진할 동력을 구하기가 쉽지 않다. 왜냐하면 다중(多衆)과 경영에 직접 참여하지 않는 일반 사원(bottom)은 혁신과 같은 급격한 변화를 좋아하지 않기 때문이다.

어떤 면에서 보면 경영 혁신을 추진하는 모습은 고상하다거나 아름답다거나 유연하다고 할 수가 없다. 혁신은 그 자체로 급격한 변화와 체질 개선을 의미하기 때문이다. 따라서 경영 혁신과 bottom-up은 개념과 작동 원리의 관점에서는 서로 이질적(異質的)인 성향을 띠기도 한다. 이런 점에 착안하여 6시그마 방식은 top-down 리더십을 혁신의 의사결정 체계로 받아들이고 강조하였다. 그렇다고 bottom-up 방식의 효과를 부정하거나 전면적으로 대체하고자 하는 의도는 아니다. 다만 중요하고 선행적인 의사결정에서는 top-down 방식의 적용을 의도적으로 강제화하였다.

물론 모든 내용에 대해 위에서 아래로 방침을 전개할 수는 없다. 실무적인 모든 사안에 경영자의 의지와 지침을 일일이 반영할 수는 없기 때문이다. 하지만 문제의 인식, 혁신의 도입, 그리고 운영 방식의 결정과 같은 실무적인 추진에 앞서 선행하는 중요 항목의 의사결정에서는 top-down 리더십이 효과적이다. 특히 기업의 생존과 성장, 변화와 같은 중요한 의사결정일수록 책임 소재는 명확해야 한다. 그래서 경영 책임이 수반되는 중요 의사결정에서는 Top으로부터 운영 방침이 결정되어 하향(down)으로 전개되는 것이 지극히 당연하다.

각 의사결정 방식의 강점과 약점에 대해서는 여러 주장과 권고가 존재한다. 반면 이를 어떻게 조화해야 할지에 대해서는 충분한 연구와 논의가 부족하다. 필자는 앞서 설명한 바와 같이, 두 의사결정 방식은 상호 대척점에 있는 특징도 있지만 상황에 따라 이를 조화하는 것이 가장 효과적이라고 주장한다. 다시 말해 선행적이고 중요한 항목에 대해서는 top-down 중심으로, 다양한 의견 수렴이나 자유롭고 창의적인 생각의 발산이 필요한 경우에는 bottom-up 방식을 적용하는 것이 더 효과적이다.

6시그마 방식의 의사결정도 위와 같은 메커니즘에 따를 것을 권장한다. 6시그마 방식이든 다른 방식이든, 경영 혁신과 관련한 의사결정은 목적과 상황에 맞게 top-down과 bottom-up 방식을 선택하여 적용하는 것이 효과적이다. 다만 이 경우에도 지나치게 상황에 따른 선택적 적용을 우선하여 목적에 맞지 않는 방식의 적용은 지양해야 한다. 혁신 활동의 특성상 상황도 목적에 의해 제한되기 때문이다.

구체적으로 이 조화를 어떻게 해야 할지에 대해서 명확한 기준은 없다. 6시그마 방식에서는 혁신의 적용을 결정하고(Trigger) 문제를 인식하여(Recognize) 혁신과제를 결정할 때는(Define), 챔피언을 중심으로 한 top-down 방식으로 추진해야 한다. 이는 필수 전제에 속한다. 다만 이 이외의 다른 의사결정은 다소 자율적인 판단에 맡겨진다. 혁신과제의 특성에 따라서는 적극적으로 bottom-up 방식을 활용할 수도 있다.

이 경우에도 결정에 대한 책임을 회피하는 방편으로 bottom-up 방식에 지나치게 기대어서는 안 된다. 아무리 다른 의견을 듣고 참고하는 것이 좋다고 해도, 이로써 timing을 놓치거나 책임이 전가되면 결코 바람직한 결과가 나오지 않기 때문이다. 설사 결과가 좋다고 해도 그 성과가 오래 유지되기가 어렵다.

TQM과 TQC, 그리고 CWQC

산업, 특히 제조업의 발전에서 품질(quality)은 상당 기간 경영의 주변부에 있었다. 하지만 20세기 후반부터는 경쟁력의 핵심으로 자리 잡았고, 산업 발전의 중심을 차지해왔다. 즉, 산업의 발전사와 품질의 역사는 그 궤를 함께하고 있으며 상당 부분은 동치(同値)라 할 수 있을 정도로 그 모습이 같다. 품질의 역사는 QC(품질관리)에서 출발하여, QA(품질보증)로 확장되었고 QM(품질경영)으로 진화하였다. 여기에 TQC(전사적 품질관리)와 TQM(종합 품질경영)으로, 즉 기능 중심의 품질 활동에서 종합적인 경영 활동으로 변화하였다.

QC나 QM과 같은 품질 용어들은 산업계에서는 일반화되어 매우 익숙하다. 그리고 이제는 품질 활동도 경영 활동으로 인정받고 있다. 이는 지속적인 품질 혁신 활동을 통해 품질을 기업 경쟁력 강화 수단으로 활용하면서 자연스럽게 이루어졌다. 그 이전의 품질은 경영을 위한 일부 기능으로만 인식되었고, 이마저도 제조 분야에서만 인정받을 정도였다.

품질 영역은 제조업 중심에서 서비스 산업으로, 그리고 공공 부문 등 국가 경쟁력의 기본 단위 전반으로 확장되었다. 그럼으로써 QC, QA라는 기능 중심의 품질로부터 QM, 즉 경영의 요소로 변화하게 되었고 이는 마침내 TQC를 거쳐 TQM의 차원으로 진화하였다. 이런 품질 역사의 흐름을 통해 품질은 기능에서 종합 경영으로, 나아가 국가 경쟁력의 핵심 요소로 자리 잡게 되었다.

아직도 많은 품질 담당자가 이 TQC와 TQM의 본질적인 차이에 대해 궁금해한다. 하지만 명확하게 그 차이를 이해한다고 해도, 이

것이 품질경영 추진에 크게 도움이 되지는 않는다. 다만 각 의미를 명확하게 이해함으로써, 혁신 경영의 혼선을 줄인다는 점에서 나름의 필요성이 인정된다. 다음에는 TQC와 TQM, 그리고 '일본식 TQC'라고 하는 CWQC(Company Wide QC)에 대해 그 의미와 차이에 대해 간략하게 살펴보고 품질 혁신과의 관계에 대해 제안을 덧붙이고자 한다.

세 용어의 차이에 대한 이해는 종합 품질경영에 대한 개념과 원칙의 정립에 도움이 된다. 어떻게 보면, 이 세 품질 전략의 변천 과정은 제조 현장의 기능 중심 품질관리에서 경영의 한복판으로 품질을 끌어들이고 이를 경쟁력 체계의 핵심으로 자리 잡게 한 역사와 맞닿아 있다. 실행 시기만 가지고 일률적으로 이들의 선후를 나누기는 어렵다. 왜냐하면 서로 중첩된 실행 기간이 많기 때문이다. 다만 이 기간의 구분을 통해서도 대략적인 구분은 가능하며, 이 정도로도 전체의 흐름을 이해하기에는 무리가 없다.

단순 기능 중심의 품질에서 전사적 품질관리라는 체계를 형성함으로써, 품질은 단숨에 품질경영으로 승격되었다. 그런 점에서 기능별로 통합 품질을 주창하는 TQC, 이른바 '서구의 TQC'는 의미가 크다. 그리고 이와 비교되는 '일본식 TQC'도 체계적으로 진화하였다. 이 과정은 학자에 따라 검사 중심(IQC), 공정 중심(SQC), 개발 중심(TQC), 전원 참여 품질관리(CWQC)로 구분하기도 한다.

이 진화 과정을 살펴보면, 서구식 TQC와 일본식 TQC를 구분해서 이해해도 실익은 크지 않다. 하지만 종합 품질경영(TQM)의 관점에서 이 구분이 시사하는 바는 크다. 즉, 두 품질 전략에서 'Total'을 정의하는 관점의 차이가 중요하다. 결론적으로 파이겐바움의

TQC는 횡적인 기능 부문의 Total을 의미하고, 일본식 TQC인 CWQC는 횡적인 기능 부문뿐만 아니라, 조직의 상하 계층의 Total도 함께 포함한다.

파이겐바움의 TQC(미국, 1960)는 제조(생산)와 설계, 물류 및 서비스 그리고 회계를 포함한 사무 분야 등 전체 조직의 기능 품질을 통합적으로 관리한다는 의미가 강하다. 즉, 횡적인 기능에서의 통합을 강조한다. 반면 일본식 TQC라는 CWQC는 이 기능적인 통합 관리 외에도 조직 계층의 상하를 아우르는 통합적인 관리를 주장한다. 물론 서구식 TQC도 TQM으로 진화하면서 조직 상하를 아우르는 종합 품질을 주장하여 CWQC와 차이가 없어졌다.

초기 TQC가 정확하게 목표로 삼은 것은 품질의 종합적인 관리이다. 즉, 제조, 설계, 판매 및 서비스와 같이 나누어진 기능 조직에서의 품질 활동들을 종합적으로 묶어서 운영함으로써 통합적인 시너지 효과를 얻고자 하였다. 그런 이유로 초기에는 기능상의 통합이 우선이었고, 조직 상하 계층에서의 동참까지 주장하지는 않았다.

이에 반해 일본식 TQC는 기능적인 통합 운영 이외에도 조직 상하 계층의 동참을 통해 품질 성과가 극대화된다는 점을 강조하였다. 즉, 조직의 최상위 계층인 최고 경영자로부터 최하위인 일반 사원까지 모든 임직원이 품질 철학을 함께 공유하고 품질 전략을 추진할 때 가장 큰 시너지 효과가 창출된다고 보았다. 이런 점에서 CWQC는 기존 서구식 TQC에서 진일보하여, 조직의 횡과 종을 아우른 명실상부한 전사적인 운영을 주장하였다.

그 당시만 해도 품질은 품질 담당자에 의해 추진된다는 한계를 가지고 있어서 이것은 새로운 전략적 이슈였다. 공급자 우위의 산업화 시대에서는 기능적으로만 잘 운영되면 최고 경영자와 관리자들의 참여 없이도 충분히 성과를 낼 수 있다는 편견을 가지고 있었다. 이는 품질 성과의 한계로 이어졌고, 이를 시정하기 위한 전략으로 조직 상하 계층을 아우르는 종합적인 품질 전개가 등장한 것이다.

이런 서구식, 일본식 TQC의 구분은 TQM 전략을 통해 하나로 통합된다. 학자에 따라서는 TQM을 TQC의 진화된 과정으로 설명하기도 한다. 일견 타당한 견해이기도 하다. 하지만 본질적으로는 TQM은 QM, 즉 품질경영의 통합적 추진이 핵심이며, TQC는 품질관리를 의미하는 QC의 전사적 추진이 핵심이다.

보통은 QC 활동이 경영 활동으로 승화된 것을 QM이라고 정의한다. 하지만 TQC는 TQM과는 기본적인 관점에서 차이가 있다. TQC는 실무 품질 활동을 전사적으로 운영하여 성과를 극대화하자는 차원이다. 이에 반해 TQM은 본질적으로 경영과 품질 각각의 전략이 융합한 것에 가깝다. 즉, TQM은 경영전략과 경영 제도의 바탕 위에 품질을 핵심 기능으로 도입한 것이다. 따라서 품질이 중심에 있지만, 외연을 이루는 전략과 도구는 경영 성과를 위해 종속된다.

이런 관점의 차이에 따라 추구하는 전략도 달라질 수 있다. 의사결정 방식도 TQC는 bottom-up 방식이 더 효율적이고, TQM은 top-down 방식이 효과적이다. 물론 TQC도 전사적인 관리를 위해서는 당연히 top management의 개입과 참여가 중요하다. 하지만 TQC는 TQM과 달리 품질을 하향적(下向的)인 경영전략으로 추진하지 않는다는 점에서, 자유롭고 창의적인 의견을 수렴하는 것을 더 강조하기도 한다.

경영 혁신 방법론도 품질을 핵심으로 삼는 형태와 강도에 따라 방식의 선정이 달라진다. 6시그마 방식은 품질 혁신을 경영전략으로 채택하여 성과를 극대화하는 방법론이다. 그래서 방침의 전개는 하향적이며, top-down 의사결정 방식이 더욱더 효과적이다. 이런 점에서 6시그마 방식은 TQM 전략의 연계선상에 있다고 할 수 있다. 따라서 TQM이 추구하고자 하는 경영전략, 자원 최적화, 제도화, 기업 문화의 틀을 계승하고 있다.

6시그마와 도요타 생산 시스템(TPS)

지난 세기를 통틀어 가장 성공적인 혁신 방법론으로 6시그마 방식과 도요타 생산 시스템(TPS)이 대표적으로 손꼽힌다. 이 두 혁신 방식에 대한 기대와 신뢰는 그 원칙과 원리도 중요하지만 이미 실적으로 검증되었기 때문에 더욱더 탄탄하다. 그리고 우리에게는 이 두 혁신 방식은 매우 익숙하다. 그 이유는 우리 산업에서 경영 혁신에 대한 수요가 많았던 20세기 후반부터 제조업을 중심으로 이 두 방식을 적극적으로 연구하고 수용했기 때문이다.

TPS는 1980년 중반부터 JIT(Just In Time) 생산 방식으로 우리에게 소개되기 시작했다. 이후 90년대를 거치면서 많은 기업이 도요타 생산 방식을 수용하였고, 심지어 일본의 도요타 생산 현장을 직접 견학하는 교육 과정이 호황을 이룰 정도로 인기가 높았다. 우리 생산 현장에 도입된 TPS 주요 기법으로는 JIT 생산 방식과 낭비 제거, 소집단 활동 등이 있다. 그리고 JIT 생산 방식의 주요 도구로는 흐름화 생산, 간판 방식(pull 생산), 소lot 생산, 평준화와 표준 작업화가 있다.

다음으로 6시그마 방식은 모토로라에서 창안하고 GE가 벤치마킹하여 세계적으로 확산되었고, 우리도 90년대 중반부터 이를 적극적으로 수용하였다. 특히 6시그마 방식은 이미 많은 대기업과 중견기업들이 이 방식을 도입하여 적용하였거나 최소한 교육은 받았을 정도여서, 우리 산업 현장에는 매우 넓은 인프라를 갖추고 있다. 6시그마 방법 역시 구체적인 운영 방법에 대해서는 TPS 못지않게 잘 정리된 책이나 자료들이 많아서 일일이 소개하지는 않는다.

우리 현장에도 6시그마 방식과 TPS에 대해서는 구체적인 내용까지 이미 널리 알려져 있다. 하지만 두 혁신 방식의 차이에 대한 분석은 많지 않아 아쉽다. 필자는 경쟁력 혁신 방법론으로 어떤 방식이 더 유용한가에 대한 질문을 많이 받는다(특히 6시그마 방식과 TPS의 두 가지 중 선택). 이런 질문은 특히 최고 경영자 그룹으로부터 받게 되는데, 늘 시원한 답을 낼 수가 없어서 고민이다. 다음에는 이 고민을 포함하여 두 혁신 방법론의 차이점을 중심으로 소개한다.

두 혁신 방식이 글로벌 산업에 미친 영향은 지난 세기를 통틀어도 손에 꼽힐 정도로 막대했다. 특히 TPS의 각종 다양한 프로그램과 도구는 품질과 제조(생산) 영역에서는 파격적인 실험이었다. 이 시기에는 생산 체제도 공급 우선에서 수요 중심으로 이행하면서 변화를 요구받았고, 생산성 향상을 통해서만 생존과 성장을 보장받을 수 있었다. 이 변화의 핵심에는 낭비 제거와 원가절감의 혁신 테마가 핵심이었다.

TPS는 시기적으로는 오랜 역사를 갖고 있다. 그 시작은 20세기 중반이 시작되는 1938년, 도요다 기이치로(豊田 喜一郎) 사장이 도요타 고로모 공장에 JIT(Just In Time) 사상을 적용하면서 출발하였다. 이후 철저한 낭비 제거를 모토로 JIT와 자동화의 2대 사상이 체계화되었다. 그리고 이를 축으로 하여 TPS는 생산 능력을 극대화하는 가장 효율적인 생산 시스템으로 자리를 잡았다.

TPS는 일본 산업의 부흥 시기와 궤를 같이한다. 특히 전쟁을 겪으면서 완전히 패망한 일본 산업을 신흥 강국으로 재부상시킨, 생산성과 품질 혁신을 이끈 사상이 TPS이기도 하다. 이런 긴 시간을 통한 기술 혁신과 품질, 그리고 원가를 중시하는 철학은 매우 다양한 프로그램을 탄생시켰다. 우리가 익히 알고 있는 JIT 생산 방식과 7대 낭비 제거, 간판 시스템, 흐름생산은 생산 혁신을 위한 대표적인 프로그램으로 인정받았다.

이 외에도 많은 프로그램과 도구들이 TPS라는 전체 시스템을 구성하고 있다. 이는 도요타를 이끈 혁신 책임자의 역사와도 맞물려 있다. 그래서 이를 각 혁신 책임자의 이름을 딴 '도요타 유전자(DNA)'라고도 한다. 이 프로그램들은 핵심 문제를 해결하기 위해 탄생하고 다듬어진 도구의 성격이 강하다. 그런 점에서 TPS는 도요타사의 생산성 향상을 위해, 핵심 문제를 해결하는 과정에서 탄생한 혁신 도구의 결합이다.

물론 TPS의 낭비 제거 철학이나 '암묵지에서 형식지'로 전환하고자 하는 지식관리 체계는 생산 혁신의 범위로 제한되지는 않는다. 또한 지속적인 개선(kaisen)과 원가절감은 제조를 넘어 설계 부문까지 확장되었다. 그리고 원가절감은 제조, 설계에 머무르지 않고 기업 경영 전반에 영향을 미친다. 초기에 TPS는 생산성 혁신으로 출발하였지만, 이제는 전사 경영 혁신 체계로 통합되고 조직화하고 있다.

이에 비해 6시그마 방식은 모토로라에서 품질 혁신으로 첫 출발은 하였지만 GE에 도입되면서 전사 통합의 경영 혁신 체계로 일찌감치 방향을 바꿨다. 그리고 DMAIC와 DMADV와 같은 강력한 프로젝트 추진 로드맵을 장착함으로써 다른 혁신 방식과 대비되는 최강의 문제 해결 방법론으로 완성되었다. 이 점에서 6시그마 방식은 TPS와 가장 큰 차이가 있다.

TPS는 여러 프로그램과 도구들의 연속적인 결합 체계라 할 수 있다. 반면 6시그마 방식은 핵심 문제 해결 로드맵을 갖춘 통합 혁신 체계다. 물론 TPS도 도요타 쇼이치로(豊田 章一郎)에 의해 통합적인 경영 혁신과 조직 혁신을 지향하고는 있다. 하지만 전체적인 통합 효과보다는 각 프로그램이나 도구의 특성과 강점이 더 두드러지는 것은 부인할 수 없다. 어쩌면 TPS에서의 개별 프로그램은 워낙 특징이 강해서 통합 효과를 강조하다 보면 오히려 개별 도구의 장점이 퇴색할 수도 있다.

또 다른 큰 차이는 문제 해결 로드맵의 유무다. 앞서 설명한 것처럼 6시그마 방식의 강점은 문제 해결 로드맵을 갖추었다는 점이다. 이는 그 이전과 이후의 어떤 혁신 방식에서도 그 유래를 찾을 수 없는 획기적인 방법론이다. 이 6시그마 프로젝트 추진 로드맵은 문제의 핵심 원인의 파악으로부터 이를 제거하고 감소하는 방법, 그리고 도구를 활용하여 성과에 이르기까지를 순차적으로 구성한 것이다. 이에 반해 TPS는 로드맵 형식보다는 개별 프로그램의 적용 원칙과 수행 방법을 명확히 제시하는 데 중점이 있어 차이가 있다.

또한 6시그마 방식은 이를 수행할 담당을 '6시그마 벨트'로 훈련하여 자격화시켰다. 이 또한 다른 혁신 방식과 구분되는 중요한 차이점이자, TPS와 확실히 구분되는 점이다. 이렇듯 두 혁신 방식 사이에는 문제 해결 방식인 '로드맵'과 이를 수행하는 '벨트'라는 두 차이가 있는데, 6시그마 방식은 이 두 가지 모두를 갖추었지만 TPS에는 이 요소들이 없다.

이 차이점으로 인해 TPS가 흠결이 있거나 부족하다고 해석해서는 안 된다. 왜냐하면 6시그마 방식은 TPS보다 상대적으로 뒤에 탄생하여, 처음부터 통합적 체계를 갖춘 혁신 방식으로 출발할 수 있었기 때문이다. TPS는 초기 JIT 생산 방식부터 오늘에 이르기까지 긴 기간 동안 획기적인 개선과 향상을 위한 프로그램으로 진화해왔다. 따라서 이를 하나로 통합하기는 쉽지 않다. 그래서 두 방식은 각자의 강점을 중심으로 발전해왔고, 개성을 유지하고 있다.

이 비교는 절대적인 기준은 아니며, 확실한 차이에 관해서만 비교한 것이다. 이외에도 다른 점도 있을 것이고, 또한 유사하거나 같은 전략과 도구 역시 존재할 것이다. 이를 가지고 어느 방식이 더 좋고 나쁘다고 평가하는 것은 바람직하지 않다. 위에 소개한 비교는 많은 혁신 담당자와 경영자들이 두 혁신 방식에 대한 혼동으로 선택의 어려움을 호소하여, 나름의 판단을 돕기 위해 상대적인 차이점을 소개한 것이다.

어떻든 6시그마 방식과 TPS는 20세기에서 금세기에 이르기까지 가장 영향을 많이 끼친 혁신 방식이다. 이를 통해 산업의 혁신적 발전과 확장이 이루어졌고, 당대의 핵심 이슈들을 해결할 수 있었다. 경쟁력 혁신을 위한 최선봉으로 품질경영을 앞세운 이 두 방식은 앞으로도 유용하다. 특히 신기술에 대응해야 할 과제가 산적한 상태에서, 품질경영을 통한 경쟁력 혁신은 더욱 속도를 내야 한다.

4차 산업혁명 시대에서도 이들이 경쟁력을 갖춘 문제 해결 방법론임은 자명하다. 아직 미진한 부분이 있다면 더 다듬어서 통합 경쟁력 혁신에 나서야 한다. 다만 필자는 종합 경쟁력 혁신을 위해 다음과 같이 제안한다. 이 또한 절대적인 기준에 의한 것은 아니므로, 전략의 선택에 있어서는 기업의 현재 상황과 목적에 맞게 충분하게 검토되어야 할 것이다.

만약 통합적인 혁신 체계를 구성하고자 한다면 6시그마 방식이 더 효과적이다. 왜냐하면 6시그마 방식은 혁신 리더십과 전략 및 체계를 로드맵으로 승화하여 엮어냈기 때문이다. 이에 비해 TPS는 통합적인 효과보다는 낭비 제거나 원가절감과 같이, 핵심 이슈 해결에 특화된 프로그램이자 도구다. 그런 점에서 낭비 없이 생산 효율을 극대화하는 Lean production system을 6시그마 체계에 접목하고자 하는 '린(Lean) 6시그마 방식' 역시 유용한 대안이 될 수 있다.

현장 품질에서 경쟁력 플랫폼으로의 변신, 6시그마 경영

 4차 산업혁명이 한창 진행되고 있는 시점에서, 경쟁력을 혁신해야 하는 기업 최고 경영자로서는 고민이 커져만 가고 있다. 게다가 최근의 문제들은 기존의 방법으로는 잘 해결되지 않을 뿐만 아니라, 매우 복합적으로 연결되어 있어 명쾌한 해법을 찾기가 더욱 힘들어지고 있다. 이런 환경에서 가장 효과적인 경쟁력 혁신 솔루션은 어떤 것이 있을까? 이 질문에 필자는 주저하지 않고 품질경영을 다시 꺼내 들었다. 이제는 제대로 된 품질경영을 완성하여야 할 때이기 때문이다.

 품질경영은 20세기를 관통한 경영 혁신 키워드임에 틀림이 없다. 그리고 이는 21세기 현시점에서도 유효하다. 경영 혁신의 본질은 경쟁력을 혁신하는 것이고, 이는 곧 품질 경쟁력의 획기적인 향상과 경쟁 상대에 대한 지배적 격차를 뜻한다. 하지만 지금까지의 품질경영의 추진 모습은, 문제 해결을 위해 도구를 만들고 이를 체계화하는 과정들이 순차적으로 진화한 틀을 벗어나지 못하였다.

 현대 경영은 여러 아이디어와 도구들을 획일적으로 연결하는 점(點)이나 선(線)의 경영에서 면(面)의 경영으로, 나아가 입체(立體) 경영으로 종합화하여야 한다. 경쟁력 혁신 전략 역시 이와 같은 방향으로 움직여야 한다. 장점과 강점을 나열하는 수준을 벗어나야 한다. 목표를 중심으로 입체적인 전략을 세우고, 이 전략에 따라 자원과 노력을 집중해야 한다.

 이를 지난 품질 혁신의 역사에 대입한다면, 20세기 품질경영의 성과는 점과 선의 수준에서 최선을 다한 정도로 평가할 수 있다. 이 평가는 다소 소극적이고 박한 것처럼 보일 수도 있다. 하지만 오늘날 품질경영의 전체적인 모습이 아직은 완전체로 기능하지 못하고 있는 것 역시 사실인 이상, 다소 부정적인 평가는 불가피하다. 솔직히 말해 기존의 품질경영은 현상 유지의 성향이 강해, 급격한 변화보다는 안정적인 개선에만 치중하였다는 비판에 직면해 있다.

군이 지난 세기의 품질경영의 공로와 이를 위한 헌신적인 노력을 폄하(貶下)하거나, 일부러 박하게 평가할 의도는 없다. 또한 부정적으로 평가하는 데 따르는 실익도 없다. 오히려 20세기를 거치면서 인류가 겪어보지 못한, 가장 극심하였던 변화의 시기에 품질경영은 충분히 제 몫을 다하였다. 그에 따라 성과만큼의 공로는 당연히 평가받아야 한다. 그런데도 아쉬운 평가를 받는 이유는 현재 나타난 문제의 극복과 현상 유지에 머물러, 그 이상의 완성된 체계를 만들지 못해 다음 세대로 진화하지 못했다는 점 때문이다.

이러한 평가는 지난 품질경영과 품질 혁신 성과를 궁극적이고 전지적인 시점(全知的 視點)에서 평가했을 때 아직은 완결을 위해 더 전진해야 할 목표가 있음을 시사한다. 이는 품질 경쟁력 혁신을 향한 더욱 강력한 동기부여를 제공한다. 이제는 경영 현장에서도 면의 경영과 이를 넘어선 입체 경영으로의 지향이 필요하다. 그러기 위해서는 top management의 적극적인 개입과 참여가 필수적이다.

최고 경영자가 직접 개입하고 참여하는 경영 혁신, 품질 경쟁력 혁신은 top-down의 리더십으로 철저하게 무장해야 한다. 형식적으로 경영진이 지휘권만을 갖는 것이 아니라, 문제와 해법의 insight를 직접 주도하여야 한다. 그럼으로써 면과 입체의 계획적인 전략 운영이 가능해진다. 입체적인 혁신 추진에서는 어느 한 문제도 저절로 해결되거나, 성과가 쉽게 얻어지지 않는다. 명확하고 철저한 계획하에 가장 효과적인 추진을 통해서만 성공에 이를 수 있다.

품질경영을 입체적으로 추진하여 경쟁력 체계를 완성하기 위해서는 몇 가지 넘어서야 할 장벽이 있다. 이미 성공을 인정받은 방식도 과감하게 수정하고 때로는 거부해야 한다. 그 대표적인 내용이 '현장 중심의 품질 운영'이다.

현장 품질을 중시하는 경향은 산업화 과정에서 나타난 자연스러운 수순(手順)의 품질경영 추진 모습으로 평가할 수 있다. 하지만 4차 산업혁명 신기술이 변화를 주도하고 있는 아직도 현장 품질에만 머물러 있어서는 안 된다. 물론 이를 대안없이 비판하는 것은 과하며, 논리 비약이다. 그러나 이를 넘어서지 않고서 새로운 시도와 새로운 혁신을 맞을 수는 없다. 이 점 또한 간과해서는 안 된다.

현장 중심의 품질은 매우 중요하며, 이론과 논리에만 의존한 품질경영에 대한 각성으로 시작되었다. 당연한 주장이었고, 성과 역시 컸음을 부인할 수 없다. 그러나 4차 산업혁명 시대에서는 현장 중심이라는 구호만으로 모든 장애 요소를 덮을 수는 없다. 특히, 21세기의 품질경영은 시스템에 의하지 않고서는 존재할 수 없다. 그리고 이는 다양성을 품은 플랫폼이 되어야만 효과적으로 수행된다.

많은 학자와 전문가들도 품질경영 플랫폼을 강조하고 있다. 하지만 이를 어떻게 구현할 것인가에 대한 방향은 제각각이고, 뚜렷한 구심점을 찾을 수 없다. 필자는 이를 위한 플랫폼으로 6시그마 방식을 강력하게 추천한다. 이를 6시그마 경영, 6시그마 문제 해결 방법론 등 어떤 이름으로 명명해도 괜찮다. 6시그마 방식에 대한 이름이나 형식보다는 실체(實體)가 더욱 중요하며, 실체에 대한 효용성 역시 이미 검증되었다.

품질 경쟁력 플랫폼으로 6시그마 방식을 도입해야 하는 이유이자 당위성은 6시그마 방식의 강점과 일치한다. 그만큼 6시그마 방식은 태생부터 품질 플랫폼으로서의 필요충분조건을 바탕으로 하고 있다. 다음은 플랫폼의 관점에서 6시그마 방식의 강점을 요약하여 정리한 내용이다.

먼저 플랫폼으로서의 혁신 방식이 갖추어야 할 조건은 현재 당면한 4차 산업혁명 시대의 요구 사항과 부합하여야 한다. 4차 산업혁명을 대표하는 키워드는 초지능, 초연결, 초융합의 특성이다. 따라서 품질 경쟁력 플랫폼에도 역시 이 특성들이 반영되어야 한다. 또한 최근의 신기술은 급격한 변화와 함께 변동의 폭이 크다는 특징이 있다. 이에 적극적으로 대처하기 위해서는 품질 플랫폼도 더욱 효율적으로 구성되어야 한다.

첫째, 품질 경쟁력 플랫폼은 고객 중시, 고객 지향의 철학을 바탕으로 해야 한다. 기업 품질 체계라고 하여 공급자 중심 체계를 유지하는 것은 필패 전략이다. 반드시 시장과 소비자 가치가 중심에 있어야 하며 이는 모든 다른 특징에 앞서 마련되어야 한다. 6시그마 방식도 고객 중심의 철학을 핵심으로 하고 있다.

둘째, 품질 플랫폼은 다양한 신기술을 담을 수 있는 유연한 틀을 갖추어야 한다. 경직된 틀에는 급속하게 발전하는 신기술을 담을 수 없고, 이에 유연하게 대처하기가 어렵다. 6시그마 방식은 강력한 로드맵 체계를 갖고 있어 경직된 것처럼 보이지만 설계, 제조,

영업 및 마케팅 등 다양한 프로세스로 확장할 수 있어 유연성 조건에도 잘 부합한다. 특히 미지의 대상도 수용할 수 있도록 각 phase와 step을 모듈 형식으로 결합할 수 있어, 신규 로드맵의 창출과 기존 형태의 변형은 항상 열려 있고 또한 자유롭다.

셋째, 4차 산업혁명의 초연결 특성과 같이 품질 플랫폼도 네트워크 체계를 지향해야 한다. 단일 또는 몇 개의 기술과 도구들을 연결한다고 해서 플랫폼이 구축되지는 않는다. 한꺼번에 모든 기술과 도구들을 하나의 틀로 묶을 수는 없지만, 전체를 네트워크로 연결되도록 하여야 한다. 이 네트워크는 신기술일수록 더욱 고도의 효율성을 요구한다. 6시그마 방식 역시 관련 프로세스와의 네트워킹을 강조한다. 이를 위해 기업 자료의 디지털 전환과 품질 역량(도구)의 업그레이드는 필수적이다.

마지막으로 넷째, 품질 플랫폼은 구조적으로 독자적인 생태계를 구축할 수 있어야 한다. 이는 연결된 네트워크를 통해 독립적인 체계를 구성하는 것이지만, 여기에 그치지 않고 발전과 진화 가능성을 함께 담고 있어야 한다. 즉, 품질 플랫폼의 대상이 되는 영역에 대해서는 전략과 방침, 기능이 온전하게 갖추어진 자생(自生) 생태계가 구축돼야 한다. 6시그마 방식은 이와 같은 가치를 내세운 전체 최적화를 6시그마 리더십으로 삼는다.

품질 경쟁력 플랫폼으로서의 6시그마 방식은 고객 중심의 철학을 바탕으로 다양성과 유연성을 중요한 목표로 하고 있다. 그리고 6시그마 방식 안에서 모든 프로세스가 유기적으로 소통되어 연결 및 결합하도록 한다. 여기에 더하여 6시그마 방식은 한편으로는 독자 생태계를, 다른 한편으로는 인접 생태계와의 유기적 연합이 가능하도록 구성되어 있다. 4차 산업혁명 시대에서도 6시그마 방식은 구조적으로 탁월하다. 하지만 여기에 그치지 않고 앞으로 더욱 확장성을 갖추어 진화해야 한다.

The success equation of competitive innovation

9.
혁신의 무한 진화, 새로운 로드맵을 개척하라

경영계의 화두로 빠지지 않는 것이 생존과 성장이다. 이는 최고 경영자에게는 숙명과 같은 임무다. 그리고 이를 달성하는 전략과 방법은 각양각색이다. 해당 기업이 처한 상황과 목표, 현재 수준의 차이 크기에 따라 각각 다른 접근법이 필요하기 때문이다. 특히 목표까지의 차이(gap)가 크고, 이미 알려진 방법으로는 이를 달성하기 어려울 때 취하는 전략을 '혁신 전략'이라고 한다.

혁신, 경영 혁신에 대한 정의는 다양하다. 하지만 그 가장 깊은 곳에 존재하는 핵심 역량은 품질이다. 경쟁력을 만드는 것은 품질이고, 품질을 혁신함으로써 상대와의 차이를 더욱 벌어지게 한다. 그래서 혁신은 어느 한 지점(수준)에 머무를 수 없고, 끊임없이 진화해야 한다. 20세기를 거치면서 산업화에 따른 변화가 극심할 때마다 인류는 이 시기를 혁신으로 돌파하였다.

2023년 현재 기업 생태계에서는 4차 산업혁명이 가장 뜨거운 이슈이며, 이는 전 세계적으로 공통의 과제다. 그런 점에서 혁신 경쟁에서는 절대 뒤처져서는 안 되며, 그 현장은 전쟁터와 같다. 뒤로

밀리면 곧 성장의 정체 또는 퇴보가 우려되고, 급기야는 생존이 위협받을 수도 있다. 특히 4차 산업혁명 신기술은 기업과 산업의 흥망과 성쇠를 한순간에 바꿔버릴 수도 있어서, 지금까지의 그 어떤 전장보다 더 살벌한 격전장이 되고 있다.

시대의 흐름은 격랑을 겪고 있는데, 아직 현재의 성과에 만족하여 안주하고 있다면 이제는 눈을 떠야 한다. 마지막 기회라고 생각하고 품질 경쟁력 혁신을 위해 뛰어들어야 한다. 하지만 품질 혁신을 대하는 시각에는 아직도 작지 않은 장애물들이 존재한다.

'우리'는, 또는 '나'는 잘하고 있다는 자기중심적 현상 판단은 혁신의 가장 큰 장애다. 그런데도 이를 극복하기는 쉽지 않다. 또한 현재는 아직 위기가 아니라는 인식 역시 누구나 빠지기 쉬운 함정이다. 이는 변화를 피하고 싶고 암울한 미래를 부정하고픈 다수(majority) 직원의 환상에 기댄 자연스러운 현상이지만, 혁신에서는 독약과 같아서 치명적이다. 그래서 혁신을 추진하기 위해서는 최고 경영자의 결단이 가장 중요한 요소다.

이런 장애물은 결국 혁신의 출발을 더디게 하거나 아예 포기하게 만들기도 한다. 그리고 이만큼은 아니지만, 무시하지 못할 큰 장애는 혁신 추진에 대한 자만이다. 지금까지의 혁신으로도 충분할 것이라는 착각은 위험하다. 혁신 경영의 길은 일상 경영보다 험하고 저항이 많아서 이 유혹에 빠지기 쉽다. 이를 예방하는 유일무이한 방법은 혁신 경영을 시스템화하여 끊임없이 추진하는 체계로 만드는 것이다. 그리고 이 끊임없는 혁신을 유지하는 동력은 혁신 동력을 장착한 사원 육성과 새로운 로드맵의 개발이다.

경영 트렌드와 혁신을 혼동하지 말라

많은 경영자와 경영 참여자들이 혁신에 대해 가지는 가장 큰 오해는, 마음만 먹으면 언제라도 혁신을 추진할 수 있을 것이라고 생각하는 '만만함'이다. 어떤 근거로 이런 통 큰 배짱을 부리는 것인지는 몰라도, 혁신의 추진은 결코 만만하지 않다. 혁신의 의미 자체가 일상과는 차이가 크다는 것을 전제로 하고 있어서, 일단 시작부터 쉽지 않다. 게다가 기존 업무 관행에 익숙한 구성원들의 급격한 변화에 대한 저항은 의외로 강력한 장애다.

그리고 혁신의 추진과 운영을 마치 경영 트렌드처럼 받아들이는 풍조도 잘못된 인식이다. 혁신은 성공된 경영 방법이나 노하우를 전파하기 위한 경영 도구가 아니다. 혁신의 추진은 위기에 대한 대응으로서, 명확한 이유와 확고한 목표를 전제로 출발해야 하는 경영 방식이자 경영 방법론이다. 특히 혁신은 경쟁력을 갖추거나 높이기 위한 특별한 활동이므로, 품질 혁신을 바탕으로 한다고 볼 수 있다.

품질 경쟁력 향상을 위한 품질 혁신을 성공한 경영 트렌드처럼 이해하여 손쉽게 시도하고자 하는 경우를 본다. 이럴 경우 제대로 된 성과를 얻기는 매우 어렵다. 솔직하게 말해, 쉽게 접근하여 어렵지 않게 성과를 얻을 수 있다면 굳이 혁신이라는 형식으로 고통과 희생이 따르는 과정을 감수하면서까지 수행할 필요도 없다. 일상의 개선 활동이나 프로젝트 활동으로도 가능할 것이기 때문이다.

그렇다면 왜 쉬운 문제 해결이나 일상적인 목표의 도전에도 애써 혁신이라는 힘든 과정을 자청(自請)할까? 이는 혁신을 정확하게 이해하지 못하였거나, 혁신 추진이라는 선언과 형식에 지나치게 몰입한 탓이 크다. 혁신을 추진하고자 할 때는 반드시 품질 경쟁력 혁신을 위한 여러 판단 조건을 확인하여 필요성이 충분할 때만 시작을 결단하는 것이 옳다. 남들이 (지금) 시장에 간다고 해서, 거름을 지고 장에 갈 수는 없지 않은가?

일단 시작하고서 판단하는 것은 진행 과정상의 손실이 크다. 또한 혁신 추진 후의 포기나 실패는 구성원에게 큰 악영향을 미치고 조직적인 저항으로 되돌아올 수도 있으므로 주의해야 한다. 혁신 추진을 위한 일반적인 판단 조건은 현재 문제에 대한 인식, 경영자의 결단, 조직 전체의 참여 의지, 혁신 방식의 결정 등을 포함하여 매우 다양하고 그 구조는 복잡하다. 이 조건 중에서 혁신 추진의 일반 충족 조건 외에, 아직도 많이 오해하고 있는 혁신 추진의 당위성에 관해서만 아래에 설명한다.

혁신 추진 전에 던져야 할 가장 중요한 질문은 당위성(why)과 목표(what), 그리고 어떻게 추진할 것인가(how to)다. 이 중 가장 오해가 심하고, 개선되지 않는 오해는 역시 당위성에 대한 편견이다. 무엇을 어떻게 추진할 것인가에 앞서, '왜 바로 지금' 혁신을 추진해야 할 것인가에 대한 결심은 매우 중요하다. 이는 지극히 당연한 절차이자 형식이지만, 이를 간과한 채로 혁신이 추진되는 경우가 많다는 점은 매우 안타깝다. 이는 결코 생략되거나 압축하여 줄여서는 안 되는 필수 선행조건이다.

혁신은 궁극적으로는 경쟁력을 올리기 위한 특별한 활동이다. 그래서 우리는 혁신 그 자체를 경쟁력 혁신으로 이해해야 한다. 그리고 이 경쟁력의 출발은 상대와의 경쟁에서 이기는 것을 목표로 하므로, 혁신이 품질 경쟁력 혁신을 뜻하는 것임에는 틀림이 없다. 그런데도 많은 경영자와 혁신 추진자들은 혁신을 보다 덜 구체적이고 추상에 가까운 것으로 이해하는 경향이 있다. 무언가 더 멋있고, 기발한 경영 방식처럼 느껴서일까?

오해는 자유이고 그 이유는 다양하지만, 결론은 오직 하나다. 잘못된 당위성으로 혁신을 추진했다가는 기대했던 성과를 얻기 어렵다. 부정적인 결과 이외에도 과정에서의 피해와 손실은 막심하다. 특히 혁신에는 일상 활동 이상의 동력이 투입되는데, 이에 대한 책임이 고스란히 경영자의 몫으로 남게 된다. 그래서 혁신 추진의 결단은 더욱 신중해야 한다.

우리가 기억하는 혁신은 성공한 경험밖에 없다. 실패한 혁신 추진의 기억은 아예 없다. 이 경우에도 혁신을 추진하지 않았던 것이 아니라, 실패를 누구도 책임지지 않음으로써 다른 활동으로 손실이 전가되었기 때문이다. 생각해보라. 실패한 혁신에 대해 누가 이를 구체적으로 추적하여 분석하고 반성하였던가? 이렇듯 혁신의 추진에는 어렵고 험난한 과정이 예상되지만, 추진 이후의 결과에 대해 명확한 진단과 책임이 없었다.

이런 이유로 혁신의 시도는 지나치게 가볍게 결정되었고, 준비가 부족한 채 결정되고 진행되는 경우마저 생기게 되었다. 섣부른 혁신의 추진은 개문발차(開門發車)와 같이 필연적으로 부실과 사고를 낳을 수밖에 없다. 그래서 혁신 추진의 경과와 성과는 철저하게 분석되고, 미흡한 부분은 보완하여야 한다. 그럼으로써 혁신은 성공과 실패를 떠나 당위성을 가질 수 있고, 영속될 수 있다.

혁신을 일상 경영 활동의 연장선상에서 경영 트렌드로 이해해서는 안 된다. 그래서 혁신 추진 전에는 반드시 명분(당위성)과 동력(자원 투입), 그리고 유지(영속성)의 세 요건에 대해 철저하게 분석하여 최고 경영자가 신중하게 결정하여야 한다. 혁신 추진의 결정은 오직 최고 경영자의 결단에 의한다. 성과뿐 아니라 책임 역시 오롯이 최고 경영자의 몫이다. 물론 혁신 추진 결과의 책임에 대해 미리 과민하게 반응할 필요는 없다. 하지만 올바른 혁신 추진을 위해서는 더욱 신중해야 한다. 이렇든 먼저 던져놓고 보자는 자세는 금물이다.

4차 산업혁명 시대, 최우선 미션은 생존이다

누가 뭐라 해도 4차 산업혁명 시대는 이미 우리 눈 앞에 펼쳐지고 있다. 하지만 아직도 우리 주위엔 눈 가리고 아웅 하는 식으로, 새 시대의 신기술과 사회 변화를 애써 외면하는 분위기도 작지 않다. 그렇다면 외면한다고 해서 피할 수 있거나, 부정한다고 해서 없어질 수 있을까? 이는 원천적으로 불가능하다. 벌써 변화의 흐름은 기존과는 완전히 차별화된, 상상할 수 없을 정도의 크기로 사회 전반에 영향을 미치고 있기 때문이다.

지금까지의 산업화 과정에서 현재만큼 가파른 변화가 예고된 산업혁명기는 없었다. 4차 산업혁명 신기술은 이전에 경험하였던 기술의 진화를 뛰어넘는 획기적인 내용과 방식으로 전개된다. 그래서 4차 산업혁명의 특징을 기존의 사회 질서와는 현격한 차이가 있다는 의미로 초지능, 초연결, 초융합으로 정의하기도 한다.

이는 기술적으로만 뛰어나다거나 획기적이라는 의미를 초월한다. 이 변화에 동참하지 못한다면 기업의 생존 자체가 위협받게 된다는 의미를 내포하고 있다. 분명 거부할 수 없는 위협이다. 그런데도 이 변화는 기존의 기술과 질서를 바탕으로 작동하기 때문에, 현재 그대로도 잘 견딜 수 있다는 잘못된 신호를 주기도 한다. 그 때문에 금방 다가올 위험조차 대수롭지 않게 여기는 것은 책임 회피이자 미련함과 다름없다.

이와 같이 변화에 대해 무감각하여 일어나는 피해를 흔히 '삶은 개구리 증후군'에 비유한다. 이는 적당한 온도의 물에 개구리를 넣고 아주 천천히 조금씩 온도를 올리면 개구리는 뛰쳐나오지 않고 결국 죽음에 이른다는 실험을 말한다. 변화에 대한 반응보다는 적응하는 것이 오히려 독이 되는 것이다. 아직도 4차 산업혁명의 변화를 피부로 느끼지 못했다면 새겨들어야 할 비유이다. 위험은 예고되지 않고 갑자기 닥칠 때 더욱 심각한 피해를 낳는다.

4차 산업혁명의 쓰나미가 코앞에 다가왔는데도, 당장 영향이 크지 않다고 하여 변화를 거부하는 것은 너무나 안일한 자세다. 다가올 미래를 예상한다면 무모하기조차 하다. 삶은 개구리처럼 언제라도 생존을 위협받을 수 있고, 아무런 경고조차도 없이 위험에 그대로 노출될 수 있기 때문이다. 21세기 들어 스마트화에 가속도가 붙었다. 이를 주도하는 것이 4차 산업혁명 신기술이다. 이 신기술이 없거나, 이 기술들과 연대하지 않으면 더 이상 생존과 성장을 말할 수 없는 시대가 되었다.

기술과 산업, 그리고 사회는 쉼 없이 변화하고 진화한다. 그에 따라 혁신도 무한 진화해야 한다. 그리고 이제는 경쟁력 혁신 없이 제자리에 안주하는 것 자체가 퇴보를 의미한다. 4차 산업혁명의 흐름에 뒤진 상황이라면 결코 생존을 보장받을 수 없는 시대가 되었다. 이제는 기업의 생존 그 자체를 위해서도 혁신 마인드로 무장해야 한다. 이는 선택이 아닌 필수 조건이다.

이제 새로움(New), 혁신(Innovation), 융합(Convergence), 그리고 탁월함(Excellency)에 도전하자. 이것이야말로 4차 산업혁명 시대의 승자가 되는 핵심 키워드다. 이 네 가지는 4차 산업혁명에서의 생존과 성공을 위한 'NICE 전략'으로 압축할 수 있다(세부적인 활동은 앞서 「3. 모든 혁신은 품질로부터 시작하라!」에서 4차 산업혁명 시대의 스마트 품질 경쟁력 추진 전략으로 설명하였다). 필자는 이의 실천을 위해 6시그마 방식을 강력하게 권장한다. NICE 전략에 가장 적합한 경영 혁신 방식이기 때문이다.

혁신은 지속되어야 한다

경영 혁신을 추진해야 하는 당위성에 대해서는 대부분의 경영 참여자가 공감한다. 이는 혁신의 추진이 필요이기에 앞서 이제는 필수가 되었음을 의미한다. 그렇다면 이제는 필수가 된 경영 혁신의 생명력(生命力)은 무엇일까? 다양한 견해가 있을 수 있지만, 이를 두 가지로 압축한다면 탁월성(卓越性)과 지속성(持續性)이라 할 수 있다.

탁월성은 경영 혁신의 바탕을 이루는 핵심 동력이다. 탁월한 성과

야말로 경쟁력의 원천(原泉)이 되기 때문이다. 특히 4차 산업혁명 시대와 같이 변화가 큰 신기술을 동반하는 변혁기에는 단순히 신기술이 있고 없고의 차이에 따라서도 경쟁력의 승패가 결정되기도 한다. 따라서 탁월한 성과 없이는 경쟁력을 확보할 수 없으며, 4차 산업혁명 시대에서 생존과 성장을 기대하기 어렵다는 것은 자명하다.

경영 혁신의 핵심 동력인 탁월성은 vector와 velocity에 의해 결정된다. 방향(성)과 크기를 의미하는 혁신 성과의 vector는 이미 혁신의 표준으로 자리 잡았다. 이를 외면하고 올바른 성과를 구축하기는 어렵기 때문이다. 즉, 아무리 큰 성과라도 추구하는 방향과 맞지 않으면 궁극적으로는 도움이 되지 않는다. 이에 비해 속도, 속력을 뜻하는 velocity에 대해서는 아직도 많은 이해가 부족하다. 이는 경쟁력의 창출과 유지가 자신의 몫만이 아니라 경쟁 상대와의 비교를 통해 이루어진다는 점을 간과했기 때문이다.

경쟁력을 완성하기 위해 탁월성을 이루는 핵심에서 속도(speed)는 매우 중요하다. 더욱이 급변하는 신기술을 바탕으로 진행되는 산업혁명 시기에는 더할 나위 없이 속도 경쟁이 핵심을 이룬다. 이 velocity는 상대적인 비교 우위도 중요하지만, 더욱 본질적인 것은 탁월한 성과에 이르는 절대적인 속도다. 그런 점에서 비교 평가만이 아니라, 어떻게 획기적인 speed로 성과를 이룰 것인지가 핵심 요소의 하나가 된다.

그리고 또 하나의 혁신 동력원은 지속성이다. 이는 탁월성에 비해 매우 소홀하게 다루어졌다. 경쟁력을 이루기 위해 탁월한 성과를 이루는 것이 우선인 것은 너무나 당연하다. 하지만 이 성과가 단발에 그치거나 애써 만든 격차가 유지되지 못한다면, 이는 경쟁력의 상실(喪失)을 넘어 나아가 혁신의 실패를 의미할 수도 있다. 그런 점에서 지속성은 경영 혁신의 필연적이고 당연한 속성이다.

이 혁신의 지속성은 단순히 혁신 '성과'의 지속성만을 의미하지 않는다. 이미 완성된 혁신과제나 혁신 활동에 대해서는 성과의 유지가 중요한 의미가 있다. 반면, 수시로 바뀌거나 새로운 경영 상황에서는 혁신 성과의 유지 못지않게 혁신의 '지속적인' 추진이 중요하다. 즉, 어떻게 구조를 갖추어 혁신을 추진하며 이를 지속해서 추진할 수 있도록 체질화하고 혁신 문화로 만드는지가 경영 혁신 성공의 핵심 관건이 된다.

혁신의 지속적 추진을 살펴보기 위해서는 경영 혁신의 추진이 가지는 의미에 대해 한 번 더 확인할 필요가 있다. 왜냐하면 현대 경영에서는 '혁신'이라는 용어가 포함되지 않은 전략이나 방침은 고객과 대중에게 쉽게 어필되지 않기 때문이다. 심지어 최고 경영자 중에는 경영의 실행에서 '혁신'이라는 단어를 빼고 나면 무언가 불안하고, 불완전하다는 초조감을 내비치는 경우까지도 있다고 한다. 이는 혁신 강박증에 가깝다.

이렇듯 혁신을 추진해야 하고, 끊임없이 동력화해야 한다는 점에는 많은 경영자가 동의한다. 하지만 경영 혁신은 복합적이고 통합적인 경영 능력을 수반하는 경영 기법의 최고봉에 속하기 때문에, 이를 지속하여 추진하는 데는 한계가 따른다. 그런 점에서 혁신의 지속적 추진은 당연하면서도 쉽게 접근하기 어려운 과제 중 하나다. 그래서 경영 혁신의 추진은 단순하게 발생한 문제나 이슈의 해결을 넘어, 문제 해결 방법론으로 이해되어야 하는 것이다.

이러한 혁신의 지속성을 담보할 수 있는 대표적인 문제 해결 방법론이 '6시그마 방식'이다. 이에는 체계화된 문제 해결 로드맵뿐 아니라, 이를 혁신 문화로까지 이을 수 있도록 구조화되어 있다. 그리고 이를 위해 효과적인 사원 육성 시스템으로서의 벨트 체계와 함께 이를 뒷받침하는 교육과 훈련 프로그램을 갖추고 있다. 물론 다른 방식의 혁신 방법론도 효과적이고 효율적인 성과를 제공하기도 한다. 하지만 끊임없이 추진할 수 있도록 효과적인 지원 체계를 구성한 방식은 드물다.

이런 탁월성과 지속성이라는 두 가지 혁신 동력의 관점에서 6시그마 방식은 경영 혁신의 속성에 가장 적합한 운영 방법론이다. 이는 이미 검증되었고, 매우 다양한 산업과 기업 현장에서 탁월한 성과와 우수한 체계임을 확인할 수 있었다. 하지만 아직도 다양한 경영 현장에서 이를 올바로 적용하기 위한 노력이 필요하다. 이미 갖추어진 로드맵만으로는 모든 경영 이슈와 만성적인 문제를 해결할 수 없기 때문이다.

특히 신기술의 향배에 따라 산업의 진화 방향과 기업의 생존과 성장이 좌우되는 4차 산업혁명기를 맞고 있는 현재 시점에서는 이러한 요구가 더욱 강할 수밖에 없다. 이는 경영자의 의지만으로는 해결이 되지 않으며, 산업계와 학계 그리고 정부를 포함한 공공의 협업이 필요한 영역이다.

그런 점에서 현시대의 국가 품질 경쟁력을 어떻게 규정하고 이를 달성할 것인지에 대한 고민과 연구는 더욱 치열하게 진행되어야 한다. 단언컨대 지속적인 혁신 없이 이를 달성할 가능성은 없다. 그러기 위해서는 지속적인 혁신을 운영하는 체계의 구성에만 그쳐서는 안 된다. 나아가 이가 지속적인 성과형 조직 문화로 진화하도록 모든 참여자의 분발이 필요하다.

진화하지 않는 혁신은 퇴화한다

어떤 분야에서건 끊임없이 새로움이나 혁신을 추구하는 모습은 아름답게 여겨진다. 이는 경영이나 과학 기술 분야뿐 아니라 인문학이나 예술, 스포츠에 이르기까지 인류 문명의 일상생활과 관련 있는 분야에서도 마찬가지다. 그런 의미에서 지속적인 혁신 추진을 향한 기대와 노력은 자연스럽고 당연하다.

하지만 이처럼 지속적으로 혁신을 추진하는 노력이 형식에 그쳐서는 안 된다. 특히 기업 경영에서 지속적인 혁신의 추진은 더욱 중요하다. 끊임없는 혁신의 추구야말로 조직의 생존과 성장을 담보하고 있기 때문이다. 이때 놓치지 않아야 할 것은 조직의 성장과 함께 혁신도 진화(進化)해야 한다는 점이다. 특히 기업 경영과 같이 수시로 변화하는 환경에 노출되는 조직일수록 혁신의 진화 필요성은 더욱 커진다.

몸이 커지는 데 비하여 이에 걸맞은 크기의 옷을 입지 않는다면, 보기에도 우스꽝스러울뿐더러 옷이 제 기능을 할 수가 없다. 이같이 혁신도 조직의 성장에 맞추어 진화해야 한다. 그렇다면 경영 혁신의 진화는 어떻게 진행해야 하는 것일까? 지금까지는 혁신의 진화에 대하여 염두에 두는 경우가 없었다. 여기에는 '지속적인' 혁신 추진에 대한 의지와 관심이 낮다는 이유도 있지만, 혁신의 출발은 목적성이 강하기 때문에 더욱 그렇다.

많은 경우 혁신의 첫 출발은 특별한 상황에 직면하여 의도적으로 시작하기 때문에, 처음부터 이의 진화를 염두에 두고 추진하지는 않는다. 즉, 혁신은 자생하는 특성이 아니어서 진행 상태를 유지한다고 하여 스스로 진화하지도 않는다. 그런 점에서 경영 혁신은 원래 목표한 내용을 달성하기만 하면 바로 종료되는 단발적(單發的)인 성격이 강했다.

이제는 단 한 번의 성공에만 그치지 않는, 혁신의 지속적인 추진과 진화를 함께 연구하고 고민해야 한다. 그렇다고 혁신의 진화를 목적으로 수시로 혁신에 관한 핵심 내용을 인위적으로 바꾸는 것 역시 쉽지 않다. 이는 경영전략으로서 큰 부담이기 때문이다. 이러한 이유로 혁신의 진화는 당연한 이행 과정임에도 불구하고 많은 한계를 안고 있다.

혁신의 진화라 하면 보통은 내용의 변화를 먼저 떠올리게 된다. 하지만 이는 무엇을 어떻게 바꾸느냐의 이야기가 아니라, 혁신 활동을 지속해서 운영할 수 있는 체계나 방법론에 관한 문제다. 변화하는 상황에 따라 방향이나 내용까지 미리 정할 수는 없다. 다만 변화는 상시적인 현상이므로, 이에 대해 적극적인 대처가 가능하도록 체계를 어떻게 구조화하고 유지할 것인지가 관건이 된다.

혁신 운영의 체계와 방법론의 관점에서 보면, 혁신 진화의 본질은 그 내용을 온전히 담을 수 있는 그릇을 어떻게 만들 것인가와 같다. 다윈이 진화론에서 주장한 바와 같이 자주 쓰지 않으면 퇴화하고 자주 쓰는 부분은 더욱 좋은 쓰임을 위하는 방향으로 변화, 즉 진화한다. 혁신의 추진도 같은 기전을 가진다. 조직 운영에서 효용성이 떨어진 체계나 방법론이 퇴화하여 버려지는 것은 당연하다. 혁신의 추진 역시 방치하면 퇴화하여 흔적도 없이 사라지게 된다.

이런 혁신의 퇴화나 퇴조는 조직의 성공과 성장에 바람직하지 않다. 이는 성장뿐 아니라 조직 문화에 미치는 부정적 영향도 상당하다. 항상 역동적으로 새로움을 향해 능동적이고 유기적이지는 못할지언정 이에 역행하는 것은 성장을 방해하고, 나아가 조직의 생존에도 치명적인 위해가 될 수 있다. 그래서 혁신을 품은 조직 문화는 중요하며, 최고 경영자는 이를 위해 헌신해야 한다.

이론이 아닌 실제로서 혁신의 진화를 체계화하고 보증하는 방법론을 구성하기란 쉽지 않다. 이를 위해서는 문제를 해결함과 동시에 성과를 달성하는 체계를 함께 가져야 하는데 이런 혁신 방식의 구성이 어렵기 때문이다. 그런 점에서 이 난해한 혁신의 진화 체계를 갖추고 있는 6시그마 방식의 효용성은 극대화된다.

6시그마 방식은 성과의 탁월성과 지속성뿐 아니라, 이를 유지하고 진화하는 혁신 체계의 면에서도 다른 방식에 비해 탁월하다. 그리고 혁신의 진화를 위한 핵심 역량으로 프로젝트 추진 로드맵과 벨트 체계를 갖추고 있다. 이를 통해 혁신은 성과의 실현 이후에도 선순환 과정을 거치게 되며, 새로운 혁신 방향으로 쉼 없이 나아가게 된다. 6시그마 방식은 이러한 혁신 체계와 방법론 및 그 성과와 효용성에 관해 이미 20세기 말을 거치면서 충분히 검증되었다.

6시그마 방식이 비록 진화의 체계를 갖추긴 했지만 아직도 더 집중해서 나아가야 할 과제가 많다. 특히 앞으로 문제 해결 대상으로 확장해야 할 산업과 신기술은 무궁무진하다. 이런 점에서 4차 산업 혁명 시대에서는 핵심 문제만을 해결하는 족집게 방식의 혁신 방식보다는, 핵심을 담는 그릇으로서의 혁신 방식이 더욱더 유용하다. 이제는 정형화된 문제가 아니라 예기치 않은 문제가 수시로 발생하고, 이의 해결을 기다릴 시간적인 여유도 많지 않은 시대가 되었기 때문이다.

더 이상 혁신을 문제 해결 그 자체만으로 보는 편협함에서 벗어나야 한다. 혁신의 모습을 이제는 진화하는 체계로 받아들이자. 혁신도 살아 있는 생물처럼 유기적으로 변화에 대응하는 체계를 갖추어야 한다. 그리고 이에 머물지 않고 혁신을 조직 문화로 연결하여야 한다. 그러자면 혁신을 경영의 주요 방식으로 받아들이는 데 더욱더 적극적이어야만 한다. 그리고 대상의 외연 확장에도 집중해야 한다. 강조하건대, 진화하지 않는 혁신은 퇴화임을 잊지 말아야 한다.

변화에 대처할 수 있도록 새로운 로드맵을 개척하라

21세기를 변화의 시대라고 굳이 정의하지 않더라도, 변화는 인류 문명과 사회적인 모든 면에서 일상이 되었다. 관성의 법칙처럼 기존의 타성에 익숙해야만 버틸 수 있는 시대는 지났다. 기업에서의 생존기 중 '모나면 정 맞는다'라는, 선배에서 후배로 전해지는 조언도 이제는 썰렁한 농담에 불과하게 되었을 정도다. 그만큼 변화에 대한 적응이 중요해졌고, 그 전제는 끊임없는 변화에 대한 인정과 수용임이 명확해졌다.

사회의 변화와 역동성은 4차 산업혁명기를 맞아 더욱 속도가 가팔라졌다. 게다가 변화의 크기 역시 상상을 초월할 수준으로 크다. 이는 산업 생태계의 변화를 자극하고 촉진하는 실마리로 작용하고 있다. 변화의 단면만을 보지 말고, 변화의 기제와 흐름을 이해해야만 변화에 빨리 적응하고 대응할 수 있다.

　지금까지의 산업 경쟁력의 원동력은 크게는 제품력과 품질이라는 두 영역으로 나누어진다. 제품력은 제품 고유의 성능이며, 품질은 개별 기술을 관리하는 체계의 효율성이라 할 수 있다. 이 중 품질 영역 경쟁력의 핵심은 문제 해결 방법론을 중심으로 품질 혁신이 주도하였다. 즉, 이슈화된 문제를 효과적으로 해결함으로써 변화를 끌어내는 것에 초점이 맞추어졌다.

　산업 경쟁력의 핵심인 품질 혁신은 당연히 제품력과 관련한 제한이 있을 수밖에 없다. 하지만 품질 혁신은 그 자체로 독자적인 영역을 구축하며 발전하였다. 즉, 제품력과 관련한 기술 영역과 품질의 두 바퀴는 공유는 하면서도 본질은 독자 행보로 구축되었다. 이에 반해 6시그마 방식의 혁신 방법론은 품질 혁신을 주된 방향으로 하였지만 제품 기반의 설계, 제조, 구매 및 물류, 마케팅, 판매 등 기업의 전체 SCM을 대상으로 하였다.

　6시그마 방식을 비롯한 어떤 혁신 방법론도 기존의 체계와 형식만으로는 목적한 바를 다 이루기가 어렵다. 그만큼 기술, 산업 및 경영 환경이 상상을 초월하는 크기와 속도로 변하고 있기 때문이다. 그렇다면 6시그마 방식에서는 어떻게 변화를 이룰 것인가?

　이 질문에 대한 답에는 여러 다양한 아이디어들이 존재한다. 하지만 변화의 첫 출발은 다양한 로드맵을 갖추는 것으로부터 출발해야 한다. 모든 6시그마 성과는 추진한 프로젝트의 성과로 평가되고, 프로젝트 성과의 핵심은 프로젝트 추진 로드맵이기 때문이다.

6시그마 프로젝트 추진 로드맵은 기본 체계인 M-A-I-C 로드맵을 바탕으로 DMAIC, DMADV로 초기 기본 틀을 이루었다. 이후에도 여러 시도가 있었으며, 특히 신제품 개발론과 연계하여 IDOV와 같이 DFSS(Design For Six Sigma) 부문에서 다양한 노력이 전개되고 있다. 하지만 아쉽게도 6시그마 방식의 진화는 아직 이 수준에 머물러 있다.

변화 요구에 대한 대응이라는 면에서는, 같은 맥락으로 GE에서 새로운 상품화 방법론까지 확대하였다. 이는 CECOR 로드맵을 갖추고 있으며, IB(Imagination Breakthrough, 상상력 혁신) 추진의 핵심 로드맵이다. CECOR 방법론은 Calibrate → Explore → Create → Organize → Realize의 phase로 전개되며, 창의적인 아이디어를 바탕으로 마케팅 주도의 체계를 갖고 있다.

이와 같이 신제품 개발, 제품력 혁신, 품질 혁신을 넘어 새로운 상품화 전략까지 다양한 방식의 로드맵이 요구되고 있다. 따라서 품질 혁신을 중심으로 출발했던 6시그마 방식에서도 품질에 국한하지 않고 신제품 개발 및 물류, 마케팅 등의 산업에도 새로운 로드맵의 확장과 런칭이 요구된다. 특히 제품, 상품 관련한 부문에서도 S/W 사업군에 대한 세부적인 로드맵의 개발이 절실하다.

나아가 근원적으로는 S/W 개발 및 검증, 그리고 S/W 품질 혁신 영역에 대하여도 노력이 집중되어야 한다. 아쉽게도 S/W 관련 개발 및 품질은 아직도 설계자의 의도에만 지나치게 의존하고 있다. 이제는 S/W의 치명성에 따른 안전과 위험에 대한 대응 차원에서도

S/W 품질에 관한 관심과 노력이 필요하다.

6시그마 방식의 프로젝트 추진 로드맵의 개척은 새로운 영역뿐 아니라 기존 영역에 대해서도 마찬가지 요구가 있다. 필자는 이를 위해 선행적으로 6시그마 혁신 방법론의 도입을 위한 I-T-P-I 로드맵을 제안했다. 이와 함께 프로젝트 챔피언만이 아닌 총괄(운영) 챔피언의 중요성을 강조했다. 물론 총괄 챔피언의 실제 업무를 보좌하는 6시그마 사무국 역시 당연히 중요하다.

새로운 로드맵의 개발과 적용은 반드시 총괄 챔피언이 선두에서 지휘해야 한다. 그리고 사무국을 중심으로 산학 협력 등 조직적이고 체계적인 활동이 병행되어야 한다. 이는 새로운 로드맵의 개발에 관한 부담을 산업 현장에서만 져서는 안 되기 때문이다.

그리고 이 모든 전략은 I-T-P-I 로드맵의 정신과 체계를 따라 추진하는 것이 효과적이다. 왜냐하면 신 로드맵의 개발과 적용(런칭)은 6시그마 방식의 런칭(Insight)과 운영(Trigger-Project) 및 제도화(Institutionalize)라는, 일관되고 종합적인 관점에서 완성되어야 하기 때문이다. 특히 새로운 로드맵의 개발과 런칭은 기존 로드맵으로부터 특별한 도움을 받지 못하므로, 이 I-T-P-I 로드맵의 효용성은 더욱 크다고 할 수 있다.

6시그마 방식의 운영자는 4차 산업혁명이 한창 진행되고 있는 현 상황을 기회인 동시에 위험으로 받아들여야 한다. 가장 안정적인 구조이면서도 더 이상의 확산에 한계를 보였던 경험을 잊어서는 안 된다. 기존 로드맵을 확장하고 새로운 로드맵을 개척하여 새로운 기술과 산업 변화에 대응해야 한다.

그러기 위해서는 현재의 단편적인 6시그마 방식의 수용을 넘어,

종합적이고 전략적인 6시그마 혁신 방법론 체계를 구축하는 것이 바람직하다. 이를 위해서는 I-T-P-I 로드맵의 바탕 아래 기존 프로젝트 추진 방법론을 보강, 보완하는 것에도 노력이 집중되어야 한다. 기존의 DMAIC와 DMADV, IDOV 로드맵만으로는 신기술의 시대라 일컬어지는 현대 산업 변화를 감당하기 쉽지 않기 때문이다.

이와 함께 산학 협력을 통하여 학계와의 적극적인 연대도 구축해야 한다. 특히 신제품 개발이나 상품화, S/W와 같은 새로운 로드맵의 개발은 학계의 충분한 연구에서 지원을 받는 것이 효율적이다. 모든 것을 산업계나 기업 스스로 완성하기는 어렵기 때문이다. 특히 대학과 같은 연구기관은 논리적이고 체계적인 이론 구성 및 다른 부문과의 영향력을 검증하는 데 특화된 능력이 있음을 기억하자.

끊임없는 사원 육성만이 혁신을 유지하게 한다

문명의 생존과 성장의 역사는 변화에 대한 적응과 이를 극복하는 과정의 연속이다. 아놀드 토인비가 그의 저서인 『도전과 응전』에서 설파한 것과 같이, 인류 문명의 흥망성쇠는 변화에 대한 적극적인 관심과 대응 정도에 의해 결정된다. 이는 문명과 사회도 생명체처럼 진화하며 발전한다는 점을 강조한 것이다.

이는 산업사회와 기업의 역사와도 맞닿아 있다. 문명과 사회의 진보에 따라 산업의 성숙이 견인되고 이러한 산업의 진화는 기업의 탄생과 구성, 그리고 그 활동에 직결되기 때문이다. 즉, 기업의 생존과 성장은 현실에 안주하지 않고 얼마나 혁신적인 목표를 향해 도전하였는가와 정비례 관계를 가진다. 그래서 기업의 생존과 진화를 어떻게 볼 것인가는 매우 중요하다.

4차 산업혁명 시대의 우리는 어떻게 혁신을 수용하고 얼마나 적극적으로 수행할 것인지 결단해야 한다. 여기에 더해 조직, 특히 기업에서의 혁신 문화 형성은 중요하다. 그리고 혁신 문화는 구축뿐만 아니라 이의 승계와 유지가 기업 성공과 긴 수명(長壽)의 핵심적인 관건이 된다. 그런 점에서 혁신 의지의 꾸준한 유지와 이를 바탕으로 한 끊임없는 추진은 아무리 강조해도 지나치지 않다.

어느 경영자라도 혁신의 중요성과 이의 꾸준한 추진에 대해 부정적인 반응을 보이진 않는다. 하지만 실제 경영전략이나 방침에서 이것이 세부적으로 전개된 사례는 많지 않다. 오히려 혁신의 추진을 한 번씩 치르고 넘어가야 하는 허들(숙제)처럼 여기는 경향이 강한 것도 사실이다. 경영전략의 타이틀에서 혁신이라는 주제가 빠지면 조금은 아쉽다는 정도의 위기감만으로는 부족하다. 이제는 기업 성공과 성장의 동력에서 혁신을 빼고 논할 수는 없을 정도로, 혁신의 추진과 꾸준한 운영이 중요해졌기 때문이다.

그렇다면 혁신의 꾸준한 추진을 위한 체계는 어떻게 구축하며, 누가 핵심 자원인가? 여러 혁신 방법론 중에서, 이처럼 지속적인 혁신 체계를 구축하는 가장 효과적인 혁신 방법론이 6시그마 방식임은 이미 여러 번 강조하였다. 그리고 경영 혁신의 추진에서 끊임없는 혁신의 핵심 자원은 임직원, 즉 사원이다. 여기에서의 사원이란 회사 구성원 전체를 의미하며, 흔히 핵심 인재로 일컬어지는 역량과 지식 및 경력이 뛰어난 엘리트 사원만을 의미하지는 않는다.

혁신은 쉼 없이 추진되어야 하며 이를 효과적, 효율적으로 전개하기 위해서는 6시그마 방식이 가장 낫다. 그리고 그 추진의 중심에는 사원이 있어야 한다. 기업의 생존과 성장 그리고 혁신의 추진에서 가장 바탕이 될 뿐만 아니라, 가장 핵심에 있는 자원 역시 사원임은 명확하다. 다음으로는 사원이 중심이 되는 혁신 추진의 체계를 어떻게 유지할지에 관한 과제가 남는다. 즉, 사원 육성에 대한 전략과 방침의 문제다.

그런 면에서 최고 경영자나 경영진은 당연히 사원의 육성에 대해 깊은 관심을 가져야만 한다. 하지만 이와 같은 기대와는 달리, 산업의 다양화와 신기술의 고도화에 따라 어떻게 사원을 육성할 것인지에 대해서는 매우 소극적으로 대처해온 것이 사실이다. 즉, 사원의 육성보다는 탁월한 인재의 채용에 초점을 맞추는 것이 일반적인 추세가 되었다. 이에 따라 채용 이후의 사원 육성의 중요성은 간과되었고, 알아서 잘되도록 기대하고 방임하는 것에 그쳤다.

이에 대한 해결로 6시그마 방식은 사원 육성 방식에서도 탁월한 해법을 제시하였다. 바로 6시그마 벨트 체계다. 혁신에 관여했거나 직접 몸담았던 적이 있다면 6시그마 벨트 체계에 대해 어느 정도 익숙할 것이다. 하지만 아직도 벨트 체계에 대한 올바른 이해가 부족하거나 잘못 이해한 경우가 매우 많다. 앞에서도 설명하였지만, 특히 GB(Green Belt)에 대한 오해는 매우 심각하다. 이는 너무나 심각하여, 당장 바로잡지 않고서는 올바른 6시그마 혁신을 추진하기 어려울 수밖에 없다.

국내 대부분의 GB 육성 교육 또는 훈련 과정은 16시간 이내의 형식적인 경우가 많다. 심지어는 하루 일정의 교육, 즉 8시간 이내의 교육 과정도 허다하다. 이것은 무엇을 의미하는가? 진정으로 6시그마 프로젝트의 참여자로서 GB를 인정했다면 GB의 육성을 이렇게 소홀히 다루지는 않았을 것이다. 이는 우물 앞에서 숭늉 찾는 것과 전혀 다르지 않다. 6시그마 프로젝트가 그간의 혁신 과정에서 해결되지 못한 만성적인 문제를 대상으로 한다면서도, 프로젝트 참여자의 육성에 소홀해도 된다고 생각하는 것은 큰 착각이다.

다른 벨트의 육성도 중요하지만 GB의 육성에 대해 이렇게 강조한 것은 혁신의 지속 추진과 관련이 있기 때문이다. 기존의 혁신 방식에서는 뛰어난 능력이 있는 일부가 혁신의 리더가 되고, 리더가 중심이 되어 일사불란하게 문제를 해결한 후 빠져나오는 형식을 취하였다. 이는 당면 과제의 해결에는 효과적일지 모른다. 하지만 혁신 성과의 유지와 끊임없는 혁신의 추진에는 크게 도움이 되지 않는다. 이런 형식의 추진은 혁신이 한 번의 성과로 마무리되어, 지속성을 유지하기 쉽지 않다는 단점을 안고 있기 때문이다.

혁신의 추진 과정에서 끊임없는 사원 육성만이 혁신을 유지하게 한다. 그리고 이를 통해 혁신 문화를 창출하고, 지속적인 성장과 성공을 기대할 수 있게 한다. 이런 요구에 가장 적합한 체계가 6시그마 벨트 체계다. 이에 대한 기존의 적용상 문제점도 있었다. 이제는 GB 육성의 홀대와 BB에 대한 지나친 집착은 바로잡자.

6시그마 프로젝트 참여자인 WB(White Belt)와 GB(Green Belt)의 중요성을 인식하고, BB(Black Belt)에만 편중된 벨트 체계를 개선해야 한다. 이러한 역할이 6시그마 방식의 운영 중심인 총괄(운영) 챔피언과 사무국의 핵심 임무여야 한다.

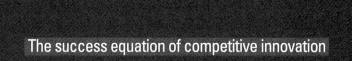
The success equation of competitive innovation

10.
혁신 DNA를 조직에 뿌리내려라

- 경영 혁신이 도입, 중단 그리고 재개를 반복하는 이유
- 혁신의 본바탕은 3P(Product, Process, People)
- 혁신 DNA란 무엇인가?
- 우리 회사의 혁신 DNA를 어떻게 설정할 것인가?
- 자기만의 성공 경험을 혁신 DNA로 착각하지 말라
- DNA는 생물에만 자란다
- 혁신 경영은 제도화되어야 한다
- 공정한 평가 없는 성공은 지속되지 않는다
- 혁신 DNA 완성은 실행 평가 보상 로드맵으로 구축하라

*

어떤 탁월한 혁신 성과도 이를 체질로 바꾸지 못하면 그 수명이 길지 못하다. 이는 성과 그 자체도 중요하지만, 성과에 이르게 되는 과정인 프로세스 역시 중요함을 뜻한다. 이때 혁신의 성과를 일회성에 그치지 않고 지속 유지하는 핵심 메커니즘은 성과에 이르는 프로세스를 확인하고 계승하는 것이다. 그리고 이를 가능하게 하는 것이 바로 혁신 DNA다.

경영 혁신의 첫 번째 목적은 목표한 성과에 도달하는 것이다. 이에 더해 경영 혁신을 통해 얻을 수 있는 중요한 산출물은 혁신 성공의 핵심인 혁신 DNA를 찾고 이를 프로세스로 구성하는 것이다. 이를 통해 최종적인 혁신의 완성이 이루어진다. 따라서 경영 혁신의 수행 그 자체에 만족하지 않고, 이 DNA를 조직에 효과적으로 뿌리내리게 하여 혁신 문화를 이룸으로써 혁신은 최종적으로 완성된다고 할 수 있다.

혁신 DNA는 조직의 철학과 역사 속에서 살아 숨 쉬고 있다. 이미 선진 기업들은 혁신 DNA를 찾아 이를 활성화하고 적극적으로 계승하는 데 노력을 기울이고 있다. 하지만 많은 기업은 아직도 DNA를 확인하는 작업에 관심을 두지 않아 방치되고 있는 것이 현실이다. 기업의 중장기 미래를 기획한다면 가장 급선무는, 바로 이 DNA를 확인하여 발현(發現)시키는 것에 관심과 노력을 기울이는 것이다. 이는 조직의 최고 리더로서 경영진에게 주어진 의무이자 숙명이다.

혁신은 시속적으로 추신하여야 하고, 선순환(善循環) 형태로 자연스럽게 진화하도록 해야 한다. 그러나 이러한 혁신 효과도 핵심 역량인 혁신 DNA가 없거나 이를 알지 못하면 불가능하다. 그래서 기업의 밝은 미래를 보장받기 위해서는 혁신 DNA의 발견과 계승에 집중해야 한다. 이를 위해 6시그마 방식은 문제 해결 그 이상의 혁신 문화 구축에 천착(穿鑿)한다.

6시그마 방식으로 혁신을 수행할 경우의 대표적인 강점은 혁신 DNA라는 유산(遺産)을 계승시키는 로드맵을 갖추고 있다는 점이다. 성과를 창출하는 것이 프로젝트 추진의 목적이라면, 성과를 유지하고 성과에 이르는 프로세스를 체질화하는 것이 혁신 DNA의 역할이다. 따라서 이 DNA의 유무와 강약에 따라 똑같이 혁신을 추진하더라도 그 결과에는 상당한 차이가 생기게 된다. 그런 점에서 6시그마 방식을 여느 혁신 방법론과 유사한 문제 해결 방법론일 것으로 생각하는 것은 오산이다.

이제 그 혁신 DNA에 대하여 구체적으로 살펴보기로 하자. 이미 경영 혁신에 관한 많은 책에서 혁신 DNA라는 용어는 익숙해질 정도로 많이 사용되고 있다. 하지만 이에 대한 구체적인 정의와 적용 방법 및 계승을 위한 로드맵에 대해서는 제시된 바가 없다. ICT 기술을 중심으로 한 신기술의 창출과 성큼 다가선 4차 산업혁명 시대의 한중간에서, 이제는 조직의 미래가 달린 핵심 역량으로서의 혁신 DNA에 대하여 깊게 성찰할 때다.

경영 혁신이 도입, 중단 그리고 재개를 반복하는 이유

경영 혁신을 추진했다는 조직은 많다. 하지만 그 과정이나 결과가 어떠했는지에 관한 내용은 거의 알 수가 없다. 아마 그 이유는 과정과 결과를 충분하게 공개하지 않았기 때문일 것이다. 예컨대 혁신을 추진하기로 선언하고 도입했다 하더라도, 추진하는 과정에서 포기하거나 자연 소멸한 사례도 많다. 이는 경영 혁신의 추진 중단으로서, 혁신 피로(innovation fatigue)나 혁신 기피(avoiding innovation)와 같은 심각한 후유증을 낳을 수 있어 매우 조심스럽게 다루어야 한다.

혁신 피로란 새로운 변화나 도전에 대해 흥미나 열정을 잃고 지친 상태를 의미한다. 그 이유는 다양하지만, 보통은 혁신에 의한 변화의 속도가 기존 질서에 비해 지나치게 빠르거나 혁신에 의한 변화의 크기나 양이 너무 많은 경우 생길 수 있다. 혁신 피로는 혁신의 추진 과정에서 나타나는 일종의 증상(symptom)이며, 지속적인 혁신 추진에서는 일종의 불가피한 후유증이다.

혁신 피로는 흔히 발생하는 증상이자 현상이지만, 그 후유증은 창의력과 생산성에 큰 악영향을 줄 수 있어 매우 심각하다. 하지만 많은 기업이 혁신 피로에 대한 심각성을 고려하지 않고 지나치게 가볍게 다루거나, 심지어는 아예 방치하는 경우마저 있어 우려스럽다. 이러한 피로는 피로 증상에만 그치지 않고, 혁신 기피까지 이를 수 있어 더욱 유의해야 한다. 이런 이유에서 혁신 피로는 이에 대한 대응도 중요하지만, 미리 예방하거나 피로를 최소화하는 방책을 수립하여 진행하는 것이 좋다.

이에 반해 혁신 기피는 새로운 변화나 도전에 대해 직접 맞서지 않고 피하는 태도로서, 기존 방식에 의존하려는 경향이 강하다. 이 혁신 기피 태도는 여러 형태로 경제 성장이나 사회 발전을 방해한다. 혁신 기피의 원인은 다양하다. 그중 혁신 피로 증상이 혁신 기피의 원인일 경우에는 예측이 가능하므로 이의 예방을 위해 대비하여야 한다. 다른 유형의 원인도 혁신 추진과 기업 성장에 심각한 악영향을 미칠 수 있으므로, 철저하게 조사하고 분석하여 대응책을 실행하여야 한다.

이러한 혁신 피로와 기피에 이르면, 혁신은 당장 지속하기가 어려운 상태에 빠진다. 그런데도 무리하게 추진하다 보면 더욱 큰 수렁에 빠질 수도 있으므로, 이 상황에서는 사태 해결을 위해 잠시라도 돌이켜 보는 시간을 갖는 것이 효과적이다. 이런 현상을 외부 또는 비판적인 내부 시각에서 볼 때, 흔히 혁신의 포기 또는 중단으로 인식되어 오해를 부를 수 있다. 혁신 추진의 포기나 중단은 중요한 전략의 실패처럼 여겨지므로, 매우 신중하게 판단하고 수습하여야 한다.

이런 현상은 현대 기업 경영에서 어렵지 않게 발견할 수 있다. 요란하게 출발한 혁신의 선언과 실행이 어느 순간 흔적도 없이 사라

저버리거나, 또 다른 혁신 추진의 선언으로 뒤덮이기도 한다. 이러한 혁신의 중단 또는 포기는, 때로는 재개라는 형식으로 다시 전면에 등장하기도 한다. 왜냐하면 경영자로서는 경영 혁신의 부분적인 후퇴나 실패를 경영전략의 실패로 받아들이는 것을 꺼리기 때문이다.

혁신의 도입과 추진, 그리고 중단과 재개는 어찌 보면 자연스러운 흐름처럼 보이기도 한다. 하지만 이를 경시해서는 안 된다. 경영 혁신은 그 자체로 외부 관계자와 내부 구성원에게는 핵심 경영 현안이어서 항상 이목을 집중시키기 때문이다. 물론 혁신의 실패 사례를 통해 지식 축적의 과정으로 삼을 수는 있다. 하지만 그 실패 경험 자체는 습관처럼 될 수 있으므로 경계해야 한다.

혁신의 중단과 포기 우려가 있을 때는 반드시 원인을 찾아 이를 해결해야 한다. 그러나 이러한 절차를 통해 혁신 추진을 정상화하는 경우는 희소(稀少)하다. 왜냐하면 혁신 추진의 위기 상황을 돌파하기 위해서는 전문적인 대응이 필요한데, 기업은 혁신을 전담하는 운영체(부서 형태의 조직)를 상시(常時) 조직으로 운영하는 것을 선호하지 않기 때문이다. 게다가 혁신이라는 업무에 대한 정의나 역할에 대한 구분도 선명하지도 않아, 이를 더욱 어렵게 한다.

자칭, 타칭 혁신 전문가가 많다. 하지만 기업 내부에 혁신 전문가를 두는 경우는 드물다. 이러한 환경은 혁신을 일과성의 이벤트로 보지 않고, 궁극적으로는 혁신 문화를 이루어야 한다는 목표를 어렵게 한다. 전문 영역이 아닌 일상적인 직무 형태와 일시적인 협업 체계로 엮어진 혁신 전담 조직이 소명 의식을 갖기란 쉽지 않기 때문이다.

혁신의 도입과 추진은 외부의 도움을 받아서라도 궤도에 올릴 수 있다. 하지만 혁신의 지속적인 추진과 그 과정에서의 혁신 피로, 혁신 기피 등의 현상을 예방하고 극복하는 활동까지 기대하기는 어렵다. 이를 위해서는 혁신 전문가의 위상을 정의하고, 조직을 구축하여 전담화(專擔化)하는 노력이 필요하다. 현재도 혁신 사무국은 존재한다. 그러나 대부분 일시적인 비전문 조직이거나, 일반 사무(행정) 기능에 맞게 실계된 경우가 대부분이어서 미흡하다.

6시그마 방식의 첫 도입에서는 '6시그마 사무국'이라는 형태로 6시그마 혁신 전담 조직을 운영하였다. 이는 불가피한 상황으로 보인다. 6시그마 방식 자체가 완전히 새로운 형태여서, 벨트의 훈련과 육성 및 프로젝트 관리 등을 위해 혁신 운영 전담 조직이 필수적으로 요구되기 때문이었다. 하지만 벨트 자원이 BB를 중심으로 양성되면서 관리나 행정 업무와 같은 일반 사무 이외의 업무는 일반 부서로 이양되고, 사무국은 해체되는 경우가 많았다.

이런 현상은 6시그마 방식의 혁신 방법론을 제대로 이해하지 못한 것에 기인한다. 6시그마 방식은 문제 해결 방법론이지만, 궁극적 목표는 6시그마 문화로 혁신 문화를 구축하는 것이다. 이런 관점에서 사무국의 역할은 매우 중요하다. 특히 혁신의 도입과 운영을 주관하는 총괄 챔피언(운영 챔피언, Deployment Champion)에게는 혁신 스태프 기능을 하는 6시그마 사무국의 중요성이 더욱 크다.

이 두 핵심 조직을 소홀하게 다룬 초기의 6시그마 혁신 도입은 많은 시행착오를 겪었다. 이제는 이를 보완해서 필수 기능들이 올바르게 작동하도록 하여 혁신 문화를 구축해야 한다. 이를 위한 이해는 아직 매우 부족하다. 학계나 컨설팅 조직과 같은 전문가 조직조차도 이를 이해하지 못하고, 단순 벨트 육성과 프로젝트 추진에만 매달려 있는 모습은 아쉽다.

이유를 알았다면, 제대로 해소하는 것은 경영자의 역할이다. 이상과 목표는 높은 곳에 있으면서도, 실행 차원의 정책과 방침은 기존의 상태와 같다면 효과를 기대하기 어렵다. 이와 같은 상황에 대해 아인슈타인이 지적한 말은 지극히 타당하고, 당연히 아직도 유효하다. "어제와 똑같이 살면서 다른 미래를 기대하는 것은 정신병 초기 증세다(Insanity is doing the same thing over and over again and expecting different results)."

혁신의 본바탕은 3P
(Product, Process, People)

어떤 조직이든 혁신을 추진하고자 할 때 가장 큰 관심 대상은 what과 how다. 즉, 무엇을 바꿈으로써 문제를 해결하고 새로운 목표를 이룰 것인지가 경영 혁신의 관건이다. 그런 점에서 혁신의 본바탕을 무엇으로 할 것인지는 매우 중요하다. 이에 따라 방향과 크기, 그리고 추진 속도가 정해지기 때문이다. 혁신 방법론을 선택하고, 상세 추진 전략을 수립하며, 추진 조직을 구성하는 활동도 혁신의 바탕이 명확하게 갖추어진 후에야만 비로소 가능하다. 혁신의 기초를 명확하게 마련하지 않고서는 앞으로 나아가기 어렵다.

혁신을 추진하기 위한 첫걸음은 혁신의 기초가 되는 '3P'에 대해 명확하게 이해하고 구체적으로 정의하는 것부터 시작해야 한다. 3P란 Product, Process, People의 3요소를 통칭하는 것이며, 혁신의 3대 핵심 구성 요소다. 그러나 최근의 혁신 추진 과정에서는 혁신의 바탕이자 핵심 구성 내용인 이 3P에 대한 구체적인 정의와 설정을 소홀히 하는 경우가 많아 아쉽다.

어떤 일이든 첫 출발부터 그 바탕을 철저하게 다져놓아야 한다. 그렇지 않으면 전체를 올바로 세우기가 쉽지 않다. 그래서 기초를 튼튼히 하라는 의미에서 '두 번 재고, 한 번에 자르라'라는 좋은 목수의 조건은 시사하는 바가 크다. 특히 경영 혁신의 추진은 그 본바탕인 3P에 대해 명확하게 정의한 후 본격적으로 시작해야 한다. 만약 이것이 부실하게 진행되면 혁신 활동의 전반적인 추진이 방향감을 상실하거나, 속도감 있는 추진이 불가능해질 수 있으므로 주의해야 한다. 급하다고 이 과정을 피해서는 안 되며, 새롭고 참신한 것을 추구한다고 기본을 무시해서도 안 된다.

또한 3P는 경영 혁신 활동의 핵심 기준이 되므로 당연히 최고 경영자의 의지가 반영되어야 한다. top의 의지가 부족하면 경영 혁신의 추진은 전사적인 지원을 얻기 힘들고 지속성을 유지하기 어렵다. 당연한 결과로 3P에 대한 정의와 전개 역시 형식적으로 전개될 수밖에 없다. 특히 6시그마 방식과 같이 top management의 의지가 중요한 혁신 방법론에서는 top의 결단과 의지가 반영된 3P의 효과적인 전개가 필수적이다.

이 3P는 어떤 혁신 방법론에서든 매우 의미 있게 활용할 수 있다. 경영 혁신 추진 방침을 압축적으로 표현할 수 있고, top의 의지를 대내외적으로 선언하고 확인할 수 있다는 점은 큰 강점이다. 즉, 경영 혁신이 갖는 모호함을 보완하는 효과가 크다. 또한 이를 구체화함으로써 목표 달성을 위해 무엇을, 어떻게, 그리고 누가 추진할 것인지를 명확하게 밝힐 수 있다. 따라서 이것을 전체 구성원과 함께 공유할 수 있다는 큰 강점도 갖고 있다.

물론 이 3P에 대한 전개만으로 혁신의 효과적 추진을 보증할 수는 없다. 다만 이에 대한 정의와 설계가 충분하다면, 목표를 향한 노력이 더욱더 효율적으로 전개될 수 있음은 분명하다. 3P 운영 전반에 대한 설명은 전문적인 학습과 훈련에 맡기도록 하고, 본서에서는 3P의 핵심 구성에 대해서만 간략하게 살펴본다.

첫째, Product는 무엇을 혁신 추진의 대상으로 할 것인지의 문제를 의미한다. 이 what to do는 혁신 추진의 trigger에 해당한다는 점에서 시작점의 속성을 갖지만, 또한 과정을 거친 이후에는 성과의 관점에서 평가의 대상이 되는 결과를 의미하기도 한다. 그래서 이에 대한 정의는 구체적으로 제시돼야만 하고, 현재의 산업 환경과 기술 동향 등을 충실하게 반영해야 한다. 그런 점에서 21세기 들어 4차 산업혁명을 이끄는 ICT 신기술을 Product에 충실하게 반영하는 노력이 필요하다.

4차 산업혁명 시대는 ICT 신기술이 핵심을 이룬다. 그리고 ICT 신기술은 H/W보다는 S/W 역량이 두드러진다. 그래서 Product를 S/W 중심으로만 구성하려는 경향도 있다. 그러나 이 ICT 신기술은 그 자체로 Product인 경우도 있지만, 많은 부분 기존 H/W와의 결합으로 새로운 Product가 구성되는 경우가 더 많다. 그런 점에서 20세기를 통해 구축된 H/W 중심의 핵심 역량을 대체 또는 소멸시켜서는 안 된다. 오히려 21세기에서도 H/W는 핵심적인 혁신 대상의 하나다.

기존 H/W와 4차 산업혁명 신기술이 융합된 결과로는 자율주행차와 지능형 로봇, 인공지능 진단 시스템을 갖춘 첨단 의료기기 등을 들 수 있다. 그리고 S/W 자체로 Product를 구성하는 사례로는 인공지능, 빅데이터, 사물 인터넷 등이 있다. 4차 산업혁명 시대 이후에는 이 중 어떤 것이라도 S/W를 바탕으로 하지 않는 Product는 상상하기 어렵다.

이는 미래에 대한 희망 섞인 기대가 아니라, 이제는 당면한 현실이 되었다. 그래서 3P의 첫 출발인 Product를 선정함에 있어서도, 현재 보유하고 운영 중인 Product(제품)에만 국한하여서는 안 된다. 앞으로는 어떠한 Product도 S/W가 결합하지 않는 형태로 존재할 수는 없기 때문이다. 따라서 모든 Product의 설정은 S/W를 포함하여 구성되어야 한다. 이는 맹목적이어서도 안 되지만, 현실적으로는 이미 당위의 수준에 다가왔다.

둘째, '3P'에서 Process란 목표인 Product의 구성과 운영에 어떤 방법으로 접근할 것인지의 절차를 말한다. 흔히 Process를 목표에 이르는 과정으로만 생각하는 경향이 있다. 이 때문에 Process가 성과를 내기 위한 부차적인 절차와 과정으로 평가절하될 때도 있다. 하지만 혁신을 추진하면서 Process를 소홀히 하는 것은 용납할 수 없다. 어떤 면에서든 성과는 그 자체만으로는 존재하지 않으며, 과정이 성과를 좌우하기 때문이다.

Process는 성과를 어떻게 생성하는가에 관한 how to do 관점의 3P 핵심 요소다. 그래서 Process는 강건한(剛健, robust) 로드맵을 요구한다. 현재까지의 문제 해결 방법론 중, Process 관점에서 가장 강건한 방식은 6시그마 방식이다. 왜냐하면 6시그마 방식은 강건한 로드맵을 바탕으로 모든 추진 과정을 구성하기 때문이다. 특히 6시그마 프로젝트 추진 로드맵은 이미 그 효용성이 검증되었고, 세계적으로도 인정을 받았다.

6시그마 방식으로 혁신을 추진할 때 Process는 성과의 지속성과 효율성에 직접 맞닿아 있다. 그리고 이뿐만 아니라 강건한 Process를 통해 효과적인 사원 육성과 혁신 문화가 창출된다는 점에서도 의미가 깊다. 즉, 일회적인 혁신 성과 창출에만 몰두하는 것은 혁신 추진 하수(下手)의 모습이다. 이보다는 혁신의 동력원이자 중추가 되는 사원의 육성을 통해 끊임없는 혁신을 추진하고, 나아가 혁신 문화를 창출하는 것이 더욱 본질적인 혁신 추진의 목적이자 모습이다. 이로써 조직은 생존과 성장의 지속성을 보장받게 된다.

셋째 요소인 People은 who to do의 관점에서 본 혁신의 본질이다. 아무리 좋은 Product와 Process라 하더라도, 이를 운영할 People이 온전하게 구성되지 않으면 성과 달성은 장담할 수 없다. 이를 품질의 관점에서 보면 더욱 명확하다. 즉, 6시그마 수준의 프로세스라 하더라도 오류가 발생하는 것이다. 이는 사람(People)이 Process를 운영하기 때문에, 사람의 실수를 통해 좋은 Process에서도 오류가 생기기 때문이다.

Product나 Process는 혁신 대상을 생성, 소멸, 증감하는 변화에 직접 개입한다. 이와는 달리 People은 이러한 과정과 결과를 창출하는 행위자의 역할을 담당한다. 따라서 결과를 창출해나가는 과정 요소라기보다는, 혁신 활동의 기본적인 구성(infra) 요소다. People의 역할은 어찌 보면 매우 단순해 보인다. 좋은 리더와 참여자를 갖추면 성공적인 성과가 보장되는 듯하다. 하지만 궁극적인 목표 달성과 지속적인 운영을 위한 People의 역할은 매우 복합적이다. 그렇기에 People의 제대로 된 역할을 기대한다면 생각보다 훨씬 더 정교한 준비와 설계가 필요하다.

경영 혁신의 추진 요소 중 혁신 추진의 '주체'인 People은 사원 육성의 핵심이다. 하지만 사원 육성의 핵심 조건이라 하여 People의 역할을 교육이나 훈련으로만 한정해서는 안 된다. 오히려 중장기적인 관점에서 혁신 문화의 원동력으로 People을 바라봐야 한다. 혁신의 궁극적인 지향점은 혁신 문화를 통해 끊임없는 혁신이 자생하는 생태계를 구축하는 것이기 때문이다.

경영 혁신에서 3P의 역할은 매우 중요하다. 반면, 이른바 '3P 혁신'을 추진하는 특정 방법론 이외에는 이에 관해 관심이 높지 않다. 혁신적인 성과의 창출에 그치지 않고 궁극적으로는 혁신 문화를 구축하여야 하는 조직 운영에서 3P의 중요성은 더욱 강조되어야 한다. Product의 창출과 Process의 운영을 People을 통해 효율적으로 달성할 수 있다. 그래서 혁신의 본바탕은 바로 3P로부터 출발해야 한다.

혁신 DNA란 무엇인가?

전문 용어로서의 'DNA'는 원래 유전학이나 생물학 용어에서 출발하였다. 하지만 자연과학에 그치지 않고, 이제는 사회과학 차원에서의 접근도 활발해진 상황이다. 실제로 많은 사회 분야에서 DNA라는 용어를 적극적으로 사용하고 있다. 특히 진화(進化)나 계승(繼承)과 관련한 논점에서는 '○○ DNA'와 같은 형태로 직접적으로 활용하는 경향이다.

어쩌면 남용에 가깝다고 할 만큼 DNA라는 용어를 자주 사용하다 보니 거리감이나 저항감은 없어졌다. 반면 DNA가 진화와 유전의 핵심인 '유전자'를 이루는 중심 물질이라는 의미는 퇴색되었다. 사회적 의미에서는 그냥 무언가 중요한 것을 강조하는 수식어로 자주 등장한다. 경영 혁신 추진에서도 단순히 혁신 운영의 중요한 항목을 '혁신 DNA'라는 비유로 사용하고 있어, 이러한 남발은 아쉽다.

이미 21세기는 대격변의 시대(Era of Upheaval)를 맞고 있다. 이 상황에서 혁신을 통한 경쟁력 확보 없이는 생존도, 성장도, 나아가 수익도 결코 보장받을 수 없다. 산업과 개별 기업은 끊임없는 경쟁 상황으로 내몰리고 있고, 혁신을 강요받고 있다. 따라서 혁신의 추진은 선택(want)이 아니라 필수(must) 조건이 되었다. 이 상황 인식을 바탕으로 혁신 DNA를 규명해보자.

'혁신 DNA'라는 용어는 경영 혁신 추진의 지속성을 강화하기 위해서 사용하는 것이 바람직하다. 구체적으로는 혁신 운영의 '핵심적인 실체이거나 체계'로 한정하여 사용하여, 단순히 중요한 부문이나 항목과는 구분하여야 한다. 그리고 이는 미래로의 진화와 계승을 전제한 유전적(遺傳的) 속성을 갖추어야 한다.

그렇다면 혁신의 DNA는 구체적으로 무엇인가? 여기에는 다양한 견해가 있을 수 있다. 이에 대해서는 혁신 DNA를 혁신 성공의 실체로 인식하여 다음 세 가지 관점으로 파악하는 것이 효과적이다. 이 판단 기준에는 추진 방법론, 의사결정 방식, 지속 추진의 주체가 해당한다.

첫째, 경영 혁신을 성공으로 이끌기 위해서는 이를 추진하는 구체적인 방법론을 갖추어야 한다. 그때그때 임기응변으로 문제를 해결한다고 하여 온전하게 문제가 사라지거나 혁신을 하였다고는 할 수 없기 때문이다. 이 관점에서 혁신 DNA의 첫째 판단 기준은 '혁신 추진 로드맵(roadmap)'이다.

혁신 추진 방법론은 구체적으로 로드맵을 갖추어야 한다. 경영 현안에 대해 일방적으로 선언하거나 문제의 실체를 강조한다고 해서 문제를 효과적으로 해결할 수는 없다. 이러한 유형은 대표적으로 '창조 경영'이나 'ESG 경영'과 같이 화두를 제안하는 것을 들 수 있다. 이는 혁신 DNA의 조건으로는 부족하다. 문제를 정의하고 이를 해결할 수 있는 체계적이고 구체적인 process를 갖추어야 하기 때문이다.

둘째, 혁신의 성공에는 구성원의 합의도 중요하지만 더욱 중요한 것은 핵심 리더의 결심과 이를 실행하는 의사결정 방식이다. 그런 관점에서 혁신 DNA의 두 번째 판단 기준은 'top-down 의사결정 방식'의 구체적인 운영 방식이다. 많은 사회 현상과 활동에서 bottom-up 의사결정 방식이 조화(調和)로운 형식으로 인정받는다. 하지만 혁신 추진 관점에서는 부족한 면이 많다. 왜냐하면 혁신이란 평상시가 아니라 절체절명의 위기 상황에서 문제의 돌파와 혁신적 해결을 위해 추진하는 활동이기 때문이다.

Top management의 적극적인 선언과 개입 없이는 혁신의 성공은 보장받기 어렵다. 쉽게 좌절하거나 포기에 이르기 쉽다. 많은 실패 사례를 분석해보면, 혁신 결정 혹은 실행 과정에서 top의 개입이 없거나 부족한 경우다. 혁신 추진에서도 조직 운영의 harmony는 중요하다. 하지만 그보다 앞서 명확한 의사결정 방식이 갖추어져야만 혁신을 성공으로 이끌 수 있다. Top이 직접 이끌지 않는 혁신을 그 누가 적극적으로 따라나서겠는가?

셋째, 경영 혁신의 궁극적인 목표이자 방향은 성과의 유지에 그치지 않고 혁신을 지속적으로 추진하는 것이다. 그래서 세 번째 혁신 DNA 판단 기준은 끊임없는 혁신을 추진하는 주체이자 혁신 문화의 구성원인 '사원 육성'의 방법이다. 혁신의 동력원인 '사원'에 대한 무관심은 경영 혁신 추진의 목적과 정면으로 배치된다. 올바른 혁신 전개 방침은 사원을 절대 스스로 성장하도록 방임하지 않는다.

전형적인 경영 혁신 추진은 top management의 결단에 따라 혁신 추진의 방향을 정하고, 가장 적합한 roadmap으로 훈련된 사원이 목표를 향해 전력으로 달리도록 하는 것이다. 경영 혁신의 전개 방침에서 핵심 구심점은 top의 결단을 수행하는 '사원'이다. 이는 지속적인 조직의 생존과 성장에도 영향을 미친다. 아무리 기술이 중요해도, 이를 운영할 사원 없이 조직 운영은 유지되지 않는다.

많은 경영자가 혼란스러워하는 부분이 이 대목이기도 하다. 사원에 대한 경영자의 임무를 훌륭한 인재를 뽑는 것만으로 오해하는 것이다. 과연 그럴까? 조직 내 사원 육성의 체계를 종합적으로 판단해야 하는, 쉽지 않은 분석 과정이 필요하겠지만 일반적으로는 채용 그 자체로 경영자의 임무를 다했다고 만족해서는 안 된다. 육성의 책무까지 역할을 확장해야 한다. 특히 혁신 활동이 중요해지고 있는 현대 경영에서는 사원 육성의 DNA가 더욱더 강하게 요구되고 있다.

중국 역대 왕조의 역사서(史書) 중 공인된 24서의 하나인 송사(宋史)에는 용인(用人)에 대한 인재경영 철학이 담겨 있는 말이 있다. '의인불용 용인불의(疑人不用 用人不疑)', 의심되는 사람은 쓰지 말고 쓴 사람은 의심하지 말라는 의미의 경구(警句)다. 이는 현대 경영에서도 경영 철학의 소재로 자주 인용되는 표현이다.

이 고사성어는 인재 활용에 관해 중요한 의미를 지니지만, 또한 이에 대한 오해도 있어 주의해야 한다. 자칫 좋은 인재를 뽑는 것만으로 이해하거나, 더 이상의 육성 중요성을 망각하는 것이 대표적인 오해다. 사회가 점점 복잡해지고 다기화하고 있어, 사람의 운영은 언제라도 독이 되기도 하고 칼이 되기도 한다. 그래서 용인(用人)은 채용에 그치는 것이 아니라, 활용과 성장까지 포함해야 한다.

현대 경영에서 인재의 육성과 관리가 채용 이상으로 중요한 시점이 되었다. 그런데도 아직은 뽑은 인재를 방치하거나, 사원 자신의 역량으로 성장하도록 방임하고 있어 안타깝다. 최근 들어 심각한 문제점으로 노출되고 있는 것이 기술 유출이나 내부통제 위반 사고다. 이러한 현상도 결국은 사원 육성의 실패에서 원인을 찾을 수 있다. 목표를 넘어 더 나은 문화를 구축하기 위해서는 끊임없는 사원 육성 노력이 뒷받침되어야 한다.

혁신 DNA에 대하여 많은 다양한 의견이 있을 수 있다. 필자는 추진 방법론, 의사결정 방식, 그리고 경영 혁신 추진 주체의 관점에서 혁신 DNA를 판단하고자 하였다. 구체적인 조건으로서 혁신

DNA의 판단 기준은, 혁신 추진 roadmap과 top-down 의사결정 방식, 그리고 사원 육성이다. 바람직한 혁신 문화를 구축하고 뿌리 내리기 위해서는 단기 성과에 만족해서는 안 된다. 이 기준에 따라 철저하게 분석하여 자사의 혁신 DNA를 설정하고, 구체적인 부분까지 정밀하게 정의를 내리고 방침을 전개하여 강력한 리더십으로 실천해야 한다.

아직도 경영 혁신의 전개에 있어 선언적인 요소가 지나치게 강하다. 혁신은 하고 싶다(want)를 넘어 반드시 해야만 하는(must) 절체절명(絶體絶命)의 시대적 요구다. 그리고 이의 추진에 대한 전략과 방침은 철저하게 분석되고 계획되어야 한다. 아울러 조직의 혁신 DNA를 발굴하여 계승해야 한다. 이를 통해서만 혁신 문화가 구축되고, 끊임없는 혁신 추진의 발판이 다져질 수 있음을 명심하자.

우리 회사의 혁신 DNA를 어떻게 설정할 것인가?

기업의 역사를 살펴보면, 창업할 때부터 현재에 이르기까지 축적된 경험과 함께 그간의 경영 철학이 녹아 흐르고 있다. 그리고 창업 당시의 창업 철학은 기업이 경험과 역사를 거듭하면서 변화는 하겠지만, 기본 정신만큼은 유지된다. 물론 특별한 사정으로 인해 거의 새로운 회사로 재탄생하는 사례도 없지는 않다. 하지만 이런 때도 창업의 기본 정신과 철학은 유지되는 것이 보통이다.

경영 혁신은 기업이나 조직이 새로운 변화를 꾀하기 위해 최고 경영자가 결단함으로써 시작하는, 특수한 목적의 경영 활동에 속한다. 이때의 새로운 변화란 기존의 질서와 제도, 그리고 운영 방식의 변화를 의미한다. 그리고 경영 혁신에서의 변화란 보통의 개선이나 변화를 넘어선 '큰 변화'를 전제한다. 그런 의미에서 보면, 피부에 와 닿는 큰 변화 없이 혁신을 전개한다는 생각은 순진하거나 미사여구에 가려진, 말뿐인 수사(修辭)에 가깝다.

이렇듯 '큰 변화'를 수반하는 경영 혁신 추진을 위해서는 창업에 맞먹는 결심과 철학이 필요하다. 흔히 창업 당시의 경영 철학과 핵심 방침을 '기업의 DNA'라고 부른다. 이는 유전자를 구성하는 DNA의 차이에 따라 그 생물 특유의 형질을 지배하는 단백질이 만들어지는 것처럼, 경영 철학의 차이에 따라 기업의 면모와 추구하는 가치가 달라지기 때문이다. 이런 뜻에서 경영 혁신을 추진할 때의 핵심 전략과 방침을 '혁신 DNA'라고 한다.

혁신 DNA가 무엇이고 그 본바탕이 어떠해야 하는지는 앞에서 간략하게나마 설명한 바 있다. 그렇다면 기업에서는 어떻게 '혁신 DNA'를 설정할 것인가? 이에 관해서는 기업 자체의 연구와 노력이 필요하다. 그러나 혁신 DNA의 올바른 설정은 당위에 가깝지만 이에 대해 적극적으로 관심을 가지고 준비하는 사례는 많지 않다. 중요성에 비해 매우 소홀하게 다루어지고 있는 점은 매우 아쉽다.

경영 혁신의 결단과 출발은 기업 고유의 특성을 바탕으로 해야 한다. 그러나 많은 기업은 혁신의 방향성과 관련한 '혁신 DNA'의 설정에 관심을 두기보다는, 이미 성공한 '혁신의 유형과 형식'에 맞추어 따라 하는 형태인 '모방 혁신'에 더욱 익숙하다. 이러한 현상은 어찌 보면 리스크를 예방하는 것처럼 보이지만, 이는 효율성을 내세운 본질의 회피에 불과하다.

혁신을 추진할 때는 항상 외면의 화려함이나 보다 쉬운 추진이라는 유혹(誘惑)이 도사리고 있다. 이는 혁신의 목적 달성에도 장애가 되지만, 더 심각한 폐해는 조직의 문화와 분위기에 악영향을 미친다는 점이다. 그래서 경영 혁신을 추진할 때는 반드시 '본질'을 우선하여야 한다.

이 혁신의 본질은 여러 측면에서 설명할 수 있다. 하지만 혁신의 구조적인 측면에서는 이의 정수(精髓)를 '혁신 DNA'라 할 수 있다. 따라서 이를 명확하고 바르게 설정하지 않고서는 효과적, 효율적으로 혁신을 추진하기가 어려워진다. 게다가 기업의 고유한 경영 철학이자 방침인 '기업 DNA'와 기업의 혁신을 이루기 위한 '혁신 DNA'의 구분 역시 모호하다. 사실 이를 구분하지 못해 혼란스럽게 사용해온 것도 사실이다.

일반적인 정의와 개념의 문제가 아니라, 혁신을 추진하고자 하는 기업이 '혁신 DNA'를 설정하고자 한다면 어떻게 해야 할까? 이에 대한 구체적인 방법이 제시된 적은 없었다. 그런 탓에 '혁신 DNA'의 설정을 위한 노력은 부차적으로 이해되기도 하였고, 때로는 기피되었다.

필자는 앞선 설명에서 '혁신 DNA'의 핵심 실체를 혁신의 추진 방법론, 혁신 과정에서의 의사결정 방식, 혁신을 지속하여 추진하는 주체의 세 가지 구체적인 관점에서 찾아야 한다고 주장하였다. 이제 기업이 어떻게 이를 설정하는 것이 효과적일지에 대해 살펴보자. 하지만 이는 구체적인 설정 방침이나 방법은 아니다. 바람직한 방향이나 주의할 부분에 대한 경계 차원일 뿐이며, '혁신 DNA'를 세우고 채워나가야 할 사명과 책임은 오롯이 혁신을 추진할 기업에 있다.

기업에서 혁신을 추구하였던 과거의 경험은 큰 영향력이 있다. 지난 경험이 성공했건 실패했건, 기업의 미래를 건 노력이자 투자이었기에 강렬하게 기억에 남는 것은 당연하다. 그렇다고 이 혁신 운영 형태와 방식을 그대로 답습하는 것은 옳지 않다. 경험을 바탕으로 하되, 새로운 방향과 운영 모습을 혁신 추진에 반영해야 한다. 그래서 새로운 문제 해결 방법론에 귀 기울이고, 기존 혁신 추진 경험을 보강하는 활동은 유익하다.

물론 과거 역사로부터 해당 기업의 '혁신 DNA'를 발견하고자 하는 노력이 소용없는 것은 아니다. 다만, 과거 경험에만 의존한다면 과거의 혁신 방식과 운영 모습을 벗어난 새로운 운영 방식이나 새로 추구하고자 하는 방향이 간과되기 쉽다. 새로운 변화를 희망한다면 새로운 방식에 관심을 가지는 것이 지극히 타당하다. 특히 4차 산업혁명이라는 거대한 흐름을 타고 있는 현시점에서는 새로운 형식의 혁신 추진에 관심을 가져야 한다.

기업이 '혁신 DNA'를 설정하기 위해서는 먼저 현재까지의 혁신 추진 경험을 명확하게 정의해야 한다. 이는 단순히 성공과 실패를 구분하는 작업이 아니다. 과거 추진했던 경영 혁신의 도입과 추진 내용, 특히 혁신 방법론, 의사결정 방식 및 추진 주체에 대해 구체적으로 확인해야 한다.

다음으로는 '기업 DNA'와 '혁신 DNA'의 결합이다. 이 둘은 일맥상통하지만, 서로 다른 목표가 있다. 기업 DNA가 기업이 추구하는 가치이자 경영 철학과 경영 방침이자 전략이라면, 혁신 DNA는 혁신 추진에 국한한 방식과 운영이라는 점에서 차이가 있다. 그래서 혁신 DNA는 기업 DNA를 완성하는 부분집합에 속한다고 할 수 있다. 이 점에서 두 DNA는 유사한 방향의 관점을 지향한다.

반면 혁신 DNA는 기존 영역으로부터 새로운 변화를 추구한다는 점에서 기업의 경험과 역사를 반영하는 기업 DNA와는 달라야 한다. 혁신을 추구하는 모습이 온전히 과거를 반영하는 모습과 일치할 수는 없기 때문이다. 그렇다고 혁신 DNA가 기존의 것과 완전히 달라야 하는 것은 아니다. 성공적인 혁신 운영 방식은 유지, 계승되는 것이 옳다. 하지만 혁신이란 과거를 극복하고 미래를 개척하는 역할을 담당하므로, 둘 사이의 차이 발생은 불가피하다.

그래서 두 DNA는 잘 연결되어야 하고, 때로는 정교하게 결합되어야 한다. 성향만 유사하게 이루어졌다고 해서 조화를 이룬 것은 아니다. '혁신 DNA'를 이루는 구체적인 요소들이 이를 적용할 기업에 적합하도록 짜여져야 한다. 이것이 바로 기업 DNA와 혁신 DNA의 결합이 의미하는 바다. 그래서 '혁신 DNA'의 설정이 중요한 의미를 지니는 것이다.

이 두 DNA의 조화를 위해서는 중심적 역할을 담당할 조직 내 포지션이 필요하다. 굳이 부서나 팀과 같은 조직일 필요는 없으나, 유형적인 포지션으로서의 위상을 갖추어야 한다. 왜냐하면 형식적이 아니라 실질적으로 두 DNA를 결합하는 것은 쉽지 않을뿐더러, 각 DNA를 정의하는 것 역시 만만치 않은 작업이기 때문이다. 6시그마 혁신에서는 이를 위해 '총괄 챔피언(Deployment Champion)'을 둔다.

어떻든 혁신을 위한 목표와 운영 방식 그리고 주체 등에 대한 '혁신 DNA'의 구체적인 내용을 정의하고 설정하였다면, 다음으로는 실행에 대한 보증이 필요하다. 어렵게 설정한 '혁신 DNA'라고 해도, 이를 구체적으로 실행하지 않는다면 기업 혁신이라는 유전자를 발현시켜 변화에 이바지할 수 없다. DNA의 효용은 유전자의 발현에 있으므로, 실행되지 않아 기능할 수 없다면 DNA는 가치가 없기 때문이다.

지금까지는 관심받지 못했던 '혁신 DNA'의 설정에 대하여 살펴보았다. 아직 이에 대한 구체적인 노력과 필요성에 대한 인정은 많지 않았다. 하지만 이의 정의와 구체화를 통해 더욱 명확한 경영 혁신 목표의 설정 및 달성을 이룰 수 있다. 그리고 기업 역사와 함께 혁신의 역사도 담보할 수 있는 기틀이 된다. 따라서 앞으로는 혁신 DNA의 설정을 부가적인 성격으로 인식하는 데 그치지 않고, 당위로 인정하는 인식의 전환이 필요하다.

자기만의 성공 경험을 혁신 DNA로 착각하지 말라

많은 경영자는 자신의 성공 경험을 여러 방법으로 자축한다. 그 중의 하나가 성공한 경험을 일종의 원칙이자 공식으로 선언하는 것이다. 이러한 경향은 한때는 유행처럼 번졌으나, 지속되지 않는 성공 경험은 작지 않은 반발에 직면하기도 했다. 이는 경영 혁신의 역사에서도 다르지 않았다. 우리가 익숙하게 알고 있는 혁신 사례 중에도, 이같이 특정 경영자나 기업의 성공 경험에 지나지 않는 것들은 지속성의 문제로 확장되지 못했다.

이와 같이 소수의 혁신 성공 경험이 다른 연관 산업이나 기업으로 확장하지 못하는 것과, '화두 경영'이 '혁신 경영'으로 확산하지 못하는 것은 서로 닮은 이유가 있는 것처럼 보인다. 하지만 그 이유는 완전히 다르다. 이를 구분하는 것은 의미가 크다. 왜냐하면 원인을 명확하게 진단해야 해법도 올바로 제시할 수 있기 때문이다.

단순히 성공 경험을 경영이나 혁신의 원칙으로 삼는 것은, 짧은 기간의 화려한 축하 이외에는 남는 것이 많지 않다. 그래서 쉽게 확장하기가 어렵다. 이에 반해, 화두 경영은 지향하는 목적은 명확하지만 구체적인 로드맵이 없어 확장성이 낮은 것이다. 화두 경영이 구체적인 로드맵을 장착하면 확장성을 갖출 수 있지만, 일부의 성공 경험을 일반화하여 다른 부문으로 확장하기는 쉽지 않다. 그것이 이 두 원인의 가장 중요한 차이점이다.

어쩌면 크게 이룬 한때의 성공은 현재의 성공에만 집착하게 하여 이어지는 성공을 가로막는 장애가 될 수도 있다. 이런 현상은 성공한 경험을 지속하겠다는 노력보다는, 오히려 이에 안주하여 방심과 오만을 키우기 때문에 발생한다. 이는 성공에 대한 과도한 자축과 과장된 평가를 경계하고자 하는 말만은 아니다. 실제로 경영 현장에서 자주 벌어지는 현상이다.

누구라도 성공, 특히 큰 성공을 이루었다면 당연히 그 성과와 이를 이루는 과정에 대해 축하와 평가를 받는 것이 마땅하다. 하지만 여기에 머무른다면 위에서 제기한 위기를 자초할 수도 있다는 점을 경계해야 한다. 실패한 경험도 마찬가지지만, 성공한 경험 역시 충분히 분석되어야 한다. 그럼으로써 이어지는 성공을 만들 수 있고,

착각에 빠지지 않는 지혜를 얻을 수 있다.

한 번의 위기를 극복하거나 목표를 완수한 것은 특별한 목표 달성에 지나지 않는다. 이를 혁신의 성공이나 혁신 경영으로 내세우는 것은 바람직하지 않다. 또한 이러한 자신만의 성공에 지나치게 도취되어 그 성공 원인과 적용 방법을 혁신 DNA로 규정하기도 하는데 이는 과장된 평가다. 이처럼 검증되지 않고 로드맵을 갖추지 못한 형태의 혁신 방식은 자신의 성공 경험조차도 반복 생산할 수 없는데, 다른 기업으로까지 확산할 때는 실패 가능성이 높아질 수 있어 주의해야 한다.

위기에서 탈출하여 성공으로 이끈 경영 성공과 경영 혁신의 달성은 일회성의 성과 그 자체에 머무르지 말고, 반드시 연관 산업과 기업으로 연결시키고 확장해야 한다. 그럼으로써 혁신 경영이 완성된다. 지속적인 성과를 창출한 구조와 운영 방식은 '혁신 DNA'로 규정해도 손색이 없을 것이다. 그리고 '혁신 DNA'로 규정을 하였다면, 이에 대해 철저히 분석하여 지속적인 성과와 운영을 할 수 있는 체계(體系)를 정립해야 한다.

내용으로서의 혁신 DNA도, 결국은 체계로서 완성될 때만 이를 배우고 도입하고자 하는 기업에 도움이 된다. 그리고 이러한 선순환을 통해 혁신 DNA는 더욱 탁월한 성공을 창출하는 혁신 경영의 바탕이 될 수 있다. 연속성이 보증되기 어려운 단 한 번의 성공 경험에 기대어 미래를 경영하고자 해서는 안 된다. 경영 혁신 활동은 일상적으로는 이루기 힘든 탁월한 목표에 도전하는 것이지만, 그렇다고 불확실성에 투자해서는 안 된다.

경영에 관한 흔한 조언으로 '과거의 성공 방식을 고집하지 말라'

라는 말이 있다. 이는 과거 방식이 현재에는 더 이상 적절하지 않을 수도 있고, 심지어는 이런 성공 경험조차도 개선이나 혁신의 대상이 될 수 있기 때문이다. 이는 변화에 대한 조언만이 아니다. 오히려 경영자가 자신의 성공에 취해 미래를 담보로 잡혀서는 안 된다는 경계의 말이다. 그런 면에서 '혁신 DNA'라는 용어를 남용하거나 지나치게 과신하는 것은 피해야 한다.

성과에 대한 존경과 존중은 스스로 규정하고 정의하는 것이 아니다. 객관적인 입장에서 분석하여 검증된 결과에 의해서만 인정될 수 있다. 그래서 자기만의 혁신 성공담을 '혁신 DNA'로 착각해서는 안 된다. 더욱 중요한 것은 성공적인 혁신 경험을 연속적으로 창출하는 것이다. 그리고 이를 다른 기업에도 공유할 수 있도록 체계를 구성하는 노력과 활동이다.

DNA는 생물에만 자란다

'혁신 DNA'는 그냥 한자리에 머무르는 것이 아니라 역동성 있는 움직임을 전제로 한다. 즉, 존재도 하고 성장도 하며 또한 진화를 통한 세대 계승도 한다. 혁신을 단편적으로 이해하여 일회성의 문제 해결이라고만 생각한다면 여기에 DNA라는 용어를 붙일 수 없다. 바로 이 영속성과 역동성이 혁신 추진 전략과 방침에 반영되어야만 '혁신 DNA'는 의미와 가치를 가질 수 있다.

혁신의 핵심 역량과 영속성을 설명하면서 DNA 개념을 빌려서 사용하다 보니, 사소한 견해 차이와 논란은 있을 수 있다. 예컨대, 무생물에 속한다고 보는 바이러스도 DNA 체계를 가지고 있다는 논란이 있다. 이런 생물학이나 생명과학에서의 논란은 전문가에게 맡겨두고, 경영 혁신에 관해 설명하는 본서에서는 DNA가 생물에만 있다고 전제하기로 하자. 이는 혁신 DNA를 더욱 쉽게 이해하게 하려고 차용한 용어일 뿐이므로, 독자들의 이해를 구한다.

생명과학에서는 생명을 '자기 복제를 하는 시스템'으로 정의한다. 이 자기 복제 시스템에 적극적으로 관여하는 것이 DNA와 유전자이며, 그래서 너무나 당연하게도 DNA는 생물에만 존재하고 자라는 것이다. 반대로 무생물에는 DNA가 존재하지 않는다. 이는 DNA 그 자체가 생명력을 의미하기 때문이다.

혁신 DNA 역시 생명력을 가지고 진화를 한다. 이는 존재가 아닌 당위의 의미를 지닌다. 즉, 혁신 DNA로 이름 붙이기 위해서는 혁신의 조건을 충족한 이후에도 추가로 영속성과 역동성이 있어야 한다. 이는 필요충분조건으로서 반드시 갖추어야 할 조건이다. 그래서 일회적인 성과나 특별한 큰 성과를 이루었음에도 '혁신 DNA'라는 타이틀을 갖추기는 어렵다.

왜 현대 경영에서는 '혁신 DNA'가 중요한 것일까? 이는 DNA가 의미하는 생명의 근원과 혁신 추진의 당위성이 '존재 이유'라는 고리로 서로 가치를 공유하기 때문이다. 또한 생명력 있는 생물(生物)이 현세대의 존재와 후세대로의 지속적인 계승을 목적으로 하듯이 혁신의 추진도 같은 목적을 가진다. 즉, 혁신 추진 역시 현재의 성과 달성과 함께 지속적인 성과 유지와 혁신의 지속적인 추진을 목표로 한다.

무생물에는 이러한 순환 메커니즘이 없다. 이런 이유로 혁신 DNA는 생물과 같은 형태로 존재하고 생장하며 또한 진화하는 것이다. 따라서 기업의 혁신 DNA를 발굴하거나 새로 설정할 때도 이 DNA의 생명력과 순환 메커니즘을 염두에 두어야 한다. 이런 혁신 추진의 취지에 비추어 보면, 계승되지 않는 혁신 활동은 존재 의미가 작다. 따라서 혁신 추진은 유전 정보를 담은 DNA의 속성과 같이 계승을 전제로 한다.

혁신 DNA의 속성을 갖춘 문제 해결 방법론으로는 6시그마 방식이 가장 적합하고 효과적이다. 명확한 추진 체계와 로드맵을 갖추고 있어, 지속적인 추진(영속성)과 변화하는 환경에 따라 변형할 수 있고 역동성도 함께 갖추고 있기 때문이다. 즉, 고객 중심의 철학은 모든 경영 활동이 고객을 향한다는 목적 지향의 의미 이외에 다양한 고객의 요구에 대응하는 역동성을 의미하기도 한다.

6시그마 방식은 이러한 강점 이외에도 혁신 DNA의 핵심 요소인 의사결정 방식과 혁신의 주체에 대해서도 강력한 방침을 탑재하고 있다. 특히 top-down 의사결정 방식은 비록 조직 상하의 소통과 유연한 경영의 측면에서는 다소의 단점이 있지만, 통상의 범위를 뛰어넘는 충격적인 위기에도 강력하고 신속하게 대응할 수 있다.

또한 6시그마 방식은 사원 육성을 중요 리더십으로 삼고 있어 혁신 체계와 구조의 계승에도 탁월한 강점이 있다. 이른바 성과만 내고 사라지는 '혁신 먹튀 현상' 방지 효과다. 이전의 여러 혁신 방식은 당면한 과제의 해결에 지나치게 집착하여 문제 해결과 함께 바로 자축과 전리품 나누기가 성급하게 이루어지곤 했다. 이는 혁신 체계의 계승에 집중하지 않아서 혁신 추진 후에 문제가 재발하거나 성과의 유지 실패로 이어지기도 했고, 심지어 비난의 대상이 되기도 했다.

6시그마 방식은 구조적인 특성상 혁신 참여자의 가장 기본 단위인 WB(White Belt)부터 GB, BB, MBB, 그리고 6시그마 방식의 최종 책임자인 챔피언에 이르기까지 자체 육성 과정을 갖추고 있다. 이 혁신의 주체를 육성하는 시스템은 혁신 성과를 효과적으로 유지할 수 있고, 혁신 체계와 구조를 더욱 탄탄하게 만들 수 있다. 이로써 6시그마 방식은 다른 혁신 방식에 비해 더 나은 혁신 추진 방법론으로 평가된다.

혁신 경영은 제도화되어야 한다

교과서적인 의미로 '경영'과 '혁신 경영'을 정의하면 다음과 같다. '경영'은 '조직의 목표를 달성하기 위해 보유한 자원을 가장 효과적으로 운영하여 추구하는 일련의 활동'을 총체적으로 표현한 것이다. '혁신 경영'은 '기존의 일반 상식을 뛰어넘는 목표를 추구하거나, 경영 활동에 완전히 새로운 운영 방식을 도입하는 경영 형태'를 뜻한다. 때로는 혁신 경영을 좀 더 좁은 의미로 사용하기도 하는데, 즉 혁신으로 창출한 산출물을 경영에 반영하는 활동으로 정의하기도 한다.

이러한 '경영'이나 '혁신 경영'은 모두 조직(기업)의 목표 달성을 위한 활동의 영역으로서, 차이점은 그 목표의 크기와 변화의 폭이라고 할 수 있다. 즉, 일상적이거나 일반적인 개선 및 향상 수준인지 또는 획기적인 도약을 의미하는 수준의 변화나 개선인지의 차이가 이 둘을 나누는 척도가 된다.

현상과 목표와의 차이를 극복하기 위해 조직(기업)은 특수한 운영 방식을 고안하였다. 바로 '프로젝트(project)의 추진'이다. 사회의 복잡성과 변화의 폭이 이전보다 커지면서 일상적인 방법으로는 목표 달성이 어려워졌다. 게다가 목표는 이전보다 더욱 커져, 일반적인 경영으로는 이를 극복하는 데 한계가 있을 수밖에 없었다. 그래서 이에 대한 도전으로 '프로젝트'라는 운영 방식을 통해 극복하고자 하였고 이를 혁신 프로젝트, 또는 경영 혁신 프로젝트라 한다.

프로젝트를 쉽게 정의하면, 특별한 문제를 해결하기 위해(목표), 특별한 추진자(구성원)가 모여, 특별한 기간(일정) 내에 특별한 활동(혁신 활동)을 추진하는 것이다. 그리고 프로젝트의 추진은 주로 혁신 활동의 일환으로 전개하는 것이 일반적인 형식이다. 따라서 혁신 활동에서 프로젝트 추진을 뺀다면 전략과 방침만 남는 셈이어서, 경영 혁신의 실체가 분명하지 않아 모호해질 우려가 있다.

혁신(경영 혁신) 또는 혁신 경영을 기업 경영의 주된 전략으로 삼았을 때 이것의 구체적인 실체는 프로젝트의 추진이다. 그리고 '프로젝트'는 실제 운영 방식이기 때문에 실체적인 영역이며, 선언적인 형태만으로 전개할 수는 없다. 따라서 프로젝트에는 알맹이인 내용으로서의 what, 진행과 결과를 책임질 주체로서의 who, 그리고 어떻게 진행할 것인가의 how (to)를 모두 갖춘 실체적인 모습이 필요하다.

또한 혁신 경영을 위한 프로젝트 추진은 프로젝트의 추진과 이를 통한 목표 달성만으로 완성되는 것이 아니다. 물론 당면한 문제의 해결이 가장 급한 선결과제이긴 하다. 그러나 더욱 중요한 목적은 혁신을 수행하는 과정을 통해 조직이 앞으로 나아가고 진화하는 것이다. 이를 담보할 수 있는 장치이자 도구가 바로 체계화(systematization)와 제도화(institutionalization)다.

그래서 혁신 경영은 체계화의 단계를 거쳐 제도화로 이어져야 한다. 이 제도화의 핵심에도 what, who, how (to)가 필수적인 구성 요건이다. 하지만 이 제도화까지 완성된 혁신 경영은 많지 않다. 누구나 어렵지 않게 what에 대해 정의하지만, 그 주체이자 객체가 되는 who와 구체적인 방식인 how to를 정의하는 것은 쉽지 않기 때문이다. 내용만 있고 이를 구성하는 실체가 없다면 선언적인 의미만 있고, 공허한 실상을 부각할 뿐이다.

혁신 경영의 궁극적인 목적은 혁신 문화를 구축하고 이 체계를 영속적으로 유지하는 것이다. 따라서 그 구체적인 운영 방식과 주체이자 객체를 지정하지 않는다면 영속성을 보장받을 수 없다. 이런 의미에서 6시그마 혁신 방법론이 '부단 추진(不斷推進)'을 핵심 리더십으로 삼은 것은 탁월한 선택이다. 이를 뒷받침하기 위해 6시그마 방식은 '6시그마 혁신 로드맵'을 제공한다.

기업에서 6시그마 '프로젝트 추진 로드맵'은 제법 익숙해져 있다고 평가된다. 하지만 프로젝트를 잘 추진하는 '프로젝트 추진 로드맵'으로만 '혁신 로드맵'을 오해하는 경향이 있어 아쉽다. 6시그마 방식에서는 혁신을 추진하기 위한 로드맵과, 문제를 발견하고 해결하기 위한 프로젝트 추진 로드맵, 그리고 이를 제도화하기 위한 로드맵 등 혁신 경영 전반에 걸친 로드맵 제공을 지향한다. 그럼으로써 6시그마 문화가 구축될 수 있기 때문이다.

이 다양한 로드맵은 각 조직(기업)의 형편과 사정에 맞게 구축해야 한다. 프로젝트 추진 로드맵 역시 제공된 phase와 step을 상황에 맞게 재편하여 운용할 수 있다. 모든 프로젝트 추진이 DMAIC나 DMADV, 혹은 15 step만을 따를 필요는 없다. 원칙에 부합되고 구체적인 효용성이 확인된다면 얼마든지 확장, 삭제, 변형, 추가가 가능하다.

필자는 프로젝트 추진 로드맵 이외에도 6시그마 혁신 방식의 도입을 위한 로드맵(6시그마 혁신 로드맵)으로 I-T-P-I 로드맵을 주장하였다. 그리고 이 '6시그마 혁신 로드맵'의 결과 부분인 마지막 단계에 Institutionalize(제도화) 단계를 배치하였다. 이 단계에서는 프로젝트 추진 결과인 성과 창출 이후의 표준화, 통합화 및 평가와 보상까지 연계되도록 구성하였다.

공정한 평가 없는 성공은 지속되지 않는다

공정 사회에 관한 최근의 관심은 '배고픈 건 참아도, 배 아픈 건 못 참는다'라는 말로 대표된다. 이는 절대적인 차이나 부족함보다도, 공정하지 않을 때 더욱 박탈감을 느낀다는 의미다. 혁신의 평가에 대해서도 비슷한 평가가 뒤따른다. 탁월한 성과라고 아무리 주장하더라도 공정한 평가가 아니라면 인정받기 어렵고, 오히려 역효과를 낳기도 한다.

경영 혁신의 추진 이후에는 성과에 대한 평가가 뒤따르는데, 이 평가 결과를 그대로 믿는 경우는 많지 않다. 왜냐하면 지금까지의 경영 혁신은 특별한 경우에 추진하는 이벤트성이 많아서, 성과에만 집착하여 이것이 과장되는 경우가 많았기 때문이다. 이런 현상은 혁신의 결과가 탁월하지 않고 보통 수준의 성과에 그치면 실패한 혁신 추진으로 매도되는 것을 우려하기 때문에 발생한다.

6시그마 혁신에서도 성과 평가에 대한 부정적인 인식이나 빈발은 작지 않았다. 특히 6시그마 방식은 수익성 중심의 혁신을 지향하기 때문에 재무적인 효과 개선을 직접적인 목표로 내세운다. 그런 탓에 재무 효과가 의도적으로 과장된 경우가 빈번했다. 게다가 혁신의 성과를 재무 효과로만 산출하기가 쉽지 않아 혼선이 증폭된 면이 작지 않다. 즉, 체질 효과와 같은 비재무적 간접 효과만 발생할 때는 이를 재무 효과로 환산하여야 하는데 그 과정에서 성과의 과장이나 왜곡이 생기기도 했다.

이런 이유가 겹쳐서, 6시그마 혁신의 성과 평가에 대한 혁신 활동 참여자를 제외한 조직 내외부의 시선은 냉담했다. 성과는 많이 났다고 자랑하면서도, 실제 재무 성과는 기대에 미치지 못한 경우가 많았기 때문이다. 지켜보는 눈이 많기에, 다른 평가보다도 혁신 성과의 평가는 더욱 공정해야만 한다. 현존하는 혁신 방법론 중 가장 탁월하고 안정적이라 인정받는 6시그마 방식조차도 성과 평가에 대해서는 보완할 부분이 많다. 심지어는 'BB, 그들만의 리그'라는 비아냥마저 받곤 했다.

혁신 성과의 평가에 대한 공정성 시비는 자칫 치명적인 오해로 이어지기 쉽다. 그래서 특히 주의해야 한다. 왜냐하면 이는 혁신 추진 동력을 약화시키거나 혁신 DNA의 확산과 전파를 방해하는 중요한 원인이 되기도 하기 때문이다. 또한 이 평가와 보상은 공정한 기준에 의한 명확한 시스템을 갖추어야 한다. 그리고 이 평가와 보상 시스템은 인사 업무에 국한하지 않고 확장되어야 한다.

기업에서의 성과에 대한 평가 시스템은 주로 인재의 배치와 승진과 같은 인사관리와 인재 육성에 집중되어 있었다. 그리고 혁신 성과의 평가와 보상은 이벤트와 같이 일과성에 그치는 경우가 많아 공정한 시스템 구축에는 관심이 적었다. 이런 경향은 혁신 활동으로의 몰입을 방해하고, 나아가 혁신의 지속성에 잠재적 장애 요인이 된다.

이제는 최고 경영자가 혁신 성과에 대한 공정한 평가와 보상을 위해 적극적으로 개입하여야 한다. 그리고 이를 위한 평가 시스템의 구축과 보상으로의 연계에 헌신해야 한다. 이는 형식적인 선언이나 혁신 추진 기간의 노력에 대한 보상이어서는 안 된다. 혁신 성과의 평가(evaluate)와 보상(compensate)은 혁신 문화를 구축하고, 나아가 혁신 DNA를 계승하는 핵심 역량의 하나다.

경영 혁신을 추진한다는 것은 큰 위기에 대응하거나 도약을 위한 변화와 경영 활동의 중심 이동을 예고한다. 그래서 이 혁신 추진의 배경에는 일상적 수준의 개선을 벗어난 탁월한 성과 목표가 존재한다. 그런데도 이의 성과에 대해서는 결과에만 관심이 컸지, 그에 대한 면밀한 평가와 적정한 보상에 관한 관심은 등한시하였다. 이는 전체를 보지 못하고 숲만 바라보는 짧은 안목에 연연해하는 모습이다.

혁신의 추진을 필요한 부분에 대한 원 포인트 이벤트로 생각해서는 안 된다. 경영 혁신은 이미 다가와 있고, 앞으로도 다가올 더욱 큰 변화에 대응하기 위한 핵심 대응 체계이자 방어 전략이 되어야 한다. 그러기 위해서는 구성원의 적극적인 참여와 지속적 추진이 반드시 담보되어야만 한다. 이를 구체적으로 연결해주는 기제가 바로 성과에 대한 공정한 평가와 보상 시스템이다.

공정한 평가와 보상이 보장되지 않으면 혁신이 지속되기 어렵다. 그런 면에서 평가와 보상은 기업 본연의 고유한 철학과 형식을 반영하게 된다. 그렇기에 다양한 환경에 있는 기업들에게 이것을 일률적인 방법으로 제공하기가 어렵다. 하지만 그 중심에 있어야 할 핵심은 인류 역사가 지속하는 한 같다. 바로 '공정(公正)'의 정신이다.

이 공정은 사회문화적인 기회(機會)의 공정성뿐만 아니라, 절차와 형식에서의 공정한 기준과 원칙까지를 의미한다. 그리고 평가와 보상에 관한 핵심 가치는 상황이 변하더라도 변함없이 꾸준하게 지켜져야 한다. 수시로 변화하는 원칙은 공정성을 해칠 우려가 크기 때문이다. 그런 의미에서 혁신 성과에 대한 평가와 보상은 그 원칙과 기준을 혁신 DNA로 삼아 꾸준하게 맥을 유지하는 것이 중요하다.

혁신 DNA 완성은 실행-평가-보상 로드맵으로 구축하라

많은 관심을 받았던 혁신의 성공 신화도 연속되지 않는 성과에는 맥없이 쓰러진다. 혁신을 통해 얻은 성과가 금방 사라질 리야 없겠지만, 혁신이 이어지지 않는 한 혁신 성공을 위한 과정은 금세 빛을 잃어버리고 마는 것이다. 그리고 그 깃발 아래 드러나지 않았던 수많은 도전 노력 역시 그 흔적마저 없어진다. 이는 기업 경영뿐 아니라 사회적인 낭비다. 지식관리 차원의 관리가 아쉽다.

인류는 19세기와 20세기를 거치면서 산업화와 정보화 과정을 통해 이전 세기보다 엄청나게 많은 변화에 대응해야 했고, 이에 대한 극복 과정을 경험으로 축적했다. 그리고 이 기간은 혁신에 관한 틀이 정립되는 시기이기도 했는데, 혁신 기법과 문제 해결 방식은 인류 역사를 통틀어 가장 비약적인 발전을 이루었다. 이는 일하는 방식의 변화와 함께 생각하는 방식까지 바꿈으로써, 혁신 문화가 지속적으로 계승될 수 있는 바탕을 만들었다.

데밍 박사의 PDCA Cycle은 가장 기본적인 형식의 혁신 기법이자, 일하는 방법에 관한 가장 대표적인 모델로 손꼽힌다. 이는 일을 하는 단계를 Cycle로 설명한 것으로, 슈하르트(Shewhart) 박사가 고안하고 데밍 박사가 1950년 일본에서 적극적으로 활용하면서 정립되었다. PDCA Cycle은 초기에는 품질 중심의 이슈로 다루어졌지만, 이후 기업과 조직 운영의 바탕이 되었다.

이는 품질개선의 기본 원칙인 쥬란 박사의 품질 3원칙(Q Trilogy)과도 맞닿아 있다. 품질계획(Plan)과 품질관리(Control) 그리고 품질개선(Improvement)의 3단계는 PDCA의 품질 모형이라 해도 될 만큼 단순하고 명쾌한 품질개선 전략을 담고 있다. 이들은 복잡한 혁신 방법론이 제공되는 지금의 입장에서는 지극히 단순한 발상처럼 보이지만, 기업 혁신의 기본 모형으로 평가받는다.

필자는 '혁신 DNA'의 원형(原形)을 이 'PDCA'와 '품질 Trilogy'에

서 찾아야 한다고 주장한다. 이 모형을 통해 혁신은 실행과 평가의 반복되는 주기를 가지게 된다. 이 혁신의 반복 주기에는 평가와 보상을 당연히 포함해야 하며, 그래서 '혁신 DNA'의 완성은 실행-평가-보상의 로드맵을 통해 완성된다고 볼 수 있다. 여러 혁신 방식 중에서 혁신 DNA의 체계를 구성하는 로드맵을 가장 효과적으로 제공하는 혁신 방법론은 6시그마 방식이다.

6시그마 방식에서의 혁신 DNA 실행은 문제 해결을 위한 '6시그마 프로젝트'의 추진으로 활성화된다. 6시그마 방식의 혁신 DNA 실행 로드맵을 가장 일반적인 로드맵인 DMAIC 로드맵으로 살펴보자.

6시그마 방식의 프로젝트 추진은 Recognize 단계를 포함한 Define 단계로 시작한다. 이른바 도화선이자 방아쇠의 역할이다 (Trigger). 다음으로는 문제를 해결하기 위한 구체적인 실행 과정으로 M(측정)-A(분석)-I(개선) 단계로 진행한다. 그리고 마지막으로는 성과의 유지를 위해 Control 단계를 운영한다. 이 관리(Control) 단계에는 성과관리(C)와 표준화(S) 및 통합화(I)를 포함하여 운영해야 한다.

그러나 이전의 많은 6시그마 추진 사례에서 성과관리까지는 잘 운영하는 편이었지만, 성과관리에만 치중하여 표준화와 통합화를 등한시한 경우가 많았다. 이처럼 원칙에 미흡한 운영 때문에 성과 평가는 왜곡되기도 했고, 지속 추진을 위한 재추진 동력으로서의 표준화와 통합화가 외면되곤 했다.

6시그마 방식이 구현하고자 하는 로드맵을 원칙에 맞게 운영하기 위해서는, Control 단계의 운영에 성과관리에 이은 표준화와 통합화까지 함께 포함하여야 한다. 그리고 여기에 그치지 않고 경영전략과 방침에 통합된 혁신 추진의 성과는 명확한 원칙과 기준에 따라 엄정하게 평가되어야 한다. 또한 이 결과에 따라 공정한 보상이 뒤따라야 한다. 그런 의미에서 프로젝트의 종합적인 평가는 관리(C) 단계 이후의 평가(E)와 보상(C) 단계에서 구체적으로 진행된다.

표준화와 통합화를 포함한 넓은 의미의 C(Control) 단계 이후에는 평가와 보상 단계가 필수적으로 운영되어야 한다. 하지만 Control 단계 이후의 평가와 보상은 기존의 6시그마 방식에서도 등한시한 경우가 많았다. 그래서 필자는 DMAIC의 운영 이후에, 기존 8단계 로드맵인 'R-D-M-A-I-C-S-I'에 더하여 제도화로서의 Evaluate(평가) 단계와 Compensate(보상) 단계를 운영할 것을 주장한다.

이 평가(E)와 보상(C)은 인간에게 동기를 부여하는 중요한 요소이므로 혁신 추진에서도 매우 중요한 역할을 한다. 혁신은 보통의 업무 수행 방식이나 개선 방법이 아니다. 통상적인 경우보다 더 어려운 과정과 큰 변화가 예정되어 있어 불편함이 커진다. 이런 이유로 혁신의 추진에 참여하는 것을 환영하기보다는 꺼리는 경우가 많아질 수밖에 없다. 그래서 혁신 추진의 동기를 부여하기 위한 관심은 더욱 중요하다.

혁신의 추진과 혁신 목표 달성에 대한 동기부여는 자연발생적인 동기부여라기보다는 외부 발생적인 동기부여. 즉, 혁신 활동의 과정과 결과가 현재 프로세스와 일하는 방법을 변경하는 불편함을 포함하고 있어서, 자율적인 동기부여를 기대하기가 어렵다. 혁신이라는 활동의 추진 동기를 온전히 구성원의 자유의사에 기대는 것은 지나치게 순진한 생각에 불과하다.

혁신을 추진하는 동기는 의무나 상벌, 강제(强制) 등에 의해 발생하는 것이 오히려 자연스럽다. 그래서 혁신 활동의 추진에는 공정한 평가와 보상이 핵심 구성 체계에 포함돼야만 한다. 구성원 전원이 변화에 참여하도록 하고, 나아가 혁신 DNA를 통해 영속적인 혁신 문화 구축에 이바지하도록 하는 외부적인 동인(動因)으로서의 보상은 자연적이며 또한 필수적이다.

반면 이를 지나치게 상벌에만 집착하여 이벤트성인 평가와 포상 활동을 운영하는 것은 바람직하지 않다. 그리고 이 평가와 보상은 제도화되어야 한다. 일회적인 성과와 포상은 오래 지속되지 않을 뿐더러, 구성원의 존경과 존중을 받기도 쉽지 않기 때문이다. 이를 체계화하기 위해서는 제도로 만들어 꾸준하게 실행할 수 있도록 해야 한다.

동기부여에 대한 방법론은 다양하다. 그리고 이러한 방식이 경영 혁신에만 한정되어 운영될 필요는 없다. 다만 혁신의 운영에서 평가와 보상을 제외해서는 안 되며, 그 기준과 원칙은 공정해야 한다는 점이 중요하다. 그리고 이는 혁신 추진의 실행과 함께 혁신 활동의 지속성을 보장하는 양대 축이므로, 제도화를 통해 로드맵으로 완성하는 것이 효과적이다.

| 참고 문헌 |

○ Mikel Harry, Richard Schroeder, 『Six Sigma: The Breakthrough Management Strategy Revolutionizing the World's Top Corporations』, Brodway Business, 2006.

○ 김규식 외 4, 『Hello 식스시그마 Hi MBB』, 이레테크, 2012.

○ 김규식, 『Cue Q! Again Six Sigma!』, 품질 그리고 창의, 한국표준협회미디어, 2021년 4월호~2022년 3월호.

○ 제프리 크레임스, 『잭 웰치와 4E 리더십』, 한국맥그로힐, 2005.

○ KAIST 문술미래전략대학원, 『대한민국의 4차 산업혁명』, (사)창조경제연구회(KCERN), 2017.

○ 클라우스 슈밥, 『클라우스 슈밥의 제4차 산업혁명』, 메가스터디북스, 2016.

○ 폴 암스트롱, 『4차 산업혁명의 혁신 기술 활용법』, 한국표준협회미디어, 2018.

○ 톰 피터스, 『톰 피터스의 미래를 경영하라(Re Imagine!)』, 21세기북스, 2005.